La luna de Fausto

New York, NY.

Colección Énfasis

La luna de Fausto

Francisco Herrera Luque

Sudaquia Editores.
New York, NY.

LA LUNA DE FAUSTO BY FRANCISCO HERRERA LUQUE
Copyright © 2013 by Francisco Herrera Luque. All rights reserved
La luna de Fausto

Published by Sudaquia Editores
Cover and book design by Jean Pierre Felce

First Edition by Editorial Pomaire Venezuela, S.A.
1983

First Edition Sudaquia Editores: December 2013
Sudaquia Editores Copyright © 2013
All rights reserved.

Printed in the United States of America

ISBN-10 1938978439
ISBN-13 978-1-938978-43-2
10 9 8 7 6 5 4 3 2 1

Sudaquia Group LLC
New York, NY

For information or any inquires: central@sudaquia.net

www.sudaquia.net

The Sudaquia Editores logo is a registered trademark of Sudaquia Group, LLC

This book contains material protected under International and Federal Copyright Laws and Treaties. Any unauthorized reprint or use of this material is prohibited. No part of this book may be reproduced or transmitted in any form or by any means, electronic or mechanical, including photocopying, recording, or by any information storage and retrieval system without express written permission from the author / publisher. The only exception is by a reviewer, who may quote short excerpts in a review.

Although the author and publisher have made every effort to ensure that the information in this book was correct at press time, the author and publisher do not assume and herby disclaim any liability to any partyfor any loss, damage, or disruption caused by errors or omissions, whether such errors or omissions result from negligence, acident, or any other cause.

Índice

Primera parte

Capítulo I

Trotacamino — 16

1. Fausto — 17
2. El turco — 28
3. Coronación en Roma — 42
4. Parsifal — 47
5. Correo de sangre — 67

Capítulo II

Las artes de Fausto — 86

1. Encuentro en Würzburg — 87
2. La niña en Carmona — 102
3. Sevilla — 120
4. Los hados del viento — 146

Segunda parte

Capítulo III

El Nuevo Mundo — 164

1. La travesía — 165
2. Los vecinos de Coro — 176

Capítulo IV
La expedición de los llanos   204
1. De Coro a Varavarida   205
2. Acarigua   230
3. Río Dentado   241
4. Carpanta   252
5. La pata palmeada   261

Capítulo V
Gobernador y capitán general   276
1. El paso de los vencidos   277
2. Santo Domingo   299
3. ¡Ese cacique dorado...!   315

Tercera parte
Capítulo VI
Hacia El Dorado   330
1. Sucedió en Borburata   331
2. ¡Por la gracia de Dios!   339
3. Deberes de Estado   346
4. La suerte del cisne   354
5. Malpaís   361
6. Las amazonas   368
7. Los polvos de oro   378

Capítulo VII
¡Miserere mei! 394
1. Es voluntad del ejército 395
2. El Tocuyo. 414
3. ¡Yo soy el gobernador! 426
4. ¡Por el Profeta! 440

Fundamentos históricos 458

A María Margarita

Primera parte

Capítulo I
Trotacaminos

1. Fausto

—De rodillas veo a un hombre —dijo el doctor Fausto con voz tenebrosa—, lleva las manos atadas... Un negro se acerca y danza; empuña un yatagán de punta curva cual cola de gallo. Brilla la luna roja sobre una tierra seca, de extraña maleza. Una tropilla montada hace cerco al prisionero. El clama por confesión. Un hombre ríspido, de tez olivácea y de barba negra, se mofa y promete absolverlo en las puertas del cielo. Una mujer menuda, de pómulos altos y rizadas pestañas, baja de su yegua y contempla al prisionero. Es un gigante rubio en la flor de la edad, tiene los ojos azul plomizo y el perfil tudesco de las viejas casas del Franken. El hombre me recuerda a vos, Excelencia; se parece a vos, príncipe mío: tiene vuestra misma talla bizarra, el aire benevolente de los soñadores y la firmeza de los que nunca piensan morir... Pero, dadme antes otra copa de vino. Desfallezco ante mis visiones. No debéis creer a Camerarius, por grande que sea su fama y ascendiente sobre el emperador. Es mago de escuela antigua. Yo soy, en cambio, cuñado de Satanás. ¡Es bueno el vino, Excelencia! Pero esperad, algo me susurra Mefistófeles... ¿Cómo?... ¿Estás seguro? ¡Ya lo avizoraba y temía...! ¡Oh, monseñor, infórmame mi diablo familiar que el hombre que está de rodillas, que me recuerda a vos, que se parece a vos, que tiene el mismo encanto y prestancia de vuestra augusta persona, no es otro que Su Gracia con doce años más...! ¡Horror! Pero... ¿qué ven mis ojos...? ¡El verdugo descarga feral el arma sobre vuestro cuello! El golpe es inexperto... os saca un tajo, pero no os degüella... la sangre mana. De un salto os ponéis de pie... Corréis tambaleante hacia la mujer... Os persigue el asesino... Os da alcance... ¡Nuevamente descarga el arma embotada una y otra vez! ¡La cabeza se desprende, pero continuáis marchando... la sangre corre a borbotones...! ¡Es feo, Excelencia, ver a un decapitado dando traspiés! ¡Habéis empapado el traje de la mujer y el rostro de vuestro enemigo...! Un turco jura por Mahoma; dos enanos sollozan por vos. La luna refulge en sangre. ¡Oh, qué luna, monseñor...! ¡Siento desmadejarme...! ¡Dadme otra copa del buen licor! ¡Absteneos, por Satanás, de ir tras la Casa del Sol! ¡Os lo dice Fausto, su hermano político, el más grande nigromante nacido de mujer! Quedaos acá, en Würzburg, donde vuestro hermano el obispo es también canónigo. Regresad al palacio imperial de Viena, donde os espera fraterno Su Alteza Serenísima el príncipe Fernando, vuestro protector. Id a Toledo si os place. Medrad a la sombra de Carlos, príncipe de España y emperador de las Germanias. Mentid e intrigad en la corte. Haced de bufón, de heraldo de buenas y falsas nuevas, de paladín de alfombradas justas, de todo cuanto os repugne y hiera; pero no vayáis en pos de la Casa del Sol. No corráis tras la quimera, mi amado príncipe y señor... ¡Os lo decimos Fausto y Mefistófeles, mi demonio personal y familiar!

Desde la hamaca sus ojos acerados horadan el cujizal. La luna llena y asombrosa emerge de la montaña. Una tenue brisa que asciende del valle, anima la perezosa fogata que centra el sueño de sus exhaustos compañeros. Atrás, acastillada y protectora se alza la sierra que los separa de Coro y el mar.

—¡Oh, doctor Fausto! ¡Oh, doctor Fausto! —exclamó en un susurro—. ¡Cuán grande era tu ciencia y dilatada tu sabiduría! ¡Pero, heme aquí, vivo aún, a doce años de tus augurios! ¡Fui y retorné a El Dorado, a la Casa del Sol! ¡No es cacique el que a diario baña su cuerpo con polvos de oro! Apódase la Coñori, y es reina y señora de las amazonas. Dióme en recuerdo y gracia este collar de esmeraldas, por sembrarle una hija. ¡Hembra ha de nacer, si quiere seguir viviendo! ¡Estoy roto y lacerado de felonías! Pero, ¿quién pudiera barruntar que entre mis andrajos llevo una gema de dos mil ducados? ¡Es cierto que he visto cometer las mayores tropelías que el mismo Von Spayer sería capaz de concebir! ¡Acertaste al vislumbrar sufrimientos infinitos, pero erraste, Fausto, al predecirme un trágico fin como también lo temía el bueno de Golden-fingen! Muy lejos ha quedado El Tocuyo, con su maldito escribano y sus asesinos. ¡Ocho jornadas ha, de haberlos perdido de vista! Ahora sólo me resta dormir y reemprender la marcha hasta llegar a Coro, donde habré de tomar la nao que me lleve a España. Hablaré una vez más con el emperador. Le expresaré mis anhelos de conquistar el país de los omaguas, con sus techos de oro y sus muros de plata. Apenas logre su aquiescencia volveré a Alemania. Regresaré a Staufen, donde yace tu cadáver, visitaré la tumba que te guarda... imploraré a Dios por tu alma maldita y cabalgaré una vez más, como lo hiciera antaño con Daniel Stevar, mi entrañable amigo, y con el conde Zimmer, poderoso señor de la comarca... ¿Te acuerdas, Fausto, cómo empezó esta historia? Era un día de verano y cabalgaba con ellos por los campos en pleno verdor. Todo era plácido y fecundo. ¡Cuán diferente a esta tierra seca y rojiza, erizada de espinas, muerta de sed!

—¡No me digas, Felipe de Hutten —comentó sorprendido el conde Zimmer— que el belitre de Bartolomé Welser ha enviado un ejército a las Indias para hallar la Casa del Sol!

—Así es, Excelencia—respondió el joven irguiéndose en la bestia—. Don Ambrosio Alfinger, con una fuerza de trescientos hombres desembarcó en la isla de Venezuela el 24 de febrero de 1529.

—Es decir, ¿hace seis meses?

—Justamente, mi señor.

—Estás bien enterado, Felipe —añadió con simpatía el noble, poniendo el caballo al paso.

—¿Se os olvida, Zimmer —acotó con zumba Daniel Stevar— que Felipe, además de ser criado de la real familia, es deudo y deudor de los Welser?

Hutten, severo y circunspecto, afirmó reposado:

—Pero no sólo eso, excelentísimo señor. Se busca más gente para enviarla a Venezuela. Nicolás de Federmann recluta mineros en Silesia.

—Eso es lo que no entiendo. Su Alteza Serenísima, ¡a quien Dios guarde!, me pide soldados para defender Viena contra los turcos, a los que tiene encima, y sigue enviando tropas al Nuevo Mundo. ¿Qué sucede con los españoles?

—Bien sabéis cómo son: van a la guerra cuando les viene en gana y al sitio por ellos elegido. No hay fuerza capaz de obligarlos a tomar las armas. Con deciros que hay ciudades que contratan mercenarios para que sustituyan a sus hombres.

—¿Y acaso crees que mi situación es diferente? Arriba de veinte soldados de paga, las dos terceras partes de mi ejército, nada más puedo ofrecer a Su Alteza, salvo los voluntarios que atraiga el pregón de leva. Pero dudo mucho que acudan a enrolarse. Defender a Viena de los turcos es mal negocio. ¿A quién puede tentar una empresa donde no hay ciudades que saquear ni mujeres para darle contento al cuerpo?

—¿Pensáis, entonces, Excelencia —repuso encrespado— que sólo por mala saña van los hombres a la guerra?

—¡Así es, mi querido Felipe! La guerra tiene tres sustentos: los mercenarios, que hacen profesión de escoltar la muerte; los voluntarios, llenos de ensueños, y nosotros los nobles, herederos de los que en su turno fueron voluntarios o mercenarios con suerte.

Hutten torció el gesto, Daniel Stevar dejó escapar su risilla y el conde Zimmer, siempre jocundo, celebró sus afirmaciones entre carcajadas.

—No resisto el poder creciente de la burguesía —espetó al frenar su caballo ante una posada—. Los Welser son su más acabada personificación. ¡Pero dejemos a un lado la política y refresquemos el gaznate con un gran vaso de cerveza!

Un estruendo de maldiciones y de platos rotos salió de la venta.

—Veamos qué pasa ahí —propuso el conde.

Un hombre de avanzada edad se defiende de dos clérigos rollizos. A patadas y trompicones le han roto la cara y derribado al suelo.

—¿Qué sucede? —pregunta Zimmer inquisitivo y enérgico.

Monjes y soldados se aquietan ante su presencia.

—Perdonad, Excelencia —responde el más craso de los religiosos—. Dábamos su merecido a este maldito brujo: se ufanaba de haber vendido su alma al diablo. Es un caso de herejía. Además de anatema, merece la hoguera.

—Apenas supimos de su presencia en este lugar —afirmó el segundo fraile— decidimos aprehenderle. El malhechor, amparándose en ese inmenso perro que allí veis, un demonio según sus propias palabras, ha opuesto resistencia a la justicia con la complacencia del tabernero y de estos ignaros campesinos. Por eso veis sangre en su cara y tantos destrozos.

—¿Es verdad lo dicho por los reverendos padres? —exigió Zimmer.

—Cierto es, mi noble señor —respondió el hombre con voz juvenil—. Pero, también es cierto que su ira es hija de la avaricia: les negué la fórmula de la piedra filosofal.

—¿La tenéis acaso? —preguntó con ojos titilantes.

—¿Creéis que de tenerla me veríais vistiendo harapos y saciando mi sed a costa de la caridad de esta pobre gente, que aspira a que busque para ellos un mejor destino?

Chilló el primer fraile:

—¡Es un hechicero, un hereje! ¡Merece la hoguera!

—Tenemos órdenes del Santo Oficio —apoyó el segundo— de llevárnoslo prisionero. Con vuestra venia, Excelencia, procederemos en cuestión. ¡Soldados, arrestad a este hombre!

El gran dogo negro gruñó amenazante.

—Quédate quieto, Mefistófeles —ordenó el viejo con suavidad.

Los hombres y el perro se detuvieron.

—¿Pero es cierto —insistió el conde incrédulo— que ese perro lleva dentro a un demonio?

—Como lo llevamos todos —repuso el estrellero—. Sólo que el mío prefiero llevarlo fuera.

La respuesta hizo reír a Stevar, estudioso de lo oculto y de los fenómenos celestes. Hutten, subyugado, lo miraba.

—¿Cuál es vuestro pecado, buen hombre? —preguntó con gravedad.

—Leer el destino en las estrellas y en la voz de los muertos...

—¿Habéis escuchado, Excelencia? —gritó uno de los inquisidores. A confesión de culpa, relevo de pruebas. ¡Arrestadlo! ¡Y a la hoguera con él!

—¡Un momento, señores! —protestó Hutten—. El anciano ha declarado ser astrólogo y nigromante, pero no brujo. ¿Ejercéis, maestro, realmente, la magia negra? ¿Hacéis hechizos para dejar a las vacas sin leche... priváis a los hombres de su potencia?

—En modo alguno, mi señor.

—¿Acudís por casualidad a los aquelarres? ¿Tenéis poderes sobre las tormentas? ¿Hacéis horros los vientres de las mujeres?

—Jamás lo he hecho, mi joven príncipe. Apenas leo el futuro al igual que Agripa, el gran Camerarius y el celebérrimo Tritemius.

—La nigromancia —enfatizó Hutten— nunca ha estado penada por las leyes del Imperio; tampoco la astrología. El propio emperador, al igual que su abuelo Maximiliano, mantuvo en su corte a notables nigromantes y filósofos de lo oculto.

—Soy doctor en filosofía de la Universidad de Wittenberg —argüyó con modestia—, y si en tal estado de pobreza me veis, es por haberme impuesto la norma de no visitar la casa de los príncipes.

—¿Por qué hacéis tal? —inquirió Zimmer suspicaz—. ¿Acaso tenéis algo contra vuestros señores naturales? ¿Sois, por casualidad, un agitador de sangrientas revueltas campesinas?

—Nada me tienta menos, mi señor, que las lides de la política y la suerte de los poderosos.

—¿Podéis explicaros mejor? —demandó Zimmer cejijunto.

—Por una simple razón, Excelencia. El porvenir de los poderosos, al igual que el de los miserables, no requiere de las estrellas para avizorarlo.

Se alzó, airada, la voz del jefe de los inquisidores:

—¡Basta ya de burlas y de obstaculizar a la justicia, conde de Zimmer! No podéis oponeros al Santo Oficio y dejaos de tentar nuestra sospecha. Señores más poderosos que vos han sentido el rojo vivo de nuestro enojo. ¡Soldados, haced preso a este hombre!

—¡Deteneos! —ordenó Hutten incorporándose—. Soy Felipe de Hutten, criado del emperador, consejero de Su Alteza el príncipe Fernando, hijo de Bernardo de Hutten y hermano de Mauricio, canónigo de Würzburg y obispo de Eickestaad. ¡Este hombre es inocente! ¡Ordeno su libertad!

—¡Monseñor! —clamaron con temor los inquisidores—. Perdonad. En nuestro ofuscamiento no nos percatamos de vuestra augusta presencia.

Tan pronto salieron los del Santo Oficio, el mago se arrodilló ante Hutten tomándole su mano para besarla.

—Gracias, monseñor, por el favor otorgado. Antes de tres años os hallaréis ante un gran peligro y correré para advertíroslo, dondequiera que os halléis.

—¿Y cómo sabéis tanto —comentó Hutten desabrido— si no habéis hecho mi horóscopo, y ni siquiera habéis leído las líneas de mi mano?

—Me lo ha dicho Mefistófeles—repuso señalando al perro.

—¿No me digáis —preguntó nuevamente Zimmer— que en ese perro habita un demonio?

—Ciertamente, mi noble señor. Me lo cedió mi cuñado para servir a los hombres.

Zimmer, ignorando la respuesta, repuso premioso:

—Pero debéis huir de inmediato de Staufen. Apenas nos marchemos, los inquisidores caerán sobre vos.

—Así lo espero —asintió imperturbable.

—Refugiaos en mi castillo y leednos a todos la buenaventura.

—Recordad, mi excelso señor, que nunca piso el umbral de los poderosos. Mefistófeles pierde el olfato y yo el buen sentido.

—Tomad, entonces, estas monedas y marchaos de prisa —ordenó Zimmer.

El enigmático viejo se inclinó ante Hutten:

—¡Que Satán os libre de los santos, joven y limpio caballero! ¡Atended al renegado y guardaos de las mujeres de la noche!

Tan pronto se marchó el nigromante, gritó Zimmer:

—¡Eh! ¡Tabernero!, tráenos, presto, dos grandes vasos de cerveza y otro de agua para don Felipe. ¡Curioso el tipo ése! ¿Cuál es su nombre?

Varias voces respondieron:

—¡¡Se llama Fausto...!!

—¿Cómo que Fausto? —preguntó sorprendido.

—¿El doctor Fausto? —celebró gozoso Daniel Stevar—. ¿Aquél que voló con grandes alas de Ícaro sobre Venecia...? ¿El que se tragó a un campesino con su carromato para evacuarlo luego un poco humedecido...?

—El mismo que supone su señoría —repuso un campesino—.

Quien acaba de salir es el más poderoso mago de todos los tiempos.

—¡Claro que sí! —apoyó con satisfacción el posadero—. Sus proezas y milagros son inauditos.

—Yo he oído decir que tiene más de un siglo —aventuró Stevar.

—Y debe ser cierto —añadió el conde—. Mi abuelo estaba en la corte de Francia cuando el doctor Fausto fue a venderle una imprenta al rey Luis XI.

—¡Entonces!, este Fausto —agregó Stevar rayando en la expectación— es el socio de Gutenberg.

—¡Tal como lo decís! —apoyó el conde trasegando tres sorbos del espumante vaso.

—¡De ser así —apuntó Stevar—, tiene el secreto de la inmortalidad. Su apariencia no pasa de los cincuenta, y, de haber tenido veinte años cuando visitó al monarca galo, ya completaría el siglo.

—...Es por haber vendido el alma al diablo... —dijo el tabernero, misterioso y justificativo.

Hutten lo miró con ojos adormilados.

—De ser un mago tan poderoso como dices, ¿por qué no hizo una de las suyas librándose de la Inquisición?

Rió con estruendo la concurrencia. Hutten, amoscado, inclinó el cuerpo hacia delante.

—Antes de llegar los inquisidores —explicó el posadero— ya Fausto nos lo había advertido. Escuchaba a Juan el minero narrarnos sus aventuras cuando súbitamente dijo: «Tres valen más que seis.»

—Sí, es cierto —acotó un mocetón con la nariz comida—. Contaba a Fausto mis andanzas cuando de pronto dejó caer su extraña afirmación. Como le preguntase su sentido, respondió enigmático:

«Seis vienen por mí: cuatro de coraza y dos con las mangas verdes. Pero yo haré que tres príncipes me libren de ellos.»

—¡Notable! —expresó Zimmer, que era hiperbólico como todo adicto a la cerveza.

—Realmente es un poderoso hechicero —concluyó Stevar.

—Yo no tenía mayor sed cuando pasé por vuestra taberna —refirió cómplice y satisfecho el conde—, pero de pronto me sentí acuciado por el deseo de tomar cerveza. Indiscutiblemente fue un ardid de Fausto para que lo auxiliáramos en sus tribulaciones. ¿Veis? Ya la sed ha desaparecido por completo.

—No es de maravillarse —replicó Stevar—. Os habéis bebido diez pintas y media.

—De todas formas ha sido un hecho extraordinario que abona su justificada fama. Y cambiando de tema, continúa, Felipe, hablándome de los Welser y de ese país llamado Venezuela, donde se halla la Casa del Sol.

—Al parecer se han presentado algunas dificultades —agregó el mozo—, pero ahora, con el refuerzo de Federmann, serán subsanadas.

—No me gusta ese Federmann —repuso el conde—. Su padre es un comerciante, y para colmo, tuvo simpatías por Lutero; aparte de ser muy dado a la lectura, vicio éste que no abunda entre guerreros.

—Pero es un valiente soldado, hábil y emprendedor —argüyó Hutten, sonrojándose.

—Afirma —dijo Stevar retomando su guasa— que las tejas de las casas son del más puro oro y de plata la mitad de los muros. Pareciera que al oírlo estuviésemos leyendo esas historias embusteras del Amadís de Gaula y de su hijo Esplandián.

—No te burles del Amadís —protestó Hutten—. Es el libro preferido del emperador. Fueron muchas las noches de invierno, estando yo a su lado, que se lo hacía leer y releer para su contento y reflexión.

—Amadís o no Amadís —restalló Zimmer malhumorado—, ese Federmann es un felón y un falaz.

Se oscurecieron sus ojos, y mirando al conde repuso con firmeza:

—Disculpad, Excelencia, que os contradiga. Pero conozco bien a Nicolás y considero que es un hombre de pro, digno de todo mi aprecio y afecto.

—Cómo se ve que eres joven y candoroso, Felipe, y que por ello no lo conoces bien. Nicolás de Federmann, tenlo siempre presente, es un bellaco y de los peores que yo haya visto en mi larga y sufriente vida. Es un farsante en toda la regla, y de la más baja estofa, al que se tarda en descubrir, por haberlo dotado el demonio de habilidades de encantador. ¡Qué el Señor te guarde de sufrirlo!

—No creo —añadió Hutten deseoso de abandonar el tema— que exista posibilidad de que se junten nuestros caminos.

—¡No digáis tal, monseñor! —chirrió una urraca desde su jaula con la voz de Fausto.

2. El turco

Luego de una semana, Hutten y Stevar llegaron a Ulm, a orillas del Danubio. La ciudad amurallada resplandecía carmesí al sol de la media tarde. Al trasponer la puerta de oriente percibieron que algo extraordinario sucedía. La gente trasudaba excitación, apiñada en corrillos gesticulantes de caras alargadas.

—¡Que Dios y su Santa Madre nos protejan! —exclamaba sobrecogido un anciano ante las noticias vociferadas por un oficial.

—¿Qué sucede, señor teniente? —preguntó Hutten, abriéndose paso.

—¡Los turcos, señor, los turcos! —respondió el hombre sofocado de importancia—. Avanzan en dirección a Viena. Son doscientos cincuenta mil y los comanda el propio Solimán.

Camino del río, se mesa la barba con expresión ausente.

—Debo partir ahora mismo a Viena —dice a Stevar—. Mi patria y el archiduque necesitan de mi presencia.

—¡Vamos, Felipe! —protestó su amigo—. ¿Adónde puedes ir a esta hora? Faltan dos horas para oscurecer. Entremos a ese mesón de buena apariencia. Tomemos una buena cena. Descansa hasta el alba y ponte en marcha con mejor disposición.

En una larga mesa devoran una oca suculenta. Al otro extremo un hombre rubio, fornido y pecoso los mira afable, oteando la oportunidad de meter baza. Hutten lo mira con indiferencia insistiéndole a Stevar en su urgencia por partir aquella misma noche.

—¡Perdonad, Excelencia! —intervino el hombre gordo—. Sin proponérmelo me he enterado de vuestras inquietudes. ¿Queréis llegar pronto a Viena? Pues, creo poderos servir. Soy capitán de una nave muy velera y me dispongo a zarpar hacia allá dentro de un par de horas.

—¡Oh, qué bien! —propuso distendiendo su hosquedad—. Acepto vuestra propuesta, maese.

—Me llamo Andreas Goldenfingen —aclaró el marino—, y os aseguro que no hallaréis transporte más veloz que mi barca, y en especial esta noche, con el Danubio recrecido y el viento de nuestra parte.

Se desbordaba en prolijas explicaciones, cuando una voz a espaldas de Hutten lo hizo saltar.

—¡Gordo Goldenfingen, grandísimo truhán! —saludó el recién llegado, abrazando al barquero con sacudimientos de regocijo.

Era un hombre de unos veintiocho años, pelirrojo y bien parecido.

—¡Señor de Federmann! ¡Cuán dichoso me hacéis de volveros a ver!

—¡Nicolás! —exclamó Hutten al percatarse de su identidad. Stevar escudriñaba a Federmann con ojos de pesquisa. Era de mediana talla, de expresión burlona y vivaz. Su barba y cabello estaban cortados con esmero. Un detalle lastraba su gallardía: cada cierto tiempo torcía espasmódicamente la cabeza sobre el hombro izquierdo. Hablaba con fuerte acento suabo, tan lleno de cadencia y gracia que, a pesar de los prejuicios sembrados por Zimmer, se sintió contagiado por su euforia. Apenas reparó en su presencia lo saludó con bulliciosa familiaridad, sin dar tiempo a las presentaciones formales a las que Hutten era tan afecto. A instancias suyas volvieron a sentarse a la mesa, enfrascándose en un fluido intercambio de informaciones. Como saliese a relucir el señor de Staufen, le soltó a Stevar con pícara expresión, seguro de concordar:

—No sabía yo, noble señor, que entendierais el lenguaje de los animales. ¿Cómo hicisteis para entenderos con Bola de Grasa?

Como no lograra su propósito, se volvió a Goldenfingen:

—Pero hablando de cosas más agradables, ¿qué me cuentas, gordo, de Berta, la bella de tu mujer? No hay posadera más hermosa en todo el Imperio, además de cocinar como las hadas.

—Gracias, su señoría —expresó el marino. Se lo haré saber apenas la vea.

—Pero, ¿qué haces en Ulm, Nicolás? —dijo Hutten, que lo escuchaba en silencio—. Te hacía camino de la Isla de Venezuela.

—Y lo haré mañana, cuando despunte el alba. Vine a despedirme de mis padres. Me acompañan algunos soldados y veinticuatro mineros de Silesia. Y tú, ¿qué harás en el futuro? —le contestó con alegre talante—, ¿continuarás hasta volverte viejo, de trotacaminos de Sus Majestades?

—¡Calla, por Dios, Nicolás! —protestó molesto—. Bien sabes que mi trabajo se apoya en el sigilo.

—No sé a quién engañas —respondió con burla—. En Ulm, todo el mundo sabe quién eres y de qué te ocupas. En la plaza, uno de los soldados me dijo: «Acaba de llegar Felipe de Hutten, el correo preferido de Su Majestad», y al preguntarle a un anciano sobre tu paradero, no sólo me señaló dónde hallarte, sino que añadió: «Es la imagen rediviva de Alberto Durero en su juventud.» ¿Has visto su autorretrato en Nuremberg? Pues eres idéntico, con el pelo rojo, oscuro y suelto y esa expresión de Cristo desapacible. ¿Por qué no te vienes conmigo a Indias? —preguntó súbitamente—. Allá está tu porvenir. Retornarás rico y experimentado.

—¡Imposible! Tengo deberes para con el emperador y el archiduque. El turco amenaza a Viena y a Europa.

—¡Bah! El mismo cuento de siempre: Oriente contra Occidente. Solimán no es mejor ni peor que Atila o que Gengis Kan. Se cansará de molestar y terminará por regresar a su cueva. Vente conmigo a Indias, Felipe de Hutten.

—Señor —interrumpió respetuoso Goldenfingen— es la hora de embarcar.

A paso lento, se encaminaron hacia el muelle. El sol buscaba la horizontalidad. La barca de Goldenfingen era de remo y vela. Pronto soltaron amarras.

A diez varas, corriente abajo, Federmann gritó jocundo:

—¡Adiós Trotacaminos!

La fuerte brisa del atardecer y el brioso fluir del Danubio impulsaron la nave. Con rostro ensombrecido hunde su mirada en la corriente.

«¡Trotacaminos de Sus Majestades! —rumió con dolor—. Eso y no otra cosa es lo que soy desde hace dos años. Vivo sobre un caballo, sin ser nunca el mismo, ni tampoco mío. He de cambiarlo a cada amanecer y hasta tres veces en una jornada, según la premura del recado. Hoy es Ulm, mañana Ratisbona o Staufen, o Lyon, Toledo o Sevilla, llevando y trayendo confidencias del archiduque. Nunca he disfrutado más de tres semanas de muelle holgura; nunca he permanecido más de tres meses en el mismo sitio. Más de doscientas leguas hube de galopar sólo para preguntarle a Zimmer si amaba al emperador. ¡Quince días de matacaballos para hacer una pregunta! ¿Qué gloria lleva la de ser recadero?»

—Señor de Hutten —dijo a su lado Goldenfingen—, ¿qué os parece el río a esta hora del atardecer?

—Hermoso, sin duda —dejó caer con desgano.

—El Danubio es el verdadero camino real de Europa. Antes de la guerra llevaba mis barcos hasta el mar Negro y la misma Crimea. Ahora debo limitarme a navegar entre Ulm y Viena.

—¿Y no os aburre esta vida, maese? ¿Este vivir sobre un camino, aunque sea de agua y se mueva?

—¡Por Dios que no! Y a pesar de estar casado con la mujer más hermosa de Suabia, como se lo oísteis decir al señor de Federmann. Tenemos una posada en sociedad con mi padre en el camino de Augsburgo, que nos da buen dinero.

—¿Y se puede saber entonces qué hacéis a bordo de este cascarón con mujer y hacienda en qué ocuparos?

—Para seros franco, monseñor, no soporto otro tipo de vida que estar hoy en un sitio y mañana en otro. Por grande que sea mi amor por Berta y por mi anciano padre, he de confesaros que me aburro solemnemente a la semana de estar con ellos, como si una maldición me obligase a huir constantemente de mí mismo.

—¿Y qué dice vuestra mujer?

—Está de acuerdo. He tenido una suerte desmedida —celebró entre risas—. Ella es víctima del mismo mal. Dice no resistir por mucho tiempo la vida al lado de un hombre. Su primer marido la encerró por cuatro años en una granja sin ver más cosas que patos y gallinas. Desesperaba, cuando la súbita muerte de su esposo la dejó libre. Juró no atarse a nadie hasta encontrarse con alguien que le permitiese ser soltera por temporadas. Por eso hacemos tan feliz pareja.

Intrigado y también molesto, Hutten hurgó razones para apoyar su protesta:

—¿Tenéis hijos?

—Desgraciadamente, no.

Arrugó el entrecejo.

—¿No será vuestra esposa víctima de algún maleficio? Es inusitado que una mujer joven no haya concebido luego de cuatro años de vida marital y con dos hombres. Me temo, maese, que algo extraño os ronda.

Goldenfingen, dubitativo, se rascó la cabeza.

—Es curioso, sois la segunda persona en hacerme tales advertencias. El caballero Von Spayer, casualmente de Ulm, tiene la misma sospecha. Von Spayer es ducho en teología y en demonios, es muy versado en brujas y las persigue implacable. La última vez que lo vi, hará ya dos meses, iba camino de Augsburgo. Pesquisaba el caso de una de ellas que volaba siete leguas en su escoba. ¿Creéis que mi pobre Berta sea víctima de un hechizo?

—No sería de extrañar por lo que me habéis referido. Secar el vientre de las mujeres es una de sus mañas preferidas.

Por diez días la nave se deslizó por el río. A tres leguas de Viena, un grupo de soldados, en la orilla derecha, les hizo enérgicas señas. Los turcos ocupaban ya toda la ribera opuesta.

Entró a Viena por una poterna lateral de la puerta oeste, cerrada y protegida por cientos de soldados vigilantes hormigueando sobre las murallas. Apenas se halló en el recinto de la ciudad corrió hacia el palacio imperial en busca del archiduque. Era el 20 de septiembre de 1529.

—¡Bienvenido, Felipe, hermano mío! —exclamó con los brazos abiertos Su Alteza Serenísima, el archiduque Fernando—. ¡Bienvenido a este lugar del infierno! Mira los campos de Viena cubiertos de tenderetes turcos. ¿Ves aquello que se eleva como un minarete? ¡Pues es un minarete! Y aquel palacio de cristal que allá se alza y a donde no llegan nuestras bombardas, es la casa y harén del mismísimo

Solimán, el Gran Turco, el sultán victorioso, el asesino de mi cuñado el rey de Hungría. Mira aquel cuerpo de infantería: son jenízaros, la tropa favorita de «El Magnífico», como se hace llamar el muy truhán. Observa con qué agilidad cargan y se detienen. ¡Echan pie a tierra! ¡Se arrodillan! Cesan los ruidos del campamento. ¡Todo el ejército está de hinojos! Es la hora de los turcos para hablar con Alá. ¡No deja de ser hermoso ver a doscientos cincuenta mil hombres de guerra con la frente en tierra y el trasero en alto, paralizados por el canto del muecín! Estos son los momentos en que deberíamos atacar... Pero nuestra gente está atemorizada... ¡Yo también lo estoy...! Las bajas han sido terribles. El turco se ha tragado la cuarta parte de Europa y ahora pretende engullirse a Viena. ¿Quién nos iba a decir hace cuatro años, tú eras un crío..., que nos hallaríamos en estas desventuras...? ¡Recuerdas a Pavía? ¡Victorioso mi hermano, vencido el rey francés! Era un espectáculo sublime. Hoy lo sublime es La Sublime Puerta, y perdóname el mal chascarrillo. Pero la situación me tiene al borde de padecer los mismos males de mi madre, la reina Juana. ¿Qué sabes de ella? ¿Continúa todavía en Tordesillas? ¡Pobre hermano mío! Pese a ser emperador de Alemania, aún no es rey en Castilla, por más que la rija cual si lo fuera. Los españoles detestan al extranjero. Mientras mi madre viva, han sentenciado las Cortes, ella será la reina. Por más que delire y maldiga a Germana de Foix, amante de mi padre y lasciva esposa de mi abuelo. A los españoles no hay quién los entienda, y a los alemanes, menos. Por esa incomprensión, Carlos tiene que permanecer allá y yo encontrarme aquí, dándole la cara al turco y a Solimán, quien, según dicen nuestros escuchas, se ha sentido acongojado de medir sus armas, luego de un trajinar tan oneroso, con un simple archiduque. Pero, ¡mira!, ya calla el muecín. Los espahíes han montado de un salto al unísono en diez mil caballos. Resuenan los atabales. ¡Mira cómo refulgen sus alfanges al sol! ¡Nos amenazan! Aquel que viene a caballo, cerrado de negro como una viuda, es el mismísimo Solimán. ¡Es imponente el hombre! ¿No te parece? Buen guerrero, mejor administrador, tolerante en religión, siempre y cuando le rindan acatamiento. Eso es lo que siempre he recomendado a mi imperial hermano. Pero bien lo conoces. El tal Lutero no es más que un cura gritón y rijoso. ¿Sabías que casó con una monja? Dejaría de alborotar, al igual que tu primo Ulrich de Hutten, si cediésemos un poco a sus demandas. ¿Y qué es lo que pide? Pues librarse del papa de Roma, a quien Carlos hace cinco años tiró de las barbas, luego de dejarle hecho un asco el Vaticano. Pero así es Carlos. Ahora tenemos a los castellanos recelosos y a los alemanes en rebeldía. A propósito, ¿cuál fue la respuesta del conde Zimmer? Es un buen gordo, bebedor de cerveza, fiel a nuestra causa. .. ¡Pero, cuidado...! ¡Huyamos de aquí...! ¡Comienza el ataque...! ¡Ya descargan cañones y culebrinas...!

Viena resistió el empuje otomano, aunque las tropas del sultán llegaron a combatir en las mismas calles. Al llegar las lluvias de otoño, Solimán levantó el campo y se retiró hacia Hungría, no sin antes hacerle saber a los sitiados que él «no había querido tomar Viena, sino retar en singular combate al archiduque Fernando».

—Ya te habremos de creer, bobo —voceó Fernando desde las murallas—. Te retiras porque no puedes con nosotros y ya estás enterado de que el emperador ha desembarcado en Génova. ¡Vete ya, bobo!

Hutten salió con un pelotón de caballería en persecución del enemigo. Eran guerreros bisoños los de su cuerpo, no mayores de veinte años, buenos para las justas galanas y para pinchar a turcos de madera, que, de no hacerlo bien, recibían un porrazo. Era hábil en este arte de lancear soldados de juguete, y, aunque estuvo en Pavía, como era más paje que escudero, hubo de contentarse con «ver los toros de lejos», como en buen español lo aseveró el archiduque. Al igual que toda la gente de su rango, hablaba el castellano sin poderse librar de un todo del germánico gorgotear de las erres. España le placía. A los ocho años viajó a Castilla con Carlos V, adolescente para aquel entonces.

Los españoles le parecían pintorescos y soleados, y luminosos sus campos. Detestaba el frío y la bruma, como los que hubo de soportar en Flandes, en sus tiempos de paje, sirviente o familiar de los dos príncipes. El emperador le tenía particular simpatía. «Llevas el nombre de mi padre y eso es bastante», le dijo misericordioso en tres ocasiones. Amaba con veneración a Carlos V, y con precedencia al archiduque. Por su proximidad a la imperial familia se le hizo correo de sangre entre Toledo y Viena, Bruselas o Sevilla.

Andalucía le parecía la región más hermosa de la tierra, con sus monumentos moriscos y sus naranjales. Era un goloso de la agridulc fruta. Cuando llegaban los cargamentos a la corte, se las ingeniaba para apoderarse de un saco de ellas, chupando con fruición hasta las cáscaras. La primera vez que pisó Málaga, y con un grupo de jóvenes de su edad visitó los pecaminosos y célebres Percheles, el dueño de una fonda le preguntó con inflexiones rufianescas sobre la mejor forma de complacerle: «Yo tan sólo quiero naranjas —respondió con ojos deseosos—. Media docena de naranjas, de las más grandes y dulces que tengáis.» El hombre, dándose por entendido, regresó con seis rubias opulentas. Indignado, salió a la calle. Él era un caballero del Santo Grial. Era como Parsifal: casto y fuerte hasta la unción. De no regresar a un convento, como le venía por ocurrencia, llegaría sin mácula al tálamo nupcial. El frenesí de los sentidos es causa de muchos males, había oído decir al mismo emperador, aunque se rumoreaba que allá en Bruselas tuvo una hija bastarda llamada Margarita. El rey de los franceses perdió en Pavía por su apego a los placeres de la carne. La fuerza de los jenízaros, cristianos robados cuando niños, estriba en ser castos como eremitas. De ahí su valor y disciplina.

El contingente de los caballeros avanzaba tras el enemigo. Los ayes de los moribundos entenebrecían el campo; la carroña de los caballos emponzoñaba el aire; el humo se confundía con la bruma; era alegre el paso de los corceles.

Un príncipe de armadura plateada súbitamente gritó con alarma:

—¡Los jenízaros!

Un centenar de soldados, erizados de alfanges y de pelotas de hierro, emergió tras una colina, cargando sobre ellos. Volvió a saber de sí cuando en mitad de la noche sintió que lo zarandeaban. Dejó escapar un quejido. Un jenízaro expresó en castellano:

—¡Jolines, si aún vive! Pero no será por mucho tiempo. Reza a Cristo o a Mahoma, nene, hasta aquí te llegó la hora.

Hizo un esfuerzo por incorporarse y dijo al hombre en español:

—Dadme la vida y recibiréis a cambio crecida recompensa. Soy familiar y consejero del archiduque Fernando.

—¡Jolines! —volvió a exclamar el soldado—. ¡Y el muy cabrón habla mi lengua! ¿Se puede saber —le preguntó con voz bronca y aguardentosa, luego de arrancarle el yelmo— de dónde un chivato ojiazul como tú, habla la lengua de María Santísima?

—¿Sois español? —preguntó esperanzado.

—¡Por supuesto, hijo! ¿De qué otra parte pudiera ser para maldecir con tanto donaire?

—¿Y qué hacéis, entonces, en tierra de infieles, con el distinguido uniforme de los jenízaros?

—¡Vientos de suerte que nos echa el diablo! —respondió el hombretón, con leve tinte de melancolía—. Yo era un chaval, tenía ocho años apenas...

—A esa edad —interrumpió— conocí España...

El jenízaro, luego de vacilar, prosiguió:

—Jugaba en la playa con otros dos chicos... Allá en Málaga...

—¡Cuán bella es Málaga...! Si supierais lo que allá me ocurrió en un barrio llamado Los Percheles...

—¿Conocéis Los Percheles? —preguntó el hombre emocionado—. Allí vivía yo con mi madre, que era calientacamas de oficio... pero si continuáis interrumpiéndome os cortaré el guargüero. Dejadme quitaros ese traje de latón, que para nada sirve cuando un jenízaro esgrime sus bolas de hierro.

—¿Y mis compañeros?

—La mitad, muertos y la otra mitad, cautivos... Ya el sultán pedirá rescate, si algo tienen en la escarcela. ¿Sois rico?

—Por patrimonio no tengo un centavo.

—Muerto, entonces, sois.

—Esperad un momento, amigo, a lo mejor llegamos a una buena componenda.

—¿Cuál pudiera ser ella?

—Retornar, pongamos por caso, a la vida civilizada...

Ronroneó desdeñoso.

—¿Acaso creéis que en Turquía la pasamos mal? Si vivieseis en Estambul, os daríais cuenta de que Toledo no es más que un hato de porquería, al igual que la misma Viena. Pero la verdad es que a uno le hace falta su gente... Como os iba diciendo, a los ocho años unos piratas berberiscos raptáronme y vendiéronme como esclavo en Constantinopla. Como yo era alegre y fortachón, avezado en la pelea y lenguaraz como un mercader, el gran eunuco, quien fue mi primer amo, decidió que yo servía para jenízaro. Y no mintió el muy cabrón: al poco tiempo aventajaba a mis compañeros. Antes de cumplir veinte años era el preferido del sultán, su guardia de corps y confidente...

—¿Sois casto, entonces? —inquirió maravillado.

El jenízaro lo miró con extrañeza.

—¿Casto? ¿Qué coño creéis que soy? ¿Cuándo habéis visto a un andaluz de pura cepa, como el que tenéis delante, que de niño no ande de buscatetas?

—Perdón... Pero yo creía...

—Precisamente por mis ardores, que siempre satisfice a hurtadillas, fui descubierto estuprando a una esclava circasiana destinada al gran visir. Allí perdí la gracia de Solimán, amenazándoseme con la castración de volver a incurrir en lo que ellos llaman «terrible pecado». ¡Como comprenderéis, pasábamela con los huevos en un hilo! Pues yo, en materia de hembras soy más incontinente que un verraco. Con deciros que en días pasados fueron tales mis apremios, que me hallé forzando una mula...

—¡¿A una mula?!

—¡Claro que a una mula! ¿Y por qué os extraña? Hay momentos, hijo, que a uno no le hace asco ni una camella africana, que, además de oler a diablos, lanza mordiscos y patadas. Por eso tengo por norte regresarme a la cristiandad. Eso de caparme, me aflige sobremanera.

—¿Y por qué no regresáis conmigo a Viena? No está más distante de dos leguas y media. Intercederé por vos ante el archiduque; estoy seguro de lograr su clemencia, os darán un cargo de significación en el ejército.

—No estaría mala la idea, si los hi de puta de los eunucos, que son los que llevan las riendas del gobierno, no hubiesen dejado como rehenes a los dos chicos con quienes raptáronme hace dieciocho años. Ellos, aunque no valen para nada, son mi única familia. De no regresar vivo o contárseme entre los muertos, serán estrangulados en el mercado de Constantinopla.

—¡Qué pena! Os compadezco en vuestro destino. ¿Cómo pudiese yo ayudaros?

—¡Dejaos de melindres, gaznápiro, que no estamos en la corte! He desistido de cortaros el gaznate por el solo hecho de haber estado en Los Percheles de Málaga, donde han quedado para siempre los alegres recuerdos de mi infancia, con sus burdeles festivos y aquel ingenio de ocurrencias. Os llevaré en vuestro corcel hasta las mismas puertas de Viena; y quiera el Profeta que algún día pueda escapar de aquella gentuza que me quiere capar. Tarde o temprano lo intentaré; tarde o temprano nos volveremos a ver, os lo prometo, ¡como que me llamo

Francisco Guerrero, cautivo de los turcos y natural de Baeza! ¡Vamos en marcha, nene! ¡Vamos en marcha!

3. Coronación en Roma

Con la retirada de Solimán llegaron las primeras nieves. Se cubrieron de blanco las calles de la ciudad imperial y Hutten se dispuso a disfrutar la Pascua, aunque la ciudad en ruinas expresara el impacto de la guerra. En la calle abundaba la gente llorosa y maltrecha. En palacio todo era distinto, con sus lasquenetes de vistosos uniformes y sus cortesanos envueltos en pieles de marta.

La noche de Navidad, luego de una opípara cena, con capones, lechones y almendras, el archiduque le informó ufano mientras las campanas de San Esteban llamaban para la misa de gallo:

—Hemos de estar en Roma antes de febrero. Mi hermano será coronado por el papa emperador del Sacro Imperio Romano. Es nuestra reconciliación con la Santa Sede. Ya nuestros enemigos no tendrán más que murmurar. Pero, por si fuera poco, el emperador, para asegurar Alemania a los Habsburgo, aráme coronar rey de los romanos.

«Una vez más sobre el camino», caviló con un dejo de pesar. Pero al ver la euforia que había en el rostro del archiduque, quebró la rodilla en tierra y luego de besarle la mano exclamó conmovido:

—¡Dios os bendiga, Alteza Real!

Abrían la marcha los grandes de España, vestidos con ricas telas tejidas en oro, cabalgando briosos caballos forrados en hierro. El conde de Nassau a la cabeza de otros poderosos señores del Imperio, llevaba también un traje recamado en oro sobre su armadura. Venían después veinticinco pajes, en terciopelo amarillo, montados sobre alazanes con áureas gualdrapas. Seiscientos alabarderos, con trajes de color gualda, sucedían a los pajes y precedían al emperador. Montaba éste un magnífico corcel húngaro, ricamente enjaezado con bocado y barbada de oro fino. Cuatro gentilhombres a pie sostenían sobre la cabeza del emperador un baldaquino tejido con preciosos hilos. Delante de Carlos V cabalgaba su gran mariscal Adriano de Croy, con la espada desenvainada. Tras el emperador seguía su hermano el archiduque Fernando, y su escolta palaciega, rivalizando en elegancia. Hutten no iba con ellos. Un traje de gala comparable no bajaba de trescientos florines, su paga de dos años. Desfiló al final del cortejo con su pesada armadura de hierro. Los cardenales Como y Farnesio salieron al encuentro del emperador al acercarse a la iglesia de San Pedro, donde Su Santidad lo esperaba rodeado de toda la pompa pontificia. Cuatro mil nobles batían al aire las banderas del papa. Clemente VII jineteaba un caballo turco, seguido por veinticuatro cardenales de ropones rojos, montados en muías. Los heraldos de Francia y de Saboya, y de otros países, con dalmáticas cruzadas por los emblemas de sus soberanos, seguían al rey de armas de Borgoña, que, al grito de «¡Largueza y liberalidad!», arrojaba monedas de oro y plata a la multitud, respondiendo ésta emocionada: «¡Imperio...! ¡Imperio!»

En el momento en que Su Santidad coronó a Carlos V, mil piezas de artillería atronaron los aires de Roma.

En el gran salón del palacio, decorado con primorosos tapices, se hallaba dispuesto un espléndido banquete para mil personas. Sobre los manteles venecianos brillaba la fabulosa vajilla de oro y plata del emperador. Hutten se contentó con ver de pie el fastuoso espectáculo, enmarcado por cuatro horas de música de trompetas, clarines, oboes, rabeles, arpas y violas.

—Me basta con haber visto todo esto —comentó a uno de sus compañeros— para sentirme satisfecho. Lo recordaré mientras viva.

—¿Habéis visto, Felipe —reclamó malicioso el otro— aquella doncella a cuatro puestos del emperador?

Su mirada se posó penetrante en una hermosa chiquilla ricamente enjoyada. A despecho de la gravedad cortesana, hacía reír al César con sus decires y ademanes.

—¿Quién es ella? —preguntó en un arrebato.

—Es la hija del duque de Medina Sidonia —respondieron a un lado—, grande de España, señor de Andalucía con pretensiones de rey.

—¡Válgame el cielo! ¡Nunca había visto a una mujer de tal perfección y donaire!

La chica, cual si escuchase, le sonrió con travesura.

—¡Vamos, Felipe, que estás de suerte! —celebró su camarada—. Pero... ¡Mira, hijo, te hace otro requiebro!

Hasta levantar manteles permaneció absorto en la hija del grande. Salió del brazo de su padre, seguida por ocho pajes con ceñidos jubones de terciopelo. En el portal movió la cabeza y, al encontrarse con sus ojos fijos en ella, volvió a sonreír. Una voz marcial acabó el embeleso:

—Daos prisa, es tiempo de formar. El emperador sale hacia su casa.

Con la misma pompa y ceremonial del comienzo salió el cortejo en medio de los aplausos y vítores de la muchedumbre. Carlos V, con su hermano a la diestra, iba a la cabeza. Los pesados corceles cruzaron el vetusto puente. Un estruendo sacudió la tarde. Voces y gritos de alarma recorrieron la multitud: luego de pasar el emperador, se derrumbó la principal arcada.

—¡Oídme bien los aquí presentes! —saltó una voz aguda desde lo alto de una columna rota—. ¡Lo que acabáis de ver es un presagio! ¡Carlos de Habsburgo será el último emperador coronado por un papa! ¡Os lo dice Juan Fausto, el estrellero!

Ya los guardas lo rodeaban amenazantes, cuando a una señal del monarca se replegaron.

—¿Qué pretendes decirme, mago agorero? —preguntó, frenando su bestia.

—¡Tomadlo como buen auspicio, Majestad! —gritó de nuevo Fausto—. ¡Toda Italia será vuestra! Ya lo tengo en arreglo con mi cuñado...

Nueve días llevaban las fiestas. No volvió a ver a la duquesita y tampoco al emperador, cercado siempre por las más altas dignidades.

—Olvídate, Felipe, de esa ilusión —le aconsejaba su compañero—. Hay demasiadas distancias entre un grande de España y un pobretón como tú, por viejo y egregio que sea tu linaje.

Aquella mañana montaba guardia con un grupo de jóvenes nobles ante el palacio donde se alojaban Carlos
Y y su hermano. Súbitamente, y cuando menos lo esperaba, apareció ella acompañada del soberbio duque. Con zozobra buscó su mirada. La voz de un heraldo lo dejó tieso:

—¡Su Majestad, el emperador!

Con su espada en medio de los ojos, vio aparecer arriba de la escalinata al dueño del mundo, mientras veinte fanfarrias alardeaban de su presencia. El emperador, luego de agitar su mano a modo de saludo, descendió por las gradas colmadas de cortesanos; rodilla en tierra los hombres, reverenciales las damas. Tan sólo el duque y su hija permanecieron erguidos. El magnate, sin descubrirse, apenas se inclinó levemente, al paso del emperador.

«Menudo poder el de esta gente —se dijo poseído de admirada inquietud—. Y yo alimentando ensueños imposibles.»

La voz atiplada del archiduque señalándolo a gritos, reclamó su atención:

—¡Mirad, Majestad, quién está allá! Es Felipe de Hutten, por quien me habéis preguntado.

—¡Felipe! —llamó Carlos V—. Acércate acá.

Un murmullo envidioso subió por las graderías y se incendió de asombro cuando el emperador, luego de darle a besar su mano, lo abrazó con ruidoso afecto:

—¿Qué te has hecho, hombre de Dios? —inquirió llano—. Ya he preguntado por ti. Dile a éste —afirmó señalando al archiduque— que te envíe lo más pronto a Toledo con algún recado. Quiero tenerte cerca.

Lloroso de emoción y con la espada en alto, vio alejarse a los reales hermanos, seguidos muy de cerca por Medina Sidonia y la movediza duquesita.

En los días sucesivos no logró verla. Días antes de retornar a Viena, se enteró por el archiduque de que había partido hacia Andalucía, la dulce y soleada tierra de los naranjales.

«Cuán lejano y próximo parece lo sucedido», se decía en Viena, a dos años de todo aquello.

—¡Felipe! —llamó desde su mesa de trabajo el archiduque—. Necesito que vayas a Augsburgo para negociar con los Welser un nuevo empréstito. Aquí llevas sendas cartas para esas sanguijuelas.

—Como lo ordene Su Gracia..., digo Su Majestad. ..

—Siempre se te olvida la fecha de mi coronación. Fue hace dos años, el 5 de enero de 1531, no lo eches en saco roto, fui ungido en Aquisgrán rey de romanos.

—Perdone... Su Majestad...

Caminando de espaldas, salió en busca de Augsburgo, «guardia de los banqueros», según decires del archiduque.

4. Parsifal

Al llegar al puerto vio que la barcaza de Andreas Goldenfingen se disponía a zarpar.

—Me complace sobremanera, monseñor —expresó el pecoso marino—, recorrer con vos la misma ruta. Ahora iremos más despacio, tenemos el viento y la corriente en contra. Pero no os preocupéis, mis fortachones muchachos a fuerza de brazos nos llevarán a donde os plazca. ¿Vais a Augsburgo, me habéis dicho? Os dejaré donde el Lerch desemboca en el Danubio. Siguiendo su curso llegaréis a la ciudad en un tercio de jornada, con la ventaja de que podréis pasar la noche en «Las Tres Herraduras».

Tras una pausa, Goldenfingen añadió con ánimo de proseguir:

—¿Conocéis Augsburgo?

—Aún no —respondió atento al rítmico bogar.

—Es una ciudad muy próspera, dolor de cabeza de los grandes señores: el fuero otorgado por Maximiliano, al igual que a otras ciudades, ha dislocado sus privilegios. Los campesinos y artesanos que se acojan a sus murallas son declarados libres de toda tributación.

Hutten, ajeno a lo que decía el patrón, se extasiaba en el paisaje tantas veces recorrido, de bullente armonía con gente gorda, rubia y de sonrisa ancha. En las inmediaciones de un pueblo, un tumulto y una humareda llamaron su atención. Los remeros suspendieron el canto, mirando hacia la ribera entre vivaces comentarios.

—Están quemando a una bruja —informó Goldenfingen—. ¿Quiere, monseñor, acercarse a ver?

—En modo alguno —contestó con desagrado—. Sigamos adelante.

«De un tiempo a esta parte —se fue diciendo— la quema de brujas se ha incrementado en Austria, en Suiza y en el sur de Alemania. En Como llevan a la hoguera cien por año. Temo a las brujas —dijo persignándose—. Hacen hechizos, adoptan forma de gato, vuelan en sus escobas, seducen a los niños...»

Sus ojos plomizos flotan sobre el Danubio. En lontananza se escuchan los gritos de los vecinos. Las aguas lo llevan al bosque de Arstein, cerca del castillo ancestral de los Hutten, muy cerca de la iglesia de Santa María de Soddenheim. Aún no había llegado a la pubertad. Pasaba el verano con los suyos en la risueña y florida aldea, rodeada de pinares y de recuerdos hazañosos. Era la primera temporada con sus padres, luego de tres años en la corte.

Era más alto que los chicos de su edad, y de tan recia contextura que su progenitor no ponía en duda que sería otro bravo paladín, como él lo fuera en otros tiempos.

A los seis años cabalgaba con maestría, colmándolo de orgullo al acompañarlo en sus cacerías por el umbroso bosque, lleno de corzos y liebres y uno que otro jabalí. En medio de la floresta vivía un leñador, donde indefectiblemente recalaban al final de sus cabalgatas. Era un hombre alegre y bebedor con gran afecto por su amo. Viudo desde hacía tres años, solía quejarse de su soledad, hasta que un día sorprendió a ambos al mostrarles una agraciada moza que se trajo a casa luego de encontrarla errabunda por los aledaños del bosque. Sintió una desconocida desazón al contemplarla. Era joven, alta y cetrina; con esa exótica pincelada que en su paso rugiente sembraron las hordas tártaras. Tenía los pómulos altos y salientes; los ojos, renegridos, rasgados, de una oblicuidad casi vertical. Era de boca gruesa y bien dentada; al moverse lo hacía con una esquivez flexible, casi danzante que lo llenaba de un acompasado y placentero desconcierto. Su atracción por la mujer se acrecentó violenta cuando ésta fijó en él sus pupilas, mirándole con una expresión extraña hasta entonces. Por eso supo desde un principio todo cuanto iba a suceder cuando el leñador le ordenó: «Llévate el niño al bosque y dale un paseo.» Tomados de la mano, corrieron en silencio por una vereda que remataba en un prado cubierto de flores. La tarde ya estaba avanzada, el sofocante calor del día daba paso a un aire tibio que comenzaba a enfriarse.

Habló ella por primera vez:

—Aquí bailan los elfos. Tan pronto se ponga el sol vendrán de todos los lugares del bosque y danzarán hasta el alba. Si hacemos un sortilegio los veremos sin ser vistos y averiguaremos el sitio donde ocultan sus tesoros.

El sol desapareció tras los pinares.

—Es necesario —añadió la mujer con timbre distinto— que untemos tu cuerpo y el mío con este ungüento mágico.

De una bolsa de cuero sacó una grasa de olor repugnante.

—Habremos de desnudarnos —propuso sacándose la ropa. Boquiabierto se sonrojó estremecido. La mujer soltó una risilla:

—¿Es la primera vez que contemplas a una mujer como el diablo la trajo al mundo? Pues, mírame a tus anchas. Es hora de que el cachorro deje de tomar leche. Pero desnúdate. Sácate el traje. No te avergüences. Sale la luna y el sol se apaga.

Las manos de la muchacha lo llenan de placer al frotarle el ungüento. En un impulso la tomó en sus brazos y se echó sobre ella.

Nunca atinó a saber qué fue primero: si la danza de los gnomos o su anodadante inmersión en aquel cuerpo caliente y movedizo. Al despertar iba en brazos de su padre, camino del castillete. Una luna espectral brillaba sobre los campos.

—¿Qué te sucedió? —preguntó el burgomaestre con amorosa displicencia—. Cuenta la mujeruca que te dio un desmayo. ¿Acaso no habías comido suficiente? Pero, ¿qué clase de menjurje te ha untado esa salvaje? ¡Hueles a diablos!

La madre y su servidumbre esperaban ansiosos. Bernardo de Hutten refirió el percance sufrido por su hijo. El capellán frunció el ceño, al oír hablar de ungüentos. Husmeante se acercó al muchacho, resoplando violento y santiguándose con premura.

—¡Es leche de brujas! —exclamó demudado—. Esa mujer es una hechicera.

Cuando el cura y el padre se enteraron por sus labios de lo sucedido, montaron en cólera.

—El bueno del leñador —afirmó el cura— se ha amancebado con una bruja.

El burgomaestre, fuera de sí, ordenó a sus hombres:

—Id de inmediato en su busca y encerradla en la mazmorra.

Por más de quince días cayó en un profundo letargo, interrumpido a veces por el paso elástico de la leñadora de rostro mogol, que se le echaba encima y lo acariciaba, mientras los gnomos en derredor hacían sonar sus tamboriles y flautas de Pan. Decían quienes lo escucharon delirar, que en medio de la fiebre llamaba con palabras llenas de lujuria a la mujer del bosque, convulsionándose en el lecho cual lo pudiera hacer un hombre con su hembra.

Sólo recuerda que, así como estaba, lo llevaron un día en una litera, rodeado de curas, a la plaza del mercado, y que su propio padre, luego de tomarlo en brazos, lo sentó en un amplio silletón en lo alto de un estrado. Somnoliento, vio a una mujer, atada a un poste, en traje de penitente. Hizo un esfuerzo por reconocerla. Alguien trajo una tea, otro voceó palabras sacramentales. Redoblaron tambores. Ella comenzó a gritar y a retorcerse en un prado de llamas azules. Ante la escena tuvo un acceso convulsivo y cayó sin sentido. Al volver en sí, tal como lo profetizó un entendido, desapareció el letargo que por semanas lo tuvo con el alma ausente.

Su madre, Ermelinda, tomó severas medidas. Crecida en el terror al demonio y dotada de un fuerte temperamento, extremó las precauciones por salvarlo de sus garras. Comunión y confesión diaria, tres rosarios antes de cada comida, amén de incesantes lecturas piadosas con el capellán. Un día llegó a Königshofen un trovero. Luego de esculcarlo detenidamente, permitid que los distrajese esa noche con sus baladas, «siempre y cuando fuesen verdaderas y edificantes».

El trovador narró la historia de Parsifal. Luego de múltiples peripecias en busca del Santo Grial y la Sagrada Lanza, el héroe vence al mago Klingsor, ante quien ya había sucumbido Amfortas, el hijo del señor de Montsalvat, guardián de las preciosas reliquias. El héroe, valido de su rayo de oro, logra evadirse de los encantos de Kundry, la hechicera, cuando ya casi lo vence al enloquecerlo de ganas. La historia termina con Parsifal victorióso, a pesar de haber matado al cisne sagrado. La gente, incitada por la dueña, aplaude con emoción. Felipe, a pesar de los ronquidos del padre, vibra de entusiasmo.

Ermelinda y el capellán lloran jubilosos cuando afirma solemne: «Quiero ser como Parsifal.» «Serás como él, Felipe mío —celebra la madre—, casto y fuerte hasta la santidad.» Y para mostrar su contento, da un escudo al trovador y comparte con su hijo y con el cura una jarra del mejor vino de Franconia. Sueña que es Parsifal. La bella Kundry al verlo venir huye precipitadamente. Valeroso la persigue con su rayo de oro. La hechicera se adentra en el bosque. El la sigue. Cae de bruces la pérfida. Solloza y pide clemencia. Le ordena darse vuelta. Quiere verle el rostro antes de alancearla. La sorpresa lo paraliza. Kundry no es Kundry, es la mujer del leñador. Le sonríe tentadora. Se incorpora, lo desnuda, lo arrastra al suelo restregándolo sobre su cuerpo.

Veinte azotes y todo un día a pan y agua le impone el capellán al oírle en confesión. Los años pasan. Las tentaciones van y vienen y se alejan. Siempre en relación con la presencia real y desquiciante de mujeres de pómulos altos, ojos rasgados hasta las sienes y piel cetrina. A la vista de ellas, se esfuma el poder que de tanto orar ha alcanzado sobre los sentidos para ser el más débil y concupiscente de los Amfortas. Una fuerza nueva lo domina. Es inútil, como recomienda su confesor, que cabalgue por horas hasta reventar media docena de caballos, que se sumerja por días en los ríos helados o que devaste un bosque con hacha de leñador. Las hembras acicateantes no lo abandonan en lúbrica y nítida obsesión. Siente impulsos irrefrenables por buscarlas y poseerlas sobre una alfombra de paja, con un trasfondo de llamas, donde rostros capri- cantes lo animan a proseguir.

—Es el demonio —le ha dicho el cura— quien te enloquece con esas mujeres de rostro tártaro. Fueron hechas para el mal. Satanás se ha empeñado en perderte. El día que cedas a sus tentaciones, esas súcubos con apariencia de mujer, porque no son otra cosa, te destrozarán entre sus garras arrastrándote a los infiernos. ¡Cuídate de ellas, Felipe mío, y no escatimes esfuerzo ni sufrimiento por devolver a tu cuerpo y a tu alma la paz que ansias!

El cilicio, luego de ensayar diversos medios, fue la solución. Sólo cuando las puntas de hierro desgarraban su cintura, se batían en fuga las imágenes tormentosas. Entonces se decía orgulloso, sangrante y exhausto: «¡Has vencido, Parsifal!»

Para su fortuna, no abundaban en Alemania las mujeres como la bruja del bosque. Con excepción de seis casos con los que topó hasta que el archiduque lo armó caballero, cinco años atrás, no fue importunado por más encuentros. Para reforzar su actitud, hizo hasta el matrimonio voto de castidad ante el mismo príncipe cardenal de Würzburg.

La barca de Goldenfingen siguió corriente arriba. Un olor a carne chamuscada persistía. «Odio a las brujas —se iba diciendo—, temo a las mujeres de la noche; todas deben ser destruidas, todas deben yacer conmigo... Pero, ¿qué estoy diciendo, Santa María de Soddenheim?».

—Me parece bien que hayan quemado a esa bruja —comentó Goldenfingen a un lado—. Valida del mal de ojo causó la muerte de tres niños.

—Está bien, entonces —agregó—, que la hayan destruido.

En las últimas horas de la tarde atracaron en la margen izquierda del Lerch al desembocar en el Danubio. Siguiendo su curso, casi perpendicular, llegarían en un cuarto de jornada a Augsburgo.

—Pudierais hospedaros, como os dije —sugirió Goldenfingen—, en mi posada de Las Tres Herraduras. Está a menos de tres millas de aquí.

—Así lo haré —respondió para satisfacción del marino.

—Dadle saludos a mi padre y a mi amada Berta —le gritó al zarpar—. Decidles que estaré de vuelta en casa antes de dos meses. ¡Salud, monseñor! ¡Que Dios y Santa María os acompañen!

Esta vez trajo consigo a Lutecio, su caballo preferido. Apenas montó sobre él, el alazán piafó de contento y se lanzó al trote hacia el Sur, bajo el tibio y luminoso sol de mayo. Era tarde espléndida de cielo cerúleo. El río lo flanqueaba a su izquierda y una verde campiña, levemente ondulada, se extendía a todo lo largo, alternándose el trigal con el bosque y las siembras de cebada. El caballo bruscamente pasó del trote al galope, arrancándole un grito de protesta. Ya era tarde avanzada cuando a menos de tres millas se dibujó un villorrio. «Este debe ser el pueblo de Goldenfingen —se dijo—. Es hora de cenar y poner fin a la jornada.»

A la entrada del caserío, de cara al Lerch, se erguía una espaciosa vivienda de tres pisos, de techos apizarrados: tres herraduras colgaban del portal. Un anciano afanoso, al que supuso el padre de su amigo, le dio la bienvenida.

—Entrad, mi señor —propuso respetuoso—. Ya me ocuparé de vuestro corcel. Sentaos donde os plazca, en un santiamén estaré con vos. Tenemos rodilla de cerdo para esta noche y sopa de coles.

La luna completa se asomó sobre el horizonte. Lutecio lanzó un relincho, resistiéndose a trasponer el corral. Hutten lo vio con desagrado. «¿Qué demonios le pasa? Desde que desembarcamos se conduce de manera enloquecida.»

Fue necesario que lo arrastrase vigorosamente por las bridas para hacerlo entrar al galpón.

—Descuidad, mi señor —dijo el posadero—. Esto suele sucederles luego de una larga travesía. Añoran seguramente la libertad de un cielo estrellado y el moverse sin esfuerzo por los caminos del río. Yo tengo un hijo que se le parece...

Tentado a identificarse, fiel a sus hábitos, guardó silencio y entró al mesón.

Cuatro grandes mesas de pino y un crujiente fuego se ofrecían confortables. El aposento estaba vacío. Una amplia escalera de madera reluciente invitaba al reposo en las habitaciones de arriba. Sintió hambre y fatiga. Eligió una mesa frontera a la chimenea y apoyando la cabeza en la pared de roble cerró los ojos, sumergiéndose en un blando sopor.

Una voz susurrante apagó el ensueño:

—¿En qué puedo servir a tan galano y apuesto caballero?

Abrió los ojos con lentitud. Una mujer alta y espigada, vestida a la usanza bávara, se le plantaba enfrente. Enderezó el cuerpo y buscó su cara.

—¡Santa María de Soddenheim! —murmuró aterrorizado.

Era la mujer del bosque, más atractiva y subyugante. Era mogola por sus pómulos altos, sobre los que fluían, rasgados hasta las sienes, dos ojos de azul germánico. Su pelo, recogido en trenzas, era amarillo encendido, y su piel azafranada brillaba cálida y sedosa a la luz del fuego.

Con boca pulposa y dientes de oferta, añadió aumentando su turbación:

—Yo soy Berta, la posadera, la mujer de Golden-fingen, el marino. ¿Acaso lo conocéis?

Y había tal inflexión en su voz y tanta malicia chispeante en sus ojos que tuvo la certidumbre de estar ya avisada de sus tratos con el barquero.

—Mi marido nunca está en casa...

Hutten seguía inerte ante su figura y movilidad. Tenía el cuello alto, el rostro despejado y la expresión suelta.

—Aquí tenemos todo cuanto os pueda dar gusto —prosiguió con voz levemente enronquecida—. Buena mesa para el yantar, buena gente para departir y buena cama para... dormir si no preferís otras cosas.

Un golpe de sangre le subió a la cara. Nunca había topado con una hembra que aparte de sacudirlo con tal violencia, le allanase el deseo como si ya fueran muchos los días de yacer con ella.

El viejo Goldenfingen entró al salón:

—Al fin vuestro corcel se ha sosegado —explicó con gritos de sordo.

Berta, ignorándolo, le dijo sin disimulo, antes de darse vuelta:

—Quedaos a dormir, mi marido esta noche se acuesta con el Danubio.

El posadero, desentendido, continuó dando noticias sobre el caballo:

—Comió con apetito su buena ración de avena.

Se abrió una puerta al fondo, y apareció Berta con un plato en cada mano y un largo pan bajo el brazo.

—Subo ahora mismo —prosiguió el anciano— a preparar vuestra alcoba. Os daré la que tiene vista al río.

Berta caminaba vacilante para no derramar el potaje. El resquemor que le había dejado al ausentarse se esfumó al reaparecer. Sintió vivos deseos de quedarse en la posada. Berta puso los platos sobre la mesa. Además de la sopa traía una gruesa y rosada rodilla de cerdo. Hutten, haciendo un esfuerzo, se apresuró a decirle al hospedero:

—Tengo prisa por llegar esta misma noche a Augsburgo; con luna llena y buen paso llegaré antes de que canten los gallos.

—Lo lamento, mi señor; pero si ése es vuestro deseo aperaré de nuevo la bestia, para que prosigáis viaje luego de cenar.

Y a pequeños pasos se dirigió hacia la caballeriza. Cuatro parroquianos, recién llegados, reclamaban a gritos la atención de Berta. Antes de encaminarse a la cocina le susurró concitante:

—Si quieres volver a mí, estaré esperándote.

Y cruzó el comedor, ignorando a sus clientes.

Por un instante se debatió indeciso. Encomendándose a su santa patrona, ahogó en la sopa de coles el reclamo de Berta. «Si Parsifal rechazó a la bella Kundry, yo no puedo ser menos.»

Una paz súbita se apoderó en él. Y dueño de sí, prosiguió degustando la gelatinosa y suculenta rodilla.

«Tan pronto vuelva le haré sentir el poder de mi continencia.» Acabada la cena, Berta seguía sin retornar, a pesar de los gritos impacientes de los comensales. El tiempo pasaba. No quería marcharse sin antes desdeñarla, oponiendo su virtud a tanto desenfado. Pero como ya era noche cerrada, decidió proseguir hacia Augsburgo.

Lutecio avanzaba por el camino enlunado. Una brisa suave subía del Lerch y un firmamento sin nubes pleno de estrellas invitaba a recorrer la noche. Fustigando la bestia trotó y galopó sin parar por más de seis millas. Al llegar cerca de una alquería en ruinas, una nube negra cubrió la luna, un rayo y un trueno precedieron un chubasco. «¡Qué extraña resulta esta lluvia!», pensó contrariado. Taconeando a Lutecio se encaminó hacia las ruinas. Un relámpago le dejó ver una figura femenina guareciéndose bajo una de las arcadas. Rugió el trueno y el corcel se embanderó hasta casi derribarlo. Luego de amarrarlo a una viga dirigió una mirada a su compañera de lluvia.

—¡Berta! —exclamó lleno de asombro al encontrársela frente a frente—. ¿Cómo hacéis para estar aquí, si os dejé atrás, hace ya tiempo?

La rubia mogola dejó salir su risa timbrada.

«¡Es bruja!», se dijo consternado escuchándola reír.

—¿Cómo hicisteis para llegar antes que yo —preguntó con zozobra—, si he venido todo el tiempo al galope y nadie me ha sobrepasado?

Volvió a reír con estrépito.

—Tranquilizaos, noble caballero. No soy bruja, ni soy Berta la posadera. Soy apenas su hermana gemela. Me llamo Gertrudis. Vivo cerca de aquí —añadió señalando una casa a menos de cien varas— y buscaba un ovejo que se me había extraviado cuando me sorprendió la tormenta.

Con la explicación amainaron el temor y la lluvia. Se asomó la luna. A su luz, la gemela de Berta guardaba con ella tal semejanza que era imposible creer que no fuese ella misma. Tenía su risa, gestos idénticos y el mismo traje que llevaba en Las Tres Herraduras.

—Pero venid, mi señor —reclamó la mujer tomándole de la mano con voz ardida—. Pongámonos a resguardo en aquel cobertizo. Es la única parte techada. Allí podremos charlar y descansar mientras pasa el mal tiempo.

Se recreció el chubasco y se dejó llevar por Gertrudis.

Afuera Lutecio relinchaba y daba coces.

—Son muchas las personas que como vos se han dado un susto al encontrarse conmigo o con mi hermana, luego de habernos dejado atrás.

Recordó lo referido por Goldenfingen sobre aquel cazador de brujas, que en los alrededores de Augsburgo buscaba a una que volaba siete leguas en su escoba. «¿Y si Berta es la bruja que busca el amigo de Goldenfingen? ¡Santa María de Soddenheim —imploró—, apiádate de mí!»

La mujer, sin soltarle, se echó sobre el heno arrastrándolo en su caída. Su cuerpo cálido y el vaho de hembra disiparon sus temores.

—¿Sabéis que sois guapo de veras? —le susurró ardorosa acercando la cara con intención de besarlo.

El corcel afuera seguía coceando y debatiéndose impetuoso.

Tomó la cara de la mujer entre sus manos. Ella dio media vuelta y se le echó encima.

El largo aullido de un perro cercano lo contuvo. En medio de la oscuridad recordó a Fausto: «¡Cuidaos, monseñor, de las mujeres de la noche!»

—¡Vade retro, Satanás! —gritó aterrorizado empujándola a un lado, corriendo hasta Lutecio, al que montó de un salto. Sin dejar de rezar, cabalgó un cielo despejado, hasta que halló una posada donde se sintió a salvo.

A mitad de la mañana hizo su entrada en Augsburgo. De inmediato se dirigió a la casa de los Welser, frente a una fuente coronada por Neptuno. Fue recibido por Antonio, el hermano menor, a quien la gente achacaba tratos con Lutero, mientras su fraterno socio, ausente de la ciudad, juraba por el emperador.

Luego de entregarle el real pedimiento, salió al corredor penumbroso que seguía a su despacho. Enceguecido como iba, no vio venir a un hombre cargado de libros. Chocaron de frente, rodaron los textos. Borbotearon las excusas. Estalló la carcajada de Nicolás de Federmann.

—Pero, ¿qué haces en Augsburgo? Te hacía en Venezuela.

—Es largo de explicar. Ven conmigo. Te lo diré en mi despacho. Termino un libro por encargo de mis señores, los Welser. Allí narro mis aventuras y todas las posibilidades que encierra esa rica provincia. ¡Helo aquí! ¡Se llamará La historia indiana! ¡Ábrelo! ¡Pálpalo sin miedo! Mira lo que aquí digo.

Hutten dirigió una mirada a los manuscritos. Federmann, luego de cerrar la puerta, le dijo con voz suave:

—¡Reñí con Ambrosio Alfinger, el capitán general y gobernador de Venezuela! ¡Es un canalla! Además de homiciano y feral es más envidioso que una mujer mula. Desde el primer momento chocamos el uno contra el otro. Lo que yo decía, él se encargaba de negarlo, haciendo mofa de mis afirmaciones. Un día decidió irse tras la Casa del Sol por caminos errados, dejándome en Coro como su teniente de gobernador. Harto de esperarlo y teniéndolo por muerto, salí a explorar por mi cuenta. Luego de andar ocho meses, regresé a Coro, hallándome con Alfinger hecho un basilisco. Luego de hacerme prisionero me expulsó de las Indias por cinco años. Todo esto sucedió en diciembre de 1531. Aún he de esperar otros dos años más para regresar a esa tierra de promisión. Entre tanto, escribo mis experiencias. Pero olvidando este percance, escúchame bien sobre lo que hallé en Venezuela. Hay oro a patadas, siempre y cuando haya ingenio para encontrarlo. Es un país de maravilla, con los más diversos climas. Hay cordilleras heladas similares a los Alpes; desiertos como los de Argelia; tierra fecunda y cálida de sabor andaluz, con las más variadas y apetitosas frutas. Hay una llamada perales por los españoles, que parecen peras de media libra, con pulpa verde y amarilla de sabor a mantequilla. Los indios las llaman aguacates. Son una delicia. Hay otra nominada higo de mastuerzo: es como una higuera, pero, en vez de higos, cargan una suerte de melones a los que apodan lechosas por soltar leche sus troncos como amas de cría. Hay también guanábanas y membrillos. Los animales muchos, de inimaginable catadura, pelambre y suculencia. ¡No me mires así, que lo digo en verdad! Los indios se cuentan a millares: unos buenos y pacíficos, como los caquetíos, de muy bellas mujeres, y otros bravos e indignos, como los jirajaras: los vendemos como esclavos en Santo Domingo y con mucho provecho. ¡Hay también pigmeos! Los ayamanes. Y he descubierto, finalmente, la costa del mediodía de la isla de Venezuela. ¡He hallado al fin los mares del Sur! ¿Qué te parece, Felipe de Hutten? Como si fuera poco, sé a ciencia cierta dónde se encuentra la Casa del Sol... en este sitio queda. Veo que te interesa el mapa. Así como lo oyes. He interrogado a cientos de indígenas sobre el sitio donde se oculta la ciudad de oro, y en su mayoría coinciden en afirmar que se encuentra tras esta larga y alta cordillera. Apenas la encuentre seré más rico que los Welser y el emperador juntos, al igual que todos aquellos que me acompañen, como te lo propongo una vez más. Deja de ser ya el pobrete trotacaminos de Sus Majestades, siempre al pie del banquete sin anuencia para probarlo. ¿Te sonrojaste? ¡Bien, me alegro que así sea! Soy un poco correveidile, y por eso te compadezco, viajando entre Augsburgo, Lyon o Sevilla, como inspector de los Welser y teniendo por sueldo la mísera suma de noventa florines al año. Pero no sientas pena por mí. ¡Quita esa cara! Dos años pasan pronto, aparte de ser un hombre con suerte. En cualquier momento surge el milagro y levanto vuelo.

Hutten, esperando el arribo de Bartolomé Welser, para quien tenía recados de boca, permaneció por quince días en Augsburgo. Durante su estada en la próspera e industriosa ciudad, sintió acrecentarse la insatisfacción de su oficio.

—¿Te imaginas, tú —lo tentaba Federmann—, con el ascendiente que tienes sobre el emperador, cómo aumentaría tu poder de convertirte en hombre acaudalado? Si las cosas salen como yo las pienso, podrás comprarte un palacio frente al alcázar, verás a diario al César, no siendo de extrañar que terminases de virrey de alguno de sus países o de consejero del Trono.

Hutten hizo un mohín desganado.

—No es ello precisamente lo que me place. Amo con ternura al emperador y a don Fernando. Me agrada compartir con ellos, como lo hacía de niño, su intimidad: acompañándoles en sus partidas de caza o escoltándolos, cuando les daba por hacer solitarias cabalgatas. Pero de allí al hervor de la corte, con sus grandes y pequeños rondándolos y aburriéndolos, con sus solicitudes y adulaciones, hay un largo trecho. Me hastían sobremanera los codiciosos de gloria. Aparte de sentir cada vez con más hondura el llamado del convento.

—¿En un convento? Pero tú estás poseído por la luna, Felipe de Hutten. ¿Y qué vas a hacer con las mujeres?

—De ellas precisamente huyo. Soy un convencido de que el demonio las utiliza para perderme.

La hora y el fuego favorecían las confidencias. Refirió lo sucedido con la posadera.

—¡Vamos, Felipe! —exclamó lacrimeante de tanto reír—. ¿Cómo es posible que a tu edad puedas creer que la mujer de Goldenfingen es una bruja? Puta cual gallina sí lo es, y revolquéme con ella cuantas veces pasé por Las Tres Herraduras. ¿Que cómo hizo para salirte al paso en las ruinas, luego de haber galopado por más de una legua? Pues muy simple, saliendo subrepticiamente de la posada antes de que partieras y tomándote la delantera. ¿Cuál es el enigma?

Vencido el plazo de la espera, tomó el camino de retorno. Aquella mañana era más densa su destemplanza. «Habré de hablarle muy claramente a don Fernando para que me releve de este cargo de portador de buenas y de malas nuevas. No soporto más la vida sobre el camino. Le pediré mi reincorporación al ejército. Prefiero el campo de batalla a este desasistido oficio de trotacaminos.»

Próximo al mediodía vio en lontananza las ruinas de la alquería. Pensó en Berta y en Nicolás revolcándose jadeantes en la cama del maestre. Y a pesar de que se iba diciendo «Los hombres son falsos y las mujeres pérfidas», la silla de montar se le hizo deleitosa moviéndose al vaivén de Lutecio. «¿Qué será de Goldenfingen cuando se entere de que Berta no es más que una buscona que folga todas las noches con el primer forastero de su agrado?» El calor del mediodía parecía animar y ablandar la silla. «Tenía razón el conde Zimmer cuando negaba a Nicolás calidad de caballero. ¿Cómo se puede festejar a Goldenfingen tan ruidosamente, como lo vi hacer en Ulm, y a la vez hacerlo cornudo con indiscreción y jactancia?» El roce de la silla y el vaivén del caballo doblegaban su resistencia. «Berta tenía la boca gruesa y suculenta, olía a flores y a hembra.» A la altura de la alquería pensó en ella con deleitosa fijeza. La vio echada sobre el heno, besándolo succionante. No era una bruja. Era una bella desvergonzada y con tanto ardor para la entrega que no vaciló en cabalgar más de una legua para acostarlo en el heno. El rítmico pendular de la bestia daba corporeidad al recuerdo. El corcel aceleró el paso. Empalideció el recuerdo de Santa María de Soddenheim.

—¡Vamos, Lutecio! —prorrumpió en un arranque, poniendo la bestia al galope hasta que alcanzó a ver el villorrio, donde, al otro extremo, estaba Las Tres Herraduras.

El pueblo estaba vacío. En la plazuela de la iglesia, una anciana de rostro demencial le informó señalando hacia el río:

—Están quemando a una bruja.

En lo alto de una escalera de veinte pies, y con el rostro crispado estaba Berta, amarrada por gruesos cordeles. A la misma distancia ardía una hoguera. Los vecinos diligentes la nutrían con paja y leña. Un capuchino, de rodada caperuza y mondo cogote, dirigía el auto de fe. El pueblo enfurecido le gritaba «¡Bruja!» Un sacerdote elevó hasta sus labios un crucifijo atado a un palo. Indignada escupió la reliquia. Crepitó de ira la gente abajo.

—¡Basta ya! —ordenó imperioso el capuchino calvo—. Echadla de una vez al fuego.

Al volver en sí, recordó a Berta precipitarse en la hoguera en una órbita de alaridos.

—¿Ya estáis bien, caballero? —dijo a su lado el sacerdote que auxilió a Berta—. ¿Nunca habíais visto quemar a una hechicera? —Sin esperar respuesta prosiguió—: A mí pasóme igual la primera vez.

Alelado miraba ausente las ondas del río.

—Era una de las peores brujas que asolaban la región —prosiguió el cura—. Confesó en el tormento haber dado muerte a su primer marido y mantener hechizado al bueno de Goldenfingen. Aparte de divertirse con los hombres, era mala y vengadora con quienes se le negaban, apareciéndoseles leguas más adelante para estrangularlos, como hizo a tres guapos mozos en los últimos años. Se les creyó víctimas de bandoleros hasta que ella misma confesó, bajo tormento, haberles dado muerte con sus propias manos.

—¡Santa María de Soddenheim! —restalló ensombrecido de pavor.

«No erraba cuando la sentí maligna y solicité tu protección.»

—Era capaz de volar en su escoba por siete leguas —añadió el sacerdote, ofreciéndole un vaso de agua—. Gracias al inquisidor que visteis con sayal de capuchino logró descubrirse su perversa identidad y todos los males que había hecho y preparaba.

Llegando al desembarcadero, aún no se había recuperado del estupor.

«¿Qué hubiese sido de mí de haber sucumbido aquella noche a sus reclamos? Luego de hacerme pecar, robándome el estado de gracia, me hubiese quitado la vida enviándome a los infiernos.»

Un escalofrío lo sacudió ante la ocurrencia.

«Con razón Lutecio se mostró reacio a entrar y se paró de patas cuando alcanzamos las ruinas. Era advertencia contra la presencia de seres infernales. Los animales sienten o presienten el mal. Un perro grande aulló. Recordé a Fausto, cuando años atrás me previno contra las mujeres de la noche. ¿Sería acaso su dogo Mefistófeles? ¡Oh, doctor Fausto, cuán poderoso mago eres! ¡Cumpliste tu promesa de sacarme de un serio apuro.»

La barca se desliza por el Danubio corriente abajo.

«Es la segunda vez que tal me pasa —se dice con profunda aflicción—. El demonio juega conmigo para perderme. Soy fuerte y continente ante las más hermosas mujeres; pero ante hembras como la del leñador y Berta, asiáticas de cara y alma, quedo indefenso y corro hacia el mal sin contenerme. He de flagelarme al llegar a Viena. Guardaré ayuno de pan y de agua por cuarenta días. Nunca más sucumbiré a las tentaciones de la carne. Mantendré mi voto de castidad hasta el matrimonio o abrazaré de una vez por todas el sacerdocio.»

—Los curas como tú —le había observado Federmann— no encuentran jamás paz en su oficio. Eres demasiado gallardo para profesar de monje. Las mujeres te miran al pasar con requebrante gusto. Jamás te dejarán quieto, ni en la paz de los conventos.

«Cierto o falso lo dicho por Nicolás —siguió diciéndose—, lo único que sé es que ya estoy harto de viajar de un sitio a otro. Los caminos son la vía por excelencia de que se valen las estrellas para mezclar a los hombres en tristes y dolorosas experiencias. Apenas vea a Su Majestad le pediré que me guarde a su lado o me envíe a la guerra. No quiero volver a un camino con banderola de paz.»

5. Correo de sangre

Apenas traspuso la entrada de palacio, el ayuda de cámara de Fernando I salió su encuentro.

—¡Al fin llegasteis! Su Majestad ha enviado en vuestra busca en todas las direcciones. Requiere de vos, y con premura.

El rey de romanos dijo a Hutten con expresión sombría:

—He de confiarte una grave cosa: Francisco I ha concertado una alianza secreta con Solimán.

—¡Es inaudito en un rey cristiano!

—Déjate de ñoñerías. El equilibrio del poder exige eso y algo más. Lo que te pido es llevar estos informes a mi hermano, el emperador. Están escritos de tal forma que nadie, salvo estar enterado de lo que te voy a decir, puede descifrarlos. Es indispensable que Carlos ataque de inmediato a los piratas de Argel. ¿Entendido?

—A cabalidad, Su Majestad.

—Habrás de ponerte en camino ahora mismo. Viajarás como un modesto comerciante hasta Génova, donde tomarás el primer barco en dirección a España. Es preferible el albur de los piratas berberiscos que cruzar las tierras del traidor Francisco I.

A matacaballos, cambiando de bestia cada tres horas, del alba al anochecer, recorrió el largo trecho que iba de Viena a los cantones suizos. Muy cerca de la frontera cambió sus ropas por un burdo traje. Los protestantes hostilizaban a los papistas y a los amigos de los Habsburgos, «anverso y reverso del mismo mal». Llevaba más de tres leguas de andar por un agreste paraje, cuando al borde de un abrevadero otro jinete se le emparejó para dar de beber a su bestia.

—Buenos días, maese. ¿Vais muy lejos? —lo saludó zumbonamente cordial.

Su desconfianza se desbocó al hallarse frente a un caballero armado. El sayo de guerra sólo dejaba su cara al descubierto. Era un hombre cetrino, vigoroso y de mediana edad. Cohibido respondió al saludo. Era inusual que un hombre de su rango prestase atención a un joven y modesto comerciante. El otro, siempre afable, propuso:

—¿Tenéis algún inconveniente en que hagamos el viaje juntos?

Un leve malestar lo sacudió al verlo de frente: tenía hundido el pómulo derecho. Y sus ojos pequeños negros y movedizos lo miraban inquisitivos desde el fondo de unas cuencas profundas, de amoratadas orejas. Era tal la fuerza que emanaba de él, que no pudo negarse.

—Será para mí un placer compartir con vos... ¡perdonad...! con tan noble caballero las vicisitudes del camino.

Rió el hombre cual si graznara:

—Ducho sois en el tratamiento cortesano para ser un joven mercader. Azarado y ya marchando al paso de su inesperado compañero de viaje, se llevó en un impulso la mano al cuello de la capa, donde ocultaba el real mensaje.

—¿Hacia dónde os dirigís? —demandó el hombre, autoritario.

—Voy a Genova... a cobrar una deuda.

—Menos mal que no la habéis cobrado —comentó con un trasfondo de mofa.

—¿Qué insinuáis? —preguntó bajo la sensación de un peligro inminente.

—Que en ese caso estaríais más expuesto a percances. En estos tiempos que corren, la vida no vale nada y los bandidos acechan por los caminos. Pero tenéis suerte: yo también me dirijo a Génova. Para mayor seguridad me hago escoltar por los que vienen atrás.

Al volverse, vio a seis lasquenetes, armados de punta en blanco. Su presencia, antes de calmarlo, exacerbó su inquietud. Aquel hombre, más que de soldado tenía aspecto de bandolero. Su expresión feroz se agravaba con una sonrisa deforme.

—Pues no es mucho lo que podrían quitarme — se apresuró a declarar—. Salvo seis florines y lo que llevo puesto, nada más tengo.

Y al decir esto apretó contra el estribo la bota derecha donde guardaba, en el tacón, una copia del mensaje. Rió el otro con su risa cascada.

—Por menos de eso he visto asesinar a muchos. Pero nada tendréis que temer mientras andéis en mi compañía. Mi nombre es Georg Hohermuth von Spayer...

—¿Von Spayer? —exclamó vivamente sorprendido al recordar al perseguidor de brujas, amigo de Goldenfingen.

—¿Sabíais de mí? —inquirió con algún desconcierto.

—Vuestro apellido es de gente muy distinguida en Ulm. Hace poco el emperador concedió a un Von Spayer un escudo nobiliario.

Soltó de nuevo su risa.

—Ducho sois, os insisto, en ciertos conocimientos para ser un pequeño comerciante. Yo soy ese Von Spayer a quien el emperador concedió tan estimable gracia. Soy natural de Ulm y mi vida la he consagrado a la causa de los Habsburgo. Esto que veis aquí —dijo tocándose el pómulo derecho— lo recibí en Mohacs luchando contra los turcos. Yo estaba al lado del rey Matías cuando se hundió en el pantano huyendo de los jenízaros. Bueno, ya sabéis bastante de mí. ¿Puedo saber cuál es vuestro nombre?

—Me llamo Felipe Mayer, natural de Ratisbona.

Volvió el jijeo. Más adelante comentó:

—Por lo que hemos hablado veo que no sois fuerte en administración. ¿Cómo hacéis para ejercer vuestro oficio?

Una ola de rubor le encendió el rostro:

—Pero descuida —chanceó benevolente—. No os traicionaré ni trataré de averiguar vuestra identidad. Lo único que tengo por cierto es que no sois quien habéis dicho ser. Ningún hombre de vuestra condición jinetea con tanto donaire a esa poderosa bestia de guerra.

Von Spayer era impredecible: cambiaba sorpresivamente de humor. De locuaz, ingenioso y sardónico, se volvía de pronto en un poseso maldiciente cayendo sobre sus hombros con despótica crueldad o sumiéndose en un desagradable y prolongado laconismo.

Al llegar al paso de Breñero dijo señalando hacia las montañas:

—Por muchos siglos éste fue el camino de la riqueza para Alemania. Antes de que cayesen en poder de los turcos las minas de oro y plata de Transilvania, la comunicación entre Oriente y Occidente se hacía por este desfiladero. Los súbditos del gran Kan nos enviaban sedas, perfumes, especies y pedrerías, y nosotros les pagábamos con metales preciosos, acero, cobre y latón. A la caída de Constantinopla todo se vino abajo. Cuando ya desesperábamos, un portugués navegó hasta la India, bordeando el cabo Bojador. Los empresarios alemanes instalaron sus factorías en Portugal y con gran provecho, aunque los lusitanos los excluyesen al poco tiempo, declarando el comercio hacia Oriente monopolio de la Corona. El buen Dios ha sido, sin embargo, generoso con Alemania. Apenas nos retirábamos de Portugal, Cristóbal Colón, a nombre de Castilla, descubrió las Indias, que si no eran las de Marco Polo, eran tan ricas y de tanto provecho como aquéllas. Bartolomé Welser, siempre avizor, vio en España la solución de sus problemas. De allí su interés porque el príncipe Carlos de Habsburgo fuese emperador de Alemania. Al suministrarle el dinero que necesitaba para comparar a los grandes electores, adquirió preeminencia sobre los negocios del Nuevo Mundo.

Al escuchar el nombre del banquero, Hutten se irguió atento y una vez más silenció opiniones imprudentes.

Luego de doce largos y fatigantes días llegaron a Génova. Al trasponer la puerta norte de la ciudad, Von Spayer le dijo a modo de despedida:

—No sé quién sois, ni adonde vais. Pero si necesitáis de mí, preguntad a cualquiera y pronto me hallaréis.

Y se alejó con sus lasquenetes por las calles del puerto.

Esa noche, en la posada, al subir hacia su alcoba, sintió desprendérsele el tacón de la bota derecha. Aterrorizado hurgó en la oquedad: había desaparecido la epístola. Trémulo, llevó su mano al cuello: la carta original estaba en su sitio. A la luz de una vela examinó el calzado. El tacón izquierdo se hallaba fuertemente fijado por pequeños clavos. En el derecho alguien había actuado con torpeza.

«¿Von Spayer?», se dijo.

Y vio llegar el amanecer, haciéndose preguntas.

A primeras horas tomó camino hacia la factoría de los Welser, donde según instrucciones haría efectiva una letra de cambio y recabaría información para navegar hacia Barcelona.

El empleado, cejijunto, miró el documento y se alejó puertas adentro:

—Venid conmigo, señor Mayer —le propuso al regresar—. El director desea hablar con vos.

A pesar de un gran gorro de terciopelo y de sus ricas ropas, reconoció a Von Spayer.

—¿Con que os llamáis Felipe Mayer? —le echó en cara con su sonrisa torcida—. Yo sospechaba que algo tendríais que ver con la Casa Welser, a la que tengo el honor de regir en Génova.

Intentó una explicación. El otro lo atajó con un ademán.

—¡No necesitáis justificaros, ni aspiro a que lo hagáis! Bien conozco lo que son los grandes negocios. Ved mi caso: me habéis visto trajeado de guerrero y ahora de comerciante, y seguramente os preguntáis cuál es mi verdadera profesión. Y yo sólo tengo una respuesta: las dos. Como guerrero, he combatido por los Welser y el emperador por toda Europa. Así mismo, he sido administrador y factor a ratos en las más diversas ciudades.

Luego de breve charla, Von Spayer le dijo al entregarle el dinero y el pasaje correspondiente:

—Bien, amigo mío, llevad a buen término vuestra misión. Ya me encargaré de velar por ella. ¡Que os vaya bien, señor Mayer!

El barco era un pequeño velero de sesenta toneladas. Apenas subió a la nao, le llamó la atención un hombre de espaldas asomado a la escotilla.

—Es Andreas Goldenfingen —exclamó al reconocerle—. ¡Maese! —llamó cordial.

No pudo ocultar su asombro al darse vuelta el barquero. A pesar de su esfuerzo por mostrarse alegre, era inocultable su tristeza. De aquel hombre que mordía la madurez hacía unos meses, quedaba un rostro estival de ojos sin brillo, tez descolorida surcada de arrugas y abundantes canas entre el pelo rojo y la barba hirsuta.

—¿Qué puedo deciros, monseñor? —le confesó días después, ahogando un sollozo. No hallo dónde ocultar mi vergüenza. No creo ni una palabra sobre la presunta brujería de Berta. Pero por bruja la tienen, no sólo en aquel villorrio, sino a todo lo largo del Danubio. Por eso un día me dije: «Basta ya de aguantar preguntas y chacotas. El mundo es ancho. Y si no quepo en Alemania, me iré a España.» Por eso me tenéis aquí, dispuesto a abrirme paso a como dé lugar; huyendo de mi pasado.

Los dos hombres, recostados en la escotilla, miran hacia el Mediterráneo con intenciones distintas. Goldenfingen, deseoso hasta hace poco de incesante movilidad, echa de menos una existencia estable. No sabe adonde va ni tiene quién lo espere. Hutten lleva en su capa un mensaje que puede cambiar la historia de Europa, tanto de alcanzar su destino como de fallar en su intento. El barco pudiera zozobrar. Pueden arrebatarle el mensaje y con él su vida o sustraerlo con manos de ladrón, como ya sucediera. ¿Quién robó la copia? ¿Quién desprendió el tacón de su bota? ¿Sería Von Spayer? Era indudable que conocía su misión e identidad. De lo contrario no lo hubiese invitado a ser su compañero de viaje. ¿Quién era Von Spayer? Se decía fiel servidor de los Habsburgo. Su cargo de factor de los Welser lo confirmaba. Pero también podía ser un espía a sueldo del rey de Francia y de los mismos turcos. La traición estaba a la orden del día. ¿Acaso el condestable de Borbón no traicionó a su primo y rey Francisco I?

La voz alarmada de Goldenfingen lo sacó de sus cavilaciones:

—¡Mirad, señor, a babor...! Es una nao berberisca y se nos echa encima.

Un cañonazo salpicó la proa y aclaró sus dudas. Una nave, a velas desplegadas e impulsada por veinte remeros, avanzaba hacia ellos.

—¡Son piratas! —voceó el capitán, lanzando al aire tres cohetes—. ¡No hagáis resistencia! A lo mejor podremos salvar la vida.

El bajel pirata clavó su espolón a un costado del barco, cayendo sobre la cubierta unos treinta forajidos tremolando sus sables amenazantes. Un hombre rubio, alto y fornido, preguntó bronco:

—¿Cuál de vosotros es el cabrón del capitán?

—Yo, señor —respondió balbuceante el marino.

—¿Puede saberse para qué coño lanzabas cohetes al aire, cual si esto fuese una verbena? ¡Habré de cortarte los huevos por estar de chivato!

Hutten lo escudriñaba. Esa voz, esas mismas expresiones, esa cara, las había escuchado y visto en otra oportunidad. El pirata a su vez lo miró con ojos de entendimiento. Sus voces estallaron al unísono.

—¡Señor Hutten!

—¡Francisco Guerrero! ¡Mi jenízaro protector!

—Pero hombre, ¿de dónde salisteis? —preguntó el pirata.

—Otro tanto os pregunto yo. ¿Qué habéis hecho de vuestro uniforme?

—Lo mandé a la mierda una noche de media luna —repuso El Cautivo, como escuchó que lo llamaban sus compañeros.

—A las pocas semanas de haber regresado a Constantinopla decidimos robarnos este barco y hacer la guerra por nuestra cuenta. Somos el terror de la Caledonia, y aquí, sin jactancia, puedo deciros que no nos ha ido mal. Por primera vez nos hemos aventurado hasta Córcega. Pero contadme, don Felipe, ¿seguís de ascético puñetero, o de puñetero auténtico?

—¡Callaos, por Dios, don Francisco! —protestó remilgoso—, y decidme: ¿por qué no habéis regresado a la cristiandad, como habíais prometido?

—¡Ay, don Felipe! —lamentó al espirar—, la bondad me pierde. Apenas nos robamos la nao, nos percatamos de un grave problema: la mitad de los fugitivos eran musulmanes. Mal podíamos solicitar refugio si los pobres chicos iban a terminar de esclavos.

—Pero eso lo hubiera podido yo arreglar. ¿Por qué no fuisteis en mi busca?

Cuatro cañonazos al norte suspendieron el diálogo:

—¡Galeras papales vienen sobre nosotros! —alertó uno de los piratas.

Comentó El Cautivo, con un dejo desesperanzado:

—Y son cuatro... y muy veloces. Y todo por culpa del tiracohetes éste, a quien voy a dejar como al gran eunuco —gritó enarbolando el alfange.

—¡Quedaos quieto, don francisco —intervino Hutten—. Agravaríais vuestra suerte! Escribiré al embajador de España en Roma y explicaré vuestro caso.

—De todas formas mi destino era terminar colgado —añadió indiferente—. Y más vale pronto que tarde.

Cuando el barco se alejó de la flotilla papal, Hutten dijo a Goldenfingen:

—Dios quiera que el capitán le haga llegar al embajador mi carta donde intercedo por este hombre.

—No quiero desilusionaros, monseñor, pero no es fácil salir airoso de esta triple coyunda de pirata, berberisco y renegado. Lo colgarán de las antenas del castillo de San Angelo. Hombres de su temple no los quiere nadie, ni como esclavos.

—¡Pobre Cautivo! Parece que mi buen padre tuviese razón cuando afirma que a la postre toda vida termina mal.

—Y yo lo creo, don Felipe. Luego que el drama empieza, no ha de acabar hasta tanto los hados no nos hagan trizas. No hay salvación, señor. No hay salvación. La alegría, si es que se la halla, sólo se la encuentra en la infancia; y de mucho durar, se va con la juventud.

—No penséis de tal manera, maese —comentó Hutten con suavidad—. Vivir en tristeza es un pecado contra el Espíritu Santo. Ya encontraréis la dicha una vez más. Ya veréis..., ya veréis...

Los muelles de Barcelona estaban abarrotados con un ir y venir de gente. Un marinero viejo, de larga barba, los miró con la boca en trompetilla.

—¿Sabéis, buen hombre —preguntó amable— dónde queda la Casa Consistorial?

—¡Flamenco! ¿no? —espetó el marinero.

—No precisamente... Soy alemán.

—¡Bah! —escupió otro—. Para los efectos, lo mismo da una cosa o la otra: esquilmadores, sanguijuelas, piojos del emperador. Venís a España sólo a sacarnos la sangre...

—Pero, señor mío...

Intervino una voz, tan hostil como la primera:

—¡Tiene razón el maese! ¡Aquí no os queremos! ¡Vagabundos de parla torcida! ¡Farolones multicolores! ¡Sangradores de oficio...!

—Pero, señores, ¡por Dios...! —balbuceó entre sorpresas— ¿qué mal os he hecho? ¿Por qué tantos insultos e injustificados desaires

—¡Fuera los flamencos! —gruñó una vieja de voz aguda—. ¡Volveos a vuestra tierra y dejad de esquilmarnos la bazofia que nos queda!

Diez hombres sañudos convergían amenazantes en el momento en que llegó la guardia:

—¿Qué sucede aquí? —demandó inquisitivo un sargento de alabarderos.

—Nada, señor, por mi parte. Apenas he preguntado a esta buena gente dónde queda la Casa Consistorial y me han maldecido en diecisiete formas...

—¡Venid conmigo! —le ordenó bronco con voz de arresto.

—¡Dejad en paz a los señores! —ordenó al oficial un hombre de señorial aspecto.

—Como lo ordenéis, Excelencia —respondió el sargento saludándolo militarmente.

—Permitidme presentarme, señor de Hutten. Soy Juan de Sarro, factor de la Casa Welser en Barcelona. Tengo órdenes precisas de Georg von Spayer de satisfacer vuestras exigencias.

«Von Spayer?», se dijo extrañado de la celeridad del hombre del pómulo hundido.

—Pero si acabamos de desembarcar... ¿Cómo habéis podido...?

—Descuidad —repuso orondo de sus secretos—. El secreto del éxito está en la precisión y en la rapidez.

—Pero ¿cómo pudo saber Von Spayer mi verdadero nombre? —señaló a Goldenfingen—. ¿Y cómo pudo enterarse este buen señor que nos precede cuando tenemos menos de quince minutos de haber desembarcado?

—No conocéis bien a Von Spayer —expresó el marino con un dejo admirativo—. Es uno de los hombres más facultos del Imperio, además de ser inmensamente compasivo. El fue quien me dio la noticia de lo sucedido a mi pobre Berta, allá en Ratisbona, incitándome para que abandonase Alemania, dado el grave daño que el suceso causaría a mi reputación. Cual si fuese un hermano me dio caballo y dinero para llegar a Genova, y cartas para emplearme en la factoría hasta su regreso a la ciudad.

—¡Caramba, caramba! —silabeó Hutten, ladeando a uno y otro lado la cabeza—. No me dijisteis que lo conocíais en todo el tiempo que llevamos conversando.

Un súbito malestar le invadió al pensar que el hasta entonces bueno y sufrido marino no lo fuese tanto y que estuviese al servicio de Von Spayer acechando la oportunidad de alguna ventaja. El documento en dobladillo seguía en su sitio. Sosegado, simuló interesarse por lo que contaba el gordo:

—Jamás me hubiese imaginado —agregó más adelante— que en un hombre de apariencia tan dura albergase un buen corazón.

—No sólo eso; al llegar a Genova, díjome paternal: «Italia no queda lo suficientemente lejos para protegeros de la maledicencia. Deberíais marcharos a España, a Barcelona. Os daré una carta de recomendación para nuestro representante. El os dará trabajo en aquella linda ciudad. Y si no os basta, idos a Sevilla y de allí a las Indias, si es necesario. Mucho me temo que el feo asunto que abatió a vuestra desventurada mujer, os robe crédito y fiabilidad.»

—Es cierto —comentó intrigado— que Von Spayer conoció a vuestra mujer, diciéndonos que un maleficio la rondaba.

—Ahora no tiene ninguna duda. Según él, mi Berta fue víctima de una verdadera bruja que al querer perderla la hizo aparecer como tal. Viviré para hallarla.

Meditabundo, Hutten caviló sobre lo que sabía.

—¿Volvisteis a Las Tres Herraduras?

—¡Ni por ocurrencia! —refirió lloroso—. Nunca más volví ni volveré, mientras no llegue el día de la venganza. Mi pobre padre murió acongojado al poco tiempo.

Lo mío de aquí en adelante será olvidar. Veamos las posibilidades que me brinda Barcelona para rehacer mi vida.

El representante de los Welser, tres pasos adelante, se detuvo ante una hostería de buen aspecto.

—Aquí podréis descansar —propuso sonriente—, antes de emprender el largo camino que os espera.

Hutten, al trasponer el portal, se volvió hacia Goldenfingen:

—Espero, maese, que Dios y Santa María de Soddenheim os devuelvan la paz y felicidad perdida.

—Que ellos os protejan de todo mal, monseñor —salmodió el

gordo y pecoso marino con los ojos húmedos.

A matacaballos, recorrió las cien leguas que lo separaban de Toledo. Al trasponer las puertas del alcázar, se palpó por última vez el dobladillo.

—El emperador no ha de tardar en recibiros —le comunicó con gravedad el mayordomo de palacio—. Hace días que sabe de vuestro arribo y pregunta continuamente por vos. Se alegrará al saber que ya os encontráis en casa. Ya sale el duque de Medina-Sidonia. ¡Venid conmigo!

«¡Padre de su bella hija!», murmuró al verlo pasar erguido, soberbio y dominador.

—No es de extrañar lo sucedido —dijo Carlos V, con el rostro descompuesto por la gota—. ¡Maldita enfermedad ésta: impídeme caminar y disfrutar de los placeres del vino! Yo, mi querido Felipe, estoy a punto de enloquecer. Esto no es un imperio, sino un tablao de mosaicos rotos. Cuando no son los castellanos, son los flamencos o los alemanes; o los que van y vienen de Indias, llenos de bubas y de sueños locos. No perdónanme haber nacido en Bruselas; hablar mal el castellano, cuando lo hago mejor que el alemán; y tener a Viena por mi capital. Ódianme los protestantes por haberme opuesto a Lutero, y los católicos se resisten por haber tirado de la nariz al papa... Con razón, a los treinta y tres años, en la flor de la edad, parezco más viejo que mi abuelo Fernando el Católico cuando abandonó este cochino mundo, para gloria de la cristiandad y ventura mía. Nunca tuve suerte con ninguno de mis abuelos. El padre de mi padre, el gran bellaco de Maximiliano, de quien heredé mi afición por las ciencias ocultas, solía decir que, aparte ello y del gusto por la cetrería, nada teníamos en común. Y en cuanto a Fernando de Aragón, viejo lascivo e intrigante, prefería a mi hermano Fernando, tal como le sucede al pueblo español: por el solo hecho de haberlo parido mi madre aquí. Nunca he tenido suerte para atraer amores. A los meses de nacido, mis padres se vinieron a España y dejáronme por más de tres años al cuidado de una tía abuela, dos veces viuda y dura como una nuez. A los seis, vi morir a mi padre, llamado El Hermoso por los adulones aunque fuese chaparro y enteco, y con esta misma quijada que tanto abruma a los Habsburgo. Luego, la vesania de mi madre, «La Loca de Amor» de la romanza, cuando más le valdría el apodo de «Hiena sin Apetito». ¿Tú sabes lo que significa pasear el cadáver de mi padre, ya hinchado y descompuesto, por todos los reinos de Castilla? Pero, alcánzame una copa de vino; aunque proteste el doctor Torrealba, un hombre la mar de pintoresco: la mitad brujo, la mitad médico. Tiene un diablo familiar llamado Zequiel y voló a Roma en brujeril escoba, la noche del saco de Roma por mis tropas. Al día siguiente, y con todo detalle contóme lo sucedido desde el principio hasta el final. Como las artes adivinatorias merecen mi real crédito, lo escuché con prudencia, sin decirle mi parecer. Pues, al mes justo, llegaron noticias de lo sucedido. La narración oficial era copia fiel de lo referido por Torralba. ¡Es un prodigio de mago! Quizás no tan bueno como ese doctor Fausto, del cual me hablabas y me hiciera augurios en Roma; pero con tanta sabiduría y prestancia como la que pudiera tener Tritemius, a quien vi invocar el espectro de mi abuela María de Borgoña; o Joaquín Camerarius, el estrellero de tanto ascendiente sobre mi hermano. Pues, ¿qué te imaginas que sucedió aquí con el pobre Torralba? El Santo Oficio o la Inquisición, con más poderes que yo por la beatería de mi abuela Isabel, reclamó castigo para él, no tanto por brujo, como por embustero. Hube de acceder, para evitarme líos, a que a mi médico de cabecera le dieran doscientos azotes en la plaza pública. ¿Crees tú que un país tan reacio a la ciencia sea capaz de llegar a parte alguna? ¡Ay! ¡Cómo me duele esta pierna! ¡Pero alcánzame otra copa de ese borgoña vetado por Torralba por conducirme al sepulcro...! Y ahora hablemos de otro asunto preocupante e ignorado por ti. Como bien sabes, llevado por la necesidad, ya que les debo un millón de ducados, hipotequé a los Welser por veinte largos años, mi provincia de Venezuela. El caso fue, quiero serte sincero, que cuando Bartolomé Welser, ese usurero amigo de tu padre y mío, propúsome el arriendo de la dicha provincia a cambio de mi deuda, vi el cielo abierto, diciéndome: «Hay que ver las memeces a las que pueden estar expuestos los hombres, cuando un banquero tan sabihondo afirma que en algún lugar de Tierra Firme se encuentra la Casa del Sol. Yo, como político que soy, debo hacer uso de la estupidez de los hombres. Apenas díjome aquello, luego de simular regateos, accedí a su propuesta. Luego de tres años, y cuando creía haber hecho pingües negocios, encuéntrame que nunca lo hiciera peor. Un porquero de Trujillo, un tal Francisco Pizarra, acaba de conquistar —afuera su hermano espera para presentarme homenaje— un reino o imperio siete veces mayor que España. Ello no sería nada aunque estuviese plantado de trigo. ¡Pero está lleno de oro y plata! Con decirte que el indio jefe de aquellos sitios, uno que mientan el Inca, ha pagado por su rescate todo un cuarto de dieciocho pies de ancho por treinta y seis de largo y hasta donde alcance su mano alzada, de puro oro. Y, por si fuera poco, dos veces una habitación mediana llena de pura plata. Por concepto del quinto real, y ve tú a saber lo esquilmado, han tocádome en suerte un millón doscientos mil ducados. ¿Te sorprende, no? Pues a mí me ha dejado sin sueño y sin apetito exacerbándoseme la sed. Pues todas esas riquezas son una bagatela al lado de la existente Tierra Adentro, donde me dicen que hay un pueblo con muros y techos de oro, tal como lo refieren las Sargas de Esplandián que tantas veces leímos juntos y que la Inquisición condena por ser historias embusteras. Pues bien, ¿sabes tú dónde se halla esa ciudad tras la cual desaparece el sol en las tardes? ¡Sorpréndete y santigúate! ¡Pues, nada menos que en Venezuela! De modo, mi querido Felipe, que al igual que Saúl, quien por muerto de hambre cambió el reino por un plato de fabada, yo, por un millón de escudos, una verdadera migaja, he entregado un emporio. Tú te preguntarás, a todas éstas, ¿qué pito toco yo en este funeral? ¡Ya te lo digo! Pero antes, lléname de nuevo la copa con ese maravilloso vino, que no entiendo por qué desdeñas. Un poco más..., así..., así está bien. ¡Uf, qué delicia! Una de las razones por las que he llorado tanto traspasar mi ducado de Borgoña, aparte ser herencia de mi bisabuelo El Temerario, es por este maravilloso vino que, según Torralba, es el responsable de mi gota y de esos ataques de alferecía que asáltanme desde la niñez. Pues, como te iba diciendo, si los Welser están a punto de hallar la Casa del Sol, y la encuentran, no sólo perderé el mayor bien que el Señor me diera en suerte, sino que los muy pillos son capaces de birlarme el quinto de usufructo que me corresponde por ley... Cómo tú eres familiar o cliente de los Welser, ni ellos mismos están enterados hasta qué punto eres hombre de nuestra confianza, fácil te será enrolarte en la expedición próxima a zarpar para Venezuela, vigilando al paso e informándome de todo cuanto urdan esos malditos banqueros... Jesús!

¡Hombre de Dios! ¡Quita esa cara de asco, que nada deshonroso a tu honor propongo! No te ordeno hacer de chivato y menos traicionar la confianza de tus amigos los Welser. Sólo pídote defender mis intereses, lo cual es tu primer deber como fiel vasallo... ¿es o no es cierto? ¡Bien!, ya veo que has hecho serena reflexión. Si los banqueros cumplen fielmente lo acordado, nada han de temer; porque la palabra del rey es sagrada. Pero si incumpliesen cualquiera de las cláusulas, como temo y deseo, las cosas cambiarían y me sería viable, sin peso para mi conciencia, anular un compromiso artero y perjudicial para mi patrimonio. Me alegra sobremanera la aceptación de mi propuesta. En cualquiera caso, rico habrás de regresar de las Indias; posición de honor tendrás en mi corte y en mi reino. Habrás de casarte, no de meterte a monje, como has dicho, con la más encumbrada de nuestras princesas. Y bien pudieras terminar de gobernador o de virrey de cualquiera de mis provincias. ¿Qué te parece mi oferta, Felipe de Hutten? ¡Bien! Nada más tenemos que hablar por los momentos. Vete ahora. Afuera espera el doctor Torralba, quien me ha hecho ver con su maravillosa ciencia la verdad de lo que mi corazón sospechaba y temía. Pero antes de marcharte, oculta en aquel armario esa botella y este vaso. En la enfermedad más puede el matasanos que el mismo rey. Mañana te haré llegar una carta para Bartolomé Welser, comunicándole mi decisión. ¿Crees que se opondrá el bellaco? Vaya contigo mi gracia. ¡Ah! ¡Por último, si has de regresar, no volverás a tomar el camino de la mar sino el de la tierra firme! A diferencia de lo que piensa Fernando, deleitoso de misterios, recorrerás el trayecto por la misma Francia, con credenciales francas de ser lo que eres: un enviado imperial. Verás cómo el propio Paco de Angulema se encargará de velarte el sueño mientras estés en su reino.

«¡Al fin el destino me coloca en promisora situación! —se dijo dichoso al trasponer la real alcoba—. Ya no seré más correveidile de augustas inquietudes. Ya no seré el aburrido jinete que vive sobre el camino. El propio emperador ha decidido por mí. Iré a Indias, a Venezuela, al país de la ciudad de oro, donde las tejas son lingotes acanalados, a merced del que las pueda tomar. Cruzaré la mar océano. Tendré mando de tropas. Combatiré a los salvajes, como alguna vez lo intenté hacer con los turcos, y donde estuve en trance de perder la vida de no haber sido por El Cautivo. ¿Qué habrá sido de él? ¿Lo habrán colgado del castillo de San Angelo? La existencia está llena de extraños encuentros y también de posibilidades. La mía acaba de llegar, y juro por mi honor que no habré de echarla en saco roto. Por última vez soy portador de un mensaje y lo celebro por más que sea del dueño del mundo al poderoso señor Bartolomé Welser. ¡Vamos, caballito pongámonos en marcha!»

Capítulo II
Las artes de Fausto

1. Encuentro en Würzburg

Bernardo de Hutten arqueó las cejas al saber el motivo de su presencia en Königshofen.

—¿De modo que vienes a despedirte?

—Así es, padre.

—Mucho habrá de sufrir tu madre al enterarse —añadió resignada—. Algún día tenía que ser definitivamente. Desde los ocho años te marchaste de casa para servir al emperador... Yo soy el culpable —bufó apoplético—. Te vendí por codicia y vanidad...

—¡Padre! —protestó el mozo—. Lo hiciste como un deber de nuestra casa para con la Corona; para mayor gloria de los Hutten...

—¡Bah! En una época mis antepasados eran iguales, o superiores, a los Habsburgo. ¿Por qué hemos ahora de rendirles pleitesía? ¿Por qué arrancarnos los hijos del corazón para halagarlos? ¿Por qué he de aceptar cual honrosa distinción el que vosotros seáis sus criados en vez de vivir conmigo, tal como lo hacen los hijos de todos?

—¿Qué murmuras, Bernardo? —dijo emergiendo tras una cortina su mujer—. ¿Qué mal te escuece para denostar de tal manera de los Habsburgo? ¿Vas a tomar el camino de nuestro primo Ulrich que con sus libelos tiene a la familia en el ojo de la sospecha?

—Pregúntale a tu hijo —propuso el anciano con voz adolorida— la razón de su llegada a Königshofen. Su próxima visita habrá de hacérnosla en el sepulcro familiar de Santa María de Soddenheim, si Dios y el diablo permiten su retorno...

—Madre desmayóse al darle la noticia de mi viaje a las Indias —decía Hutten aquella tarde en Würzburg a su hermano Mauricio.

—¡La pobre! —comentó el prelado mirando al suelo con aquellos ojos metálicos propios de la familia—. Nuestros padres son unos sensibleros incorregibles. De no ser porque no podía negárselo al emperador, en vez de ser amtmann de Königshofen, estaría en su castillo de Arstein, de señor campesino, y yo de cura párroco de Santa María, velando el sueño de nuestros antepasados. Menos mal que nuestro padrino, el conde de Nassau, logró insuflarnos ánimo para escalar más altos destinos.

Hutten vio a su hermano. Aunque no llegaba a los treinta años, parecía un hombre de mediana edad, tal era de severo su continente y meduloso su hablar. Era obispo de Eichstädt, un pequeño pueblo al norte de Munich, pero residía la mayor parte del tiempo en Würzburg, la próspera y alegre ciudad bávara de inexpugnable castillo y famosos viñedos.

—No solamente me parece bien que te marches a Indias en busca de la Casa del Sol —dijo—: lo apruebo entusiasta. El gran Joaquín Camerarius, mi huésped en estos momentos, pronosticó luego de hacer tu horóscopo que sólo gloria y fortuna encontrarás en esa empresa.

—Joaquín Camerarius, en tu casa? —preguntó con intrigada extrañeza.

—Así como lo oyes; pero no sólo eso. Se trasladó especialmente desde Tubinga, apenas le escribí consultándole su parecer. «Son tantos los hechos que nos hacen pensar que la expedición alcanzará éxitos tan sorprendentes y nunca vistos —me respondió—, que antes de una semana me pondré en camino para conocer a un joven tan venturoso como lo proclaman los astros.» Y a pesar de sus múltiples ocupaciones no vaciló en recorrer las cincuenta leguas que lo separaban de Würzburg. ¿No es acaso de agradecérselo? Llegó hace dos días y anoche mismo rehizo tu horóscopo, mostrándose maravillado por lo que vio.

—Pero, ¿cuándo he de hablar con él? —inquirió premioso—. Ardo en deseos de conocer a tan afamado doctor.

—En este momento reposa arriba, en sus habitaciones. Bajará a la hora de cenar y tendrás el gusto de oírlo y de catarlo a tu antojo.

—Me alegran sus augurios.

—Y también a mí; porque aunque toda mi fortuna pasará a tus manos, o a la de tus herederos, ellos o tú habrán de esperar medio siglo —deslizó con tenue sonrisa—. Hasta entonces no serás más que un segundón, un correveidile de príncipes, como te dijo Federmann, pero un pobre diablo al fin... En cambio, con la Casa del Sol...

—Bien sabes —interrumpió— que no anhelo riqueza material; deseo ser sacerdote y de ser posible párroco de Santa María...

—¡No digas sandeces, por Dios! De haber sabido tu verdadera vocación hubiese declinado la carrera episcopal que me ofreció el emperador, pues bien sabes que amo el poder y la gloria.

—En tu caso ya es tarde para rectificar; en el mío, nadie puede desoír el llamado de Dios.

—Pero, tú desvarías, Felipe. ¿Cómo te vas a meter a cura de aldea cuando nuestra estirpe exige herederos? ¿Quién habrá de proseguir el linaje de los Hutten? ¿Quién habrá de beneficiarse con todas estas riquezas que Dios y emperador se han servido prodigarme?

—Nuestro primo Ulrich.

Se moteó de rojo el rostro del obispo.

—¿Ese hereje descreído? ¿Ese maldito secuaz de Lutero, a quien Dios pierda y confunda? Pero, ¿tú estás loco, Felipe?

Abatido por la respuesta, quebró melancólico la cabeza. Mauricio, compadecido, dulcificó el tono.

—Tu destino es casarte, tener hijos, aumentar las glorias de nuestra casa... pero como no tienes fortuna, no te queda más alternativa que tomar el vellocino de oro que en bandeja de plata te ofrecen los Welser y el emperador. ¡Déjate de tonterías, Felipe!

Un criado de librea apareció en el umbral.

—Con la venia de su Ilustrísima, el muy noble señor Daniel de Stevar pide autorización para saludaros.

—¡Daniel! —exclamó Felipe—. Hazlo pasar de inmediato.

—Lo acompaña un villano —agregó vacilante el sirviente— de traje raído, con nariz y mirada de ebrio.

—¿Quién es él? —preguntó el obispo.

—Se hace llamar el doctor Fausto. Aunque en mi opinión, no tiene cara ni de barbero sangrador.

—¡Fausto! —estalló rabioso el purpurado—. ¿Qué hace ese vagabundo en mi casa? Déjalo donde se encuentra y haz pasar al señor Stevar.

—Permítele entrar, Mauricio —rogó Hutten—. Lo conocí tiempo atrás y goza de tanta fama que el propio emperador lo celebra.

—Es un maldito, un borracho y un tramposo —sentenció descompuesto—. Camerarius lo detesta, al igual que Agripa y el gran Melachton. Todos los grandes sabios y ocultistas de Alemania hablan pestes de su persona...

—La envidia es sombra de los exitosos...

—¿Qué éxito puede tener un hombre a quien el mucamo confunde con un mendigo?

—Puede que tengas razón... pero, te ruego me permitas hablar con él. Viene con Stevar; y si andan juntos por algo será.

Mauricio de Eichstädt proyectó su labio morrudo y, luego de reflexionar, ordenó, poniéndose de pie:

—Está bien. Que pase el señor Stevar y su indeseable acompañante. Pero, antes he de retirarme. No puedo estar presente ante un hombre que ha vendido su alma al diablo.

Tras el obispo entró Daniel Stevar. Lo escoltaba Fausto, más viejo y encorvado, pero con la misma mirada pícara y vivaz de hace tres años. Lo seguía Mefistófeles.

—¡Salud, monseñor! —saludó con burlona reticencia.

—No se trata de una visita casual —se apresuró a esclarecer Stevar— ni portadora, tampoco, de buenas nuevas...

Hutten los miró cohibido y sonrojado.

—El doctor Fausto —prosiguió Stevar—, quien se hallaba de huésped en mi castillo, al enterarse del viaje que proyectas me dijo con profunda alarma: «Mala cosa parece ser... Dejadme consultar al Zodíaco.» Como recordaba la hora y fecha de tu nacimiento, comenzó a trabajar. Pero... ¿por qué hablo yo, si es él quien debe hacerlo...? ¡Hablad, doctor Fausto!

Mauricio de Hutten, al entrar la noche, aún no se había repuesto del acceso de cólera que le provocaron las profecías de Fausto, al escucharlas tras la puerta. Hutten, encogido y en silencio se mostraba inquieto por la estertorosa respiración de su hermano.

—¡Sólo a Daniel Stevar —clamaba fuera de sí— se le ocurre consultar a ese miserable charlatán!

—Me apena lo sucedido —comentó apesadumbrado y quejumbroso—. Daniel salió indignado. Ha prometido nunca más poner sus pies en tu casa.

—Ya se le pasará —repuso el obispo desinflando el tono—. Le servirá de escarmiento por traerme brujos de baja estofa. ¿Y qué tal —preguntó alarmado— si el gran Camerarius se hubiese encontrado de pronto con Fausto, su peor enemigo?

—Nada hubiese sucedido, mi buen obispo —dijo la voz de un hombre apareciendo súbitamente tras un portal que daba al corredor. Era alto y obeso, y traía en el sombrero de fieltro dijes, medallas y monedas.

—¡Señor de Camerarius! —exclamó Mauricio desazonado—. No sabía que estabais ahí...

—Pasaba solamente —aclaró con sonriente dignidad— y alcancé a oír vuestras últimas palabras...

—Sentaos, entonces —propuso solícito mostrándole una silla— y escuchad lo sucedido momentos antes.

—No hace falta... Lo sé todo.

—¿Todo...? —preguntó con labios de expectación—. ¿Cómo es posible tal prodigio?

Silenciando el papel del eco y la resonancia, dijo dueño de sí:

—¿Os extraña? —respondió con el rostro coloreado de piadosa comprensión. No hay nada oculto para Joaquín Camerarius; en especial, cuando turba a seres de mi afecto como es vuestro caso, mis amados príncipes. Nada deberéis temer, Felipe —añadió con cálida voz— por ir tras la Casa del Sol. Os repito lo ya dicho: sólo glorias y honores, aparte de una inmensa fortuna, caerá sobre vos, los honorables Welser y el emperador. Juan Fausto —añadió vibrante— es un despreciable charlatán. Merece cien veces la hoguera por haber vendido al demonio su alma inmortal. Y no por saciar su sed de sabiduría, como lo hace creer, sino para seducir a hermosos jóvenes de su mismo sexo...

—¡¿Cómo?! —saltó Hutten confuso y demudado.

—Así como lo oís —recalcó tajante Camerarius—. De no tener rotas mis relaciones con Melachton, por su alianza con Lutero, le pediría una copia del expediente que en Wittenberg se le hizo a Fausto por sodomita y corruptor de menores...

—Pero, ¡no puede ser! —exclamó Hutten ruborizándose.

—¿Queréis que os diga algo? ¡Y no os hororicéis por mi afirmación! Es posible que Fausto se haya prendado de vos, como es evidente que ha hecho uso de nuestro querido amigo Daniel Stevar...

El rubor que se iba, retornó encarnado.

—¡No os permito juicios semejantes! —gritó fuera de sí.

—¡Cállate, niño malcriado! —intervino autoritario Mauricio—. Y escucha los consejos del sabio.

Ante la voz de su hermano, se sentó maquinal.

—Perdonad, Felipe —expresó remilgoso el real nigromante—, si al develaros la verdad, hiero vuestros más puros sentimientos. Pero es indispensable estar al tanto de cómo actúa ese pérfido brujo.

—Contad, señor de Camerarius —propuso el obispo, asaeteando a su hermano con la mirada. Apaciguado en su furor, miró con atención al nigromante.

—El caso es que ese viejo asqueroso que acabáis de ver tiene el don, por arte del demonio, de transformarse en una hermosa doncella, deslumbrando a quien lo ve con tal disfraz. Luego de múltiples melindres, no le es difícil invitar al seducido a un contacto carnal. Pero..., aquí viene la cuestión y no hallo palabras para decirlo, sin grave afrenta al pudor: cuando el mozo objeto de sus ardores se dispone a consumar el acto, el muy perverso le ruega que, por respeto a su doncellez, lo posea por los canales que usan los de su especie. Cuando el desventurado llega a su término, se encuentra, para espanto indiscernible, que en vez de una linda mujer, abraza al mismo Fausto.

—Algo de eso ya había oído —asintió Mauricio, tenebroso.

—¡Pero es increíble lo que referís! —balbuceó lívido Felipe, echando el cuerpo hacia delante. Luego de una pausa preguntó caviloso:

—¿Suponéis, entonces, víctima a Daniel de su magia?

—No lo dudéis ni por un momento —concluyó Camerarius, bajando la mirada.

—¿Y creéis que Daniel —aventuró esperanzado—, tan mujeriego y definido en su hombría, haya conservado la amistad de Fausto luego de conocer tan horrenda verdad?

—¡No siempre la revela! —señaló Camerarius fuerte y tembloroso, sacudiendo el dedo acusador—. A veces no le conviene hacerlo. Es posible que lo haya persuadido, como sucediera en otros casos, de tener poderes para invocar a la diablesa Lilith, quien, además de bella, ama los coitos contra natura. Luego de siete relaciones de este tipo, quien hace el papel de macho acepta hacerlo de hembra.

—¡Espantoso lo que me decís! Corro a prevenirlo.

—¡Absteneos de hacerlo! —le alertó firme—. Vos no tenéis los dones, que a mí me sobran, para poner al gran enemigo en su puesto. Os doy mi palabra de honor que mañana, a primera hora de la tarde, estaré en su castillo para salvarlo de las garras de ese pérfido hechicero.

—Yo creo —agregó el obispo grave y amenazante— llegado el momento de iniciar un proceso contra Fausto, hasta llevarlo a la hoguera. Mañana mismo abriré operaciones contra él, y traeré a colación el caso de Franz Weiger, honrado hijo de un molinero, a quien convirtió en sodomita valido de sus hechizos.

—¿Franz Weiger, dices? —preguntó Hutten, sorprendido—. Pero si era un chico sano y limpio como el agua. De niños íbamos siempre de cacería. Nunca le observé ninguna abyección ni señales de ellas.

—Pues, así como lo oyes —afirmó su hermano—. Y con el artificio de la bella complaciente, del que ha hablado nuestro amigo, el señor de Camerarius.

El nigromante se retrepó en la silla y, luego de mirarlo largamente, dejó caer sus palabras con bondadosa parsimonia:

—Por todo esto, y por otras muchas razones, deberéis hacer caso omiso de las profecías de Fausto. Aparte su arte demoníaco para seducir efebos, nada sabe de astrología ni de los misterios de lo oculto. Todo saldrá a pedir de boca en esta expedición, como se lo escribiera al emperador cuando pidió mi parecer. ¡Id con Dios, Felipe de Hutten. Sólo laureles y fortuna veo en vuestro destino!

«Werneck, 19 de marzo de 1534

»De Daniel Stevar al muy noble señor
»Felipe de Hutten
»Würzburg
»Querido Felipe:

»Me apresuro a escribirte lo acontecido ayer en este apacible pueblo. En horas de la tarde, en el momento en que el doctor Fausto y yo tomábamos unas copas en la taberna, se presentó de improviso el mayestático y grandilocuente Joaquín Camerarius. Sin mayores preámbulos ni consideración hacia mi persona, increpó a nuestro amigo, llamándole embustero e ignorante, amenazándole con graves represalias si no cejaba de inmiscuirse en asuntos que según él no le incumbían, y en los que el emperador y los Welser tenían puestas sus esperanzas.

»Fausto, sin mostrar turbación, le respondió con su habitual ironía: "¿Qué preocupa al gran Camerarius? ¿La suerte de ese joven que encontrará en Venezuela un trágico final, o las codiciosas miras de emperadores y banqueros?"

»Camerarius montó en cólera ante la respuesta. Esgrimiendo su báculo, intentó golpear a Fausto, quien al escurrir el bulto, provocó la estrepitosa caída del voluminoso sabihondo. Como si fuera poco, Mefistófeles saltó sobre él, dándole un tremendo mordisco en la nalga izquierda que por milagro de Dios no se la desprendió. Dando alaridos, el estrellero corrió hacia la calle perseguido por aquel demonio encarnado en dogo. "Óiganme todos —gritó Fausto a los parroquianos que a esa hora abarrotaban la fonda—: sepan, y os emplazo como testigos, que la expedición de los Welser terminará en desastre. Y de ir Felipe de Hutten, escúchenlo bien, encontrará cruel muerte en aquellas tierras. Os lo dice Fausto, el hombre que vendió su alma al diablo y no se arrepiente." La gente embobada miraba al gran hechicero, cuando una voz alertó que Camerarius retornaba rodeado de coraceros. "Debo irme, señor de Stevar —me dijo—, pero ya volveremos a vernos. Insistid para que vuestro amigo desista de su viaje. Sólo desgracias y sufrimientos lo esperan al otro lado del mar."

»Antes de huir se trepó a una mesa y gritó a todo pulmón: "¡Bávaros: no os embarquéis en esa expedición a Tierra Firme. Está maldita! ¡Y guay de aquél que sea capaz de tentar a las estrellas!" Y diciendo esto, como por arte de magia, desapareció tras una puerta excusada. Debo advertirte que la misma noche en que Mauricio nos expulsó de su casa, Fausto volvió a trazar tu horóscopo y, con lágrimas en los ojos, repitió su augurio. ¡Hazle caso, por amor de Dios! Para mí es el más grande estrellero de todos los tiempos. Esta opinión es compartida tanto por gente sencilla, que lo admira con entusiasmo, como por hombres de pro. Tal es el caso del conde Simmer, en cuyas tierras lo conocimos. Todos cuantos lo escucharon se mostraron vivamente preocupados por su profecía.

»Cuídate, por vida de Dios, y apártate de una vez por todas de tan insensata expedición, signada por los astros de malhadada y siniestra. Aquí en Welwck nadie piensa enrolarse, con excepción hecha del pobre Franz Weiger, quien por la mala fama que le han endilgado, dice preferir la muerte a seguir perseguido por la difamación y la calumnia.»

Llegó el día de ponerse en camino.

Aquella mañana, luego de abrazar a su hermano y de dirigirle una larga mirada al viejo y poderoso castillo que domina el río y la ciudad, tomó la ruta del Sur en busca de su destino, que, Según Camerarius se mostraba generoso y promisor.

A buen paso cabalga entusiasta por la campiña que entre verdores y manzanos se extiende al sur de Würzburg.

«¡Cuán bella es Baviera! —se regodeaba, contemplando el panorama—. ¡Cuánta razón tiene el emperador de suspirar por ella! No hay un área de tierra yerma. Allá van los trigales, acá el bosquecillo; a mi derecha el molino y el río de aguas azules. ¡Cuán apetitosas se ven aquellas salchichas! ¡Qué rico huelen! ¡Baviera es un vergel, un jardín, un edén!»

Una vez más pensó en su futuro. Bartolomé Welser, dos meses atrás, lo recibió con entusiasmo. Era un hombre en la flor de la edad, de aspecto imponente: talla elevada, contextura de atleta, mandíbulas de perro peleador.

—¡Felicitas, Elsa, Bartolomé! —llamó alborozado—. ¡Mirad quién está aquí! ¡Nada menos que nuestro amado primo Felipe de Hutten!

—¡Cuán dichoso háceme el que tú quieras participar en la empresa! —comentó al leer la carta de Carlos V—. ¡Si eso era precisamente lo que yo anhelaba y no me atrevía a proponértelo por tu encumbrada posición en la corte! ¿Qué más puedo desear? Desde luego que accedo a la solicitud de Su Majestad: tendrás el doble del sueldo que te paga el archiduque, que, según veo, es un avaro. Por los momentos serás, luego de Ambrosio Alfinger, el gobernador, y de Nicolás de Federmann, quien llevará la flota a Venezuela, el tercero en mando.

—¡Aquí tienes a Bartolomé, mi heredero y sucesor! —dijo mostrando con orgullo a un niño de unos ocho años—. Espero sacar de él un guerrero tal como lo eres tú. No quiero que sea un mercader como lo soy yo. Algún día te lo llevarás a la corte, será tu paje hasta armarse caballero. ¿Me ayudarás, verdad? —preguntó suplicante.

«Un hombre así —rumiaba al paso de su caballo— no puede ser el puso cálculo oportunista que señala mi padre: "Bartolomé Welser —decía el burgomaestre—, por más que sea mi pariente, a causa de una tía abuela que se casó con el suyo, y de ser particularmente generoso conmigo, no es un caballero. Es un burgués y lo seguirá siendo hasta su muerte, por más que el emperador lo haya ennoblecido. Nosotros, los señores de la edad antigua, regimos nuestra vida por el honor, en tanto que ellos lo hacen por la conveniencia. Si se esfuerza por cultivar mi amistad, no es por sentimientos elevados, sino por representar el viejo tronco del cual mana el único abolengo que corre por sus venas. Observa con cuánta unción nos llama parientes, pues, aunque somos pobres, bien sabe él que nuestros bienes son obra de las gestas de mis antepasados y no del oportunismo sin ley que a ellos hizo poderosos."

»Bartolomé Welser —continuó cavilando— no puede ser el monstruo que por acallar las protestas de los mineros que sobrevivieron a la primera expedición a Venezuela diera instrucciones al capitán de la nao para que los abandonase a su suerte en tierra de moros.

»"Los Welser —decía el conde Simmer— no son más que 'sacos de pimienta, meros mercachifles, por más que sus bienes, de liquidarse en efectivo, equivaldrían a quince toneladas de oro. Para acumular esa fortuna no han vacilado en comerciar con telas y esclavos; fabricar y vender armas sin importarles la fe e intenciones de su cliente. No tienen convicciones sino intereses. Lo mismo se entienden con la Casa de Austria que con sus enemigos, los reyes de Francia e Inglaterra. El ascenso de los Welser, de los Fugger y de todos los mercaderes de su especie, se ha hecho a expensas de nuestros privilegios."»

Un caballo al galope trepidó a sus espaldas. Era el jinete un mozo muy joven.

—¡Señor de Hutten! —saludó al alcanzarlo.

Vaciló ante un rostro familiarmente confuso, de belleza femenina, con ojos azules alegres y saltarines.

—¿No me reconocéis? —preguntó el muchacho trajeado de campesino—. Soy Franz Weiger, el hijo del molinero...

—¡Franz! —exclamó con simpatía—. No te hubiera reconocido con tal aspecto de niño. No te pasan los años. ¡Somos de la misma edad!

—Es cuestión de familia —respondió el gañán ruborizándose—. Mi madre, a los cuarenta parece una moza... Al parecer, los de mi casa no se gastan, por grandes que hayan sido los sufrimientos.

Hutten recordó los rumores que circulaban sobre su hombría:

—¿Y qué haces por este camino?

—Vengo tras de vos —explicó poniéndose nuevamente encarnado—. Vengo a pediros de rodillas que me dejéis acompañaros a Indias. Puedo ser vuestro sirviente, paje o escudero...

Hutten, entrecortado, lo escudriñó ansioso.

—¡... Por vuestra santa madre —se deshizo Franz en un sollozo— os ruego que me llevéis con vos, o de lo contrario me echaré al río, para poner fin a esta vida miserable!

—Pero cálmate, Franz —añadió con inquieta conmiseración—. ¿Qué te sucede, para que te encuentres sumido en tal desesperanza?

—Ya no puedo más con las calumnias y mofas de las que me hacen víctima en Werneck.

—Pero ¿quiénes se burlan de ti?

—¿Quiénes? ¡Pues, todos! Comenzando por mi propia familia. Ayer mismo mi padre me riñó y me llamó «maldito pederasta». ¡Y yo os juro, monseñor, que jamás en mi vida he pecado contra natura, ni tampoco con ella. A los veintidós años sigo siendo doncel.

Hutten se enderezó en la bestia y sentenció severo:

—Ese es también mi caso, y no creo que haya nada malo en ello.

—Eso es lo que vos pensáis, monseñor; pero no así la gente de mi pueblo, quienes consideran que nadie es hombre hasta haber yacido con mujer.

—La castidad no es patrimonio de hembras —proclamó tajante y clerical—. Es también obligación de los hombres, y deben guardarla hasta el matrimonio.

—¡Ay! Cuán feliz me hacéis con esas palabras —dijo Franz con regocijo, enjugándose una lágrima—. Si todos pensaran así... ¿Me lleváis, entonces, con vos, monseñor? Sé cocinar y remendar la ropa, soy buen jinete y manejo mejor que nadie la ballesta. Os seré útil, aparte de no costaras nada, salvo el comer y un sitio donde dormir.

Hutten lo miró con calma y sacó cuentas. «Siempre necesitaré un sirviente y no es mucho lo que tengo para pagarlo.» Y aunque se criticó acerbo el valerse de la indefensión del mozo, terminó por aceptar su propuesta.

2. La niña en Carmona

Llegó a Sevilla el 1º de mayo de 1534, diez días antes de lo convenido, pues, como decía a Franz, «era preferible llegar antes que con retraso».

—La puntualidad, tal como dice mi hermano Mauricio, es la cortesía de los reyes.

—Es bella la puntualidad, mi noble señor —festejó el mozo.

—Te he dicho, Franz —alertó bronco—, evitar ciertos adjetivos: como bello, precioso y arrobador. No es propio de varones. Como tampoco lo es ponerse tantos flequillos, hasta parecer un papagayo.

—¡Ay, mi noble señor! —replicó Franz con aspavientos—, pareciera que lo que os dije sobre el señor de Camerarius no os hubiese convencido de mi inocencia, ni la del doctor Fausto.

De frente a la Giralda, Hutten frunció el ceño. A pesar de las protestas de Franz sobre su hombría y de haber sido Camerarius su frustrado seductor, sus ademanes y actitudes lo condenaban, hasta el punto de haber suscitado inconvenientes: y en especial al llegar a España, donde su escudero fue víctima de befas, burlas y escarnios, amén de interrogatorios humillantes. En Castilla se sancionaba con la muerte a los que incurrieran en el pecado nefando. Nunca olvidaría aquel espectáculo ante los muros de Toledo: seis hombres, cabeza abajo, colgaban en las murallas.

—¿Y esto qué es? —interpeló a un soldado.

—Seis maricones que colgamos ayer —respondió displicente,

mirando a Franz con torcida intención—. Y vos, amiguito, poneos a buen resguardo, si no queréis que os corten los huevos y os pongan como a éstos, a mirar al suelo.

—¡Insolente! —profirió Hutten fuera de sí—. Hablaré con vuestro capitán.

Pero como tenía prisa por llegar hasta el emperador, se alejó al trote hacia el alcázar, dejando al guardia y a sus compañeros entre malévolos pitorreos.

—¿Qué decía el soldado, mi amado señor? —demandó Franz, azarado y curioso—. ¿Por qué lo reñíais?

—En España —le repuso rabioso— se tiene por herejes a los portadores de capas como esa...

—No entiendo —dijo Franz—. Si la compramos antier en el mercado de Burgos...

—Pues las cosas en Toledo son diferentes.

Sevilla vivía su mejor momento; desde la real decisión de transformarla en lugar de convergencia de todos los negocios de Indias, sus calles se veían colmadas de una multitud abigarrada, procedente de toda España y de los más apartados rincones de Europa, que intentaba ir o venía de vuelta del fabuloso Nuevo Mundo. Al principio fue exiguo el reclamo de las nuevas tierras. Los peligros eran muchos y la recompensa escasa. Pero, desde la conquista de México, el deseo de ir a Indias creció vertiginoso desbocándose hasta el frenesí cuando Pizarro volcó sobre la Península el tesoro del inca. A pesar de los sufrimientos y desventuras narrados por cientos de veteranos, mendigando por plazas y tabernas, todos querían embarcarse hacia las lejanas tierras. Los puertos escalonados a uno y otro lado del Guadalquivir estaban abarrotados de naves procedentes de ultramar, esperando turno para descargar cajas de metales preciosos en la Torre del Oro.

La población de Sevilla excedía ya a la de Toledo, estimándose en cien mil habitantes el número de sus pobladores, haciéndola una de las ciudades más pobladas del orbe.

—Nunca en mi vida había visto tanta gente —exclamó Franz sorprendido por la muchedumbre que pululaba entre el alcázar y la catedral.

Tres negros de vistosas prendas se paseaban airosos por la calle de los alemanes, a un costado de la catedral. El de más edad y aspecto señorial saludó con efusión.

—Lo llaman el Conde Negro —informó a Franz—, pues Su Majestad le encomendó la conducción y justicia de los dos mil negros libres que vivían en Sevilla.

Hutten, al pasar por la Puerta del Perdón, bajó de su caballo y arrodillado en la calle murmuró una plegaria, en medio de un río humano que iba y venía del Patio de los Naranjos a las oficinas de los Welser y de los Fugger, en la acera de enfrente.

En las gradas de la catedral, grupos de cuatro y cinco personas se arremolinan alrededor de unos hombres vestidos de negro, con aspecto de escribanos.

—Ésa es la lonja —explicó Hutten—. Allí hacen contratos los que piensan ir a América. Es el sitio de contratación. Ahora démonos prisa por llegar a la Puerta de Jerez y encontrar albergue en el mesón del maese Rodrigo.

Al final de la calle, cruzaron a la izquierda buscando el afamado hospedaje. Bajo un naranjo estaba un fraile escoltado por dos indios jóvenes, cubiertos por sus tapavergüenzas y sus plumas.

—Mira, Franz, ¡así son los hombres de América!
—Pues, vaya que son guapos. Me los imaginaba diferentes...

Hutten torció una vez más el gesto.

«Este Franz no tiene remedio; de no serlo, parece. ¡Dios y su Santa Madre lo libren de cualquier imprudencia! Lo veo colgado de las murallas o achicharrado en la hoguera.»

Una pareja de enanos, trajeados ricamente de oro y seda, pasaron a su lado llevados en un palanquín. La mujercita le guiñó un ojo y su compañero, luego de ponerse en pie, le hizo una burla saludándolo cortesano con el sombrero. Rió por la pantomima. Tenía simpatía por los enanos. En la corte del archiduque disfrutaba con ellos. Se acordó de Fausto: «dos enanos sollozarán por vos». Sintió espeluznarse cuando Franz en ese instante reclamó su atención entre chillidos:

—¡Mirad, señor, a un turco! ¡Y hace resistencia a la guardia. Menuda bronca la que arma!

Un hombre gigantesco de turbante, sayo y alfange, era llevado a empellones en dirección al alcázar por cuatro soldados. En el suelo un estudiante se retorcía de dolor. Tenía un gran tajo en la nalga.

—Pero, ¿no veis, grandísimos hijos de puta—gritaba el prisionero, con voz cañonada—, que soy más cristiano que todos vosotros, por más que vista como mahometano? ¡Me llamo Francisco Guerrero! ¡Soy de Andalucía, de la mismísima Baeza!

—¡Francisco Guerrero...! —saltó Hutten al reconocerle—. ¡Mi amigo el jenízaro! Ése fue el hombre de quien te hablé —explicó a Franz—; me salvó la vida en el sitio de Viena. ¡Vamos a auxiliarle! —

dijo echándose del caballo y abriéndose paso a la fuerza entre la gente que lo rodeaba.

Un hombre enteco y movedizo, de enérgico aspecto, discutía con el sargento.

—Un momento, señor mío —abogaba el hombrecillo— este hombre que lleváis preso es mi amigo y dice toda la verdad. Es cristiano viejo, por más que vista a la usanza infiel. Si ha corrido la sangre no es por su culpa, sino por la de aquel que gime en el suelo y al que don Francisco ha dado su merecido. No puede insultarse impunemente a un hombre de bien. Mi amigo no hizo más que castigar las mofas de aquel belitre.

—Tiene razón este buen hombre —dijo Hutten al acercarse—. Soy capitán de Su Majestad y conozco bien a don Francisco Guerrero.

—¡Don Felipe! —voceó El Cautivo, emergiendo de la furia que lo atenazaba—. ¿De dónde salís, por vida de Dios?

El sargento explicó lo sucedido:

—El señor Guerrero ha herido a un hombre.

—Pero bien que os dije —insistió, autoritario, el compañero de El Cautivo—. Burlóse de su sayo, llamándole turco, cuando el pobre paga una penitencia impuesta por el santo papa de Roma.

—¿Es cierto eso, señor de Guerrero? —preguntó el oficial con timbre conciliador.

—¡Os lo juro por la Macarena!

Se arrugó la faz del sargento.

—¡No compliquéis vuestra suerte jurando en vano...!

—¡Idos, entonces, a la misma mierda...! —respondió tonante.

—¡Esto es más de lo que yo pueda aguantar! — rabió el hombre—.

¡Guardias! ¡Llevaos de una vez al prisionero!

En una red de manos se lo tragó el cuartel. Fuera sus voces pugnaban:

—¡Maricas! ¡Malparidos! ¡Comedores de mierda!

—¡Qué mala suerte la de El Cautivo! —comentó con pena el hombrecillo.

—Realmente —asintió Hutten—. ¿Sois su amigo?

—Llevo quince días de tratarlo; los mismos que tengo en Sevilla. Pero a pesar de su mal talante, ha ganá- dose en poco tiempo mi amistad y afecto. ¡Vaya un tío!

—Otro tanto sucedióme a mí —afirmó Hutten complacido—, aunque llevo más de cinco años sin verlo. ¿Sabéis acaso por qué anda vestido a la usanza turca? Hablasteis al oficial de una penitencia que le impuso el papa...

—Así es —reconoció puntilloso el hombrecillo—. Don Francisco, como seguramente sabéis, estuvo por veintidós años prisionero de los otomanos. Luego pudo evadirse de ellos, por esas cosas del destino... ¿Creéis en el destino, señor?

—¡Naturalmente! Por obra de él me encuentro en Sevilla dispuesto a marcharme a Indias.

—¿A Indias? —exclamó con retumbante emoción—. Pues allá, precisamente, nos dirigimos El Cautivo y quien os habla.

—¿Vais por casualidad a Venezuela, en la expedición de los Welser? Allá vamos nosotros.

—No, señor—respondió casi contrariado por disentir—. Vamos hacia Cartagena de Indias, en El San Antonio. Habremos de embarcarnos, si Dios lo quiere, en Sanlúcar de Barrameda, el 12 de mayo.

—Nosotros lo haremos —celebró Hutten— por el mismo puerto en fecha próxima.

—¿En fecha próxima? —inquirió con extrañeza—. ¿No sabéis, acaso, la noticia? El gobernador y capitán de Venezuela murió trágicamente flechado por los indios, al igual que la casi totalidad de los expedicionarios.

—¿Murió, acaso, don Ambrosio Alfinger?

—Eso le oí decir a un tudesco de buen porte, y segundo en mando de la expedición. Al enterarse de lo sucedido pareció alegrarse sobremanera, pues dijo: «Al fin sonríeme la ventura; en esta oportunidad hágome nombrar capitán general de Venezuela.» Y, sin pensarlo más, tomó camino hacia Alemania. Los oficiales de contratación afirman que para aclarar este asunto habrá de esperarse mucho tiempo.

—¿Recordáis, acaso, su nombre? —preguntó oscilando entre la certidumbre y la sospecha.

—¡Esperad! —dijo, registrándose el bolso—. Precisamente escribió en este papel su nombre. Deseaba que El Cautivo y yo fuésemos con él a Venezuela. ¡Aquí lo tenéis! —mostró satisfecho.

—¡Nicolás de Federmann! —exclamó dichoso al leer—. Es un hombre de valía y de grande experiencia en los negocios de Indias.

—Ése fue nuestro parecer —comentó el hombre—. Su jefe, el que pereció en Venezuela, según nos dijo, era un mal tipo. Maltrataba a los cristianos haciéndoles dar de azotes. ¡Dios líbreme de encontrarme alguna vez en ese trance! De hallarme, os juro, señor mío, mataría sin contemplación.

Hutten se enderezó ante aquel tono feroz; pero como estaba

aburrido y sediento, le propuso:

—Os invito a seguir charlando. Vayamos al Mesón del Moro, aquí en la judería, donde podréis tomar algún vino y yo una horchata. Lamento deciros que detesto el vino...

—¡Qué casualidad! Otro tanto sucédeme a mí.

Seguidos por Franz, Hutten y el desconocido entraron a una taberna, siglos atrás utilizada como baños termales.

—Seguid hablando de El Cautivo —pidió Hutten—. ¿Por qué anda vestido a la usanza turca? Todavía no me habéis respondido...

—Luego de ser capturado por las galeras papales —dijo el otro, impostando la voz— fue llevado al castillo de San Angelo, donde narró al juez todas sus aventuras: desde su adopción a la fe de Mahoma hasta haber matado cristianos en el sitio de Viena. Como comprenderéis —agregó, luego de un sorbo—, todo aquello era suficiente para ahorcarlo siete veces. Pero por obra de un milagro, Su Santidad, al saber de su historia y prisión en Roma, por una carta que le enviase un noble alemán, hízole llamar a su presencia, poco antes de la ejecución. A lo mejor ignoráis —dijo chasqueando la lengua— las dotes histriónicas de nuestro amigo. De haberse decidido por ser cómico de la legua no lo habría mejor en este mundo. Pues bien, hizo tal despliegue de sus habilidades, que Su Santidad terminó llorando a moco tendido, perdonándole la vida, siempre y cuando, eso sí, vistiese hasta su muerte a la usanza turca. No erró Su Santidad al imponerle tal penitencia: no hay semana que no haya de batirse a palos o a hierro a causa del cachondeo que provoca su atuendo.

—Yo soy ese noble alemán que escribió al papa —le informó con naturalidad.

Empalideció el hombre.

—¿Vos sois, entonces...?

—Felipe de Hutten.

—¡Don Felipe de Hutten! —exclamó, sacudido de entusiasmo—. Concededme el honor de estrecharos la diestra. No es frecuente hallar en estos mundos hombres de vuestra alcurnia implorando gracia por un desventurado. Permitidme presentarme: soy, a pesar de mi modesto aspecto, hijodalgo de vieja casa y vasco de pura cepa. Mi nombre es Lope de Aguirre, y hasta ahora, simple domador de caballos.

Hutten, acompañado de Aguirre, solicitó gracia para El Cautivo ante las autoridades militares y civiles. En aquel ir y venir de un sitio a otro confirmó la muerte de Alfinger y el retraso que por esta causa tendría la expedición lista a zarpar hacia Venezuela.

—Yo creo —opinó El Cautivo disfrutando su libertad entre grandes tragos de vino— que vos, don Felipe, deberíais dejaros de tonterías y correr tras ese tudesco apellidado Federmann. Me cago en la hostia si no lo nombran gobernador. ¡Eh, tabernero de los demonios! ¡Tráeme ya otra pinta de este valdepeñas y dos horchatas para mis amigos!

—Tenéis razón, señores —asintió Hutten—. Iré en su busca, ahora mismo.

El Cautivo, luego de mirar a Franz con ojos torcidos, dijo a Hutten:

—¿Queréis que os dé un consejo? —preguntó estridente luego de soltar un eructo.

—Decid, don Francisco.

—No vayáis a Indias; y menos tras la Casa del Sol.

Hutten sonrió forzadamente.

—Vos sois el segundo en darme tal consejo. El primero fue el gran estrellero Fausto. ¿Sois, acaso, astrólogo o nigromante?

—¡Por Mahoma que no lo soy! Pero soy andaluz; y más que eso, de tanto ver y sufrir, conozco bien el corazón de los hombres. Indias no está hecha para gentes de vuestra condición. Hay que tener la mala entraña de Lope de Aguirre para morder mejor entre tantas fieras. Los hombres que por dos veces imploran por un tipo como yo, son delicioso manjar para los perros de presa. Vos, y perdonadme el voseo, sois un niño bueno, mi señor. Quedaos en vuestra casa o a los pies del emperador. ¡Ese es vuestro sitio!

Hutten, luego de sonreír y de soslayar el pesimismo de El Cautivo, pidió a Lope de Aguirre más detalles sobre la ruta a Barcelona. Guerrero, después de eructar nuevamente y de echarle otra mirada a Franz, asentó con voz destemplada:

—¿Queréis otro consejo? Salid lo más pronto de ese pajarraco al que tanto favor otorgáis. ¡Es marica perdido y de mal agüero!

Y para reforzar sus palabras añadió tonante:

—¡Que os lo dice vuestro amigo, El Cautivo!

Sin dejar de sonreír, Hutten se levantó de la mesa con intención de marcharse.

—Bueno, señores, debo partir ahora mismo. Aunque vamos por sendas diferentes, tengo el pálpito de que nos encontraremos nuevamente.

—Yo por lo menos lo tengo de cierto —asintió El Cautivo—. El destino no junta por casualidad, y por dos veces, a hombres tan diferentes como lo somos Su Señoría y quien os habla. ¡Quiera el

Profeta que la tercera sea en bienaventuranza... Pero lo dudo...!

Sin volverse salió hacia la calle. Apenas montó en su cabalgadura, señaló a Franz:

—Tomemos el camino de Carmona. Algo me dice que en sus proximidades habremos de toparnos con Nicolás de Federmann, el poderoso señor de la Conquista.

—Vamos, señor —contestó Franz, absorto en un pillastre que le había guiñado un ojo.

Al llegar a Carmona, Hutten preguntó a un alguacil:

—¿Habéis visto a un germano de regular tamaño, de unos treinta años, barba roja cerrada, facciones hermosas, con cierta maña por tirar la cabeza hacia la izquierda?

El hombre lo midió con hosquedad:

—No lo he visto, ni lo quiero ver.

Sorprendido por la respuesta, no halló qué contestar y siguió de largo.

—Démonos prisa, Franz. ¡Pero mira!, suerte tenemos. Se acercan dos caballeros con el hábito de Santiago. Seguro han de tener mejores razones y modales. ¡Buenos días tengan ustedes, señores míos! —saludó, quitándose el sombrero en amplio gesto.

—Gutten Morgen, meine Herr! —le respondió un caballero alemán.

«Con razón nos odian los castellanos —se dijo mientras el otro se explayaba en insulsos escarceos—: ya somos cuatro mil y estamos metidos en todo. Vernos en hábito de Santiago debe ser para los españoles más indignante que hacerse aguas en la tumba del apóstol.»

—Sí, sí —repuso al preguntarle por Federmann—, lo dejamos, hará poco tiempo, en una fonda al final de esta calle.

—Y no creo que haya de moverse de allí por un buen rato —agregó hilarante el otro—. Se disponía a sacrificarse en el altar de Venus con una hermosa mujer, de tez cetrina como las moras.

—Has hecho muy bien de venir en mi búsqueda —prosiguió Federmann, dirigiéndole una mirada a Franz y a su moza, que al otro lado del mesón jugaban modosos una partida de damas—. Muerto Ambrosio Alfinger, los Welser no tendrán inconveniente en que lo sustituya como gobernador general de Venezuela. ¡Nadie mejor que yo para encontrar la Casa del Sol! Seguiré hasta Augsburgo por la ruta de Lyon. Entre tanto, vuélvete a Sevilla. Antes de dos meses estaré de regreso. ¡Tú y yo nos comeremos el mundo, Felipe de Hutten! Pero dime una cosa: ese escudero tuyo... ¿es chico o chica? ¿No me estarás metiendo gato por liebre, haciendo pasar por varón lo que parece apetitosa hembra? ¡Te has sonrojado! ¡Qué gracia tiene! ¡He dado en el clavo! Pero descuida, no me daré por entendido, ni ofenderé su pudor. No es mala idea disfrazarla de hombre para trajinar por estos andurriales, llenos de violentadores y de asesinos. Bueno, Felipe, amigo mío, es hora de darle contento al cuerpo antes de seguir camino. Me pondré en marcha al despuntar el alba. ¡Serás mi sucesor y lugarteniente en la expedición! Regrésate a Sevilla. Guarda para ti lo de mis gestiones y mis promesas. ¡Hasta pronto, hermano mío!

Las apreciaciones de Federmann sobre Franz lo inquietaron. Si vestido de hombre parecía mujer, ¿qué pudieran pensar sus futuros compañeros?, ¿qué problemas le acarrearía? Desde la muerte de Enrique IV, hermano de Isabel La Católica y connotado pederasta, la guerra civil desencadenada por la sucesión provocó feroz inquina contra todo acólito de Saturno. Príncipes y magnates se habían venido abajo al ser acusados de sodomitas. Los sorprendidos en tales prácticas eran castrados, ahorcados y quemados vivos. «Con el odio reinante en España contra los alemanes, cualquiera puede lanzar al aire una infamia. ¿Qué hacer? ¿Y si lo hacía pasar por mujer realmente? Es cierto que una doncella es gran tentación para los bandoleros; pero no es menos cierto que pudieran ponerse bajo la protección de alguna escolta armada, tal como hacen viajeros y peregrinos. ¡Esa es la solución!», exclamó dando un puñetazo en la mesa. Una pregunta le apagó el entusiasmo:

«¿Y si rechaza mi propuesta? El pobre huye de una calumnia con tintes de profecía. Desde que anda conmigo, afirma sentirse dichoso. Por eso no lo he mandado a paseo; pero la verdad es que con tal cara y esos modales genera sospechas de consecuencias impredecibles. Lo de Toledo fue significativo; la brutal advertencia de El Cautivo, digna de tomarse en cuenta; la suspicaz confusión de Federmann, aterradora. Debo salir de Franz a la primera oportunidad. Borrar en Federmann el equívoco a que pudiera dar lugar encontrándolo de nuevo a mi servicio. Hablaré con Nicolás antes de su partida. Dar como un hecho lo que en él es alegre creencia. ¡Detesto mentir! No es propio de caballeros y menos de un Hutten, pero en tratándose del honor, debe andarse con calzas de oro. Esperaré hasta el alba; al bajar de su alcoba le explicaré mis aprensiones. Recabaré el auxilio de su mora para proveernos de ropas de mujer. ¡Eso es! ¡Ya está!»

—¡Es que a mí nada se me escapa! —comentó Federmann con regocijo—. Aparte de que como dices, puedes verte, en cualquier momento, metido en líos con la Inquisición. Esa chica por más que se vista de verdugo, parecerá siempre una hembra. La mora, como propones, puede ir al zoco y hallar para ella trapos adecuados. ¿No es así, preciosa? Bueno, amigo mío, debo partir. Nos encontraremos en Sevilla.

Franz se quedó atónito cuando Hutten, apuntándolo con un fustán y una peluca, le formuló su propuesta. El chico rompió en llanto.

—¿Quiere decir, entonces, que nunca tendré aspecto de varón?

Hutten, agotadas sus razones, martilló acre:

—Pues bien, haz lo que quieras; pero yo no voy a recorrer estos andurriales con un tipo que parece marica. ¡Vístete de mujer y date prisa! Te espero abajo para partir.

Charlaba con el posadero, cuando irrumpieron en la casa cinco soldados de caballería. Demandaban a gritos vino para saciar su sed. Y como prosiguieran hablando con el mismo tono, se enteró de su itinerario.

—Disculpad, señor —dijo Hutten al que parecía el jefe, un hombre joven, de buenas facciones y mala catadura—, oí por casualidad que os dirigíais a Sevilla.

—Así es —replicó el aludido mirándole despectivo.

Los pasos vacilantes de una mujer sobre la escalera los hicieron volverse. Era Franz. De vestido y peluca era una atractiva doncella. El posadero soltó la carcajada:

—¡Ya imaginábamelo. Tan guapo mozo no podía ser más que una bella dama!

—Es mi hermana —se apresuró a explicar Felipe—, lo hicimos por los bandidos, que acechan por los caminos.

—Y tenéis sobrada razón —accedió el hombre regodeándose satisfecho—. La inseguridad reinante es de ordago.

El áspero soldado se extasiaba en Franz, al igual que sus compañeros.

Hutten carraspeó reclamando atención.

—Os iba a pedir —dijo señalando a su sirviente— si no tenéis inconveniente, que os acompañásemos hasta Sevilla.

—¡De mil amores! —repuso con ofuscante efusividad.

—Ella tiene la virtud de montar a caballo cual si fuese un varón...

—Vestida de hombre entró a mi casa —acotó el posadero.

—Y así hemos podido llegar sin tropiezos desde la misma Alemania. Pero ante las advertencias que nos hicieran sobre los forajidos que acechan por estos lares, decidí recabar la protección de gente armada y de tan buena prestancia como vosotros.

—Y hacéis bien —afirmó desenvuelto y decidido el oficial—. Me llamo Lope de Montalvo. Soy capitán de caballería. Y éstos son mis compañeros: Francisco de Ve- lasco, natural de Arévalo; Francisco Infante, de Toledo; Juan de Ceballos, nacido en Valdivieso, todos ellos, soldados. Y este buen señor que veis, que de matasanos en su casa decidió hacerlo por la calle del medio, se llama Hernán Pérez de la Muela, es médico de profesión.

—Tanto gusto —respondió amedrentadamente cordial—. Soy Felipe de Hutten, y ella es mi hermana Francina. Nos dirigimos a Sevilla y después a Cádiz, donde esperamos embarcarnos hacia nuestra patria.

—¡Pues, bienvenidos seáis! —festejó el capitán sin apartar los ojos de

Franz— y pongámonos en marcha, tan pronto lo quieran vuesas mercedes.

Y con Francina, de sayo y montada a lo jinete, partieron hacia Sevilla.

—¡Qué bien monta vuestra hermana! —comentó Lope de Montalvo, absorto en la falsa doncella que a dos cuerpos se penduleaba—. Nunca hasta ahora había visto tal cualidad en ninguna mujer.

—Francina —puntualizó ya sin bríos— siempre fue muy dada a las cosas de hombre...

—¡No, por Dios! —protestó el otro torciendo el gesto en vehemente protesta—. Nunca he visto a una mujer más delicada que esa chica. Hutten lo observó con creciente y desbordada ansiedad: al igual que sus compañeros, Lope de Montalvo estaba arrebatado por su paje. En el primer descanso se hizo patente el entusiasmo. Todos a una se disputaban por atenderlo. Juan de Ceballos arrebujó su capa, para que le sirviese de almohada. Lope de Montalvo le dio a título de regalo una bota de agua, «porque ella en su media lengua le hizo saber que aborrecía el vino».

Hutten se echó a siestear bajo un árbol. A diez pasos la tropilla despachaba su almuerzo de pan con chorizos al pie de unas ruinas. Al otro lado Franz gorjeaba de placer, ante las palabras del capitán.

Los soldados cotilleaban a sus anchas. El viento le trajo sus comentarios.

—¡Vaya cara y cuerpo el que gástase la tía! —comentó el médico, un hombre grueso, pequeño y calvo, de amables maneras.

—No sé a título de qué vienen tantos melindres con esa tipeja —refunfuñó el que se llamaba Francisco Velasco—, que más tiene pinta de moza de partido que de gran dama. Así como parece un gran señor el caballero. ¡Que me corten los huevos si son hermanos! Mirad la mala cara del tudesco por los requiebros de Montalvo. Yo he conocido, aquí donde me veis, chicas de la nobleza; y en ninguna, por puta que fuese, hálleme con tanto desenfado. Ésta no es una dama de alcurnia, si no quién sabe qué rabiza traída a la reata por ese gilipollas.

—Tienes razón —añadió el de apellido Infante, un tipo pequeño, moreno y elástico—. Si es de la congregación de las rabisalseras, como parece serlo, ha de darnos de una vez contento al cuerpo, si quiere ir hasta Sevilla con escolta de reina.

—¡Cállate, por Dios, desaborío! —profirió Velasco. No es propio de hombres de bien forzar situaciones cuando un semejante, con puta o sin ella, solicita nuestro amparo.

Seguían las risas de Franz y el chismorreo de los soldados. Hutten, escuchando sin proponérselo, se sumergía en un tibio sopor.

Despertó al reclamo de Lope de Montalvo para proseguir. Galante, puso sus manos en estribo para que Franz trepase a la bestia.

«¡Madre mía —cavilaba Hutten—. Por saltar de la sartén he caído en el fuego! Franz como hombre era apenas un tipejo afeminado. Como mujer es una meretriz de alcantarilla.»

A todo lo largo del camino Francina coqueteó con arte y descaro con Lope de Montalvo, quien confesó ser hijodalgo de viejos blasones y solar conocido en Salamanca.

—Yo no nací para fraile como lo quería mi padre, sino para lo que soy: hombre de guerra. Pero nací segundo, y no había más destino para mí que el convento y la universidad; fuime de voluntario en la primera leva que pasó por mi tierra. ¡Y no me ha ido mal! —señaló con jactancia–. Con deciros que estuve en el Saco de Roma.

—Vaya, vaya, ¡qué bien! —le repuso Hutten disimulando la ansiedad que le producían sus trotes de garañón.

—¿Sois de Alemania? —inquirió emparejándosele Francisco Velasco, luego de aclararse el pecho y de escupir con violencia.

—En efecto, lo soy—repuso distraído y amable.

—Menos mal —gruñó Velasco.

—¿Cómo que menos mal? —preguntó enriscándose.

—Que menos mal que no sois flamenco; aquí no los podemos ver... aunque para seros franco, tampoco os queremos a vosotros...

—¿Y se puede saber por qué?

—¡Qué sé yo! —descargó fustigando a su bestia y alejándose al trote.

A la caída de la noche, y a una jornada de Sevilla, llegaron a una posada donde se alojaron para pasar la noche. Tan pronto quedaron solos, Hutten soltó su rabia.

—Ya tu conducta raya en la insensatez. Apenas lleguemos a Sevilla te daré el dinero necesario para retornar a Alemania. Tu presencia no hará sino traerme dificultades.

Franz lloró suplicante:

—Dejadme ir con vos a Indias. Antes prefiero la muerte que volver a Baviera. No soy lo que comenzáis a creer y suponen todos... Yo soy un valiente soldado. Dejadme probároslo, mi señor. Os prometo que no os arrepentiréis por ello.

Hutten, extenuado, ya se sumía en el sueño.

A medianoche despertó sobresaltado. La luna llena inundaba la habitación. Tuvo un estremecimiento. Redonda y limpia en su amarillez, tenía flequillos escarlata. Oyó la voz de Fausto:

«Cuando la luna esté llena, color de sangre, hallaréis la muerte u os encontraréis en medio de un grave peligro que comienza o termina. No soy capaz de discernirlo; pero deberéis estar alerta o desandar lo andado. Pero... ¡esperad... ahora veo más claro! Por culpa de una mujer, en noche de luna roja, hallaréis la muerte a manos de un español, en medio del descampado.»

Hutten, al borde de su cama, se percató de la ausencia de Franz. No estaba en el suelo. Llevado por un presentimiento bajó al granero. Sigiloso se deslizó dentro. Aterrado, volvió sobre sus pasos. ¡Franz hacía con Lope de Montalvo lo que, según Camerarius, Fausto hizo con Franz!

«No en vano brilla la luna con tan maligno esplendor —se dijo azarado—. ¡Esa es la luna de Fausto!»

3. Sevilla

Apenas llegaron a Sevilla, y se despidieron del grupo frente a la casa de Pilatos, Hutten dio rienda suelta a su ira:

—¡Asqueroso pederasta!

—Pero, señor, ¿qué os pasa? —lloriqueó Franz.

—Lo he visto todo, no es necesario fingir. Te vi en el granero con Lope de Montalvo.

Inesperadamente altivo, cesó de gimotear.

—No os he hecho ningún daño —dijo retador—. Lo induje contra natura pretextando mi doncellez.

Crispado de cólera, Hutten dejó salir:

—¡Y bien que lo hiciste! ¿Sabes acaso, desdichado, lo que te hubiese sucedido de haberse enterado de que eres un varón?

—Bien que lo sé —respondió Franz mordisqueándose las uñas.

Amoratado en su rubor, Hutten bramó tartajeante:

—¡Te hubiese hecho cuartos; y a mí, probablemente, por creerme tu cómplice! ¡A sus ojos, por los momentos, soy un cornudo sodomita! ¿Te parece poco? ¡Vete ya! Aquí tienes veinte pesos. Retorna a Baviera. ¡No quiero verte más; y menos en Sevilla! Si sé de ti, yo mismo te llevaré ante el Santo Oficio y disfrutaré de lo lindo al ver tu cuerpo achicharrarse en la plaza...!

Al día siguiente, Hutten se fue a la lonja de contratación. Al entrar al Patio de Los Naranjos se encontró con Lope de Montalvo y sus amigos. Por la sonrisa plantada en sus rostros, supuso que deberían estar al tanto de lo sucedido, aunque seguramente Lope de Montalvo hubiese silenciado las variantes:

—¿Y vuestra bella hermana? —preguntó el capitán de caballería, desprendiéndose del grupo.

Con gran esfuerzo, simuló desenfado:

—¡Vamos, capitán! No me digáis que os creisteis el cuento. Era una buscona de mi tierra que conocí en Córdoba, con deseos de hacer carrera en Sevilla.

Rió Lope de Montalvo, desdeñoso y resentido.

—La verdad es que me habéis engañado, y ella también. Aunque para seros franco, antier en la noche tomé cumplida venganza...

—También lo sé —repuso Hutten reafirmando su tolerancia—. La muy desvergonzada me lo refirió la misma noche al regresar del granero...

—Lo que no entiendo —puntualizó grave el español—, ¿por qué

mintió, diciendo que era virgo?

—¿No lo entendéis, amigo mío? —preguntó Hutten con risilla cruel—. Es sodomita perdida. Tarde o temprano terminará chinga o desnarizada. No creo que valga la pena...

—De haberlo sabido —restalló indignado— la hubiese molido a palos... Pero, hablando de otra cosa —sesgó violento—. ¿Qué os trae a la lonja?

Hutten infló el pecho:

—Soy el segundo en mando de la expedición a partir en fecha próxima hacia Tierra Firme por cuenta de los Welser.

Viró la actitud hostil de Montalvo.

—¿Sois entonces jefe de la expedición que viajará a Venezuela? Mis compañeros y yo vinimos a Sevilla dispuestos a enrolarnos.

—Pues, ¡bienvenidos! —dijo receptivo y condescendiente—. Venid conmigo, si queréis. Os haré de fiador.

—De mil amores, noble señor —repuso Montalvo sumiso y lisonjero—. Hay que ver qué chico es el mundo. Sólo quiero pediros un favor —añadió suplicante—. Sed discreto en nuestras relaciones con esa descarada.

Aunque la pluralidad estuvo a punto de arrancarse la máscara que se impuso, añadió con tinte cómplice:

—Descuidad, amigo, secreto de dos, secreto de uno.

Desentendiéndose del asunto, propuso frente a la catedral:

—Entremos a la iglesia o a la lonja, o a la iglesia hecha lonja. Lope Montalvo tiró de su brazo al pisar la primera grada.

—Permitidme poneros al corriente de una irregularidad. Dentro están unos procuradores venidos de Venezuela. ¿Sabéis lo que piden?

Que bajo ningún respecto envíen gobernadores alemanes. Exigen gente de la tierra.

—No reza eso en el contrato firmado por Su Majestad —respondió agrio—. Pero, ¿para qué hablar tanto? Entremos de una vez a ver qué se traen entre manos.

En el Patio de los Naranjos una muchedumbre se aglomeraba, hablando y gesticulando. Cerca de una de las fuentes hacía corrillo Alberto Kohn, factor de los Welser en Sevilla.

—Los procuradores de la ciudad de Coro —le informó su compatriota— piden al rey no enviarles más alemanes como gobernadores ni capitanes generales. Exigen castellanos viejos.

—Pero, ¿por qué? —preguntó enojado—. Todos somos súbditos del emperador.

—Eso no lo entienden ni aceptan los castellanos, ni siquiera para catalanes y aragoneses.

—Pero, ¿qué arguyen? —inquirió con asombro.

—Que el negocio de las Indias es empresa y sacrificio de Castilla, para que ahora vengan otros a beneficiarse.

—Pero... es absurdo...

—Absurdo o no —repuso el factor, sonriente y sosegado—, los castellanos le ponen toda clase de obstáculos al extranjero, no sólo para gobernar, sino para embarcarse hacia Indias. Aunque ahora a causa de la enorme leva que hace el emperador para atacar a los piratas de Argel, se hagan la vista gorda y permitan enrolarse a gente de todas las nacionalidades. En nuestra expedición, hasta al-baneses tenemos, amén de italianos, alemanes y hasta escoceses. No me explico aún cómo vais a hacer para entenderos con esa babel flotante. Pero volviendo al asunto anterior: arduo y difícil es negarle a los de Venezuela su exigencia.

—¿Y cuáles son las verdaderas razones de tanta repulsa, aparte las que ya me habéis dicho?

—Afirman que la administración de Ambrosio Alfinger, el extinto gobernador, fue desastrosa: que por culpa suya perecieron la casi totalidad de los expedicionarios; que hacía azotar a los castellanos, condenándolos a muerte por fútiles motivos. Arguyen, también, que los germanos dizque tienen una forma de comprender al hombre muy diferente a ellos. De ahí la imposibilidad de éxito en las acciones conjuntas. Por eso rechazan a los gobernadores alemanes.

—Pero es derecho de nuestros señores los Welser, elegir a los gobernadores de Venezuela.

Alberto Kohn lo miró con simpatía.

—Lamento deciros que estáis en un error. Es potestativo del emperador hacer tales nombramientos. Hasta ahora ha accedido a complacernos; pero temo que no continúe haciéndolo en lo sucesivo: entre las acusaciones de los procuradores contra los Welser se asienta que roban al fisco. El quinto real declarado, según ellos, no corresponde ni remotamente a la realidad.

—¡Veo difícil la situación! —opinó con desaliento, recordando su entrevista con Carlos V, y su precisa exigencia desconfiada de vigilar a los banqueros.

—La última palabra, sin embargo, la tiene el emperador —añadió Kohn—. Y no creo que desestime la crecida erogación hecha por nuestros señores, ni la urgencia de embarcar los quinientos hombres reclutados. Faltan apenas cien por cubrir las cinco naos que esperan en San-lúcar. Y ello lo haremos en un santiamén. Ved cuán larga fila de voluntarios hace turno para llenar los requisitos; y ved también su calaña.

Cuatro filas de solicitantes hacían sus declaraciones ante los oficiales de contratación. Iban acompañados por dos testigos. Certificaban conocerlos, dando fe de ser buenos hombres; católicos, apostólicos y romanos; libres de toda mácula de moros, luteranos o judíos. Un hombre de tez muy oscura llamó la atención de Hutten.

—¿Y aquél? —preguntó con extrañeza a Kohn—. ¿No es acaso un moro?

—¡Oh! Don Felipe —respondió el alemán con un dejo de burla—, parecierais no conocer a España: una cosa dicen las leyes y otra los funcionarios. Está prohibido a los judíos, vaya por caso, inmiscuirse en los asuntos de Indias. ¿Y no soy yo, acaso, el representante de los Welser en Sevilla? A la vista tenéis muchos otros. Ved aquel par de desnarizados y desorejados a tres puestos del negro. La mutilación de sus apéndices proclama delitos graves. Sus testigos dirán, sin embargo, ser hombres de pro y los oficiales, por dos ducados, los autorizarán para embarcarse.

—Pero mirad a aquéllos —dijo señalando a tres rubios de aspecto germánico contorneándose incesantemente entre guiños y muecas—. Padecen del baile de San Vito, al igual que sus padres y abuelos. Los conozco bien; son de mi pueblo. Esa gente no es sólo luterana: son cago- tes, cátaros o herejes. Todo el mundo sabe quiénes son. Se marcharán, sin embargo, a las Indias.

Miró con asombro las cuatro filas de voluntarios. Los había de los más variados tipos de cataduras: desde los hijodalgos, cencenos y altivos como Lope de Montalvo, hasta hombres de navajazo en la cara, hoscos y sombríos. Muchos eran campesinos hartos de arar la tierra;

a otros a simple vista se les notaba un ocio perpetuo aprisionando sus vidas. Los había de mirada fiera y también febril, de expresión alucinada. Un hombre harapiento de orejas cortadas mendigaba entre los voluntarios las monedas del soborno. Los oficiales, al tintinear de las monedas, decían sin levantar la cara: «¡Vale! ¡Que pase el otro!», y anotaban de prisa los dudosos datos de filiación. En una de las filas se armó un estruendo. La gente se arremolinó en círculo. Un hombre se convulsionaba entre pataletas y espumarajos.

—Ya se le pasará —pronosticó uno de sus testigos—. Esto sucédele cada vez que se enfrenta a la esperanza.

Dos hombres de nariz enrojecida y entre dos luces se balanceaban, escanciando a pico una botella.

—Pero ¿con esta gente vamos a conquistar la Casa del Sol? —preguntó con expresión perpleja.

—¿Y qué otros —respondió Kohn—, salvo los desheredados de la suerte, o los que huyen de sí mismos, serían capaces de arrostrar el proceloso y los cientos de peligros que los esperan? Hasta la aparición del tesoro del Perú, la cosa era mucho peor: escaseaban de tal manera los voluntarios que tuvimos que recurrir a presidiarios: trocándoles la condena a perpetuidad por diez años en Indias.

Un caballero bien vestido y rasurado los abordó, con amplia y galana sonrisa:

—Permitidme presentarme, señor de Hutten. Mi nombre es Francisco de Murcia Rondón —expresó humedeciéndose los labios—. Me marcho con vosotros a Indias, y no lo toméis a jactancia si os digo que tuve el inmenso honor de haber sido secretario del rey Francisco I, cuando nuestro emperador lo mantuvo preso en Madrid, en la torre de los Donceles.

—Bienvenido, señor —saludó Hutten con seca cortesía.

Entre zalemas y contoneándose se alejó el extraño personaje hacia la Puerta del Perdón.

—Como podréis ver —apuntó el factor—, hay de todo en la villa del Señor.

—Ya veo —respondió, sin traslucir su desengaño—. Bien, veremos qué sale de todo esto. Si no requerís mi presencia, daré un paseo por la ciudad.

—Id con Dios, don Felipe; que os sea grata Sevilla, tierra de ensueño y de mujeres guapas.

Abriéndose paso entre el gentío aglomerado bajo los naranjos salió a la calle por la Puerta del Lagartijo. A su derecha se erguía la Giralda; a su izquierda, el palacio del obispo. Un ruido traqueteante reclamó su atención.

—¡Un coche! ¡Un coche! —gritaba la gente ante el artefacto traído de Hungría por Carlos V.

Miró al vehículo y también a la mujer que llevaba dentro.

«Se ha operado el milagro. La vuelvo a ver», exclamó atónito.

Era la duquesita con su tez marmórea y sus pómulos altos. A su derecha estaba una vieja gruesa enfundada en negro. Al otro lado iba la pareja de enanos con los que topara el día en que llegó a Sevilla. El hombrecillo repitió su saludo burlón y la enana murmuró algo a su ama, sacándole una sonrisa que se apresuró a cubrir con el borde del abanico, dirigiéndole luego una larga y entendida mirada a Hutten.

Trepidante se perdió el coche tras la callejuela. Extasiado, y a punto de ser atropellado por dos jinetes, se quedó largo rato en medio de aquella calle ancha y redonda que a veces se trocaba en plaza.

«Ésa es la mujer que yo quiero para renunciar al convento —se dijo convencido—. La haré mi esposa —prosiguió casi en voz alta—. Su padre es un grande de España. Bien puede ser la esposa de un rey, de un príncipe o de un magnate —recordó con dolor—. En cambio, ¿quién soy yo? Tan sólo un segundón de una gran casa venida a menos. Pero ¿si se me trocase la suerte? —se preguntó vibrante y esperanzado—. ¿Y si hallara la Casa del Sol, como me lo ha prometido Nicolás y lo augura Came- rarius? Sé que me ha visto. Traía recuerdos de Roma en su mirada. Si pudiera hablarle. Si pudiera decirle cuánto la amo y de lo que sería capaz de hacer por conquistarla. Sé que mi presencia le agrada. ¿Qué esperas, entonces, Felipe de Hutten, por encontrarla? —se dijo festivo—. ¡Vayamos en su busca!»

Preguntando poco y husmeando mucho se metió por la calleja hasta encontrar el palacio del duque. Seis coraceros guardaban la entrada. Un tropel de caballos pasó a su lado entrando con algaraza en el patio de los azulejos. El grande y su escolta llegaban a casa. Una risa de chiquillos desde la terraza lo reclamó. Los enanos lo miraban sardónicos.

Él le hizo una higa flexionando el antebrazo, y ella le tiró un clavel y un beso volado.

—Vamos, buen hombre —le ordenó el jefe de la guardia—, seguid vuestro camino. No podéis deteneros frente a esta casa. Es la de un grande y no está bien que los pequeños escudriñen dentro.

Sintió un golpe de rabia y trepando a su bestia se prometió no tener nunca más sueños imposibles.

Dos largos meses se sucedieron sin tener noticias de Federmann ni de las decisiones del emperador sobre el próximo gobernador de Venezuela. A la duquesita de Me- dina-Sidonia se la topó en tres ocasiones y, para su desazón, le hizo por tres veces el juego del abanico. Pero fiel a su promesa se abstuvo de correr tras ella. La expedición, a pesar de todo, estaba pronta para partir. Una tarde, al salir de la catedral, se encontró con Goldenfingen.

—¡Maese! ¡Qué dicha la de veros nuevamente! Pero ¿qué hacéis en Sevilla?

—Para seros franco, monseñor, no me hallaba a gusto en una oficina, anclado en la inmovilidad. Lo mío, como os lo dijera antes, es navegar o moverme de un sitio a otro. Os tengo una sorpresa. ¡Me marcho a Venezuela con vosotros! Hace tres días me alisté en la expedición.

—Enhorabuena por vos y por mí —respondió con alegría—. Un hombre de vuestra pericia es la mejor adquisición para la Casa Welser.

—Es lo que me ha dicho el señor Kohn.

—Pues, me parece de perlas —comentó con redoblado entusiasmo— vuestra decisión de acompañarnos a Venezuela.

—Lo único malo —añadió sombrío—, es que parece cierta la profecía que os hiciera Fausto sobre los malos augurios que rodean a esta expedición.

—¿Quién os dijo eso? —saltó fuera de sí.

—Ese mozo de Werneck, que fue vuestro paje... Franz Weiger.

—¿Qué se ha hecho ese canalla? —preguntó con recia molestia.

Goldenfingen, amoscado, contestó farfullante:

—Hace ya tiempo lo perdí de vista... La última vez que supe de él estaba de mozo de taberna en Córdoba. Seguramente se regresó a su tierra. Al parecer no le había ido mal. Según me dijo, había reunido muchos cuartos en poco tiempo... Hicisteis bien en despedirlo; no era trigo limpio el chico, y, a mi modesto juicio, no deberían ser muy santas sus ganancias, como tampoco lo eran sus amigos. Os había tomado aversión, de otra forma no se explica su empeño por decir que estabais aojado, como dicen los castellanos, o maldito, como decimos nosotros.

—¿Dijo tal...?

—Así como lo oís. Pero ¿quién podía hacerle caso a un tipo tan afeminado? Descuidad, la infamia no se ha difundido. De habérselo dicho a alguien en Córdoba, allá se quedó. Pero lo que sí parece digno de atención son todas estas contrariedades que detienen la flota. ¿No sería bueno consultar a un estrellero?

—En España no existen. Nadie cree en ellos...

—Pero sí abundan las gitanas. A hurtadillas de la Inquisición leen la buenaventura en las rayas de la mano.

—¿Las habéis consultado?

—En una ocasión...

—¿Y qué os dijeron?

—Lo ya dicho: alguien de mirada muy gorda tiene anclada la flota.

Se estremeció ante la afirmación: «Y si la mala sombra de Berta sigue a su marido?» Mucho le hubiese gustado recabar la opinión del ducho Von Spayer. Lo de aventar a Goldenfingen de su oficina en Génova, so pretexto de que Italia no estaba lo bastante lejos de Augsbur- go, le pareció insuficiente, y en especial si se tomaba en cuenta la fidelidad del gordo. «Sin duda, Von Spayer teme a la sombra de Berta. Sólo que desconoce, al igual que su marido, que Berta fue realmente una bruja.»

—Dejaos de supersticiones, maese —dijo cordial y calmoso—, y preparaos a vivir la mayor aventura del hombre: el descubrimiento y conquista del Nuevo Mundo. Os invito a dar un paseo por la ronda de la muralla, en el barrio judío.

Caminaban a paso lento entre el alcázar y pintorescas casas de estrechos patios, poblados de geranios, cuando el maestre reclamó su atención:

—Mirad, señor, quién se aproxima: nada menos que el señor Nicolás de Federmann.

—¡Felipe! —saludó Federmann gesticulante—. ¡Gordo Goldenfingen! ¡Abrazadme y dadme vuestra enhorabuena! ¡Los señores Welser, a nombre del gran emperador, me han nombrado capitán y gobernador de Venezuela! Ya tengo conmigo todos los títulos que me acreditan.

—¡¡¡Viva!!! —gritaron a dúo Hutten y Goldenfingen.

—Celebremos como Dios manda mi buena suerte. ¡Pese a repugnarte el vino, Felipe de Hutten, beberemos hasta hartarnos y armaremos la gran farra hasta que Dios mande! ¡Ven con nosotros, gordo!

Federmann, dando vivas, hizo cerrar por su cuenta la mejor mancebía del barrio de Santa Cruz, reservándose siete pupilas y haciéndose traer por el tabernero sus mejores vinos. Con una morena sentada en cada pierna, animaba a un guitarrista y a las tres chicas que danzaban con sus trajes pintones. Goldenfingen acariciaba con manos torpes a una malagueña. Hutten, de sonrisa pasmada, permanecía indiferente a los meneos de una linda chiquilla que a su lado lo tentaba.

—Felipe de Hutten —dijo Federmann con voz vinosa y autoritaria—. ¡Bebe en mi honor!

—Bien sabe que no bebo, Nicolás. Me hace daño. Caigo en un sopor muy hondo y al día siguiente me duele la cabeza.

—¡Que bebas, digo! —ordenó destemplado—. Me importa un rábano lo que te suceda. Te lo mando y basta.

Encarnado, llevó el vaso a sus labios. Luego de beber un trago lo devolvió a la mesa.

—¡Que bebas, digo! —insistió con insospechado mal talante—. ¡Si quieres trabajar conmigo, tendrás que obedecerme!

Confuso, se llevó de nuevo el vaso a la boca.

—Sigue, sigue bebiendo —le exigía entre festivo e imperioso— hasta que lo acabes todo.

Al terminar intentó poner el vaso en la mesa. Federmann volvió a la carga:

—Uno no basta. Goldenfingen y yo nos hemos bebido una jarra por cabeza. Debes alcanzarnos y ahora mismo.

—Sí, sí —aprobó el marino con el acompasado apoyo de las mujeres.

Entre palmas, bebió uno tras otros seis vasos de vino. Al terminar tenía una expresión distinta. Rió con ojos de ebrio dirigiendo por primera vez una mirada golosa a su compañera.

—¡Viva! —exclamó, dándole un largo beso en la mejilla.

El tabernero, con dos botellas en cada mano, irrumpió obsequioso:

—Aquí les traigo a María de los Angeles, la hembra más guapa de Sevilla.

Federmann al verla soltó una exclamación de asombro. Hutten

empalideció y Goldenfingen, enloquecido, corrió hacia la calle. La mujer, aunque morena, guardaba un parecido mellizal con Berta.

Sobreponiéndose al desconcierto, Federmann ordenó a la recién llegada sentarse junto a Hutten. Achispado por el vino y por el reencuentro, se halló de pronto libre de resquemores, engolosinándose en la boca fresca y pulposa que María de los Angeles le ofrecía.

Despertó en la mañana con fuerte dolor de cabeza y la angulosa sevillana en su alcoba.

—¡Oh, Nicolás de Federmann! —celebró casi místico al hacer inventario de su aventura—. ¡Cuán poderoso mago eres! Te has salido con la tuya, me has mostrado un mundo de pelo endrino, que sin más cobertura que sus guedejas, pulseaba una guitarra en el alféizar de la ventana.

Era el día de su cumpleaños. Arribaba a los veintitrés.

Alguien golpeó suavemente la puerta. María de los Angeles, quien ya cargaba sobre Hutten, preguntó irritada:

—¿Quién llama?

—¡Catalina! —respondió con sonsonete una voz infantil.

—¿Qué Catalina?

—Pues, ¿quién va a ser, mujer de Dios? Catalina, tu sobrina; que os trae algo de yantar para que sigáis folgando.

Estalló en risa la manceba, ordenándole entrar. Hutten se incorporó en la cama, cubriéndose con una almohada. Era una niña no mayor de doce años. Traía churros con leche.

—Buen provecho tengáis los dos —dijo con desenfado mirando a Hutten.

Avergonzado, subió la sábana hasta el cuello.

—Lindo tudesco tiene la tía —comentó embelesada—. El día de mi estreno me placería hacerlo con un tipazo como él.

—Pues si es tu voluntad y a él le gustas, podéis comenzar ahora mismo —repuso con naturalidad—. Ya te he enseñado cuanto tienes que saber.

—¿Cómo dices? —preguntó Hutten nimbado por la duda.

—¿No has entendido, tudesco? La niña, que ya cumple los doce años, quiere que le hagas el honor de desflorarla. Te costará un ducado y harás una obra de caridad.

—Pero, ¿estáis vosotras locas o es que no entiendo el castellano? ¿Acaso me propones acostarme con la niña?

—¿Me quieres decir que no te gusto, resalao? —le inquirió Catalina entre meneos.

—Hace un mes que fue mujer —comentó la tía—. Y ya es hora de que se gane la vida con su cuerpo y deje de vivir de gorra. Si no es contigo será con otro...

Un rugido salió de la cama. Hutten de pie, encarnado y desnudo, sólo pudo espetar:

—¡Fuera!

La muchacha, luego de vacilar, corrió hacia el patio.

—Pero ¿qué te sucede, tudesco? —vociferó María de los Angeles.

—¡Fuera, espíritu inmundo, que además de mancillar mi cuerpo has intentado pervertir a una niña!

—Si es tu gusto, lárgome —replicó airada—, pero antes paga lo que debes.

—¡Toma! —profirió tirando al suelo un florín de plata.

—¡Dios mío, Dios mío! —invocó sollozante al cerrar la puerta—. ¿Cómo es posible que me haya dejado vencer por el pecado? Ya no soy doncel, como te lo había prometido, Santa María Sondeheim. Ya no llegaré limpio al lecho conyugal. ¡Ya no soy Parsifal!

Al salir en dirección a la calle, un coro de burlas lo escoltó hasta la puerta.

—¡Adiós, tudesco! —lo despidió la niña levantándose las faldas—. No sabes lo que te has perdido.

Compungido y contrito se dirigió a la catedral, prosternándose ante la Virgen de los Reyes:

—Te prometo, madre mía —musitó a la patrona de la ciudad—, nunca más dejarme poseer por los sentidos. Seré nuevamente como Parsifal, fuerte y continente ante la tentación de Kundry, la hechicera. Y por tu Divino Hijo, no permitas que esa niñita llamada Catalina tome el camino del mal.

En un momento le pareció que la imagen tomaba vida. Antes de caer desmayado sintió que lo miraba compasiva.

La partida fue fijada para el 10 de octubre de 1534. La expedición se componía de cinco carabelas con capacidad, cada una, para ciento cincuenta toneladas de objetivos y ciento veinte hombres.

La nao capitana, llamada San Francisco, sería regida por el propio capitán general; la segunda, por nombre Suabia, quedaba bajo el mando de Hutten; la tercera sería gobernada por Goldenfingen; y las otras dos por un alemán de apellido Kóller y un holandés de nombre confuso. Una semana antes de partir, las autoridades de la ciudad organizaron para el 4 de octubre, día de San Francisco, una justa con todas las de la ley, con intervención de caballeros alemanes y castellanos.

—¿Traes armadura? —preguntó Federmann.

—¡Por supuesto! ¿Cómo te imaginas que pueda pasarse sin ella un hombre de guerra?

—Pues más te vale venderla, luego de la justa. De nada habrá de servirte en Indias. Las flechas y lanzas de los indígenas son tan endebles como insufrible el calor, para llevar encima estos armatostes. Basta para protegerse un sayo y un escudo de cuero. Tú —dijo cambiando el tono— defenderás los colores de Baviera. La duquesa Blanca te ha elegido su campeón.

—¿Y quién es la duquesa Blanca?

—¡No me digas que ignoras quién es la duquesa Blanca! Es la mujer más bella del mundo,, además de ser la hija del duque de Medina-Sidonia, grande de España siete veces. La reina Isabel tuvo que hacerle guerra a su abuelo, que por un tris no se coronó rey de Andalucía.

Sombra de abanicos, negras guedejas y guitarras desnudas nublaron sus ojos, y más que nunca amó a Sevilla, a su buen capitán y a su destino. Esa noche al acostarse dijo: «Ya no quiero ser monje. Quiero ser grande y tener por mujer a la duquesita del pelo azuloso.»

Lope de Montalvo y su grupo tomaron a pecho que su capitán lidiara, aunque fuese contra españoles, en festiva justa.

—Se trata del honor del regimiento —proclamaba el chiquitín de Pérez de la Muela—. Debo velar por vuestra salud y por la del caballo.

—Yo prefiero que entrenemos —dijo Montalvo, arrebatándole la palabra—. Francisco Infante y yo somos los mejores.

—No le hagáis caso, don Felipe —protestó Ve- lasco—. Son unos mamacallos de compararse conmigo. Arriba de un caballo y con una lanza en la mano, no hay quien supéreme. Con deciros que cuando en Arévalo veíanme pasar, gritaba la gente: «¡Es el mismo caballo del Cid Campeador!»...

—Lo que era una forma de decirte babieca —se burló Ceballos. Hutten deslumbró a sus hombres al derribarlos más de diez veces de sus corceles.

—La verdad es que sois invencible —hubo de confesar a regañadientes el irascible Velasco—. ¿Tenéis, acaso, algún talismán?

—Sí —respondió Ceballos con su impenitente mofa— búscaselo en el entrepiernas.

—Deberéis comer carne de res todos estos días —prescribió Pérez de la Muela— y descansar como es debido. Olvidaos de mujeres. Luego de la justa tomaréis las que os plazca. La vela de las armas exige abstinencia, salvo que la hembra sea virgen y cristiana vieja.

—No le hagáis caso a este sacamuelas —recomendó Velasco— y fornicad a discreción, don Felipe.

Hutten afiló el rostro y les respondió con autoritaria frialdad:

—Guardad las formas, señores. No os he autorizado ni con mi palabra, ni con mi ejemplo para hablarme de tal guisa.

Dio media vuelta y se alejó bizarro y taconeante.

—¿Y a éste que le pasa? —preguntó Pérez de la Muela mirando a Velasco.

—Pues na', hombre, que se encojonó el tudesco, y la verdad es que no entiendo el porqué.

137

El coso estaba repleto cuando apareció, de negra armadura, con los escudos de Baviera y de su casa. En el palco principal estaba el cardenal de Sevilla. A su derecha, el gran duque con su hija en medio de ambos. Nicolás de Federmann estaba a la diestra del magnate. Llevó la mano a su barba y saludó a Hutten con entusiasmo. Al paso saltarín de su caballo armado, se acercó al palco. Quitándose el yelmo hizo una reverencia. La duquesita se puso de pie, mirándole ardorosa. Le ofreció un pañuelo de colorines que tomó con su lanza, entre los aplausos y vítores de la muchedumbre. Pletórico de orgullo, recogió la prenda y la llevó a los labios prendiéndola en la cimera. A un toque de clarín sesgó la bestia y cabalgó hacia la esquina, donde lo esperaban sus hombres. Goldenfmgen lo animaba con palabras henchidas de afecto. Sonó de nuevo el clarín. Lanza en ristre, galopó contra su adversario. Chocaron los caballos. Cayó al suelo su contendor. Un nutrido aplauso ovacionó su gesta. La duquesita lo aplaudía frenética. Uno tras otro, derribó a sus adversarios.

—¡Es un verdadero paladín! —comentaba la gente al concluir la justa. Al acercarse al palco con su caballo al paso, las autoridades se pusieron en pie para aplaudirlo:

—¡Soberbio! —sentenció el cardenal.

—¡Bien, caballero! —dijo el gran duque sin alzar la voz.

—¡Precioso! —clamó Blanca tempestuosa, agitando en su mano la corona de laureles—. Acercaos, guapo —agregó con cadencia andaluza—. ¡Ven, mi príncipe, para hacerte rey ante el mismo cardenal de España!

La corona del triunfo cayó sobre su pecho. Estalló sonora una ovación. Con amplia sonrisa crispada, echó atrás su corcel y miró de nuevo al palco. Nicolás de Federmann no estaba en su sitio.

—Luego de desembarazaros de la armadura —propuso el duque— vendréis al palco para un vino de honor.

Su hija lo miraba con ojos relumbrosos. Los enanos lo aplaudían. De vuelta hacia sus peones se preguntó en voz alta, entre los aplausos y hurras de la muchedumbre: «¿Dónde diablos se habrá metido Nicolás?»

—Lo vimos marcharse —le informó Ceballos— cuando derribasteis al último jinete.

—¿Qué le sucedería?

—Seguramente se fue a hacer aguas —repuso chisteante.

Hutten lo miró severo, mientras Lope de Montalvo y Pérez de la Muela lo ayudaban a despojarse de la armadura.

—Os habéis comportado con tal bizarría —celebró Montalvo— que cualquiera diría que sois español.

—Lavaos bien, monseñor, antes de ir al palco —sugirió Pérez de la Muela, entregándole un paño húmedo— Oléis a caballo...

—No es malo oler a macho —apuntó Velasco— si a uno lo aguarda yegua tan reluciente.

Ya Hutten se volvía severo y desafiante, cuando Francisco Infante, retornando de las graderías, lo llenó de intriga:

—Díjome un paje que don Nicolás de Federmann, marchóse con un oficial que vino en su busca.

«¿Qué le habrá sucedido a Nicolás?», volvió a preguntarse, y como no había tiempo para más cavilaciones, marchó decidido hacia el palco de honor.

—Me entera Su Ilustrísima —puntualizó el duque— que sois

miembro de una de las más antiguas familias germanas. ¿Sois, acaso, descendiente de aquel conde Hutten que, en el siglo x, condujo los ejércitos del rey Enrique contra los Hunos?

—Así es, Excelencia.

—¿Y qué sois de Ulrich Hutten —inquirió el cardenal—, ese mal poeta que ha abrazado la fe de Lutero y tiene incendiada a Alemania con sus libelos?

—Es mi primo hermano, Su Ilustrísima —asintió con un dejo de temor. Pero, imponiéndose a su timidez, terminó por añadir—: Lo quiero mucho.

El cardenal sonrió bondadoso:

—Menos mal que contra ese hereje, vuestra familia tiene a Mauricio, ese magnífico obispo; aparte de ser vuestro padre Bernardo, el burgomaestre de Königshofen; y ser el conde Nassau vuestro padrino.

—Gracias, Ilustrísima —dijo Hutten, haciendo una reverencia cortesana.

—¿Desde cuándo no veis al emperador? —demandó el duque con pétrea expresión.

—Hará menos de tres meses. Viniendo hacia acá, lo saludé en Toledo.

—¿Conocéislo desde hace tiempo? —preguntó sin abandonar su impertinencia.

—Desde que tenía los ocho años. A partir de entonces viví en su casa, hasta que él mismo me puso al servicio de su hermano, su majestad don Fernando.

El duque, luego de calarlo sin ocultamientos, accedió con una inflexión de cejas a que su hija se aproximase. El brindis fue breve. Las palabras entrecruzadas por los jóvenes, de pocos minutos. A una nueva señal, Blanca se retiró con su padre, del brazo del cardenal. Antes de marcharse le susurró pizpireta y atropellada:

—Mañana a la media tarde habré de pasear con mi dueña por los jardines del alcázar.

Ya era de noche cerrada cuando llegó al mesón del maese Rodrigo, donde también se alojaba Nicolás de Federmann.

—El señor capitán general está en su habitación —informó el posadero—. Hará media hora que llegó. Seguramente le encontraréis en vela.

La puerta estaba entreabierta. Sin llamar, se deslizó adentro. A la luz de un cirio lo vio sentado al pie de la cama, con la cabeza entre las manos y un paso de llanto en la mirada.

—¿Qué te sucede, hombre? ¿A qué viene esa cara?

—Pues, casi nada —respondió esforzándose por ser animoso—. Nuestros señores los Welser han revocado mi nombramiento como gobernador y capitán general.

—¿Cómo? —soltó Hutten.

—Así como suena. Aprovechándose de que la protesta de los procuradores de Venezuela se extendía hasta mí, como lugarteniente que fui de Alfinger, me sustituyeron por Jorge Spira, un hombre que de milagro sabe dónde tiene la nariz y que no da un paso sin rezarle a Bartolomé Welser. De modo, Felipe, que ya no soy nadie. Soy el segundo en mando; y tú, apenas el tercero.

Poco después del amanecer el maese Rodrigo despertó a Hutten:

—Un fraile quiere hablar con vuestra señoría. Dice venir de

Alemania y traeros recado de vuestro hermano el obispo.

—¿Recado de Mauricio? Decidle que bajo ahora mismo.

—No es necesario, señor de Hutten —dijo reciamente una voz en alemán, dando paso a un franciscano de cerrada capucha.

Hutten no pudo contener su malestar ante la desconsiderada irrupción. El desconocido, sin solicitar su venia, tomó asiento en el único taburete.

—Tengo mucho gusto de veros —prosiguió con el rostro mirando al suelo—. Su Ilustrísima Mauricio, vuestro hermano, os envía su bendición por mi intermedio.

—¿Cómo está él?

—Algo afligido por la gota. Pero dicen los médicos, ¡a Dios gracias!, que muy pronto habrá de pasar. Os recomienda —expresó el franciscano, luego de intercalar una pausa— tener fe en el nuevo jefe de la expedición, don Jorge Spira, persona de su amistad y aprecio.

—Nací en la obediencia, padre —repuso seco—, y no soy nadie para juzgar sobre mis superiores.

—Le complacerá sobremanera a vuestro ilustre hermano saber que adoptáis la actitud más sensata.

El fraile levantó la cabeza y mostró su cara. Hut-ten se sobresaltó. Tenía frente a sí a Georg von Spayer, el caballero del pómulo hundido.

—Pero, ¿qué hacéis aquí vestido de franciscano? —lo interpeló airado—. ¿Cómo es eso de que sois Jorge Spira? Os conozco por George von Spayer.

—Oídme atento, señor de Hutten —recalcó enérgico, asumiendo su aire dominador—. En primer lugar, no me preguntéis por qué os protegí desde Suiza hasta Génova. Hay secretos a guardar celosamente. Sólo puedo deciros que es muy larga la mano de los Welser para proteger los intereses del emperador, con su real anuencia o sin ella.

Un escalofrío lo sacudió al percatarse de las maneras del nuevo jefe.

—Vamos ahora con mi nombre: los españoles, entre los que he vivido por algunos años, por sus dificultades insalvables para los idiomas, me pusieron por nombre Spira, en vez de Spayer. Para facilitar las cosas he aceptado llamarme Jorge Spira. ¿Comprendéis ahora? Y en cuanto a este sayal de capuchino, no es disfraz ni cosa parecida. Soy terciario de la orden y a veces me trajeo de tal guisa, sea por conveniencia, sea por gusto. Además de guerrero y comerciante, arde en mí la llama mística.

Luego de observarle sardónico, prosiguió mascullante:

—Espero que no habréis tomado a mal mi forma de presentarme.

—De ninguna manera, señor gobernador —respondió sin pensarlo—. Estoy aquí para serviros. Ordenad y seréis obedecido.

—No erró vuestro hermano, ni todos cuantos dicen conoceros —cascó con su risa de grajo—. Sois un mozo diligente y bien dispuesto. Si dependiese de mí, seríais desde ya mi lugarteniente. Por los momentos, os resignaréis a ser el tercero en mando. ¿Puedo contar con vuestra fidelidad?

—Absolutamente, señor.

—Bien —añadió con brusco acento de mando—. Estando todo en orden, como me informara Alberto Kohn, nos embarcaremos en el puerto de La Sal, aquí en Sevilla, dentro de cuatro días. Bajaremos en barcas por el río hasta Sanlúcar de Barrameda, donde nos espera la flota. Apenas os vistáis id presto a las oficinas. Quedad con Dios, y cuidaos de las malas compañías.

A pesar de estar en vísperas de la partida y de un trajinado quehacer, no pudo deshacerse de la imagen de la duquesita y de su cita en el alcázar.

Spira, sentado en larga mesa de cedro, dictaba sus instrucciones:

—No quiero desórdenes de ningún tipo —recomendaba a Lope de Montalvo—. La caballería en su sitio. Las barcas —señaló a Goldenfingen, dichoso por su aparición— deberán guardar entre sí una distancia de diez varas. ¡Ah! Otra cosa: decidles a los hombres que no quiero abrazos ni lloriqueos con sus mujeres e hijos. No hay cosa más detestable que el moco y las lágrimas entre hombres de guerra. Que se besen todo cuanto quieran hasta la caída del sol, hora de volver al cuartel.

Federmann, recostado con hostil indolencia, no ocultaba su aburrimiento, salpicándolo de impertinencias.

Avanzada la hora nona terminó el consejo. Hutten corrió hacia el alcázar. Tras largo tiempo de espera apareció Blanca, escoltada por su dueña y los enanos.

—¡Salud, bravo campeón! —dijo cantarina al verlo.

Sobrecogido, avanzó para besarle la mano. La chica se contoneó estremecida mirándole a los ojos, dueña de sí y subyugante.

—¡Doña Remedios! —ordenó a la dueña—. Id a la capilla y rezad dos rosarios, y vosotros, chicos, marchaos con ella.

—No puedo, ni debo —respondió firme y agargolada la vieja.

—Doña Remedios —volvió a decir señalando a los enanos—. O hacéis lo que os digo o diremos a mi padre que os revolcabais con el capellán.

—¡Ay, Madre Santa! —protestó persignándose—. ¿Cómo se os ocurre decir esas cosas delante del caballero? No hagáis caso. Siempre amenaza con calumniarme, si le impido hacer de las suyas.

—Pues lo haré de veras —insistió Blanca— si no me dejáis a solas con don Felipe. ¿No es así, chicos?

—Ciertamente, mi señora —respondieron los enanos apayasados y saltarines.

—Está bien, está bien... —rezongó la vieja, dando media vuelta y alejándose por un sendero de azulejos y claveles.

—No creáis ni una palabra de lo dicho sobre doña Remedios —comentó entre risas sacudiendo el abanico—. Pero es tal su porfía por ser bien reputada que tiembla de sólo imaginar que yo diga una cosa semejante. ¡Te amo, Felipe! —estalló de pronto saltándose los preámbulos—. ¡Te amo desde el día en que te vi en Roma! Te seguí amando por cada día que pasaba, y ahora estoy que me derrito por ti al saberte campeón.

Hutten creía soñar. Actuaba desazonado. No hallaba qué decir.

—El problema es mi padre —aseveró a los pocos pasos—. No sólo destíname a un rey o a un grande de España, sino que te abominó apenas dijiste ser criado del emperador. No sé si estáis enterado de la mortal saña existente entre los Medina-Sidonia y los Trastámara, de quienes los Habsburgo son su continuación... ¡Coño...! ¡Ahí viene ya la vieja faldera! Ya no puedo ahuyentarla más... Sólo pídote que encuentres la Casa del Sol, que regreses tan rico como el palurdo de Hernando Pizarro, quien, bestia y todo, se dio el gusto de llegar a casa con una escolta de veinte jinetes y veinte caballos con herraduras de plata. Si encuentras la Casa del Sol se ayuntaran mi padre y la luna. Podremos, entonces, casarnos... ¡Que ya voy, doña Remedios...! ¡Tres años habré de esperarte, vida mía. ¡Tres años...! ¡Tres años...!

Y en puntillas se alejó bordeando la alberca de los reyes moros, seguida por su dueña y los don bufones.

4. Los hados del viento

El espectáculo era soberbio. En ciento veinte filas de a cinco, desfilaban los expedicionarios por las calles de Sevilla. Adelante iban los jefes de la flota: Jorge Spira, el nuevo gobernador; Nicolás de Federmann, tirando con más fuerza que nunca la cabeza hacia un lado; Goldenfingen, otro alemán llamado Jerónimo Köeller, y en un caballo zaino Felipe de Hutten, oteando los balcones en busca de la duquesita. A tambor batiente, con banderas desplegadas, marchaba el ejército. La bandera del emperador, rojo, blanco y azul, con la cruz de Borgoña al centro. La de los Welser era blanca y roja; y blanca y azul la de Jorge Spira.

En la primera fila iban seis músicos con gaitas y chirimías; en la segunda, seis curas con velones encendidos; en la tercera, otros seis músicos con trombones y trompetas; detrás, una fila con seis frailes de la orden de los predicadores. Seguía una hilera de tambores y timbales; luego, seis frailes descalzos, musitando oraciones. La tropa venía en seguida. Al frente marchaban dos filas de soldados con muchos lebreles. Entre los perreros venía un negro libre: Domingo Italiano, por el que Hutten sentía especial afecto por su forma discreta de hacerse valer.

Tras de los perros venía la caballería, en once filas de seis jinetes.

Al frente iba Lope de Montalvo de Lugo, erguido y dominador; más atrás Francisco Velasco, Juan de Ceballos, Francisco Infante y el médico Hernán Pérez de la Muela.

Después de los corceles venían sesenta soldados provistos de hachas, y otras seis columnas de cinco rodeleros.

Los ballesteros llevaban armas de acero; las horquillas colgaban del cinturón y los carcajes repletos de agudas flechas. Vestían jubones rellenos de cerda, las cabezas cubiertas con cascos semejantes a yelmos romanos hechos de cuero de venado. Los rodeleros iban con sayos rellenos de algodón, largos pantalones de lino y boinas de plumas. Todos calzaban alpargatas. Cerraba el desfile un grupo de tres abanderados, una fila de cinco soldados con partisa- nas y seis columnas de cinco rodeleros.

De último iban las recuas con el equipaje, los cirujanos y los oficios manuales: zapateros, sastres, albañiles y mozos.

Se embarcaron en grupos de a diez, y se dejaron llevar por el Guadalquivir.

Cuando la Giralda era apenas un punto en la lejanía, Hutten sacó de su pecho el pañuelo de la justa y, luego de aspirarlo, exclamó para hilaridad de Federmann:

—¡Volveré, señora mía...!

—Estoy muy satisfecho del orden de nuestro ejército —les dijo Jorge Spira, sentado frente a ellos—. Dios mediante, de no atravesarse una bruja, tendremos gloria, riqueza y ventura.

—¿Brujas, decís? —preguntó Federmann arqueando las comisuras.

—Brujas, digo —confirmó pasando por alto la mueca—. No hay nada más peligroso que una bruja. A causa de ellas se han perdido batallas, se han desencadenado tormentas, se han hundido flotas enteras. ¡Toda bruja debe morir! —enfatizó haciendo brillar con más fuerza el ojillo del pómulo hundido.

—Eso es lo que dice Lutero —apuntó Federmann exudando sorna.

Spira se apresuró a reconvenir:

—Lo que no quiere decir que yo tenga simpatías por ese anticristo... Soy católico, apostólico y romano.

—¿Y quién lo duda, Excelencia? —comentó Federmann con un embozo ingenuo en la mirada.

Hutten se debatía inquieto en su asiento, felicitándose porque Goldenfingen viniese en otro bote.

—Yo creo —prosiguió Spira— que cada bruja debe ser llevada a la hoguera. En Suabia y el sur de Alemania hemos quemado ya más de veinte mil. He visto arder con mis propios ojos cientos de esas malvadas.

—¿Os gusta el fuego, Excelencia? —inquirió Federmann, regodeándose sardónico.

—No hallo placer en ello —se revino bronco—, es conveniente a la salud moral de las naciones. Cursé estudios de Teología en la Universidad de Heildelberg...

—Que si hubieseis coronado, posiblemente hoy seríais uno de los más preclaros servidores del Santo Oficio, y no jefe y adelantado de una expedición de maleantes.

—Me sorprende vuestra clarividencia, señor de Federmann —repuso incisivo—. Tenéis razón. Lo mío son los problemas de la religión y la lucha contra el demonio. De no haber sido por mi destino, quizás sería un gran inquisidor, así como hoy, mis señores los Welser, me encomendaron la difícil tarea de comandar esta expedición y ser vuestro jefe.

Los cinco navíos que habrían de conducirlos al Nuevo Mundo cabeceaban en la rada de Sanlúcar de Barrameda. El mar estaba agitado y el cielo borrascoso. La salida, fijada para el 18 de octubre, hubo de diferirse para el día siguiente.

Finalmente, entre tambores y salvas de artillería la flota se adentró en el mar buscando el camino de las Indias.

Cada barco tenía capacidad para veinte caballos, de a diez por lado de sus pesebres. Con excepción de la nao capitana, donde Spira reservóse para sí el castillo de popa, los oficiales ocupaban los castillos posteriores y de proa. Francisco Yelasco no dejaba de protestar.

—Hasta los caballos tienen mayor espacio.

Su corcel lanzó un relincho.

—¡Ah! ¿Te ríes, mal parido? ¡Deja que lleguemos a tierra y tengas que soportarme sobre el lomo!

En literas empotradas hasta el techo, a uno y otro lado de las caballerizas, había lechos para cincuenta hombres; pero tan próximos entre sí «que un hombre con la nariz de Francisco Infante —según comentaba Ceballos— no podía ponerse boca arriba».

En la concavidad de la popa y protegidos por un rastrillo de hierro, se guardaban los alimentos. Bajo la proa, en toneles y odres, estaba el agua y el vino. En el espacio restante se columpiaban veinticinco hombres en sus hamacas. El resto yacía sobre la paja hacinada en los rincones.

—Esta por lo menos es más calentita —se regodeó un ex presidiario— que la que hay en las mazmorras gaditanas.

—¿Y las armas, a todas éstas, dónde están? —preguntó curioso

Francisco Infante.

—En los castillos y a buen resguardo —señaló el antiguo prisionero—. Cuídense bien, que a los mareantes no les dé por amotinarse y hagan la guerra por su cuenta. No sería ni la primera ni la última vez que esto suceda. ¿No es así, Galeoto, que hiciste de tu condición un apellido?

—¡Cállate, por Dios, Nariz de Pulga! No tienes necesidad de recordar lo que ya hiciera para el olvido.

—¡Mierda! —profirió Pérez de la Muela desde un montón de paja—. ¡Aquí hay pulgas!

—No, nene —replicó Ceballos desde su litera—, son ladillas de cura.

Avanzada la noche entre el vaivén crujiente de la sentina, se escuchó el toque de silencio.

—¡A callar todos! —bramó Velasco—. Deseo
dormir.

—Pues vete al castillo de los oficiales —zumbó el presidiario—. Allí duermen cómodamente, sobre mullidas literas de algodón y seda, los benditos de la fortuna.
Y si mejor prefieres, puedes irte a la perrera: tendrás más espacio y comerás carne dos veces al día.

Cada barco llevaba cuatro perros de guerra, guardados en jaulas techadas a uno y otro lado de los castillos de popa. El negro Domingo Italiano, perrero mayor, dormía con ellos.

Esa noche la mar sigue agitada. El viento sopla con fuerza. Se pendulean las carabelas sobre las olas. Hutten, manos a la espalda, ronda sobre el puente. Las olas le hacen trastabillar. «Conquistaré la Casa del Sol —se va diciendo— y vendré por ella. Más rico que

Pizarro, iré a casa de su padre para pedir su mano, ceñido en armaduras de plata, en un casquillear de oro, con cadenas de finas joyas y un cinturón de diamantes. Vivir en casa del emperador ha sido mi dolor y dicha. ¿Qué puede hacer un hombre como yo, de linaje preclaro, sin más riqueza que mi soledad? Mi padre es el Amtmann de Königshofen; dicho así suena mejor que burgomaestre. Y cuando las chicas de la corte me oyen mentar su dignidad, se imaginan que su muy respetable título es algo así como un ducado, con su castillo roqueño señoreando veinte leguas a la redonda. Jamás imaginarían que su morada, aun siendo la mejor de la ciudad, con sus dos pisos e imponente alero, es un viejo caserón lleno de alcobas vacías y de burdos criados que nacieron y habrán de morir en ella, como lo hicieron sus padres y abuelos. Es cierto que al salir hacia la iglesia o al Ayuntamiento, lo preceden dos maceros forrados en seda y la gente se inclina a su paso, expresándole fervoroso respeto. Pero si supieran los chicos y doncellas de la nobleza castellana que mi buen padre, con toda su alcurnia, no es más que un funcionario, un águila vieja que recibe en su casa al jefe de los mercaderes y a los labradores de su diminuta heredad, no lo creerían.

El barco osciló violento hasta casi derribarlo.

—¡Eh, monseñor! —llamó el timonel—. ¡Regresad acá, la mar está muy recia!

Dando traspiés, agarrándose al único batel enclavado en medio del puente, entre jarcias, cuerdas y resbalones, alcanzó la escalerilla que conducía al puente de mando. Amarrado al timón, el maestre luchaba contra el mar embravecido. Hutten intentó subir:

—¡Quedaos abajo! —mandó el otro enérgico—. ¡Guareceos de

inmediato en la cabina, si no queréis ser arrastrado por las olas! ¡Hemos topado con una tempestad!

A cien millas de Sanlúcar, vientos huracanados amenazaban la flota. Las aguas barrían la cubierta. Los perros aullaban. Coceaban los corceles en sus pesebres. Rezaban y maldecían los hombres entre el crujir de la nao y el rugir del agua. Dijo con voz cavernosa un andaluz:

—Esto ha sucedido por haberos puesto a silbar. ¡Bien os lo dije! A bordo no se puede chiflar: se enfurecen los hados del viento.

A los dos días continuaba la tempestad, sin visos de amainar.

—¡Témome —indicó el piloto— que vamos en dirección contraria! ¡El viento nos empuja hacia España! ¿De los otros barcos...? ¡Ni rastro de ellos! ¡Eh, señor de Hutten! ¡Allá veo tierra! ¿Cuál puede ser? ¡Bendito sea Dios y su Santísima Madre! ¡Estamos frente a Sanlúcar, el lugar de partida!

A duras penas lograron atracar. Tres de las carabelas se pusieron a resguardo en la ancha boca del Guadalquivir. Faltaba la de Nicolás de Federmann. Al desembarcar, el andaluz que temía silbar, dijo a Ceballos:

—La mar nos rechaza. Yo, pintóme por las dudas. Y si queréis un consejo, seguid mi ejemplo. ¡Abur, amigo!

En una de las tabernas del puerto, Hutten y seis oficiales comentan entre tragos de vino caliente los sucesos del día anterior. El viento no cesa de golpear.

—Nunca —dijo aprensivo Goldenfingen— había visto la mar tan bestia y enfurecida.

—¿Y qué habrá sido del señor de Federmann? —preguntó Hutten.

—En el fondo del mar —respondió pesaroso el gordo. —No lo

dudéis ni por un instante. Demos gracias a Santa María la Mayor de no haber nosotros zozobrado.

—En tal caso —protestó Lope de Montalvo—, a la Virgen de la Macarena, la más milagrosa de todas cuantas hay en la misma España.

Se abrió la puerta de la taberna. Juan de Ceballos entró con el viento:

—¡La nao del señor Federmann —gritó alborozado— ha llegado a puerto!

El extraño periplo de la flota, vuelta a su punto de partida luego de doscientas millas, dio mucho de qué hablar.

—Éstas son cosas de brujería—aseveró Goldenfingen en la mesa de Spira.

—¡Por vida de Dios que tal parece! —asintió el gobernador—. Algún hado siniestro nos persigue. ¿Qué otra razón puede explicar tan desastrada forma de navegar?

La tempestad proseguía día tras día, al igual que las diferencias y tensiones entre Spira y su lugarteniente.

Aquella mañana, luego de la misa, Spira, flanqueado por Hutten y Federmann, dejó escapar con torcido acento:

—El mal hado que nos persigue puede buscar a alguien que ya ha estado en Indias para castigarle sus perrerías. ¿No os parece, don Felipe?

—No sé qué deciros, Excelencia—contestó vacilante.

—Tenedlo por cierto; no lo dudéis ni por un momento: la causa de tantos descalabros se debe a un castigo de Dios o a graves hechizos.

—En la navegación —replicó Federmann puntilloso—, estos hechos son naturales. Esperemos que pase el mal tiempo y zarpemos entonces. Entre tanto, deberíamos divertirnos lo más que podamos en las mancebías de este alegre puerto. Total, son ocho días donde no veremos mujer. Canarias es nuestra próxima escala.

Spira lo miró con reproche y Hutten se puso encarnado.

El 30 de octubre, con la mar en calma, la flota zarpó una vez más. Una segunda tempestad, peor aunque la primera, los obligó a retornar. Los barcos de Spira y de Hutten llegaron a Sanlúcar. Horas más tarde, no se tenían noticias de Federmann.

—Ha naufragado, seguramente —aventuró Spira con acento plano.

Al día siguiente llegó la noticia: Federmann estaba con su buque sano y salvo en el puerto de Cádiz.

Volvieron a reunirse los barcos; y al serenarse el mar, a comienzos de noviembre, hicieron una tercera salida. «Cual si el Dios de los vientos los acechase para hundirlos», según dijese Goldenfingen, se levantó una tormenta diez veces peor que las primeras. Todos llevaron el alma encogida. A punto de zozobrar, cuatro naves, sin intervención de los pilotos, recalaron en Sanlúcar. Faltaba la de Federmann.

Al día siguiente tampoco se tenían noticias. A la tercera mañana lo temido y deseado se volvió certidumbre. Dos semanas más tarde se le dio por muerto.

Spira, de luto cerrado, al igual que toda su oficialidad, asistió a un funeral por el descanso de su alma.

—Era a él a quien el diablo quería llevarse —sentenció dirigiéndose a Hutten, al salir de la iglesia—. De ahora en adelante veréis como ningún otro percance nos perturba.

Sin permitirle un comentario, con alegre paso se alejó hacia su casa.

—No es cierto lo que acaba de afirmar el capitán general —protestó una voz grave a sus espaldas. Era el negro Domingo Italiano, a quien llamaban «Orejón», por sus grandes apéndices auriculares—. Hace mal en acusar al señor de Federmann de estos contratiempos. Nadie tiene la culpa de ellos.

Un mozo de Spira a pocos pasos escuchaba con expresión malévola.

Hutten, al percatarse, soslayó el tema.

—¿Y cómo van los perros, amigo Italiano?

—Un mastín leonado que gustaba mucho al capitán general —repuso el perrero—, ¿os acordáis?, en la última salida, no sé cómo rompió su cadena y se tiró al mar. Aún no se lo he dicho. Temo su ira.

Zafio, volvió a iluminarse el rostro del paje. Hutten, temeroso, tomó por un brazo al negro y se fue calle abajo:

El viento huracanado recrecía su furia a cada intento por zarpar. Comenzó la deserción.

—Dícese —murmuró Pérez de la Muela— que la expedición está aojeada. Jerónimo Kóeller, gobernador de la quinta carabela, haciéndose eco de la maldición, se volvió a Sevilla.

A finales de noviembre, luego de dos fallidos intentos por echarse a la mar, más de doscientos soldados abandonaron la empresa. La razón era la misma: «La flota tiene malfario.»

—De no hacer algo —dijo Lope de Montalvo, elegido sustituto de Kóeller—, la expedición quedará desmantelada. Con los que se han marchado y los ciento veinte que se ahogaron con Federmann, quedan apenas doscientos ochenta hombres.

—¡Es cuestión de hechizo! ¡Es cuestión de hechizo! —clamaba Spira desaforado—. Pero ya sabré yo dar caza a ese aojeador que tiene anclada mi flota. Es alguien que está con nosotros —barboteaba mesándose los cabellos—. Hasta hace poco creía que era Federmann. Un hombre de su pasado concita la adversidad. Pero ya vemos que no era él. Se lo ha tragado el mar y seguimos como al principio. Pero, ¿quién es el del mal de ojo? Ha de ser alguien que anda en falta muy grande con Dios Nuestro

Señor. Es un maldito muy malo o muy sucio el que anda en nuestra compañía. ¿Tenéis alguna idea, señor de Hutten? ¿Se os ocurre algo, maese Goldenfingen? Decidme, decidme si habéis observado algo sospechoso en nuestra gente.

Hutten y Goldenfingen se miraron fugazmente a los ojos, desviando pesarosos las miradas.

Lope de Montalvo, aburrido y cabizbajo, se deja llevar por su caballo por las calles del puerto. Los expedicionarios pasan y saludan. Les responde con un gruñido o los ignora. A raíz de su ascenso, todos comentan que se ha vuelto altivo, dominador y distante.

«¿Habré hecho bien al hacerme soldado? —se va diciendo—. La guerra, sin duda, tiene tanto encanto como una noche de farra. Bueno, al fin y al cabo, farra es. ¡No hay nada más placentero que una carga de caballería, cuando, vibrante el cuerpo y la lanza a punto, corremos hacia el contrario y desbaratamos sus cuadros, incendiamos sus ciudades, tomamos sus mujeres y nos damos al saqueo! Es grande el gusto al penetrar la lanza chasqueante en las carnes y decirse al instante: ¡fue él y no yo! Es la dicha de seguir viviendo, después de haber burlado a la muerte. La guerra es hembra hermosa antes y después de la batalla. En su víspera, los ejércitos son todo un espectáculo: con sus caballeros de bruñidas armaduras y empenachados morriones, con las oriflamas besando el aire. Los caballos, golpeando sus cascos contra los adoquines. ¡El baile flamenco! ¡Ya está: es un baile de caballos! ¡Sí, eso es! —se dijo evocando a una pareja de gitanos sobre un tablao—. Al comienzo, taconean corto... taconean quedo..., cual hacen los corceles que en la calle esperan. ¡De pronto, encién- dense! Agítanse los tacones como escuadrón en marcha. Al principio lo hacen corto y acompasado, cual caballos al paso; en seguida, como si fuesen al trote; al final, es una carga al galope desbocada tentando al enemigo. ¡Amo las batallas! ¡El olor de la pólvora, el tronar de los cañones, la luminosidad del incendio, los ayes de las mujeres violadas! Pero ¡ay!, no hay siempre guerras. Buena parte del quehacer del soldado transcurre en medio de una paz boba de colegiata. Esta espera incierta abúrreme, aniquílame, agóstame. ¿Habrá guerra en las Indias? Los hombres, según dicen, son flacos y entecos; del tamaño de un niño. Basta un español a caballo para acabar con un centenar de ellos. De ser cierta la especie, será aburrido guerrear en el Nuevo Mundo. Pues no es matar a salvo de riesgo. El goce está en matar a riesgo de ser matado; ensartar a otro que por milagro de Dios no nos ensarta; cortar cabezas cuando pudimos ser nosotros los degollados. Tampoco se puede ansiar al oro y al moro. En las Indias no hay adversarios, pero en cambio hay riquezas. Al fin y al cabo, como dijese padre: «La guerra es placer de hombres y no de viejos.» Dentro de cinco años habré alcanzado los treinta y cuatro. Pero, ¿quién es ese mozo que pasó a mi lado y vióme a los ojos sin saludarme? Yo a ese tipo lo conozco. ¿Dónde diantres lo he visto? Soy malo en recordar caras.

A duras penas retengo en mi mente los de caballería. ¿Quién es este mozo que acabo de ver? Lleva el uniforme de nuestra gente. Tiene cara de niña. ¿Será hermano de alguna calientacamas que yació conmigo?»

Súbitamente lo vio arriba de un caballo de peluca y fustán; lo volvió a ver recostado en un granero en noche de luna llena:

—¡Francina! —exclamó consternado—. ¿Qué hace esta mujer aquí? ¿Por qué anda disfrazada de hombre?

En un arrebato detuvo la bestia, volviéndola en dirección contraria. «He de hallarla, dondequiera que se encuentre.»

Al final de una calle lo encontró en animada conversación con cuatro mozos de servicio. A veinte pasos caló su turbación. A su lado pasó Goldenfingen:

—¿De paseo, Montalvo?

—Dime una cosa, gordo, ¿quién es aquel mozo rubio que hace reír a sus compañeros?

—¿Aquél? Es un chico de mi tierra; se llama Franz Weiger.

—Pero, ¿estás seguro de que es un hombre? Por la pinta, parece una mujer.

Rió trepidante el marino.

—Eso les pasa a muchos. Tiene formas y modos de hembra. Pero es hombre, como les consta a muchos. Yo mismo, para acallar rumores, lo obligué a desnudarse delante de todos.

—¿Es hombre, entonces? —gritó exaltado.

—Pero ¿qué te pasa, Montalvo?

—Que ese tipo, entonces, es un grandísimo marica.

—Esa fama tenía en mi tierra, pero doy fe que eran murmuraciones de la gente.

—Cónstame que es un sodomita perdido...

—¿Y cómo te consta? —preguntó arrugando la frente.

—Engañó a un amigo mío disfrazado de mujer... Se enserió el rostro del marino:

—Con lo que dices, ya las cosas cambian. Antes habíanme llegado rumores de que había hecho esto o aquello. Pero ante tu acusación los chismes toman cuerpo. ¡Habrá que echarlo de la expedición! ¡Ay! —comentó el gordo cubriéndose el rostro para ahogar una carcajada—. La cara que va a poner don Jorge Spira cuando se entere de esto. Lo tiene por su paje personal, y en tanto aprecio que duerme con él en su castillo de popa.

—Ruégote, gordo —añadió Montalvo—, que no me inmiscuyáis en este asunto.

—Descuida —respondió penetrante—. Sabré conducirme discretamente. Yo, a mi vez, te pido otro tanto. Nunca se conocen de un todo los secretos tratos de los hombres.

—¿Creéis que el capitán general..

—¡No, por Dios, amigo mío! —dijo soltando la risa—. Sólo te quise decir que estos feos asuntos nunca se sabe dónde terminan. Debemos andar con cuidado. Los pecados contra natura Dios los castiga con la desgracia. Es muy riesgoso echarse a la mar con un maricón a bordo. A ello muy seguramente se deben nuestros contratiempos.

—No lo pongas en duda ni por un momento.

—No sé todavía —caviló Goldenfmgen— si nuestra mala suerte se debe a Franz únicamente. He averiguado que en el buque del señor de Hutten alguien lleva relaciones con una perra llamada

Walkiria.

—¿Con una perra? ¿Y quién puede ser ese asqueroso? ¿Será acaso uno de los perreros?

—Permíteme guardar silencio por los momentos —argüyó enigmático—. El bestialismo es un pecado tan grave como el otro.

En la noche del 8 de diciembre, aprovechando la pleamar, se fijó el momento de partir. Jorge Spira proclamó con heraldos y a tambor batiente haber dado al fin con el mal agüero, prometiendo con igual certeza la ruptura del sortilegio en el momento mismo de zarpar.

Hutten, reconfortado en sus temores por el juicio de un hombre tan docto en brujería como Spira, subió a su buque desde la tarde, atendiendo múltiples detalles. A ratos se asomaba a la borda dirigiendo interrogantes a la bahía y al puerto de Sanlúcar. A la caída del sol colgaron en el bauprés de la nave almiranta la jaula de hierro donde encierran a los marineros rebeldes. Un hombre estaba dentro. «¡Es un negro!» —exclamó intrigado—. ¿Qué habrá hecho el pobre Domingo Italiano, siempre tan recatado y servicial, para merecer un castigo semejante? ¿Será por lo del perro que se echó al agua? ¡Sería excesivo el castigo! ¡Maldito espía! De pronto se dijo con malestar: «Italiano es miembro de mi tripulación, ¿por qué se le castiga sin aviso ni consentimiento de mi parte? Meten paja y más paja, lo que quiere decir que el castigo ha de ser largo... Las noches de otoño son muy frías.»

Casi toca el agua. Al navegar las olas habrán de salpicarlo. ¡Cruel suplicio para tan poca cosa!

A las diez de la noche brillaba roja la luna llena:

«¡La luna de Fausto!», profirió alarmado.

La mar estaba en calma. Encendidas las luces del puerto. En el muelle se aglomeraba la gente. Tocaron a zafarrancho tambores y cornetas. Treparon y bajaron los marinos. Descendieron los velámenes. El chirriar saludante de las anclas cantó en cubierta. De la nao capitana descendió un bote. Llevaba cuatro hombres con hachones encendidos. Un negro se situó al lado de Hutten. Era Domingo Italiano.

—Pero, ¿qué hacéis aquí? —preguntó extrañado—. Os creía en la jaula. Como vi a un hombre negro...

Rió estrepitoso el perrero:

—No es un negro, monseñor, es un hombre blanco untado de brea. Lo van a quemar vivo por sodomita.

En ese instante, las teas alcanzaban la jaula. Estalló un violento fulgor. Entre las llamas saltaban los alaridos de Franz Weiger.

Las naos majestuosas salieron del puerto. En su jaula de hierro, el mozo de Suabia iluminaba el camino del Nuevo Mundo.

La luna de Fausto

Segunda parte

Capítulo III
El nuevo mundo

1. La travesía

A ocho días de rota, las cuatro naves se deslizan serenas por el ancho camino de la corriente sur.

Desde el castillo de popa, Hutten mira un azul nuevo de horizontes precisos. En el suelo, haciendo corrillo, conversan Velasco, Ceballos, Pérez de la Muela y Francisco Murcia de Rondón.

La carabela, sin mediación del viento, aumenta sorpresivamente la velocidad. Francisco Velasco achica el ojo:

—De no ser por lo que aseguran los navegantes, juraría, al catar la mar tan atorrentada, que caeremos, como afirman los arévacos, en el abismo sin fin, donde aguarda golosa la gran sierpe.

—Ya rebuznó el borrico —comentó Ceballos con los ojos fijos en un nudo marinero que entretejía.

—¡Borrico será el bestia que preñó a tu madre! —le espetó incorporándose de un salto.

—¡Velasco! —alertó Hutten dándose vueltas—. Conteneos en vuestra intemperancia. No estamos aquí para reñir.

—Decidle entonces a ese...

—¡Basta ya! —ordenó colérico.

Pérez de la Muela señala con ánimo de zumba a una de las carabelas, emparejándose al Suabia a menos de veinte brazas.

—¡Pero mirad quién está allá, cual hermosa dama abandonada por su caballero!

Lope de Montalvo, al otro lado y recostado de la barandilla, miraba melancólico hacia las aguas. A raíz de la deserción de Köeller, Spira luego de nombrarlo gobernador de la nave, lo sustituyó a los pocos días por otro alemán.

—¡Eh, capitán Montalvo! —llamó Ceballos con saludante mofa.

Se enderezó rabioso el salmantino.

—¿Cómo está ese bravo marino? ¿Le guardan a Su Excelencia las consideraciones debidas a su rango?

Francisco Velasco ahondó la burla entre risotadas. Montalvo, luego de maldecirlos a través de las manos abocinadas, desapareció por el puente. Una sombra de culpa cayó sobre el grupo:

—El pobre —comentó Pérez de la Muela—. Debe estar hecho un jabalí.

—¡Y no es para menos! —asintió Velasco—. ¿Sabes tú lo que supone, luego de inflarte las ilusiones, darte una patada por el culo para poner en tu sitio a cualquier hijo de puta, por el solo hecho de ser tudesco?

Hutten, de espaldas, se mordió los labios. Murcia de Rondón le recordó su presencia entre guiños y contorsiones.

—¿Que me calle? —soltó retador—. ¿Y se puede saber por qué? ¿Por don Felipe? ¡Bah! El sabe que tengo sobradas razones para afirmar lo que digo.

Hutten prosiguió imperturbable. Murcia de Rondón, mirándolo de reojo, añadió silabante y dulzón:

—No tenéis razón, amigo mío. Si ésta es una empresa extranjera, los señores Welser tienen justo derecho a darle preferencia a sus compatriotas. ¿No haríais vos otro tanto, si el negocio hubiese sido castellano?

Velasco, arrebolado, espetó tonante:

—¿Y es que acaso no lo es? Las Indias son nuestras, al igual que este mar, el cielo y el mismo emperador.

Hutten se dio vuelta, mirándole a los ojos con adusta expresión. Empalideció el gigante. Temerosos, inclináronse sus compañeros:

—Señor de Velasco —dejó caer con desgano—, ya es mediodía en punto. Haced sonar la campana.

Y sin decir más siguió mirando a unos soldados que en el entrepuente practicaban el tiro de ballesta.

A los golpes del badajo, expedicionarios y tripulantes corrieron con sus cuencos de barro hacia grandes vasijas humeantes, donde hervía sin aroma un amasijo descolorido.

Hutten, en el castillo de popa, comparte el almuerzo con los de Carmona. Dentro de un silencio absorbente aflora la voz de Murcia:

—¡Recuerdo una vez cuando Su Majestad Francisco I...!

—¡Coño! —tronó Velasco.

—No os he dicho aún —prosiguió orondo y ajeno— que fui yo quien descubrió los planes del rey de Francia para fugarse de la prisión. Y tuve también el inmenso honor de comunicárselo al emperador.

Velasco, hurgándose los dientes, soltó desabrido:

—¿Y qué os dijo Su Majestad por estar de chivato?

A la caída del sol, las naves con las velas recogidas se engaritaban a la capitana y se ponían al pairo, con sus esqueléticas armazones de bosques invernales. La luna en mengua daba presencia al agua. Una paz densa lo envolvía cuando los hombres callaban y el quejido de los rabeles iba de popa a proa, de un barco al otro. A veces hacían dúo o trío, arrancando alegres fandangos entre el palmoteo de la marinería; otras, como aquella noche, se escuchaba un canto solitario con el claro y agonizante acento del muecín.

A dos horas de oscurecer, saltó la voz aclarinada del vigía:

—¡Tierra a la vista!

—¡Loado sea el Señor! —clamaron todos cayendo de rodillas.

—Debe ser Canarias —afirmó el piloto mirando al fondo unas luces titilantes y arracimadas trepadas al horizonte.

De la nave capitana vino la orden: «Acercarse al puerto sin atracar.»

Con Tenerife a dos tiros de arcabuz, anclaron frente al muelle.

Por orden del capitán general se dio doble ración de carne y vino.

—Ya me extrañaba tanta magnificencia —escupió Velasco—. Esto es vinagre.

Poco antes de la medianoche, la alegría inicial dio paso a un blando sopor. Alguien en la popa punteó un laúd y sonaron tres notas. Del barco de Spira respondió otro instrumento. Se inició un diálogo de melodías suave, delicado y grave. De la embarcación de Hutten saltó una voz bien timbrada y triste. Cantaba en una lengua que, sin ser castellano ni francés, se les parecía.

—Es languedoc —explicó a su lado Murcia de Rondón—, la lengua de Provenza. Lo aprendí del condestable de Borbón, quien amaba el sur de Francia, donde quería ser rey.

Que sens eschartatz
Adui pret e'l dona
Si com l'ochaizona
No-sens eslaissatz
Mai be ere
Que gens chans, ancse,
Non val al commensamen
Tan com pois, can on l'enten.

Proseguía el cantor, con una melancolía insondable, entretejiendo incógnitas que deshacía Murcia por su empeño en traducir:

—Habla de los puros y de su próximo renacer. De la venganza que abatirá a los malvados.

—¡Esperad! —lo atajó Hutten—. Del otro navío responden.

Una voz tan triste como la primera y de singular cadencia hablaba de los malos reyes, del hogar destruido, del fuego.

—Es una vieja canción de gesta, seguramente —aclaró Murcia— guarda el ritmo de los trovadores.

Del barco de Spira vino otro canto. Traía esta vez una marcial vehemencia.

—¡Callad un momento, señor de Murcia! Dejadme oír...

Monfort es mort,
Es mort, es mort.
Viva Tolosa
Ciotat gloriosa

E poderosa.
Monfort es mort,
Es mort, es mort.
Tornan le paratge e l'onor.

Por más de una hora prosiguieron los laúdes y los cantores. A la medianoche guardaron silencio. Luego de una larga pausa, el de la nave capitana repitió las notas iniciales. Del barco de Hutten respondieron en forma idéntica. Un chapuzón del lado de Spira sembró la noche de alarmas.

—¡Eh, maese Pedro!, ¿dónde estáis? —reclamaba una voz.

—¡Bajad de inmediato los botes! —ordenaba Spira—. ¡Buscadlo en el agua!

Cuatro chalupas recorren las aguas con hachones encendidos. Hutten en su batel escudriña la bahía.

—¡Ni rastros hay del desdichado! —clamó Goldenfingen.

—No puede haber desaparecido —afirmó Hutten a un costado de la nave almirante.

—¡Don Felipe! —llama Spira—, ¡subid un momento!

—En seguida, señor —contestó escalando una cuerda marinera.

Al pisar el entrepuente lo azotó el desconcierto: lo del maese Pedro no fue accidente, sino suicidio.
—Era el que tocaba el laúd —informó alguien.

—Y lo más extraño es que nunca mostró ni aflicción ni pena —redondeó otro.

—Antes por lo contrario —añadió el primero—, esta noche se

le veía sonriente y alborozado; con deciros que fue la primera vez que cantó y pulsó cuerdas. No sospechaba ni remotamente que tal hiciera. ¿Por qué puede darse muerte un hombre como el maese Pedro?

Spira, destemplado, interpeló a Hutten.

—¿Quién cantaba en vuestro barco?

—No lo sé, Excelencia; la verdad, no me di cuenta

—¡Dad órdenes a vuestros hombres de que regresen a la nao y me traigan al cantor!

Juan de Ceballos fue y retornó a la nave almirante:

—Persona alguna lo sabe, señor; por más que lo pregunté, nadie supo informarme.

A la luz de las antorchas, el gobernador hacía más tenebroso su pómulo hundido. Con acento rabioso preguntó a Hutten:

—¿Cuántos hombres en vuestro barco tocan ese instrumento?

—La mitad por lo menos, señor —replicó desconcertado.

—Pues bien —susurró enigmático—, quiero que mañana antes del desembarco os deis maña para saber cuántos de vuestros hombres no tienen lóbulo en la oreja.

—¿Cómo? —inquirió aún más extrañado.

—Que os fijéis si alguno de ellos tiene la particularidad de que su oreja se inserte directamente a la cabeza; es decir, que no tenga lóbulo para zarcillos.

Hutten, lleno de preguntas, se embarcó de vuelta.

Al amanecer los hombres bajaron a tierra. Se propuso averiguar lo que pudiera saberse sobre Nicolás de Federmann. «Ojalá haya llegado a este puerto», se decía.

La ausencia de su carabela lo llenó de augurios. En el muelle, Spira le exigió con premura:

—Y bien, don Felipe, ¿cuántos carecen de lóbulo en la oreja?

Sacudido de nuevo por la pregunta, dejó salir una cifra:

—Cuarenta y siete, señor.

—¡Maldición! —rugió el gobernador, y a paso firme entró a Tenerife.

—Por aquí no ha pasado ningún barco como el que decís —informó el alcalde—. Es imposible cruzar tan luengo trozo de mar sin hacer un alto en el archipiélago. De haber atracado en las otras islas, ya estaría enterado, como podéis ver en esta relación de hace tres días. Es evidente que ha naufragado.

Ante la evidencia, Hutten sintió una honda aflicción.

—¡El pobre Nicolás! ¡Nunca pude imaginarme un destino semejante!

—Los caminos del Señor son inescrutables —comentó Spira—. ¡Dios permita que halle paz en el otro mundo! Mañana ordenaré otro réquiem por el descanso de su alma.

—¡Señor! —les salió al paso Murcia de Rondón con amplia y galana sonrisa—. Nos será fácil reponer aquí a los doscientos supersticiosos que nos abandonaron en Sanlúcar. Hay muchos soldados hartos de luchar contra la sombra de los guanches. Todos quieren ir a Venezuela.

Las doscientas plazas fueron cubiertas por españoles aposentados en Tenerife. Hutten los observa.

—Mala catadura tienen —murmura a su lado Pérez de la Muela.

—No creo que sean de peor índole que los que se fueron —responde Lope de Montalvo—. En mi opinión son mejores: antes de rehuir a la pelea, salen a su encuentro.

—La conquista de Canarias —afirmó Pérez de la Muela con aura de maestrillo— le ha resultado a España un hueso duro de roer, por lo menos en lo que concierne a esta isla de Tenerife. Fue conquistada mucho antes que América, y la guerra con los nativos aún prosigue. Por eso hierve de soldados de fortuna.

Repuso Montalvo desdeñoso:

—¿Es que acaso hay diferencias con los que encontramos en Sevilla o en nosotros mismos? Tanto los de aquí como los de allá huimos de la paz, de la vida reglamentada y del futuro cierto, concreto, predecible. No sé a cuenta de qué vienes con tantos aspavientos...

—Adiós, capitán Montalvo —saludó al embarcarse un hombre de porte distinguido.

—Ése no va a Indias a buscar riquezas —comenta el salamantino— ni tampoco aspira a hacer un mundo a su medida. Va a cobrar una afrenta: va a vengarse del que destruyó el marco de una existencia apacible. Es un hijodalgo de Tenerife. Un maldito renegado, al que conocí en Sevilla, le desgració una hermana. Hutten preguntó vacilante:

—¿Se llamará, por casualidad...?

—El Cautivo —respondió Montalvo—. El chico sabe que se halla en Cartagena, pero ya se apañará para atraparle y darle su merecido. Es un hombre bueno, bravo y de honor, como todo aquel que cobra las injurias de sangre con su propia mano.

Luego de pasar la Navidad en Canarias, la flota prosiguió su rumbo. La noche antes de la partida, Spira tuvo que hacer valer toda su autoridad para sacar de la cárcel a Francisco Velasco y a Juan de

Ceballos, presos por una trifulca que armaron en una taberna, por dos mujerucas. Un corchete quedó mal herido y un tabernero con la cabeza rota.

—¿Qué necesidad tenéis vosotros —los increpó Pérez de la Muela— de meteros en líos, cuando tenemos por delante la Casa del Sol? ¡Parecéis imbéciles, y en efecto lo sois!

—Deja de hablar sandeces, envenenador con licencia —gimió Ceballos—, y danos ya un brebaje para que se nos quite esta resaca homiciana. Ese vino que nos dieron era pócima de brujas. La boca me sabe a sapo y a menstruo de vieja sin confesar.

—Toma —dijo el negro Italiano, ofreciéndole una botella—. Es vino de Túnez.

—¿Vino? —exclamó Ceballos erizado de malestar—, ¿pero estás loco, orejón?, no beberé mientras viva.

Rió complacido el moro:

—¿Acaso no sabes que contra el fuego, fuego, y contra la resaca, el viento? Bebe y verás cómo te sientes mejor.

Hutten miró con afecto al perrero. En la flota, desde Spira hasta el agrio Velasco le guardaban simpatía. Era un hombre de mediana edad, alto y silencioso, con una tristeza honda rayándole los ojos. Nunca habló de su vida, salvo cuando tuvo que explicar ante las mofas de Ceballos su condición de hombre libre desde su nacimiento.

—No nos vaya a resultar ahora —ronroneó Ceballos— que Domingo es un rey moro viajando de incógnito.

—Pues yo que tú —replicó Pérez de la Muela—, no lo tomaría a burla. No sería ni el primero ni el último caso.

—Orejón es todo un señor —proclamó Velasco—. Nunca me había encontrado tanta dignidad en un hombre de color.

—Pues andad con cuidado, nenes —aconsejó Pérez de la Muela—, algo me dice que hay más, pero mucho más, en Domingo Italiano. Aquí, no todos vienen a hacer historia. Deben ser varios los que vienen huyendo de ella.

A la altura de Cabo Verde, al sur de Canarias, las naos giraron violentas hacia babor, estremeciendo el maderamen.

—¿Sabéis por qué hacen esto? —inquirió Pérez de la Muela. Sin esperar respuesta prosiguió: —Hasta que el almirante Colón hizo esta maniobra que habría de conducirlo a América, como por castigo comienza a llamarse a las Indias...

—¿Cómo que por castigo? —preguntó Hutten.

—Ya os explicaré, monseñor; pero dejadme antes continuar: esa corriente africana que nos arrastraba cual río desbocado, acrecienta su fuerza hasta su extremo austral, pero el caso es que si al llegar a esta altura, como acaban de hacer los pilotos, viráis hacia la derecha, os encontraréis con otra corriente más poderosa, que os conducirá al Nuevo Mundo en un santiamén.

La carabela se deslizaba rauda y cabeceante, arrastrada por una fuerza impetuosa. Los velámenes se inflaban hasta casi romper las amarras.

—Además de esta corriente, al llegarse acá se añaden los vientos alisios. Ese fue el secreto y la gloria de Colón. Secreto que no le pertenecía, pues robóselo a un buen hombre llamado Sánchez de Huelva, quien revelóselo en el momento de morir. Fue él, Alonso Sánchez de Huelva, ¡no lo olvidéis!, quien por obra de una tormenta que lo arrojó hacia este lado, encontró el Nuevo Mundo sin proponérselo.

—Pero, ¡es inaudito lo que referís! —asentó Hutten, con cara de asombro.

—Eso fue en 1485. Al año murió el pobre. Un hermano de mi padre fue uno de sus compañeros. Fue la primera vez que un europeo pisó tierra americana. Era la actual isla de Santo Domingo.

—¡Increíble! —clamaron todos.

—Colón siempre silenció el nombre del verdadero descubridor. Por eso Dios lo ha castigado, haciendo que Américo Vespucio, un cabroncete, quien tenía a Simonetta, su hermana, de barragana de Lorenzo el Magnífico, lograse por ella que en los mapas que enviaban al Médicis sobre el Nuevo Mundo fuesen llamadas por los cosmógrafos florentinos «las tierras de Américo» o «América». Como podréis ver, la historia es una cabronada donde a veces tira más un pelo de pubis que el esfuerzo de mil varones.

2. Los vecinos de coro

El 6 de febrero de 1535, Pérez de la Muela despertó a Hutten entre un aletear de gaviotas y un lejano murmullo.

—Venid, monseñor. Ya se avizora la tierra firme. Hemos llegado a Venezuela.

Somnoliento aún lo siguió hasta el entrepuente. El sol de la primera hora iluminaba una blanca playa y un mar de azul luminoso. Dos barcos fondeaban en la rada y unos cuantos bohíos se apiñaban sobre la arena, mientras unas quinientas personas desnudas agitaban las manos en señal de bienvenida. Entre aquella muchedumbre cobriza destacaban por sus atavíos unos veinte españoles. Antes de media hora el sol abrasaba a los navíos, al mar y a los hombres.

—¡Josú, qué caló! —exclamó Pérez de la Muela—. Ni en Sevilla en agosto, ni en mediodía, he sentido el aire cual soplado de fragua.

Jorge Spira no bajó a tierra antes de que lo hiciera la tropa. La faena llevó más de cuatro horas. Los correos tuvieron así dempo de llegar a Coro, a dos leguas y media, y retornar con las autoridades para prestarle el pleito homenaje, que exigía.

—Con esta gente de Venezuela —dijo a Hutten— debemos andar con cautela. Hay que hacerles sentir desde el principio quién es el que manda.

A una señal, un bote embanderado con los colores del emperador, de los Welser y de la Casa de Spira, bogó hacia la playa. A todo lo largo estaba el ejército. Al pisar tierra rompieron las fanfarrias y resonaron veinte tambores de guerra. A escasos pasos del desembarcadero esperaban diez españoles, hoscos e inmóviles, envueltos en negras capas.

—¡Mirad, don Felipe, cuán necios son! Aguardan a que yo dé el primer paso. Creen ser dueños de la situación, cuando soy el jefe de un ejército de cuatrocientos hombres. ¡Vayamos a su encuentro!

Los de Coro, al verlos venir, avanzaron lentamente. Un hombre fuerte, joven aún y de aspecto afable, los precedía.

—Bienvenido a Venezuela, excelentísimo señor. Mi nombre es Juan de Villegas, encargado de la gobernación por el obispo Rodrigo de Bastidas, actualmente en Santo Domingo. Spira lo miró escrutador.

Tenía una expresión despierta y respetuosa; era grueso, rubio y sonriente. Con bien modulada voz y ponderados gestos, señaló a un hombre viejo y desdentado, derecho y fuerte:

—Este es Pedro de Limpias. Fue de los primeros en llegar a Coro. Lo hizo con Juan de Ampiés en 1527. Es de Burgos y conoce bien los dialectos indígenas.

Limpias esbozó una sonrisa. Spira miró con reprobación su capa raída. El hombre cambió su afabilidad por labios de mueca. Ante otro rubio rechoncho de ojos risueños dijo Villegas:

—Y éste que veis es el sin par Esteban Martín, llegado a Coro con vuestro predecesor Ambrosio Alfinger. Es el mejor lengua, o traductor de idiomas indígenas, que hayáis conocido.

—Para serviros, Excelencia —saludó amable el hombre, a pesar de la penetrante y desconfiada mirada de Spira.

—Aquí tenéis —prosiguió Villegas con tono desinflado— a un compatriota vuestro. Para evitarnos líos con la jerigonza le cambiamos el apellido: ahora le llamamos Juan Alemán.

Juan Seissen-Hoffer, acotó a Spira en su idioma:

—Bien conoceréis a los españoles. A uno de apellido Rits lo apodan Ruiz; a un Hogenbergen le pusieron Sierralta. Cuando supieron que Gulden significaba lo mismo que florín...

Spira dejó más palabras en su boca encarándose con el siguiente.

—Éste es un compatriota vuestro —masculló agrio Villegas.

Un hombre entrado en años, seguido de un mozo, hizo una profunda inclinación.

—Soy Melchor Grubel, alcalde mayor de Coro, y éste es mi hijo Melchor; mucho promete en las cosas de guerra.

No articuló palabra ni tuvo un gesto para sus compatriotas, clavando el ojo derecho en un viejo alto y cenceño de poblada y blanca barba.

—Finalmente, os voy a presentar a nuestro más grande cirujano: Diego Montes de Oca, llamado con toda justicia «El Venerable». De esta manera habéis conocido a la representación de notables enviados por la ciudad de Coro para presentaros los respetos debidos. Si queréis —añadió luego de una larga pausa—, podemos ponernos en marcha de inmediato, aunque no lo recomiendo pues el calor aprieta y hasta las cinco de la tarde la tierra arde, sofoca y quema.

—Soy hombre de guerra, señor de Villegas —repuso Spira con acre displicencia—. Marcharemos de inmediato hacia Coro.

—Como lo ordenéis, Excelencia —respondió el otro con ojos relucientes—. Permitidme, entonces, adelantarme con Sancho Briceño a preparar vuestra entrada. En mi lugar quedará para serviros Pedro de Limpias, en otro tiempo lugarteniente de Federmann.

—¡De Federmann! —exclamó chirriante—. ¿Sabéis, acaso, lo que le aconteciera?

Limpias, al enterarse, rompió en llanto.

—¡Ése sí que era un hombre en toda la regla!: fiel amigo, buen hermano, gran caballero. ¡Oh, qué gran pérdida para España y el mundo!

Spira lo miró con extrañeza, sin dejar caer una palabra en su desconsuelo.

Spira, escoltado por Hutten y Esteban Martín al frente, se pone en camino bajo un calor sofocante y un sol cegador. A uno y otro lado del ejército corretean los indígenas del desembarcadero.

En dirección contraria ven venir hacia ellos unos quinientos aborígenes de dogal al cuello.

—Serán vendidos como esclavos en Santo Domingo —explica Esteban Martín—. Son jirajaras: una raza indómita que no acepta la fe de Cristo ni la dominación española.

Al fin, Spira dio muestras de interesarse por algo:

—Habrá de hacérselo comprender entonces, por las buenas o por las malas.

Esperanzado por aquella hendija que hacía en su hermetismo, agregó insinuante:

—Los venden a buen precio: seis castellanos por cabeza...

—¿Ah, sí? —exclamó dibujando una mueca de sonriente intención—. Necesito cien de estos salvajes para pagarle al jefe de la flota.

—No será fácil, Excelencia —observó el lengua—: ya no quedan indios por los contornos; los que no han sido muertos y esclavizados, han huido a las montañas.

—¿Y éstos que nos acompañan? —señaló refiriéndose a los nativos que los seguían—. ¿No son acaso indios?

—Son caquetíos, Excelencia...

—¿Y qué más da? Son iguales los unos a los otros.

—Son diferentes, Excelencia. Los caquetíos son indios pacíficos, fieles súbditos del emperador, cristianos en su totalidad. Conviven con nosotros en Coro ayudándonos a defendernos de los jirajaras. Hay prohibición expresa de Su Majestad de tocarles un pelo.

En la primera hora de marcha, el calor se hizo denso y sofocante. Spira, tapado con un casco de cuero del que jamás se desprendía, destilaba sudor e impiedad. Martín se quitó la capa. Spira tuvo un gesto de rechazo al ver la miseria de sus andrajos. El resto de los españoles, siguiendo su ejemplo, mostraron también su indigencia. Descompuesto, preguntó a Hutten en su idioma:

—¿Qué clase de gente nos acompaña?

—Son caballeros, pero la verdad es que andan mal de ropas. Ya Melchor Grubel me ha puesto al tanto de sus privaciones.

—¿Y a qué viene tanta miseria? —preguntó arrebatado—, ¿no es éste el país de la Casa del Sol?, ¿no es acaso Coro el gran mercado humano del Caribe?, ¿no visteis, acaso, las buenas piezas que llevaban hacia las naos para venderlas en Santo Domingo?

La vista de Coro fue desconsoladora para Spira. Más que una puebla pobre, era un rimero de sesenta casucas con techos de paja y paredes de barro. Los doscientos cincuenta vecinos españoles, más que conquistadores parecían porqueros en tiempos de peste y hambre. Todos sin excepción llevaban desencajados los rostros, rotos y raídos los trajes, desesperanzada la expresión, agobiado el gesto. Cuando la banda marcial rompió con una charanga, ladraron todos los perros del caserío y la única calle polvorienta se llenó de una multitud harapienta, de ser cristianos; ya que los nativos iban desnudos. Las indias con los pechos al descubierto, tallaron en Velasco expresiones golosas.

—Las mujeres de Coro —comentó a su lado El Venerable— son las más garridas, vivarachas y complacientes del Caribe. Ahí tenéis el secreto de nuestra permanencia en estos eriales, que por lo que veo, habrán de placerle también a vuesa merced.

Spira y Hutten fueron alojados en sendos bohíos de palmas trenzadas y techos altos.

Al anochecer el joven alemán decidió dar una vuelta por el poblado. Los hombres se mostraban bulliciosos. La pandilla de Carmona celebraba entre grandes libaciones su llegada a tierra firme. Pérez de la Muleta y Ceballos reían con estrépito. Lope de Montalvo permanecía hosco y silencioso. Se sintió compelido a preguntarle:

—¿Qué os parece Coro, capitán?

—Una miseria. De haberlo sabido hubiese seguido el ejemplo del hidalgo de Tenerife.

—¿Y qué hizo?

—Se fue en los barcos de los cazadores de esclavos hacia Santo Domingo. Esto no vale para nada.

Pero, como pudo constatar con más detenimiento, era un poblacho en medio de un desierto de arena, sin más árboles que cuatro frondosas ceibas alrededor de la iglesia, un gran tinglado de palmas sobre ocho horcones, sin paredes ni tabiques divisorios. Los indios, sin mirarlo, en cuclillas y en silencio lo veían pasar, mientras absorbían unas hojas enrolladas de aromática fragancia a la que llamaban tabaco.

Antes de la medianoche retornó a su albergue. El calor era constrictivo. Desde su paso por los Alpes nunca más sintió frío. En Sevilla sudaba continuamente. Más allá de Canarias, en medio de una calma chicha, creyó ahogarse. Al pisar Venezuela sintió hervir la tierra. Los alisios que abanicaban la calle no entraban en aquel tugurio de paja y fango. «¡Madre mía! —se dijo en un arrebato—. ¿Podré yo resistir? —y pensó en Königshofen—: ¡Königshofen en febrero! ¡Campos de nieve; muñecos de hielo! Sayos gruesos de lana. Crepitar del fuego en la chimenea. Borda mi madre. Juega mi padre.

Hay frío afuera y una amable tibieza dentro. ¡Oh, Königshofen! ¡Oh, Königshofen!»

Lo sacó de su hamaca el toque de diana. Luego de vestirse salió presuroso en busca del gobernador. Antes de llegar a su esquina, Pérez de la Muela, Ceballos y Velasco lo rodearon cordiales.

—Los alemanes son detestados aquí, don Felipe —informó Ceballos.

—Al parecer —agregó Pérez de la Muela—, Ambrosio Alfinger fue un monstruo. Despobló esta tierra matando miles de indios y también a cristianos.

—Uno me dijo —recordó Velasco— que todo esto de la Casa del Sol es una engañifa.

—Pero lo que es notorio —insistió Ceballos— es la mala voluntad que profesan a los tudescos.

No pudo continuar oyéndolos. El gobernador salía de su bohío en dirección a la iglesia, hecha según refiriese Villegas, por el obispo Rodrigo de Bastidas, quien por disgustarle Coro, vivía casi de continuo en Santo Domingo.

Para iniciar el oficio tuvieron que espantar a un cerdo y a siete gallinas. Las indias con senos descubiertos y tapadas las cabezas con pañuelos rojos, rezaban contritas y arrodilladas.

—Esto es pagano y profano de los pies a la cabeza —clamó Spira.

—Esto es Venezuela, señor gobernador —observó a su lado Villegas.

—¿Y por qué no hacéis que cubran sus desnudeces?

—Porque dejarían de venir a misa; y es más importante el cumplimiento del precepto, como dijese el señor obispo, que el hábito del penitente.

—Pero ese obispo es un hereje... Pronto se lo haré saber al Santo Oficio.

—Don Rodrigo de Bastidas tiene sus mañas —contestó el alcalde— un poco raras, es cierto, pero es el único hombre a quien la gente de Coro hace caso.

—¿Cuánto tiempo hace que marchó?

—A más de un mes de llegar Su Excelencia.

—Pero esto —dijo con ímpetu rabioso mirando al techo— no es una iglesia. Esto es un corral de mala muerte donde lo único que vale la pena es aquel altar de madera.

—Gracias, Señor —repuso a su espalda Esteban Martín.

Juan de Villegas se apresuró a explicar:

—El maese Martín, además de traductor y guerrero, es ebanista. Es el autor de las esculturas del coro. ¿Queréis verlas mejor, Excelencia?

Sin variar su adusta expresión se aproximó al altar, con estudiada parsimonia.

—De lejos parece aceptable —afirmó en alemán—, pero de cerca es un engendro. La imagen de Nuestra Señora es lamentable y ese carnero no es más que un adefesio.

Las figuras talladas seguían a los lados. Se inclinó curioso ante una de ellas:

—¿Qué es esto? —inquirió con alarma.

—Es una almeja, Excelencia —respondió el artista—. Simboliza la pureza hermética de nuestra fe...

—¿Almeja? —soltó frenético— ¡Más bien parece una pata de pato...!

—Perdonad, Excelencia —se excusó Martín con voz tenue—, si mi habilidad no estuvo a la altura de mis intenciones.

Insuflado de cólera, ordenó violento:

—¡Borrad eso de allí inmediatamente!

—Como mandéis, señor —dejó caer con aire triste y apacible.

Spira, violento, giró en redondo.

—Marchémonos de este sitio —chirrió descompuesto.

Hutten, dos pasos atrás, cavilaba sobre su jefe. Desde que hizo quemar a Franz se mostraba desbordado en su mal talante, sorprendente en sus actitudes, extraño en sus juicios. «¿Estaría el gobernador en posesión de sus facultades?»

En el Cabildo, Villegas mostró una botija de un licor llamado cocuy.

—Es bueno, Excelencia; lo extraen de la pulpa del maguey. Trajéronmelo como cosa muy especial hace una semana.

—¡Puá! —escupió al probarlo—, ¿qué diablos es esto?, parece fuego líquido. No me explico cómo lo podéis beber.

—No digáis tal, Excelencia —protestó Villegas con aventajada sonrisa—. Desde los tiempos en que don Ambrosio Alfinger envióle unas botijas al emperador, debe mandársele una garrafa por cada barco que toca puerto. Al parecer, plácele en demasía.

Entró a la sede capitular un español. A diferencia de los otros, vestía impecablemente de negro, sin muestras al parecer de ser afectado por el calor. Tenía negra y cerrada la barba, los ojos profundos y el rictus amargo, que se apresuró en trocar en amable y festinante sonrisa al identificar a Spira.

—Es Juan de Carvajal, Excelencia —aclaró Villegas—, escribano del Ayuntamiento y secretario por varios años de micer Ambrosio, vuestro predecesor.

Spira contrajo el ceño y encendió la mirada. Carvajal se apresuró a expresar:

—Su secretario fui; pero en modo alguno cómplice de sus desmanes.

Se distendió el rostro del gobernador. Relampaguearon los ojos de Pedro de Limpias. El lugarteniente de Federmann, contraído y mascullante, salió hacia la calle a grandes zancadas.

—Ya estoy enterado de todos los horrores que hizo Alfinger —comentó Spira satisfecho por la aclaratoria—. Decidme, señor de Carvajal, aunque sea malo hablar de los muertos, ¿qué tal lo hizo Nicolás de Federmann?

Carvajal se echó hacia atrás mesándose la barba con sardónica complacencia. Cuando se disponía a responder hizo su entrada un patizambo de aspecto torvo. Entregó un mensaje a Villegas y sin decir palabra volvió a salir.

—Sin ser agitanado —se regodeó Carvajal—, debe creerse en las señales. Su Excelencia que me pregunta por Federmann, y aparece Sancho de Murga, su verdugo mayor..., ese hombre que acabáis de ver.

—¿Cómo es eso? —preguntó Spira enderezándose en la silla.

—Así como lo oís. Seguramente os habrán cubierto los oídos con todas las maldades de micer Ambrosio y poco se os habrá dicho de los crímenes de Federmann. Pero yo, que hube de sufrirlos a ambos, todavía me pregunto: ¿cuál de los dos fue más carnicero?

Hutten enrojeció y contrajo el puño. Carvajal prosiguió con sombrío talante:

—Con deciros que cuando sus hombres capturaban esclavos y les ponían colleras, de fatigarse alguno, para no retardar la marcha,

Sancho de Murga, por orden de Federmann, los degollaba. Yo vi cortarles las cabezas a tres lindas jirajaras, por tal motivo.

Un murmullo de asombro de los recién llegados alternó con acusaciones de los vecinos.

—¡Nicolás de Federmann —prorrumpió Carvajal apasionado— es el peor de los homicianos venidos al Nuevo Mundo! ¡Es un bellaco, un miserable, y bien merece estar muerto y podrido en el fondo de los mares!

La voz castiza de Pedro de Limpias restalló en el umbral.

—¿Qué dices y calumnias, miserable?

Carvajal empalideció. Limpias avanzó hasta él con ojos de furia y manos crispadas.

Montalvo y Goldenfingen a duras penas lograron someterlo. Gimiendo de rabia se debatía entre sus aprehensores:

—¡Bellaco!, ¡fementido!, ¡calumniador! —gritaba fuera de sí—. Todo cuanto has dicho sobre don Nicolás es una falacia. Lo que no puedes perdonarle es haberte birlado aquella puta vieja que trajiste de Santo Domingo. Todo el odio contra él se debe a que La Chapetona lo prefirió antes que a ti. ¡Cagatintas de piernas cortas!

Se incendió una vez más la cólera de Spira:

—¡Reportaos, capitán Limpias, u os haré echar prisiones! ¡Retiraos de inmediato!

Tan pronto se marchó el castellano, Spira con alegre expresión pidió a Carvajal más detalles sobre la conducta de Federmann. Ya era pasado el mediodía y el escribano no terminaba de contar atrocidades. Hutten, sofocado por aquel conciliábulo de odios, solicitó permiso para retirarse.

—Lo tenéis, don Felipe —accedió Spira con el mejor humor—. Os ruego estar de vuelta antes de vísperas. Cenaremos a esa hora.

—Descuidad, señor —y sin despedirse de los otros salió en busca de Limpias. Lo encontró a un costado de la iglesia jugueteando amoroso con una india de senos globulosos y mirada dormida.

—Este Juan de Carvajal es el peor hombre que en toda vuestra vida jamás conoceréis —proclamaba descompuesto—. Es cierto que don Nicolás de Federmann era un hombre bizarro, de mano fuerte y valiente hasta la temeridad; que ensartó a cuanto indio atravesárasele en el camino. Pero de ahí a que haya sido el odioso criminal que señala el hideputa, hay una gran faramalla.

Un tumulto lleno de voces y risas los hizo volverse. Entre gritos y empujones dos soldados arrastraban a un indio viejo. A pesar de los azotes que le prodigaban y de las piedras lanzadas por los chicos, no cesaba de sonreír. Iba cubierto de llagas, de los pies a la cabeza.

—¡Pobre! —dijo Limpias con sentida aflicción—. Ese loco que allí veis no es un indio como parece, sino un español de cuerpo entero. Llámase Francisco Martín. Es uno de los hombres extraviados con el capitán Vasconia cuando transportaban un tesoro por las riberas de Maracaibo. Muerto de hambre en medio de la selva, dedicóse a comer indios; y fue tal su gusto por devorar semejantes, que fuese a vivir con los salvajes por serle más expedito para su vicio. Hace más de un año logramos rescatarlo y traerlo a Coro. Pero ¿qué creéis que hizo, luego de curarle sus llagas y darle de comer? Díjonos hacerle falta su mujer y sus hijos, y sin despedirse de nadie volvióse a la selva. Enviamos otra expedición en busca y volvió a escapar. Con ésta, es la tercera vez que lo capturamos. Según instrucciones del obispo, será enviado a España, a ver si los médicos y los exorcistas sácanle el demonio del cuerpo.

En las últimas horas del atardecer, Hutten llegó a la casa del gobernador. Spira lo recibió con alarma:

—Me acaban de comunicar que hará cuestión de dos horas, atracó un navio con hombres de guerra. ¿Quiénes serán? ¿Cuáles serán sus intenciones? Si son refuerzos, habremos de devolverlos. Juan de Villegas me ha informado de la escasez de alimentos que hay en Coro para mantener a tanta gente.

Ya era noche avanzada cuando un caballo al galope se detuvo piafante frente a la casa de Hutten. Cauteloso, se incorporó y salió a la calle. Frente a sí, vivo y sonriente, estaba Nicolás de Federmann.

—Desde la segunda salida, cuando os quedasteis atrás —contó alegre—, logré adentrarme en la mar. Al llegar a Canarias, antes que dirigirme a Tenerife como lo hacen todos, me fui a la Gomera, donde rige mi amigo Sancho de Herrera. Como lo tenía pensado desde que salí de España, me dirigí de allí a Santo Domingo, donde deciden, al fin y al cabo, todo cuanto concierne a Indias. Antes pedí a Herrera guardar en secreto mi estada en su isla. Por eso no os enterasteis de mi suerte. Al llegar a Santo Domingo me encontré nada menos que con Rodrigo de Bastidas, el obispo de esta ciudad. Un chico de unos treinta años, gordo como un tonel, pero vivaz y entendido como nadie. Le narré mis peripecias en Tierra Firme; el conocimiento que tenía del terreno y de la Casa del Sol. Me gané su confianza en un santiamén, hasta el punto de haberle escrito una larga carta al emperador, donde le dice sin ambages que Spira no sirve para gobernar. En su opinión, soy la persona indicada, por mi experiencia y saber. ¿Qué te parece, hermano mío?

Ruborizado, vaciló ante la pregunta y siguió atento la subyugante parla de su amigo.

—Es opinión del buen obispo —prosiguió Federmann— que además de su carta, tú deberías procurar hacer otro tanto, haciendo valer tu amistad y ascendiente con el emperador.

Hutten lo miró fijamente, se llevó la mano a la barbilla y con rostro severo dijo tras larga pausa:

—Te quiero mucho, Nicolás, y nada me gustaría más que verte ungido con tan alto cargo. Pero no moveré un dedo en tal sentido.

—Pero, ¿por qué? —preguntó Federmann, congelando bruscamente su pícara desenvoltura.

—Por una sola y simple razón. Es impropio de hombres de bien traicionar a sus superiores, y menos si los han distinguido con su afecto y consideración.

A la mañana siguiente, Hutten al salir a la calle, topó frente a la iglesia con Federmann y Limpias. Ambos reían a dientes descubiertos.

—¿Sabéis la noticia, don Felipe? —le soltó Limpias—. El bellaco de Carvajal apenas supo del arribo del señor de Federmann, se marchó a Santo Domingo con todos sus bártulos, en el mismo barco que lo trajo ayer.

—Dijo que yo era un ogro —hipeó Federmann ahogado por la hilaridad— y que esta expedición estaba aojada, como todas las que han tomado en sus manos los alemanes. ¿Qué te parece el villano? Y a propósito —añadió Federmann con voz de intriga—, nada me dijiste del pobre maricón a quien Spira hizo quemar vivo al salir del puerto.

Flutten puso la boca en hociquillo y respondió con firme suavidad:
—No está en mí hablar mal de los amigos.

Spira comenzó a planificar la expedición. Aquella mañana Federmann, con un mapa impreciso, lo orientaba sobre el territorio:
—Hay que ir hacia el Suroeste, hacia una alta cordillera que va de norte a sur; pero no lo podéis hacer por el poniente, como parecería lo indicado. La vía adecuada es ésta —y trazó una línea perpendicular bajando de Coro.
—Tras estas serranías —redondeó Pedro de Limpias— está un fecundo altiplano llamado de Variquisimeto. Más allá están los llanos, una tierra blanda y plana; una verdadera delicia para los caballos. Sólo que por esta vía no podrían pasar las bestias; lo fragoso del camino les rompería los cascos.
—¿Tanto así? —señaló con un dejo impertinente Lope de Montalvo, nombrado por Spira jefe de caballería—. Es raro que por donde vaya el hombre, no pase su corcel.
—Los de a caballo —prosiguió Federmann sin responderle— y el grueso del ejército tomaremos el camino de la costa. Por las riberas del río Yaracuy llegaremos a esta abra llamada de Varavarida, o valle de las Hermosas, apodado así porque hay unas indias almibaradas de rechupete, que le sacan la sal a un diamante.
—El alemán éste —murmuró Pérez de la Muela— es más rijoso que Velasco y tan bufón sin suerte como Ceballos.

Federmann continuó. Spira lo seguía atento, cerrando a ratos el ojo maltrecho.
—Por la serranía enviaréis los peones que en Variquisimeto

saciarán el hambre, para encontrarse con nosotros en este sitio, que son las cabeceras del río Cojedes.

Spira, luego de mirarlo atento, hizo una mueca dejando salir con torcida intención:

—Sólo hay un detalle, señor mío: ¿por qué, al referiros a la expedición, habláis en plural?

Huyó el color de la cara de Federmann.

—¿Es que acaso, no voy con vosotros? —preguntó con incrédula sospecha.

—En modo alguno —repuso Spira—. Permaneceréis en Coro como mi teniente de gobernador, para imponer la paz en estas tierras que tanto lo necesitan.

Federmann quebró la cabeza, dejando vacía la mirada. Spira, con voz amable, agregó:

—Por supuesto que eso no reza con vos, maese Pedro de Limpias; vuestra veteranía y manejo de la lengua indígena nos serán de gran provecho.

—Yo voy a donde vaya don Nicolás de Federmann —replicó bronco el burgués—. Si él queda en Coro, en Coro me quedaré.

Federmann, luego de un estallido de rabia, pareció aceptar de buena gana la decisión de Spira, a pesar de las continuas y agobiantes órdenes que le imponía.

—El muy bergante —le confió a Hutten— quiere hacerme estallar para acusarme luego de rebelde; pero no le daré el gusto. Buena escuela ya tuve con el tirano de Alfinger, para caer en su trampa.

Pero al paso del tiempo, sabiéndosele en malos términos con el gobernador, perdió ascendiente y respeto sobre los hombres, subalternos suyos, muchos de ellos, en sus expediciones anteriores. Hutten veía con angustia cómo el genio animoso y confiado de su amigo se desmoronaba paulatinamente ante las solapadas y abiertas afrentas, ante los chascarrillos que hacinase a su costa y la indiferencia que provocaba su persona al irrumpir alegre en los corrillos. Un encontronazo con Sancho de Murga, frente a Spira, quebró sus defensas.

—¡Oh, cuán canalla eres, maldito patizambo! —se quejaba amargamente a Hutten en la soledad de su albergue—. Pero ya me las sabré cobrar. No sabe Jorge Spira de lo que soy capaz. Ese imbécil no llegará a su destino. Deja que salga de Coro. Una mano vengadora, a quien yo mismo suministraré el arma, lo habrá de matar antes de cuatro jornadas. Conozco un secreto suyo que, dicho a quien le duela, hará que lo quite del medio. Ese hombre está en Coro, es miembro de la expedición... Os acompañará por la selva y dormirá con vosotros. A ese hombre Spira le debe algo. Tanto como su desgracia. Sólo que el infeliz aún no lo sabe. Ignora que el hideputa es el causante de su insomnio eterno y de su desesperanza. Le haré saber toda la verdad la noche antes de la partida, y de ser posible en la madrugada. Así tendrá todo el día para rumiar su venganza. Le sugeriré, para salvar el pellejo, liquidarlo en la oscuridad o en la primera guazábara que tengan con los indios.

Hutten, demudado, apenas murmuró:

—Tú no puedes hacer eso, Nicolás. Tú desvarías.

—No desvarío —repuso con siniestra calma—, y atiende bien a lo que voy a decir. Nos interesa a ambos. Muerto Spira, el mando de la expedición recaerá sobre ti, ya que eres su teniente general; y como todo esto habrá de suceder a pocas leguas de Coro, me enviarás aviso en seguida para ponerme al frente del ejército, ya que soy lugarteniente y sucesor del gobernador.

—No puedes hacer eso, Nicolás —repitió encolerizado.

—Claro que lo puedo hacer. ¿Quién me lo habrá de impedir? ¿Tú? Bastará una palabra para poner en marcha la máquina de muerte, sin que puedas impedirlo. No te diré su nombre y no podrás denunciarme ante Spira: ello sería traicionarme, y eso, mi querido Felipe, no lo hace un caballero y mucho menos un Hutten.

En la madrugada, un estruendo de caballería lo despertó al pasar frente a su casa. A la luz incierta de la madrugada distinguió a Federmann al frente de un pelotón.

—Lo envié a Maracaibo —informó Spira en la mañana—. El pueblo está sitiado por los indios.

—Menos mal que se largó —comentó en un corrillo, y a pocos pasos, Lope Montalvo—. Nunca me gustó ese tío.

—¿No te gusta —le espetó Goldenfingen—, o haces méritos para continuar siendo el mandamás en caballería?

—No te permito, bastardo... —saltó el salmantino desenvainando la espada.

—¿Qué sucede aquí? —gruñó Spira al darse vuelta.

—Nada de particular, señor —intervino gracejo Ceballo—. Montalvo explicaba al gordo su nueva forma de sacar la espada.

Fulgurante el ojo de la ira, dirigió a Goldenfingen una fuerte reprimenda, alejándose hacia la plaza con Sancho de Murga, elevado a hombre de confianza desde su rompimiento con Federmann.

Goldenfingen, con los ojos húmedos, los ve alejarse.

—No sé qué le sucede a su Excelencia —comenta a Hutten—. Parece un poseso esponjado de rabia. Antes de Sevilla fue para mí un verdadero padre. Al encontrarnos de nuevo lo hallé diferente; pero aquí en Coro es otra persona. Me riñe a cada paso, apartándome de su trato cual si fuese un apestado. ¿Sabéis alguna razón, monseñor, que explique tan desaforado proceder?

Spira, vuelto sobre sus pasos, gritó a Goldenfingen:

—Micer Andreas, he decidido enviar a Variquisimeto a través de la sierra una vanguardia con cien hombres.

—Me parece bien, Excelencia.

—No os pido vuestro parecer —cortó irritado—, sino vuestra atención. Comandaréis la tropa, llevando a Juan Cárdenas de segundo.

—Pero, señor, si nada sé de esas regiones, ¿qué podré hacer yo...?

—¡Callad y obedeced! Pasado mañana a primera hora os pondréis en camino.

Tan pronto se alejó, comentó el marino:

—¿Veis, monseñor, cómo el jefe me ha tomado inquina?

—Dejaos de erradas suposiciones, micer Andreas —respondió Hutten conciliador—. Juan de Cárdenas os señalará el camino y vos ejerceréis el mando. Antes que menosprecio, considero que os confiere el gran honor de regir la vanguardia.

Goldenfingen se rascó la cabeza.

—Tenéis la razón, monseñor. Soy bastante lerdo para entender a los hombres. Perdonad mi ligereza.

Sancho de Murga, patizambo y borroso, se presenta aquella tarde ante Spira:

—Hay un grave problema, Excelencia.

—¿Qué sucede? —preguntó con mirada quemante.

—Ya casi no quedan jirajaras en las inmediaciones, y como los caquetíos son intocables, no veo cómo Su Excelencia se las va a ingeniar para transportar el equipaje.

Spira se incorpora de su asiento. Con la faz contraída recorre de un lado a otro varias veces el recinto, ante la expectante mirada del cazador de esclavos. Bruscamente se detiene y le ordena:

—¡Esclavizad a los caquetíos!

—Pero señor, la ley prohíbe...

—Yo soy la ley en estas tierras. ¡Haced lo que os ordeno!

—Como mandéis, Excelencia —soltó bullicioso—, ahora mismo regreso con las colleras a reventar.

Los hombres de Murga, con Juan de Ceballos por segundo, entraron a saco en los pueblos de las inmediaciones, colmando en pocas horas las jaulas de madera que se encontraban frente a la iglesia.

Murga comenta a Spira, mostrándole con orgullo los prisioneros:

—Ya casi llegamos a quinientos. ¡Mirad la celda de las jarifas, Excelencia! Las tengo aparte para que las bicharracas no las dañen. ¡Ved aquella moza! ¿No es realmente guapa? No menos de quince castellanos de oro pagarán por ella en Santo Domingo. Al parecer es hija de Manaure. ¡Mirad qué cara! ¡Os sonríe cachonda!

La esclavitud de los caquetíos provocó indignación entre los vecinos. Un grupo protesta en la plaza:

—Se romperá la paz —decía Juan de Villegas—, se sentirán engañados y con justa razón.

—Ha irrespetado el compromiso —proclamaba Damián del Barrio.

Un jinete al galope desembocó en la esquina. Era Diego de Montes «El Venerable».

—¡Se va a armar la de Dios es Cristo! —gritó a los presentes—. ¡Tras de mí viene el obispo Rodrigo de Bastidas! Está hecho un tigre. ¡Montó en santa cólera apenas contáronle lo sucedido!

—¿El obispo? —preguntaron a dúo Villegas y Barrios—. ¿Cuándo llegó de Santo Domingo?

—El tiempo que llevóme recorrer el camino del puerto. No había terminado de poner pie en tierra cuando ya la gente informábale.

—¿Y qué dijo?

—«Ahora es que va a ver ese maldito teutón lo que vale un castellano.»

La gente, curiosa, rodeaba a El Venerable. Un tropel de caballería a paso de carga les hizo saber que hacía su entrada don Rodrigo de Bastidas, obispo titular de Coro. El prelado, espada al cinto, venía trajeado con todas sus galas.

—¿Quién ordenó esta barbaridad? —clamó estentóreo, al ver las jaulas—. ¡Soltad de inmediato a esos infelices!

Y como Sancho de Murga vacilase, se tiró del caballo, y a pesar de su obesidad, corrió hacia él:

—¡Abrid de inmediato!

—Pero... —balbuceó el esbirro—, son disposiciones del gobernador.

—Pues, ¡me cago en el gobernador y en tu madre si no abres de inmediato esa jaula!

Murga miró al obispo con sus ojos saltones; y como éste insistiese furibundo en su demanda, sin asombro ni temor corrió hacia el rancho de Spira.

—¡Hijo de la grandísima puta! —bramó Bastidas ordenando a sus hombres, en otro rugir colérico:

—¡Derribad a hachazos esas prisiones!

Ya dos jaulas habían sido destrozadas, cuando apareció Spira, seguido por Murga.

—Con el debido respeto —dijo arrodillándose con intención de besarle el anillo—, ruego al señor obispo... considerar...

—¡Considero un coño! —le espetó Bastidas retirándole la mano—. ¿Cómo os atrevéis a desconocer la voluntad muy precisa del emperador, de no tocar a los caquetíos?

—Yo soy el gobernador —replicó engallándose.

—Y podéis dejar de serlo ahora mismo, si se me antoja.

El capitán general bajó la vista. Melchor Grubel le musitó en alemán:

—Andad con cuidado. A una palabra de este cura, vuestros propios hombres os volverán la espalda.

Spira borró su destemplanza y añadió afable:

—Creo que todo esto ha sido una confusión...

—¡No hay confusión ninguna! —vociferó nuevamente—. ¡Los caquetíos son libres y nadie puede esclavizarlos!

Con humilde expresión bajó los ojos y añadió con suavidad:

—Está bien, Su Ilustrísima, se hará como lo deseáis. ¡Abrid las jaulas, Sancho de Murga!, no hay por qué alterar las buenas relaciones entre el gobernador y el obispo. Ya escribiré al emperador.

—¡Quien le va a escribir, y ahora mismo, soy yo!, y no cejaré, oídme bien, hasta que seáis destituido.

Luego de dirigirle una profunda mirada de desprecio, se volvió en redondo alejándose hacia su casa, seguido por una multitud que lo vitoreaba. Hutten llegó a la sede episcopal con intenciones de mediador.

—¡Bienvenido a mi casa, Felipe de Hutten! —saludó gozoso Bastidas, abriéndole los brazos e inflando los gruesos carrillos que constreñían sus ojillos de váquiro—. ¡Bienvenido sea el hermano del gran Mauricio, el criado predilecto del emperador! —proseguía arrebatado—. Pero sentaos, amigo mío, sentaos aquí con Juan de Villegas y Damián del Barrio.

Luego de beberse diez pintas de zumo de guanábana y de hacer preguntas sobre la corte, afirmó solemne:

—Bien sé quién sois y qué clase de gema es vuestra alma. Pero así como os digo tal, os puedo asegurar que el tal Spira es una mierda. Y os juro por ésta —afirmó llevándose a la boca el crucifijo— que, o este tío deja de ser gobernador o dejo de ser obispo. Ese mentecato es un loco, un vesánico, un infame. ¡A quién, sino a un demente, se le ocurre quemar con aspavientos paganos al marica ese que incineraron en el momento de zarpar! No es que me oponga a la quema de sodomitas, no señor; entendedme bien, Felipe de Flutten. A mí paréceme bien castigar con el fuego tan feo pecado contra natura. En lo que no estoy de acuerdo, y eso me parece magia de herejes, es en hacerlo con tanto boato, como lo hizo el cucamonas. Eso es propio de luteranos. ¿No será hereje el tal Spira? Decídmelo ahora mismo Felipe de Flutten. La casi totalidad de estos tudescos son de la secta de Lutero. A Dios gracias y a su Santísima Madre, buena parte de ellos perecieron con Ambrosio Alfinger; pero todavía quedan algunos.

Jorge Spira, desposeído de sus caquetíos, hubo de ranchear en el país de los jirajaras para proveerse de los cien portadores que necesitaba. Luego de matar a mil, logró llenar sus colleras.

Hutten, teniente general de la expedición, se mueve diligente. Dirigiéndose a un grupo de oficiales, informa:

—Francisco Infante, Juan de Guevara, Francisco Graterol y Diego de Monte «El Venerable», tendrán, cada uno, diez hombres a su servicio.

—Yo no puedo ir —explicó Montes.

—¿Cómo que no podéis venir? Vuestra presencia es indispensable como médico y como traductor; ¿qué haremos sin vos?

—Allí tenéis a Esteban Martín. Es mejor lengua que yo, aparte no ser mía la culpa, sino del señor gobernador. Es él quien me ha rechazado de su ejército. Dice no gustarle mi apellido.

—¿Y qué tiene de particular el llamarse Montes? —inquirió Francisco Infante.

—No es por el Montes —respondió El Venerable— sino por el De Oca. Según me dijo, le tiene particular grima a todo cuanto se relaciona con ese animal.

—Pero ese tío está loco —saltó Juan de Guevara.

—Por eso no lamento quedarme en Coro —apuntó El Venerable—. Con un jefe así os toparéis primero con el infierno que con la Casa del Sol.

La expedición estaba lista y bien equipada. Los hombres se veían alegres y dispuestos. Hutten dirigió una mirada a Spira y pensó en Federmann.

El capitán general se veía tenso y afanoso. «A Dios gracias que Nicolás se quedó en Maracaibo. Así no podrá cumplir sus aviesos propósitos.»

«Como si un hado dictaminase sus inesperadas apariciones», pensó Hutten, Federmann irrumpió por la calle mayor, seguido por dos jinetes.

—No te imaginabas —le observó burlón— que llegaría para despedirlos. Medí bien los pasos para llegar en el último momento.

—Señor de Federmann —reclamó un soldado—, el gobernador os requiere.

—Nos veremos luego —prometió malicioso, encaminándose hacia el bohío de Spira.

Ya oscurecía, cuando Hutten entró al real. Spira decía altisonante:

—Y os prohíbo terminantemente, Nicolás de Federmann, alejaros de Coro más allá de veinte leguas; no quiero que vuelva a repetirse, so pena de vida, la trastada que le hicisteis a don Ambrosio Alfinger. Es todo cuanto tenía que deciros. Podéis retiraros.

Federmann no respondió una palabra. Buscó la puerta y a grandes zancadas salió a la calle, sin cruzar palabra con Hutten al pasar a su lado.

—¡Bien! —exclamó Spira ante Hutten con aire satisfecho—. Federmann está enfadado. El muy tonto se creía que podía ocultar las intrigas convenidas con el obispo para insurreccionarme la tropa a mitad de camino. Libre de Federmann, no hay nadie que me impida llegar a la Casa del Sol. A propósito, don Felipe —añadió cambiando de expresión y acento—, enviadle recado a Esteban Martín, el lengua, que venga ahora mismo. Debo instruirlo sobre la salida de mañana.

—Ahora mismo será imposible, Excelencia. No sé si estaréis enterado: vive a media legua de Coro.

—Claro que lo sé —afirmó sibilino—, lo mismo que vive con diez concubinas o maturrangas que consumen yerbas abortivas.

Una voz llena de entusiasmo les hizo volverse. Era de Juan de Villegas, seguido por Damián del Barrio.

—Os traigo una noticia, Excelencia —comunicó a Spira.

Como éste lo mirase inquisitivo, se apresuró a continuar:

—Tanto el señor Del Barrio, como este servidor, hemos decidido a última hora acompañaros en vuestra expedición. ¿Qué os parece?

«El obispo, el obispo —se dijo Hutten—. Sacado del juego Federmann, Bastidas contraataca y éstos son sus generales.»

Capítulo IV
La expedición de los llanos

1. De Coro a Varavarida

A las dos de la mañana, el ejército salió de Coro por el camino que conducía hacia el mar. Noventa jinetes abrían la marcha; trescientos peones los seguían. En un recuadro de arcabuces se balanceaban los portadores: altos, fornidos, de hostil aspecto. Cadenas y dogales los uncían en filas de a diez, llevando sobre sus cabezas grandes y pesados fardos que saltaban ante las imprecaciones y el chasquear del látigo.

La columna armada se asomó al Caribe. La luna llena, redonda y deslumbrante, iluminaba el campo más allá de una legua. El mar estaba tan calmo que el paso de los caballos ahogaba el rumor de las olas.

Spira sesgó su bestia y tomó por sendero la arena húmeda y compacta salpicada de espuma. Hutten siguió tras él. A los diez minutos, los caballos, de uno en fondo, hacían un largo cordón. La luna y el mar aletargan a hombres y bestias. Los portadores, con los ojos cerrados, parecían dormir.

La infantería, con el paso corto, caminaba adormilada. Tan sólo los guardias de los jirajaras permanecían insomnes, molestos casi porque las diez recuas de los prisioneros no pisaran en falso, no derribaran su carga o se rezagaran en la celeridad impuesta. Sancho de Murga, por hacer algo, fustigó el aire; pero el silencioso reproche de sus compañeros lo volvió comedido. Por una hora el ejército se deslizó por la playa.

Hutten, sumido en el sueño, se penduleó en su bestia. Temeroso, se irguió en la montura y respiró profundamente el aire salitroso. La luna se hizo más clara, luminosa y viva. Nunca la vio tan grande y rutilante. Subyugaba y era espectral. Volvió sus ojos hacia atrás: Lope de Montalvo cabeceaba en su bestia. Spira, un cuerpo adelante, dejó escapar un ronquido. Se hizo a un lado, de grupa al agua y dejó venir la tropa.

Una ocurrencia lo espeluznó. Bajo la luna aquel ejército de jinetes dormidos era la muerte misma. Alzó los ojos. La luna estaba llena de presagios; una nubecilla roja que le hacía de barba la fue encendiendo de escarlata.

—¡Señor, señor! —gritó a Spira, espantando augurios.

—¡Eh, eh! —rumoreó el otro, emergiendo de un mal sueño.

—Llevamos dos horas de caminata. Mirad el lucero del alba. Dentro de poco tiempo habrá de salir el sol. Luego de la media mañana la marcha será imposible.

—Tenéis razón —respondió entre bostezos—, es el mayor enemigo del hombre en estas latitudes. Calcinará todo cuanto encuentre al descubierto. Hemos de encontrar un lugar para guarecernos hasta la hora de véspero. ¡Lope de Montalvo! —reclamó áspero.

—¡Ordenad, señor! —contestó somnoliento.

—Partiréis ahora mismo con veinte hombres. Elegid un buen sitio para acampar a menos de cuatro leguas.

Entre órdenes de mando y el trote de los caballos despertaron tropa y cargadores.

—¡Que marchen ordenadamente, y no de a uno en fondo! —demandó Spira—. De a tres por fila y más de prisa. Corneta: ¡tocad a formación!

La columna se cubrió de voces y maldiciones; los peones apresuraron el paso; los sayones sacudieron sus látigos. Se apagó la luna. Emergió el sol. A media mañana quemaban los arenales. El calor sofocaba. Los caballos se apartaban de la ruta metiéndose al agua entre relinchos. Los jinetes, exasperados, se despojaron de sayos y camisas.

—¡Os va a dar tabardillo, insensatos! —amenazaba Pérez de la Muela.

El desorden se extendía. Los peones, entre resbalones y chacotas, se fueron metiendo al agua. Al retorno de Montalvo, más de cien hombres chapuceaban como delfines.

Spira, exasperado por el desorden, lanzó un denuesto y mandó a Pérez de la Muela, elevado a capitán por extirparle un absceso, a que instalase las tiendas.

Luego de cuatro días de agobiantes jornadas, alcanzaron a ver el verde follaje al que daba vida y esplendor la desembocadura del Tocuyo.

Para los alemanes y los españoles bisoños, la fauna y la flora resultarían desconcertantes.

—Nunca imaginé que hubiese árboles tan altos, ni tantos bejucos —aclamaba embelesado Pérez de la Muela.

—¡Cuidado, Hernán! —previno Lope de Montalvo.

A dos varas, una serpiente descomunal, la más larga y gruesa que jamás hubiesen visto, se deslizaba suavemente hacia el río.

—¡Josú! —exclamó al reponerse del susto—, ¿visteis cuán gorda era? Del mismo grosor de mi muslo y más larga que yo cuatro veces.

Ceballos rió con estrépito.

—¡Cualquiera lo puede ser, enanillo!

Aunque el río tenía la profundidad de un hombre «y era ancho como el Danubio cuando pasa por Ulm», según aseguró Spira, traía una corriente impetuosa que dificultaba el vado.

—Tendremos que construir balsas —señaló Esteban Martín—; los caballos cruzarán con sus jinetes a nado.

—Pero eso nos llevaría todo el día —comentó Hutten con desaliento.

—Lo cual nos vendrá de perlas —agregó Spira echado en el suelo, atendido y divertido con los saltos de una pandilla de monos acicateando una guacamaya.

—Este sitio —celebró con delectación— es un verdadero edén: ¡qué fresco!, ¡cuánto silencio!, ¡qué espléndida verdura!

—Esperad la noche —dijo silabeante Esteban Martín.

Al ocultarse el sol, una densa nube de mosquitos cayó sobre el campamento. Rabiaban desesperados los expedicionarios. Spira, enloquecido por aquel zumbar aguijoneante, se cubría hasta la cabeza con una gruesa cobija. Al otro lado de la hoguera, Hutten se debate inquieto: «¿Quién es el hombre transformado por Federmann en solapado vengador?» Mientras anduvieron por aquellos arenales, inhóspitos y despejados, no tuvo miedo. Pero en medio de aquella maleza, dormido o despierto, de noche o de día, sobraban las oportunidades de atacar con impunidad. «¿Quién podía ser ese hombre —volvió a preguntarse— al que Spira hubiese hecho tanto mal?» Esteban Martín se le hacía sospechoso a pesar de su aspecto apocado y benévolo. Podía ser también Francisco Murcia de Rondón. ¿Por qué razón un secretario del rey de Francia y hombre de confianza del emperador se encontraba entre aquellos desventurados sin mando ni rango? No podía haber otra explicación que la huida. ¿Y si fue Spira el causante de su desdicha? Domingo Italiano, como ya se decía, tenía toda la pinta de un reyezuelo desposeído. Podía ser el mismo Damián del Barrio o Sancho Briceño o cualquiera de los tantos expedicionarios. La casi totalidad parecían arrastrados por la codicia y el afán de aventuras; pero ¿cuántos lo eran por despecho y amargura, huyendo de la justicia o de ellos mismos? ¿No pudiera ser ése el caso del hombre que odiaba a Spira? Una ocurrencia lo sacudió: «¿Y si lo dicho por Federmann no era más que una maniobra para encubrir al verdadero criminal?»

Sancho de Murga, su hombre de confianza de otros tiempos y caído en inexplicable desavenencia, era capaz de todo, como estaba más que probado. La ruidosa ruptura con Federmann bien podía ser un ardid para ganarse la confianza de Spira. «Es difícil que un asesino —prosiguió para sus adentros— cambie tan violentamente de dueño. ¡Ésa es la verdadera razón! Sancho de Murga le dará muerte en medio de la noche o en la primera escaramuza con los indios. Todo cuanto me refirió Nicolás era una engañifa, burda cortina para envilecer mi atención.»

Lanzó una mirada hacia el capitán general. Dormía hecho un rollo cubierto hasta la cabeza con su frazada. En derredor, en un radio de sesenta varas los rodeaba una veintena de hogueras. Sintió aprensión: entre ellos y los soldados había una densa cortina de árboles y maleza, por lo que subrepticiamente podía deslizarse cualquiera. Un estruendo selvático de rugidos y croar de sapos y extraños silbidos le impedían conciliar el sueño. Su inquietud se acrecentaba con el calor, el ruido y los presentimientos.

Al amanecer sintió unos pasos sigilosos sobre la hojarasca. Atento, se irguió sable en mano. Sancho de Murga, espada desnuda, avanzaba hacia ellos seguido por cuatro hombres.

—¡Señor, gobernador! —llamó el sayón.

Se disponía al ataque cuando terminó de explicarse:

—Los jirajaras han huido en mitad de la noche.

Resuena la voz de alarma en el campamento. Los soldados se incorporan en pie de guerra. El sol emerge y con luz tenue ilumina el campo. Spira, fuera de sí, interpela a Murga:

—Pero ¿cómo es posible que hayan huido cien? ¿Cómo creer que hayan podido escapar si estaban encadenados por el cuello y en grupos de a diez?

—Pues así fue, señor...

—¿Y los centinelas? ¿Se puede saber qué demonios hacían? ¿Es que acaso no dejasteis guardianes?

—Dejé cuatro que son más que suficientes, pero nadie se explica, ni ellos mismos, lo que les sucediera. Cada uno cuenta que a mitad de la noche, una preciosa doncella, nunca vista en el campamento, luego de muchos arrumacos los invitó a holgar con ella; y como cada quien supuso ser el único agraciado, confiado en los otros la siguió monte adentro.

—¿Folgáronsela? —preguntó abrupto Francisco Velasco.

—No; y ahí está lo peor —replicó Murga, aquietando la voz—. Dicen los cuatro que luego de cruzar un trecho de monte guiados por la mujer, a quien describen de igual manera, la muy pingona desapareció en el aire.

—¡Venid acá vosotros! —ordenó Spira rabioso a los centinelas que a cinco pasos escuchaban desencajados.

Los cuatro, entre los que iba el negro Domingo Italiano, avanzaron mohínos.

—¿Es cierto lo que dice el capitán Murga?

—Tal como lo refiere —se apresuró a confirmar el negro—. Era una mujer alta de facciones muy lindas que, de no haber sido por los ojos chinos, hubiésela tomado por sevillana.

—¿Pero es que acaso me dais a entender —comentó estridente— que fue la misma hembra la que os engañó a los cuatro?

—Así mismo es, Excelencia —asintió compungido Juan de Ceballos.

—Y todo esto acaeció en el mismo tiempo —puntualizó Francisco Murcia de Rondón entreabriendo sus fornidas mandíbulas—. Cuando regresamos al campamento, en menos de lo que se tarda en rezar un rosario, nos encontramos los cuatro frente a frente y con los jirajaras desvanecidos.

—Esa fue María Lionza —señaló con voz tenue un mozo caquetío que escuchaba en silencio.

—¿Quién diablos es María Lionza? —inquirió con molesta extrañeza el gobernador.

—La diosa de la montaña —añadió el muchacho persignándose—. Es una diabla a quien adoran los jirajaras. Suele tomar esa forma de atractiva doncella. Los jirajaras invocáronla y ella vino a liberarlos.

—Pues, diabla o no diabla —bramó Spira—, vayan ahora mismo a traerme a los prisioneros, so riesgo de doscientos azotes sobre el lomo.

Llevaos cuarenta hombres, Sancho de Murga. Soltad los mastines, que huelen al indio dondequiera que se halle.

Los perros, a grandes saltos y entre ladridos retumbantes, se internaron en línea recta por la espesura. A menos de quinientas varas, entre airados gruñidos, saltaron horripilantes gritos. Hutten, sobrecogido de angustia, corrió hacia el vocerío. Un escalofrío lo dejó sin aliento.

Diez jirajaras yacían destrozados y agonizantes rodeados por los perros. Al huir, en la oscuridad, enrollaron y liaron sus cadenas alrededor de un arbolillo.

Juan de Villegas movió la cabeza con reprochante desconsuelo.

—Sin portadores —masculló Spira con desaliento— no iremos muy lejos. Debemos encontrar relevos a como dé lugar.

—Es una gran desdicha lo sucedido —intervino Esteban Martín—, pero debemos darnos prisa por vadear el río. Negras nubes veo a lo lejos. Las balsas ya están listas.

—Bien, sea lo que Dios quiera —dijo Spira abordando la primera embarcación.

La corriente era más impetuosa. Con grandes esfuerzos, apoyándose en las pértigas, evitaban ser echados río abajo. Tres horas más tarde, los trescientos peones habían cruzado el Tocuyo. Comenzaba el turno de los caballos.

—¡Espueladlos sin temor! —gritó Martín a los jinetes—. Cuando les falte el piso nadarán como peces hasta encontrarlo de este lado.

El primero en cruzar fue Domingo Italiano. Por un momento lo arrastraron las aguas. A menos de treinta pasos la bestia tomó tierra lanzando un relincho de alegría. Uno tras otro, y en medio de una agobiante lentitud, fueron pasando ochenta y ocho caballos con sus jinetes. Hutten percibió algo extraño en el aire. Los monos y los pájaros enmudecieron bruscamente en su alboroto. Los caballos inquietos tironeaban de sus riendas. A Ceballos su bestia, al embanderársele, casi lo derriba. Un trueno sordo se escuchó distante. Los indios treparon a los árboles.

—Pero ¿qué os pasa, criaturas? —preguntó Hutten.

Los caquetíos se limitaban a señalar hacia el río y a los dos últimos caballos que intentaban vadearlo. Ya el penúltimo pisaba firme la orilla cuando la retumbancia se volvió estruendo: una ola de tierra erizada de palos y arbustos bajó de pronto arrastrando hacia el mar caballo y jinete. De inmediato las aguas, con la misma violencia con que se encresparon, bajaron a su nivel. Los monos y los pájaros reiniciaron su algarabía. Los indios descendieron de los árboles, restableciéndose en un momento la quietud anterior.

Las playas, traspuesta la desembocadura del Tocuyo, prosiguieron verdes y umbrías, entre cocoteros limpios de maleza o entre lodazales sombreados por grandes árboles y tupidas lianas, donde cantaban, con agudos y melodiosos trinos, pájaros de vivos y variados colores. Un río tan ancho y profundo como el Tocuyo apareció de pronto:

—Este es el Yaracuy —explicó Esteban Martín—. Seguiremos su curso por la ribera izquierda hasta tanto podamos hacerlo.

—¿Marchar por el río? —preguntó Spira, dando paso a su acritud.

—No hay mejor vía en estas tierras, Excelencia, que el lecho de los ríos. No hay lugar a equivocaciones, ni déjanse huellas al enemigo; aparte de ser un alivio para los caballos y para la infantería. Remontándolo muy cerca de sus cabeceras, hemos de hallar una grande abra, donde las montañas se baten en fuga: es la abra de Yaracuy. Por ella bajaremos a los llanos, luego de encontrarnos con micer Goldenfingen.

—¿Cómo le habrá ido al gordo en su caminata? —preguntó Ceballos.

—Varias libras de grasa habrá fundido —contestó Martín—, no lo dudéis. No hay tierra más yerma y desasistida de Dios que la sierra de los Jirajaras. Tendrá que bajar y también subir doce serranías cubiertas de espinas y mal follaje.

—¡Pobre gordo!

—Pero su suerte será distinta cuando llegue a Variquisimeto. No hay vegas más feraces en toda la capitanía. Los maizales hacen provincias con sus mazorcas; abunda la caza y los árboles frutales forman bosques quebradizos ante el peso de suculentas bayas. Con deciros que en Variquisimeto hay más de treinta tribus, con gente por arriba de cien mil personas.

—¡Caramba! —exclamó Spira—, ¿no serán demasiados para nuestro ejército?

—Descuidad, Excelencia. Por más que fuesen diez mil por cada uno de nosotros, las insidias y rivalidades que los devoran les impedirán coaligarse. Nunca llegarán a hacer nación. Es un mal que llevan en la sangre y habremos de curar los españoles en el nombre de Cristo.

—¿Y quién habrá de curar, maese, ese mal en los españoles?

El Yaracuy disminuye de profundidad y turbulencia al paso de los días. Por la ribera arenosa avanza la tropa, aparaguada por una vegetación exuberante. Los de infantería, con las alpargatas colgadas a la espalda, van por el río, sorprendiendo al paraje con su chapoteo.

La ribera se espesa y dificulta en la medida que ascienden. El boscaje hace puente cerrado sobre el cauce.

—Es mediodía en punto —afirma Hutten mirando a través del follaje— y parece tarde avanzada.

—Estamos en el reino de la Señora —susurró el mozo indio que hablaba de María Lionza—. Rezad, monseñor, para que no nos haga otra trastada.

—¿Creéis, entonces, que lo de la crecida...?

—Es obra de ella, no habrá de perdonarnos los diez jirajaras muertos por los perros.

—¡Gente viene! —previno Spira desde la vanguardia— ¡Preparad las armas! Pero, ¡válgame el cielo, si es Sancho de Murga con nuestra gente y con indios prisioneros!

—Servido sea, Su Excelencia —saludó el esbirro—; os traigo cincuenta y siete salvajes, a falta de los fugados.

—¡Alabado sea Dios! Ya podemos enviar por el equipaje. Os encargo de inmediato este asunto, señor de Murga. ¿Necesitáis más hombres para escoltaros?

—En modo alguno, Excelencia; con los que tengo bástame. No son de peligro estos salvajes. ¿No habéis reparado en sus facciones?, son caquetíos.

—El rey prohíbe... —comenzó a decir Juan de Villegas.

Sancho de Murga lo atajó con un gesto desdeñoso.

—Vos ordenáis, señor gobernador, y yo limitóme a acataros. ¿Queréis que los suelte o que vaya tras las vituallas y el bastimento?

—Tenéis razón, señor de Murga —repuso Spira tras breve pausa—, el rey entenderá...

Juan de Villegas se mordió los labios. Spira preguntó al esclavista:

—¿Dónde habremos de encontrar los otros cuarenta y tres que nos faltan?

—Ya os tengo la solución —contestó el patizambo. Según refieren estos indios, el pueblo de donde son originarios queda a menos de media jornada. ¿Por qué no lo tomáis por asalto? No os será difícil. Paralízanse de terror a la vista de los perros y los caballos. Éstos no hicieron resistencia alguna cuando, tizona en mano, les pusimos al cuello los dogales. Juan de Ceballos ya ha aprendido con maestría a cazar indios.

—Es más difícil que enlazar toros —opinó orgulloso el aludido.

Francisco Velasco, al escucharlo, tuvo un gesto de repulsa. Hutten lo miró largamente.

—No es mala idea, viéndolo bien —respondió Spira—. Dadme dos de esos indios para que nos sirvan de guías. Nos encontraremos a vuestra vuelta en el dicho pueblo.

Los indígenas, tal como lo pronosticó Murga, no opusieron resistencia.

Era un poblado grande de unos cien bohíos de paja. Al filo de la medianoche y ya con la luna en mengua, cercaron la ranchería, incendiaron los aledaños y descargaron los arcabuces dando vivas a Santiago. Despertó el pueblo en medio del estruendo. A pesar de los perros y de los caballos tomaron apenas veinticuatro prisioneros. Entre ellos, dos agraciadas mujeres, esposas del cacique. Spira ordena clamante:

—¡Apagad el fuego! Encadenad a estos gañanes y cuidad que a las mujeres se las trate con respeto; voy a negociar la paz. ¡Francisco Velasco!

—llamó enérgico—, os encomiendo la custodia de estas prisioneras. Cuidad no escapen, ni que persona alguna pretenda aprovecharse de ellas. Tomad diez hombres de vuestro servicio para guardarlas. En cuanto a vos, maese Esteban Martín —añadió dirigiéndose al lengua—, decidles a dos de los prisioneros que son libres; que vayan a hablar con el cacique y le digan que venimos en son de paz. A cambio de ella estoy presto a devolverle su pueblo y sus mujeres.

—Paréceme bien y acertada vuestra decisión, gobernador —metió baza Villegas—; debo confesaros que en un principio no fue de mi agrado que esclavizarais a los caquetíos, desobedeciendo al emperador.

Centellearon los ojos de Spira. El vecino de Coro, sin percatarse, añadió amable:

—Pero si es para ganar su amistad, no tengo reparos, aparte de comprender vuestro apremio por el equipaje.

Spira le miró a la cara.

—Oídme bien y de una buena vez, señor de Villegas. Yo soy capitán y gobernador general de Venezuela. Tengo todos los poderes para hacer en este territorio lo que me venga en ganas; y vos no sois nadie para juzgar mis actos.

Francisco Velasco quedó sorprendido de la beldad de las prisioneras.

—Eso nos sucede a todos —comentó con picardía un veterano—: al comienzo vérnoslas con la misma inapetencia con que vimos el cazabe. Luego de tanto tiempo sin meterle el diente al trigo, el maíz resulta apetecible y las arepas manjar de dioses. No son bellas, Velasco; un tiempo de hambre hace verlas deseables.

La noche cae sobre el poblado; del bosque circundante viene un clamor de grillos y de cantos desiguales. El recio calor del día ha dado paso a un frío y húmedo vientecillo. Los españoles, envueltos en sus cobijas, se acercan al fuego. El negro Domingo Italiano talla un palo con su navaja. Velasco irrumpe a sus espaldas y le dice burlón:

—¿Así es como montas guardia, negro holgazán?

—Lo que había de suceder, ya sucedió.

—Déjame darle un vistazo a las prisioneras —agregó, entrando al bohío—. ¡Toma, que son guapas las salvajes! —celebró entusiasta luego de un rato de pasarlo adentro.

—Quédate quieto, Frascuelo —dijo el negro—, si no quieres líos con el capitán general.

—¡Ay! —se lamentaba Velasco echado en el suelo, cruzadas las manos en la nuca—, ¡quién pudiera tener una mujer para esta noche! Desde Coro ando con los odres llenos.

—Acuéstate con el recuerdo, si guardas apego a tus pelotas.

—¿Tú crees que estas indias le digan algo a Spira? Nunca he visto dos hembras más dispuestas a la fornicación; si hubieses visto las caricias que hiciéronme.

—Yo no me atrevería, pero si así lo deseas, hasta el alba tienes. Guardaré la retaguardia.

Amaneció entre una algarabía chirriante y boscosa. Humeaba una fogata frente al bohío de las prisioneras. Domingo Italiano dormía profundamente. Los otros guardias, envueltos en sus cobijas, disfrutaban también de un sueño confiado.

—¡Eh, gandules! —vociferó Spira apareciendo inesperadamente—,

¿así es como cumplís con las órdenes de vigilancia? ¿Dónde está metido vuestro capitán?

—Allí... señor —mostró temeroso Damián del Barrio.

Esgrimiendo una tea entró al rancho. Una nube de ira lo enceguecíó: desnudos y abrazados, dormían Velasco y las prisioneras.

—¡Bellaco! —rugió Spira—, ¿cómo os habéis atrevido a violentar a dos hembras ajenas, y para colmo, mujeres de un cacique? ¡Habéis destruido la paz!

—Pero señor... —gimoteó Velasco incorporándose de un salto—, si fueron ellas las que...

—¡Sí, ya me vais a hacer creer que fueron ellas las que os obligaron!

—Os lo juro, señor..., os lo juro...

—¡Basta ya, farsante y perjuro! Soldados, ponedle de inmediato una collera al capitán Velasco y amarradlo de aquella ceiba. Allí os tendré por ocho días a cazabe y agua... y ¡guay! de aquel que le dé un mendrugo; le haré dar doscientos azotes y lo donaré por esclavo al primer salvaje que se me antoje.

Al mediodía llegó el cacique con toda su gente. Con aspavientos de paz Spira le devolvió sus mujeres. En retribución le ofrendó dos coronas de un metal amarillo.

—¡Oro! —clamaron todos.

—Y de la mejor calidad —comentó Spira consternado, esculcándolas entre sus manos—. Preguntadle, maese Martín, dónde halló una cosa tan preciada.

El cacique, luego de arrugar la cara en ininteligibles muecas, hizo un ademán señalando hacia el Oeste.

—Refiere que a muchas lunas de aquí; tantas como veinte; que él nunca ha estado allá. Quien lo hizo fue su abuelo, al que donaron las diademas. Cuenta que todo eso queda tras unas montañas muy altas con picos de algodón.

—Menudas noticias —dijo jubiloso Spira— las que hemos arrancado a este salvaje por nada. Y pensar que por culpa de aquel imbécil pudimos perderlo todo.

Velasco, amarrado y desnudo, saltó ante los insultos.

—Será necesario —apuntó Spira— enviarle aviso a Sancho de Murga. Debe liberar a los prisioneros antes de llegar aquí, a fin de evitar contratiempos. Con la ayuda de este buen cacique no sólo encontraremos portadores, sino el camino de la Casa del Sol —y cambiando súbitamente de expresión y de acento, ordenó enfurecido—: ¡pero que nadie le dé de comer al prisionero!

A la medianoche, Velasco desfallecía de hambre, acuciado por el festín que pasos más allá celebraban españoles e indios, devorando venados y perros de agua. Juan de Ceballos pasó a su lado mordisqueando chulesco un costillar de venado.

—Dame un mordisco —rogó lastimero.

Ceballos le hizo una higa, exagerando entre contorsiones su deleite por el bocado.

—¡Dame de comer —exigió amenazante— o enloqueceré de un todo!

Ceballos en cuclillas miraba a su amigo, intercalando punzantes risas y sornas destempladas.

—¡De hambre habré de matarte! —estalló de pronto—. ¡Grandísimo cabrón, júrotelo por la salvación de mi alma! ¡Júrotelo por mis muertos!

Cuando mayor era su ira, sintió tras de sí un apetitoso olor. Era una de las esposas del cacique, con dos perniles de aquella especie de cochinillo que los españoles habían descubierto esa noche y al que los indios llamaban lapa.

Por ocho días permanecieron en el pueblo. Jorge Spira no terminaba de entender por qué Velasco no adelgazaba con aquella dieta de cazabe y agua. Sancho de Murga regresó con el equipaje y soltó a los súbditos del cacique. Juan de Ceballos, por indicación de Spira, salió en busca de nuevos portadores. A los tres días lo vieron llegar con las colleras llenas. Spira, sentado junto al cacique y rodeado de sus capitanes, dejó acercarse a los cazadores y a sus prisioneros. El jefe indio cerró hosco el entrecejo y soltó una retahila con sabor de protesta. Violentamente se puso en pie, ostensiblemente indignado.

—Afirma —tradujo Martín— que no podéis hacer tal cosa a esos hombres, pues son gente de su misma casta, empero ser de pueblos diferentes. Son caquetíos, señor.

El cacique de cara crispada se volvió hacia Spira sacudiéndole en la cara sus dedos amenazantes.

—Esto sí que no lo he de soportar yo —profirió el alemán irguiéndose descompuesto.

Con voz de alarma tradujo el lengua:

—Os amenaza con la guerra si no los soltáis de inmediato.

A los gritos del cacique acudió un centenar de fornidos varones, armados con lanzas y macanas. Spira hizo cálculos: su ejército estaba disperso. Menos de veinte soldados lo rodeaban. Un paso en falso significaba la muerte. Dando vuelta a su ira le hizo saber al cacique, con su mejor sonrisa, que pondría en libertad a los prisioneros, ya que ignoraba el parentesco con aquel pueblo amigo. Ante la aclaratoria, rió el indio satisfecho y apaciguado en su talante volvió a sentarse. Spira, sin atenuar la voz, dijo a Ceballos.

—Daos maña para sacar muy lentamente a los prisioneros. Le diré al salvaje que ello requiere magia. ¡Lope de Montalvo! —alertó al capitán, simulando proseguir su diálogo con Ceballos—. Idos muy quedo y alertad a los soldados para la pelea. Soltad a Velasco y atacad lo más pronto.

En menos de media hora comenzó la matanza. El cacique y sus dos mujeres fueron muertos a sablazos. Velasco, en un arranque compasivo, cavó una tumba y las metió dentro.

El pueblo todavía ardía cuando a cinco leguas, Spi- ra, en medio de la floresta, se abría paso por el reino de María Lionza. Ríos cristalinos fluyen hacia el Yaracuy. Crecen flores bajo los árboles.

—Es un paraje maravilloso —comenta Hutten en alta voz.

—Es la tierra de María Lionza —subrayó el indio agorero a quien por tanto mentarla, terminaron por llamarlo Leoncio. Una cascabel clava su ponzoña a uno de los peones de infantería. Pérez de la Muela corre y hace un torniquete, punza la herida con su cuchillo, extrae el veneno con sus labios. Al herido, Hutten lo echa sobre su montura y prosigue a pie por el sendero. Un animal de rara trompa, similar a un cerdo grande, pero de mayor alzada, los ve venir. Sin denotar miedo, plácidamente se sumerge en el agua.

—¿Qué cosa es ésa? —inquirió Hutten asombrado.

—Es la danta —respondió Leoncio con aires de misterio—; es el caballo de la diosa de la montaña.

—Dinos, pues, de una vez por todas —exigió Lope de Montalvo—, ¿quién es esa mujer o diablo a quien tú, al igual que los otros indios, mientan con tanto fervor?

—Es señora de los ríos y de los bosques —agregó el caquetío—, vela siempre por sus indios y por sus animales. Subyuga a los hombres guapos y lléváselos a los estanques para bañarse con ellos.

Pérez de la Muela soltó su risilla.

—Pues si así es la tía, que venga por mí.

—No lo creo —aclaró Leoncio—, sois viejo y redondo.

—Hay que tener cuidado con estas indias —afirmó el médico sobreponiéndose a la chacota—. La mayor parte de ellas están afectas de una temible enfermedad llamada bubas, donde los ganglios hínchanse y luego supuran entre atroces tormentos. En Sevilla tuve ocasión de ver y de tratar a muchos de estos infelices.

Hutten lo miró con interés.

—¿Cuál es el origen de tan extraña enfermedad?

—Cuenta la gente del Perú que fue un castigo impuesto a los indios por el Señor por fornicar con las llamas.

Murcia, «el que había sido secretario del rey de Francia», dejó caer:

—La enfermedad ya cunde por Europa. A pesar de que fuimos los españoles los que la trajimos de América, han bautizádola con el nombre de mal gallicus, je, je... lo que son las cosas de la política.

—¿Es cierto —preguntó Hutten— que Francisco I y que padece de esta enfermedad?

—Eso dícese, monseñor —aseguró el médico—, y hay quien afirma que fue una estratagema de nuestro amado emperador al enviarle una cortesana inficionada de bubas.

—¡Pérez de la Muela! —protestó indignado Hutten, y se disponía a proseguir, cuando apareció Velasco, ya de vuelta de un reconocimiento.

—Hay un gran pueblo de indios a legua y media de aquí —informó al gobernador—, enclavado en un valle, el más hermoso de todos cuantos he visto. Hay abundancia de maíz y de flores.

—Ésa es Varavarida —explicó Esteban Martín—. En caquetío quiere decir El Valle de las Hermosas. ¡Y vaya que lo son!, aparte de ser complacientes, cual bacantes, con los forasteros.

—Es ley de María Lionza que así lo sean —enfatizó Leoncio—. Las indias de Varavarida no hacen más que bañarse y darle contento al cuerpo.

—Pues si así son —apremió Velasco—, ¿qué esperamos aquí, como unos mismos zotes, para refocilarnos?

—Refrenad vuestra lujuria, capitán Velasco —descargó Spira—, bastantes problemas ya nos habéis creado. Aparte imaginarme que esas mujeres tendrán hombres, y no creo que les consientan, a menos que sean acaponados, revolcarse con el primero que pase.

—Así es, señor —asintió Leoncio—, ellas saben hacer sus cosas con los forasteros, pero sus hombres son celosos.

—Entonces —concluyó Spira con pesadumbre— tendremos inevitable lucha. No creo que nuestros muchachos, luego de seis meses de continencia, estamos a 29 de junio, domeñen sus sentidos ante tan ricas y livianas hembras.

Sigilosos, los de infantería cubren los flancos del pueblo. A uno y otro lado de una larga calle, se aposta la caballería. Sancho de Murga y Juan de Ceballos desgranan sus instrucciones:

—Cuando ellos corran hacia acá —explicaba Ceballos—, los de a caballo echarán las redes sobre ellos. Veréis cuán fácil es. En el tumulto y la confusión no hallarán qué hacer, aprisionados como sardinas. De inmediato vosotros amenazaréislos con las espadas. Si alguno trata de escapar, matadlo sin contemplación. Al ver sangre quédanse quietos. Lo demás es coser y cantar.

—Apenas los tengáis reducidos a la obediencia —recomendaba Murga en el otro extremo—, sacadlos de a dos en dos y ponedles las colleras. No perdáis el tiempo con los niños, las mujeres y los ancianos, que para nada sirven: ¡dadles muerte!

—No veo la razón para tal crimen —protestó Domingo Italiano—, con dejarlos ir, tenemos.

—¡Callaos, negro! —soltó Murga—. Sé lo que hago.

Brillaba una hoguera en el centro de la aldea. En derredor, una multitud sentada en el suelo miraba absorta las contorsiones del piache agitando sus maracas.

—Los pobres están de fiesta sin saber que el diablo acecha —se burló Ceballos.

El cometa tocó a zafarrancho. Tras las llamas de las casas incendiadas, tronaron los tambores. Un clamor de pánico cundió entre los aborígenes. Dando gritos corrieron en un impulso hacia los extremos, libres de fuego. La caballería y los cazadores de esclavos los esperaban. Estrechados por las llamas y el rugir de los tambores se apelotonaban pugnando por salir. Las grandes redes caían sobre ellos. Algunos, sobreponiéndose al terror, intentaban escapar. Caía el sable y los otros quedaban inmóviles. Sancho de Murga despanzurró a un viejo y se disponía a hacerlo con un niño, cuando Domingo Italiano le arrebató el sable:

—¡Deja de asesinar a los infelices! —gritó enfurecido—, o por vida de Dios que habrás de vértelas conmigo.

Sancho de Murga lo miró con odio, pero como era mayor el que había en el Orejón, dijo a sus hombres:

—Está bien, ya hemos tomado suficientes prisioneros.

En menos de media hora la operación estuvo concluida: habían tomado seiscientos prisioneros; ciento cincuenta murieron en la refriega; el resto huyó hacia los montes. Los españoles tuvieron diez contusos. El caballo del gobernador fue muerto por un tiro de ballesta.

—Quisiera yo saber —preguntó Spira— quién fue el bestia que disparó contra mí, para quemarlo vivo. Se necesita estar ciego para tener tal puntería, o muchas ganas de asesinarme.

La preocupación que agobió a Hutten la primera noche en la selva, volvió clamante. «El asesino aprovechó la primera escaramuza para intentar matarle. ¿Quién es el vengador? O ¿por qué lo hace? ¿Debo hablar con el gobernador?»

Los soldados empujaban a los prisioneros hacia el redondel donde momentos antes salmodiaba el piache. Exhalaban terror ante los mastines y los soldados que los cercaban amenazantes.

—No erró quien dijo que las indias de este valle eran de singular donaire —comentó risueño Lope de Montalvo observándolas desde su caballo—; son muy parecidas a las de Coro, aunque más hermosas.

—Son de nuestra misma casta —dijo a su lado el indio Leoncio.

—Pues vaya hartazgo el que he de darme, luego de tanto ayuno.

Soltó la risa la tropa.

El gobernador, seguido de Hutten, caminó hacia el grueso de sus hombres. Murga y Ceballos, con cinco cadenas de diez indios cada una, avanzaban hasta ellos.

—¡Bien! —expresó Spira—, la suerte nos ha sido propicia; hemos capturado cien piezas. Veamos qué tales son.

Con ojos de tasador recorrió la columna de Murga:

—Pero ¡vamos! —protestó al ver el aspecto de dos prisioneros—, ¿cómo se os ocurre elegir a estos infelices, cuando tenemos tan buena reserva de hombres mozos y fornidos? Éstos no podrán andar con botijo más allá de una legua; sustituid a los hipatos por aquellos dos fortachones altivos y retadores.

—Todo tiene remedio, señor gobernador —respondió Murga, y sin dar tiempo para evitarlo enarboló el sable degollando a uno de ellos de un solo golpe. Se escurrió el cuerpo de la collera, dejando arriba la cabeza.

—¡No hagáis tal! —bramó Esteban Martín, propinándole un empellón cuando levantaba de nuevo el arma.

—¡Señor de Murga! —protestó Spira descompuesto—. ¡Ésta no es la expedición de Nicolás de Feder- mann! ¡Éste no es un ejército de criminales, oídlo bien! Si hacemos esclavos es por necesidad; y si matamos es por exigirlo la guerra. Comportaos mejor en lo sucesivo.

Spira, presintiendo las intenciones de sus hombres con las prisioneras y temeroso de ser desobedecido, delegó en Velasco la responsabilidad del campamento para aquella noche:

—¡Haced lo que mejor os parezca! Tomad a las mujeres como rehenes y participadles a los otros que si algo nos sucediera, tomaremos represalia contra ellas. Dejadlos partir en paz, siempre y cuando se lleven sus muertos.

Las caquetías alcanzaban casi a cuatrocientas. Dos horas más tarde, el incendio se había extinguido. Con excepción de las cautivas, no quedaba nadie más en el pueblo. Hutten se retiró a una arboleda y colgó su hamaca. Apenas desapareció, oyó reír a Velasco:

—¡Bueno, chicos, se armó la marimorena!

Abatido por la fiebre, Hutten escucha con sentimientos encontrados los ruidos orgiásticos que a cincuenta pasos provocan los conquistadores y las indias de Varavarida. La luna de junio era tan grande y roja como la de aquella noche en Coro; sus rayos se filtraban a través de una frondosa ceiba. A horcajadas en una de sus ramas, velaba Juan de Ceballos. El monótono ritmo de las flautas y de los tamboriles lo fue adormilando. Acudió nítido el recuerdo de su padre: «No hagas nunca nada, hijo mío, de lo cual puedas arrepentirte.» Ha transcurrido más de un año desde entonces. La figura de Fausto desplazó a Bernardo de Hutten. «Quedaos en casa. Vuestro lugar es al lado del emperador. Sed heraldo de buenas y de malas nuevas, pero no os vayáis tras la Casa del Sol.» Una carcajada estrepitosa rompió el ensueño. Se incorporó sobresaltado. Dilató sus ojos. Un capuchino avanzaba hacia él.

—¡Kaplan! —exclamó santiguándose.

—Calmaos, Felipe —dijo Spira mostrando el rostro—, no soy el demonio. Me he puesto mi sayal de penitente para poner paz en mi conciencia por ese horrible contubernio que celebran nuestros hombres. Me internaré en la espesura, lejos de tan espantable gritería, para pedirle perdón a Dios. ¿Cómo estáis de la fiebre? Me preocupa vuestro estado. ¡Bien!, rezaré también por vos, aunque un alma como la vuestra no requiere de intermediarios. Procurad descansar; pasado mañana a primera hora nos pondremos en marcha. ¡Que Dios os acompañe! ¡Eh, centinela —gritó a Ceballos—, mantén bien abiertos los ojos, y a la menor sospecha dispara el arcabuz!

Hutten fue ganado de nuevo por la evocación y el ensueño. Saltarina y pizpireta se vino la duquesita. «¡Cuán bella era! Aún guardo el pañuelo multicolor que me dio en la justa.» La duquesita dio paso a la manceba sevillana que le hizo abjurar de ser Parsifal. Tuvo necesidad de ella. Sintió deseos de refocilarse en la mugrienta cama de la mancebía. Ya la música y las risotadas se apagaban en la noche. Sintió a su lado una presencia. Abrió los ojos: una mujer desnuda, con un pelo largo y suelto, lo miraba desde el suelo. Se sorprendió. No la había visto entre las prisioneras.

—¿Quién eres? ¿De dónde sales?

Por respuesta dejó escapar una risa sonora y cristalina; se puso de pie, caminó tres pasos y se detuvo. «Ven», le pidió entre señas. Se incorporó subyugado: «Ven», volvió a reclamar. Impelido por el llamado, saltó de la hamaca. A pequeños pasos la desconocida se internó en la maleza. Ya la seguía cuando oyó la voz de Ceballos y un tiro de arcabuz.

—Deteneos, señor, por vida de Dios —le dijo al caer a sus pies, descolgándose del árbol.

—¡Esa no es una mujer! Sino la misma diabla... Ésa fue la india que vi cuando escaparon los jirajaras. Esa hembra, señor, no es otra que María Lionza, señora de los bosques y de las fieras.

Una risa burlona saltó de la espesura.

2. Acarigua

El ejército, luego del valle de las Damas, como bautizaron a Varavarida, prosiguió hacia Variquisimeto. Algunos indios les salieron al paso. Ni una herida sufrieron los expedicionarios. Velasco y Montalvo cabalgan emparejados contemplando el feraz paisaje. Pregunta el gigantón:

—¿Cuántas indias crees que habrán quedao preñadas por nuestros revolcones?

—Por lo menos doscientas. Trescientos noventa hombres hicieron de las suyas con cuatrocientas indias. Yo, por lo menos, escaldé siete.

—Otro tanto hice yo. Si pasamos por aquí dentro de un año, encontraremos muchos pillastres con nuestra marca. Los llamarán seguramente «Los Hijos del Caballo».

El sol caía a tajo. Hutten, tras de Spira y de Lope de Montalvo, desglosa etéreo su aventura con María Lionza. Otro tanto le sucedió con Berta, la posadera, y la moza del leñador. ¡Era una bruja! ¿Qué hubiese sido de él, de no huir a tiempo?

Spira, abrumado por el calor, se saca el gorro de cuero. Hutten lo observa sorprendido. Nunca se lo imaginó calvo. Un recuerdo lo atropella:

La mujer de Goldenfingen, arriba de una escalera con el pueblo abajo. Ve al cura acercarle el crucifijo. Y ve también al franciscano que atizaba el fuego. Spira tiene el mismo cogote, y la misma talla. Juraría que su misma voz.

—Señor —le pregunta sobrecogido al ponerse a su lado—. ¿Habéis visto quemar a una bruja?

—¡A cientos! —contestó sin vacilar, cubriéndose de nuevo—, creo que ya os lo dije una vez.

—¿Conocisteis, por casualidad a una posadera llamada Berta?

Se volvió violento mirándole a los ojos.

—¿La que en su escoba volaba siete leguas?

—Esa misma —le señaló encogido al pasar de la sospecha a la certeza.

—No la conocí, a pesar estar bien enterado del caso —repuso sin poder ocultar su desagrado.

De inmediato, en un impulso espoleó su caballo y se alejó al galope.

Hutten empalideció. Con razón tanta prontitud y largueza para que Goldenfingen saliese de Alemania: Spira temía que algún testigo lo delatara. Ahora entendía por qué lo apartó de su lado, enviándolo por la sierra al frente de la vanguardia. ¿Era, entonces, el vengador con que Federmann amenazaba?

Spira, luego de correr un trecho, volvió grupas retornando a su lado.

Con sonrisa impuesta, preguntó afable:

—¿Seguís pensando en brujas?

Ante aquellas palabras, lo sacudió otra ocurrencia: «¿Y si asesina a Goldenfingen?»

Un fuerte mareo siguió a la sospecha.

—¿Pero qué os pasa, don Felipe? —demandó inquieto—. Os habéis puesto lívido.

—Quizás a nuestro teniente general —soltó ácido Montalvo— no le guste el fulgor de las hogueras.

Ante el inesperado ataque, Hutten lo miró con extrañeza. Por primera vez Montalvo, aunque progresivamente áspero, llegaba al irrespeto.

—¿Por qué decís tal, capitán? —preguntó retador.

—Mis razones tengo —respondió sesgando su bestia hacia el otro lado.

«¿Qué le pasa a este hombre —se dijo pesaroso—, que a ratos parece odiarme?»

—No es con vos, monseñor —le había dicho meses atrás Pérez de la Muela—, es con todos. No sé qué diablos le sucede. De un tiempo a esta parte ha cambiado su genio o lo ha tornado peor, ya que siempre fue rudo de palabra y de acción. Pero desde que llegamos a Coro encuéntralo insoportable. Se encoleriza por tomar agua; nos riñe con motivo o sin él; obsérvasele irascible, taciturno y retraído, aunque a veces parece invadido de una extraña alegría donde baladronea, salta y baila más y mejor que nadie. Yo creo que es cuestión de clima. La excesiva calor pone a los españoles fuera de sí. Acordaos, son más de diez los que han pagado su tributo a la locura.

Los expedicionarios siguieron por el Yaracuy, menguado en arroyo al subir hacia el poniente. Las elevadas montañas del norte descendieron en forzada ondulación esfumándose en las nubes. A lo lejos aparecían cumbres descomunales.

—Esta es la gran abra —advirtió Esteban Martín—; hasta aquí llega la cordillera del Norte. Aquellos cerros son las estribaciones de los Andes; bordeándolos, llegaron al Perú y a la Casa del Sol.

—¿Seguiremos hasta ellas? —preguntó Hutten.

—No, por ahora. Las buscaremos de nuevo leguas más abajo: por los momentos cruzaremos esos montes. Detrás de ellos encuéntranse las cabeceras del río Cojedes, donde hemos de juntarnos con Goldenfingen. Luego marcharemos a campo traviesa, hasta Acarigua, un verdadero emporio de caza, frutas y maíz.

El fresco paisaje se hizo abrupto, hostil y seco.

—Nunca hasta ahora —dijo Hutten— había visto tierras rojas...

—Lo son —repuso Martín— porque abajo encuéntrase el infierno. Cosa igual o mil veces peor sucede con la sierra de Coro. Son tierras desérticas, ahitas de sequedad, llenas de cactus y de chaparrales, donde salvo culebras y lagartos, nada puede vivir. ¡Ah, sí! —añadió sonriente—: también viven los ayamanes.

—¿Los ayamanes? ¿Y qué son los ayamanes?

—Son unos indios enanos. Los más grandes lléganme al ombligo. Viven al pie de la sierra de Coro o de los Jirajaras; y a pesar de su pequeñez, son fieros y aguerridos. Tienen una particularidad: a diferencia de los de su especie, son hermosos y bien proporcionados. Parecen hombres y mujeres en miniatura.

—Curioso lo que me referís —y sin saber por qué recordó a Fausto.

Un extraño animal cruzó el camino.

—Ese es un cachicamo o armadillo —explicó el lengua.

—Parece una rata con armadura. Se asemeja a un caballero.

—¿Y no creéis, monseñor, que la mayoría de los caballeros son ratas con armaduras?

—¿Qué pretendéis decirme, maese Martín?

—Nada, monseñor —repuso fijando su mirada triste sobre el camino—. Fue una mala ocurrencia. ¡Perdonad!

Observó con detención al lengua; un hombre de mediana edad asomándose a la vejez, siempre silencioso y preciso. Huía del contacto de los demás tan pronto podía hacerlo, aunque estaba a disposición de todos apenas lo requería. Era piadoso con los vencidos y no rehuía las empresas más arriesgadas. Una sorda melancolía parecía agobiarlo. «¿Quién es este hombre? —se preguntó—. ¿Cuál será la historia de su vida? ¿Por qué no mata, viola y se emborracha como hacen todos?»

El camino descendía serpenteante en medio de onduladas colinas de suave verdor. Lope de Montalvo, cordial en su expresión, les emparejó su bestia. Ceballos y Velasco, pasos más allá, estaban enfrascados en jocoso coloquio.

—Ya hicieron las paces los compadres, ¿qué os parece? —preguntó Montalvo con risueña camaradería.

Hutten lo miró con extrañeza: «Jamás he conocido a un tipo más cambiante que Montalvo. Hace poco parecía un gato montés. Ahora quiere ser amable. ¿Tendrá razón Pérez de la Muela?

Montalvo bruscamente detuvo su caballo, llevándose la mano al oído.

—¿Qué pasa, hombre? —preguntó Martín al observarlo.

—Parecióme escuchar disparos...

—¿Disparos por estas soledades...? ¡Imposible! El gordo y su gente están a quince leguas por lo menos...

Tres estampidos secos salieron detrás de una loma.

—¡Son los nuestros! —gritó Spira alarmado, alcanzándolos al trote—. Están combatiendo. Vayamos presto en su ayuda. ¡Que suenen las trompetas! ¡Los tambores a generala! ¡Capitán Montalvo, aprestaos al combate!

Seguido por ochenta jinetes y blandiendo el sable, galopó el capitán de caballos. Al otro lado de la colina, Goldenfingen y sus hombres luchaban contra un anillo moreno y movedizo erizado de flechas, lanzas y macanas.

—¡Santiago y cierra España! —alardeó Montalvo abriéndose paso entre la indiana. A la vista de los caballos, los atacantes abandonaron el sitio en aterrada alharaca.

—Hace una semana que huimos de estos malditos —refirió Goldenfingen—. Hará cuestión de un mes comenzaron nuestras desavenencias con la gente de Variquisimeto. La culpa fue de los nuestros; empezaron a raptarse a las mujeres. Con el auxilio de los jirajaras, las tribus preparaban un gran ataque. Una noche cerrada salimos subrepticiamente, de cinco en cinco, casi arrastrándonos.

—Lo único de lamentar fue el sacrificio que tuvimos que hacer de los perros: dejárnoslos atados.

—De haberlos traído —redondeó Cárdenas— sus ladridos hubiésennos delatado.

—¡Pobres animales! —lamentó Spira, casi sollozante—. Seguramente reposan en los vientres de esos caníbales. Proseguid, Goldenfingen.

—Caminamos toda la noche hasta llegar al llano. Con una jornada de ventaja y a marcha forzada logramos evadirlos por cuatro días. Anteayer nos dieron alcance en esta loma, donde nos atrincheramos dispuestos a morir. Catorce de mis hombres están heridos.

—¡Capitán Montalvo! —llamó Spira.

—Ordenad, señor.

—¿Cuántos prisioneros útiles habéis tomado?

—Ochenta y dos, señor...

—¿Cuántos portadores nos faltan?

—Ninguno, señor. Tenemos cien.

—Bien —deslizó el capitán general—. ¿Cuántos perros me dijisteis, capitán Goldenfingen, que os visteis obligados a sacrificar para escapar de esos indios felones?

—Seis, Excelencia.

Con expresión atormentada, Spira afirmó estentóreo:

—Es un crimen inaudito. ¡Es espantoso que a esos pobres perros los maten, asen y coman estos malditos indios!

Todos a una se miraron las caras.

—Esto no puede quedar así —recalcó con el rostro descompuesto—. Merecen ejemplar castigo. Es mi decisión que sesenta de los prisioneros sean ejecutados sumariamente: diez de ellos por cada perro. Y serán los mastines de nuestra jauría los que tomarán cumplida venganza.

—¿Y los otros veintidós? —inquirió Lope de Montalvo.

—Empaladlos de inmediato, junto con los heridos, en aquella montañuela.

La tropa sentada o echada de bruces se escalona en el declive de la colina. Abajo el capitán general, con mirada extraviada, asiste a las ejecuciones. Ya han muerto cuarenta y dos prisioneros desgarrados por los canes. El espectáculo, insoportable para algunos, entretiene a la mayoría.

Juan de Ceballos sacude a Francisco Velasco, echado sobre la hierba:

—¡Despierta, hombre!, estás perdiéndote de algo bueno.

Como el otro responde con un gruñido somnoliento, le narra con voz de lazarillo:

—Allá sueltan otro. ¡Corre el infeliz, ya llega a la quebrada! Tres mastines corren tras él... ¡Alcánzalo Leonado. Ha tomádole un pie... ¡Cae! ¡Valkiria muérdele el cuello! ¡Thor arráncale los huevos...! ¡Lucha el salvaje!

A la hora del Ángelus, el gobernador se arrodilló con su tropa a la vista de cincuenta y dos cadáveres. A ocho de los prisioneros adrede se les dejó escapar.

—Es bueno que los otros sepan —proclamó Spira— lo que espera a quienes osen enfrentarse a las armas de Su Majestad.

—¡Eh... Pérez de la Muela! —siseó Velasco al ponerse de hinojos—. Este gobernador está loco... ¿Viste cuánto gusto había en sus ojos cuando los perros destrozaron a estos infelices?

—Claro que está loco —susurró el médico—. Eso díjome en España, Jerónimo Koller. En Alemania llámanlo «El Demente».

La tropa continuó hacia Acarigua, un país, según los que acompañaron a Federmann, lleno de caza y maíz y muy cerca de las montañas, tras las cuales se encontraba la Casa del Sol.

La travesía por el llano, aunque regular, dejó pérdidas. De los catorce heridos, ocho sucumbieron.

Los valles fecundos y la vista más próxima de las altas montañas los reconfortaron, a pesar del agobiante calor húmedo que precedió y sucedió a las lluvias.

Al llegar a Acarigua los aguaceros se hicieron más frecuentes, acrecentando su intensidad y duración. Spira participó a la tropa:

—Descansaremos aquí por dos semanas. Luego continuaremos en sur franco hacia la Casa del Sol.

—Yo me iré de cacería —comentó Italiano tan pronto rompieron filas—. Me han dicho que aquí abundan los venados. Llevaré dos de los perros.

—Cuidado, Orejón —le previno Goldenfingen—, algo malo pudiera sucederte.

—No hay cuidado —señaló Esteban Martín—, los indios de los alrededores son tan pacíficos como los de Coro.

El 22 de julio, Hutten es abatido por la inquietud: Domingo Italiano no ha regresado. Al cuarto día, con la anuencia de Spira, salió en su busca acompañado de un pelotón. A la caída de la tarde, llegaron a un poblado.

—Algo cocínase en aquella olla —indicó Murcia de Rondón—, es hora del yantar y por lo que huele, es algo apetitoso. ¡Ay! —exclamó con terror.

Demudado y entre arcadas señaló el recipiente. En el fondo de la vasija, entre yucas y ocumos, se sancochaba la cabeza de Domingo Italiano.

Pérez de la Muela asomó su cara en el albergue de Spira:

—El campamento está que arde.

—¿Por lo sucedido a Domingo Italiano?

—No, arde de calenturas: tengo cien hombres con fiebre. Entre otros a don Juan de Villegas. Más de veinte están moribundos.

Torció el gesto el alemán. Se incorporó de su hamaca y llamó a Lope de Montalvo.

—Hay que hacer un gran escarmiento. Haréis rancheros en dos leguas a la redonda; mataréis sin contemplación a cuanto bicho en dos patas halléis en derredor. Como ángel vengador quemaréis y arrasaréis las aldeas y talaréis los campos.

En julio la lluvia arrecia. Gruesos chorrerones, entre rayos y centellas, caen sobre el campamento. Dentro de los bohíos, los españoles, con el alma encogida y el cuerpo ardiendo, ven pasar las horas, los días y las semanas. Los alimentos se enmohecen: la tierra, de lodazal se hace laguna; los techos de paja ceden: la gotera se hace chorro; el albergue, descampado. Los caballos estornudan al igual que los hombres, llenos de frío, sacudidos por la fiebre, tiritando bajo sus cobijas. Es un campamento de toses, de rostros desencajados, de escupitajos. Ya son diez los que deliran y veinte los que han tomado el hábito de inhalar tabaco.

Por más de un mes, la lluvia y los enfermos retienen a Spira en Acarigua. A mediados de agosto la situación se agrava. El número de muertos crece por día. El capitán general celebra consejo con Hutten y Goldenfingen, en un bohío de techo reforzado. Afuera la lluvia que cae desde el amanecer parece amainar. De un albergue cercano llega un clamor de toses secas y silbantes.

Un trueno sordo regurgita en las montañas. Goldenfingen se santigua.

—Nunca en mi vida había visto tal forma de llover. ¿No cree Su Excelencia que en tan extraña cosa tengan metida su mano las brujas?

Spira se vuelve rápido, escudriñándole el rostro:

—De ninguna manera —responde enfático—. ¿Dónde pudieran estar las brujas? Ninguna mujer viene en nuestra compañía.

—¿Y no creéis acaso que entre estas indias de los contornos pueda haber alguna? En Coro me dijeron que había entre ellas poderosas hechiceras.

—No puede haber brujas indias —afirmó irritado—. La bruja es un ser que vende su alma al diablo a cambio de poderes. ¿Cómo puede vender su alma quien no la tiene?

—Pero... —intentó argüir Goldenfingen.

Spira, perturbado, se puso en pie saliendo violento al descampado. Comentó con tristeza el gordo:

—Qué irascible anda nuestro jefe. No sé qué le sucederá; años atrás su tema dilecto era hablar de las brujas y de sus encantamientos; de un tiempo a esta parte lo evita como el gato al agua. Ésta es la segunda vez que me ordena callar, y de muy malas maneras. La última fue en coro: le hablaba yo de mi pobre Berta...

—Goldenfingen —llamó Spira, reapareciendo súbitamente.

—¡Ordenad, señor!

—He decidido continuar adelante mañana mismo.

Intervino Hutten:

—Con el debido respeto, de los trescientos hombres de a pie, casi doscientos están postrados por la fiebre, y de los ochenta de caballería, apenas treinta pueden jinetear.

Sin inmutarse, Spira respondió cortante:

—Más que suficiente para proseguir. Las lluvias pronto se acabarán.

—Pero, ¿qué haremos con los doscientos y tantos que no pueden valerse?

—Se quedarán en Acarigua hasta su recuperación. Luego nos darán alcance. No hay tiempo que perder. Detrás de esas montañas nos espera el más grande tesoro. Saldremos en la madrugada.

—Como mandéis, señor —repuso Goldenfingen—. Salgo a cumplir vuestras instrucciones.

—¡Ah! Un momento, micer Andreas, se me olvidaba deciros lo más importante: os quedaréis con Sancho de Murga a cargo de los enfermos.

Goldenfingen empalideció. Spira suavizó el tono:

—Por otra parte, tendréis dos excelentes compañeros: Juan de Villegas y Damián del Barrio. No pueden andar, a pesar del entrenamiento que les dio el obispo.

3. Río dentado

Bajo la lluvia, acompañado de Hutten y de cien hombres de a pie y treinta de a caballo, Spira tomó el camino del Sur, sin perder de vista las montañas.

—¿Qué día tenemos hoy? —preguntó a Hutten.

—18 de agosto de 1535.

—Hace ya tres meses que partimos de Coro. Por mis cuentas, hemos recorrido más de cien leguas. Lástima que los aguaceros nos hayan retardado.

Las lluvias prosiguieron devastadoras. A veces, su intensidad era tal que los caballos se resistían a avanzar.

—Parece que estamos bajo una catarata —dijo Murcia de Rondón—. Una catarata espantable que nunca acaba y que deseara engullirnos en su vientre blanquecino.

Por siete días se abrieron paso a través de aquella recia e interminable cortina de aguas golpeantes. Un río les salió al paso. Bajaba impetuoso y rugiente.

—Tenemos que acercarnos más a la montaña para esguazarlo —indicó Martín.

Al quinto día dieron con un paso. Spira intentó seguir hacia las tierras bajas.

—No os lo recomiendo, Excelencia —advirtió el lengua—. Muchos ríos, tantos como veinte, habremos de cruzar, y todos sin excepción son tan caudalosos como el que dejamos atrás. Os sugiero continuar por donde vais. Ved la llanura inundada. «Ya no es un pajonal que semeja al mar», como afirmaba Murcia de Rondón. Es un mar verdadero y espumeante que con tantas hierbas parece el mismo mar de los Sargazos.

La franja de tierra alta, bordeando la montaña, se angostó hasta obstaculizar el paso de los caballos. En medio de la nubosidad lechosa del aguacero se oyó un rugir gorgoteante.

—Es el Masparro, Excelencia —aseveró Martín—. No podremos franquearlo hasta que acaben las lluvias. ¡Mirad cuán ancho es y cuánta fuerza lleva!

Y como el río confundía sus aguas con la sabana inundada, Spira ordenó hacer campamento en una ceja de la montaña.

Gemía la gente de fiebres, toses y estornudos. Más de diez hombres comenzaron a delirar, asaeteados por invisibles estiletes.

—La pulmonía ha hecho presa de ellos —diagnosticó Pérez de la Muela—. Y no hallo a mi alrededor ni una rama seca para encender fuego.

Aquella noche murieron siete hombres. Más de veinte respiraban estertorosos con ojos de agonía.

A mitad de semana cesó de llover y brilló el sol. La llanura inundada se mostraba promisora y apacible. El Masparro, áspero y violento, bramaba a la derecha. Súbitamente, seis canoas aparecieron tras una porción de tierra alta, hecha isla por las aguas.

—Son indios —alertó Lope de Montalvo—. Preparad las ballestas. Son más de setenta y aunque baten amistosos los brazos, para nada me confío.

—Pues, hacéis mal, capitán —expresó Hutten—, no todo es maldad en el hombre; vive en ellos por gracia divina un espíritu compasivo.

—¿Os habéis olvidado del negro Domingo Italiano?

—Un carbón no es un incendio. Lo del pobre Domingo es la única excepción desde que partimos de Coro; las muertes habidas las provocamos nosotros.

—¡Vamos, señor de Hutten! —estalló el capitán sin ocultar su enfado—. Mala memoria tenéis. ¿Os habéis olvidado que por un tris Goldenfingen y sus compañeros no dejaron sus huesos en las cabeceras del Cojedes?

Los remeros venían sin armas, cargados de yuca y de pescados. Hutten vio a Montalvo y sonrió satisfecho. El que parecía el jefe, con un pato bajo el brazo, saludó cordial y parlanchín depositando sus presentes.

—¿Veis, señor Lope de Montalvo —acotó Murcia con dejo hutteniano—, que no todo es malo en el corazón del hombre?

El castellano lo miró de soslayo y malhumorado pinchó un bagre para mordisquearlo. Indios y españoles se enfrascaron en animada e ininteligible conversación, rica en señas, risas y risotadas.

Esteban Martín tomó el pato en sus manos y se alejó con él hacia el otro extremo del campamento. Luego de mirar cauteloso hacia atrás, lo echó a volar. Hutten, que se había ido tras él, intrigado contrajo el ceño y ya se disponía a interrogarlo, cuando la voz de Spira a sus espaldas lo llenó de sobresalto.

—¿Por qué habéis dejado escapar al pato, señor Martín? —preguntó inquisitivo y marcial.

—Escapóseme, Excelencia.

—¿Se escapó o lo dejasteis ir?

—Bueno, la verdad es que dejélo ir.

—Os gustan mucho los patos y las ocas; ¿no es así, señor Martín?

—Así es, Excelencia—respondió bajando la mirada.

—Pero, no para comérselos, ¿no es así?

—Así es, Excelencia —confesó con rostro terroso.

—Muy bien, señor Martín, muy bien —terminó el gobernador—, sólo eso quería saber...

Indios y españoles departieron hasta la caída del sol. Los visitantes se marcharon a remo entre densas nubes de mosquitos. Refirieron que un poco más allá, siempre hacia el Sur y al otro lado de la cordillera, había mucho de ese metal que les donase en forma de coronas el cacique de Varavarida. Martín tradujo lo que decía el jefe, un mozo robusto y festivo que de tanto empeño se hacía entender. «Todo era oro. De oro las vasijas que entre nosotros son apenas de barro; de oro las cadenas que llevan al cuello los esclavos; de oro son las lanzas, las flechas y los collares. Hay casas con techos de oro. Todo eso existe;

pero a más de cuatro lunas, siguiendo la cordillera, que habréis de trasponer entre montañas muy altas, muy llenas de frío. Habréis de esperar el descenso de las aguas. Sólo entonces el Masparro os dejará pasar. Pronto cesarán las lluvias. Entre tanto, nosotros os proveeremos de pescado, yuca y maíz.»

—Parecen cristianos estos indios —comentó Hutten lleno de admiración—. ¡Cuánta piedad por los que sufren!

—A mí, por lo contrario —opinó Montalvo—, parecióme que sacaban cuentas de cuántos entre nosotros podían empuñar las armas.

—¡Josú, Lope de Montalvo! —reconvino Pérez de la Muela; siempre con la mala intención por delante—. ¿Cómo puedes seguir pensando de manera tan torcida cuando han matádote el hambre?

—Porque creo que no lo hacen por caridad, sino por ceba, para engordarnos. ¿No les viste acaso la cara de comedores de carne humana que tenían los muy bellacos? Como jefe del campamento aconsejo al capitán general que nos traslademos a esa porción de tierra que emerge frente a nosotros. El agua hará de foso, en caso de ser atacados.

—No veo razón alguna —le espetó Hutten— en seguir vuestros descabellados planes. ¿Queréis ver a los enfermos, que ya son las dos terceras partes del campamento, morir de pulmonía como habrá de sucederles si vuelven a humedecerse?

—La pulmonía, señor de Hutten —respondió malconteniendo su furor—, es una posibilidad de muerte; quedarnos aquí, es muerte segura. Estos hombres robustos, de bizarra estatura, agilidad y fuerza, no son precisamente labriegos, y mucho menos pescadores.

—Tiene razón Montalvo —acotó Esteban Martín—, estos indios

son de una casta distinta a todas cuantas he conocido... Y al jefe, aunque hablaba el arauco, costábale expresarse.

Hutten observó la oreja derecha del lengua. Carecía del lóbulo, que tanto preocupaba a Spira.

—Yo, siendo el señor gobernador —prosiguió Martín—, trasladaría el campamento al montículo de enfrente y mandaría emisarios al ejército de Acarigua para que venga en nuestro apoyo. A estas horas nuestros amigos deben estar recuperados de sus fatigas.

A todo lo largo de la semana siguiente, la flotilla de los pescadores continuó volcando sobre los expedicionarios cestos de yuca y cazabe. Con intervalos de breves lloviznas, los torrenciales aguaceros llegaron a su fin. Las aguas iniciaron el descenso. El terraplén de enfrente se hizo más grande. A ras del agua, el campo se cubrió de lirios.

Junto con los remeros vino un médico brujo, cubierto hasta la cabeza por un traje de paja. El piache recorrió el campo, poniendo su mano sobre los enfermos y mascullando conjuros.

—Les ahuyenta los malos espíritus —dijo, por boca de Martín, el joven cacique.

—Más parece —comentó Montalvo— mirarlos con ojos de matarife.

—¡Callad, por Dios, Lope de Montalvo! —bramó Hutten.

—¡Guardad vuestras palabras, señor mío! —replicó irguiéndose retador.

Batiendo en cada mano dos maracas, el piache inició una danza y unos cánticos monótonos, salpicados de ira. Al caer la tarde, los indios intentaron retornar en sus canoas; pero el agua había bajado tanto que tuvieron que echárselas a cuestas, alejándose por la llanura, erizada de islotes, poblados de venados y garzas, tan altas como soldados. El Masparro se había reducido a la mitad.

—¿Queréis que os repita el consejo, señor capitán general? —subrayó Montalvo, ya con reticencia—.
Traslademos el campamento al islote de enfrente antes de que oscurezca. Siento la acechanza de un mortal peligro. Aquí, haciendo pininos sobre la montaña, no tenemos defensa.

—A mí tampoco me placieron las contorsiones del piache —convino Spira— ni los pulidos dientes de algunos remeros. He oído decir que ello es propio de caribes, feroces guerreros y tremendos comedores de carne humana. ¡Mudad el campamento!

Trasladada la gente al islote, cayó la noche. La luna brillaba sobre la llanura inundada. Ya Hutten se adormecía, cuando un alarido lo hizo saltar. Un soldado agonizaba con el cuello desgarrado. Un tigre había tomado el sitio por guarida. La bestia fue abatida por un dardo de Ceballos.

—¡Valiente agorero que eres, Lope de Montalvo— gritó Pérez de la Muela—. Presentías la muerte, sólo que ella no estaba allá, sino aquí...

Saltó descompuesta la voz del salmantino:

—¡Vete a la mierda!

Al día siguiente, el descenso de las aguas se hizo más pronunciado. Un largo trecho de tierra seca y plana iba del campamento hasta unas tierras levemente elevadas.

—Pronto habremos de ponernos en marcha —prometió Spira.

—¡Mirad allá, señor! —dijo Hutten señalando hacia el norte—: dos caballos se acercan y uno parece ser el de Francisco Velasco. Fue breve en ir y venir.

—Ya los nuestros vienen en camino —informó Velasco—. Deben estar a media jornada. Traen muchos enfermos...

—Entonces ya todo está listo —aseguró el capitán general—. Proseguiremos dentro de dos o tres días.

—No cantéis victoria, Excelencia—les dijo Montalvo con amargo regocijo—. ¡Mirad lo que tenemos delante!

El rizo de tierra alta que cortaba el horizonte, ondulaba de indios, empenachados, agitando entre gritos y caracoles, sus lanzas y sus macanas.

—¡Son más de dos mil! —calculó Hutten.

—Son vuestros amigos, los indios pescadores —soltó Montalvo—, y no creo que vengan esta vez como reyes magos.

—Y saben de guerra, los muy guarros —añadió Velasco—. Nos atacan cuando andamos por un lado, y los de Acarigua por otro.

—Son caribes —concluyó Esteban Martín con angustia—. Ya me lo temía.

—Pero, ¿qué esperamos para atacar? —preguntó Hutten impaciente y desconcertado—. Se nos echan encima.

Los caribes, con el pelo embijado y dando voces de guerra, corrían hacia ellos enarbolando sus armas.

—Allá viene el cabrón del buen cacique —apuntó con el dedo Montalvo.

Los peones quedaron donde estaban, en doble fila y con los

arcabuces a punto; la caballería, piafante, entró de lleno en la horda cercenando cabezas, abriendo vientres, amputando manos. Los caribes eran tantos y de tal bravura que a pesar de sus bajas, se reponían de inmediato cargando con mortales ímpetus. Cinco perros cayeron destrozados a golpes de macana.

—¡Volvámonos ya, capitán! —voceó Hutten a Montalvo hendiéndole el cráneo a un guerrero.

—¿Qué os pasa? —repuso burlón—. ¿Tenéis miedo a los pescadores?

—¡Retirada! —ordenó Hutten sin responderle.

Volvió grupas la caballería. El joven cacique de un salto golpeó a Montalvo con su garrote, derribándolo de la bestia. Los españoles corrieron hacia la retaguardia, ignorando lo sucedido. Hutten fue el primero en percatarse, a menos de doscientas varas. Al volverse vio a Montalvo haciendo un círculo de muerte. En una galopada corrió en su auxilio. A golpe de mandobles hizo un sendero de carne hasta la doble fila de los infantes. Los indios, recrecidos en su ardor, luego de reagruparse embistieron de nuevo. Una ruidosa descarga los llenó de heridos y de preguntas. Optaron por fugarse. Tras ellos se fueron vengadores jinetes y mastines.

Al joven cacique, un sablazo de Hutten lo partió en canal. Al piache lo destrozaron los perros.

Luego de la victoria, tras un largo lapso, Montalvo se acercó a Hutten doblado y carilargo:

—Os debo la vida —dejó caer tenso y solemne.

Hutten hizo un gesto con la mano restándole importancia.

—Ello significa mucho para mí —respondió irritado.

—Vamos capitán. Vos hubieseis hecho otro tanto.

—No estéis seguro de ello —repuso sombrío—, aunque en lo sucesivo todo será diferente.

Ese mismo día llegaron los de Acarigua, exhaustos y enfermos. Juan de Villegas languidecía de fiebres, y Damián del Barrio traía una herida infestada.

—Hemos perdido veintidós hombres —informó Goldenfingen—. Se murieron de calenturas. Muchos vienen severamente maltrechos.

—En situación similar estamos nosotros —le contestó Spira—. Me voy temiendo que bajo el equinoccio no puede vivir el hombre blanco.

—Lo peor de todo —comunicó Sancho de Murga— es que han muerto nueve caballos. Dos ahogáronse al cruzar un río; a uno lo mataron los caimanes; a otro lo tomó por las narices una culebra de agua arrastrándolo hasta el fondo de un caño.

—¿Y el resto? —preguntó alarmado Spira.

—Murieron de extraña manera luego de la primera jornada; fuéronse desplomando uno tras otro, como si les descargasen mazazos en el cogote... También extravióse el único perro.

—¡Maldición! —profirió el gobernador—. De los veinte mastines que traje, apenas cuatro quedan con vida...

El primer día de noviembre, la llanura presentaba un alegre verdor. Menudeaba la caza. Los exploradores trajeron ocho venados y los indios auxiliares una docena de lapas y seis tortugas de tierra. Spira comunicó a su estado mayor:

—Pasado mañana proseguiremos camino.

—Tenemos ochenta enfermos de calenturas —advirtió Pérez de la Muela—; treinta tan malos que no pueden ponerse en pie.

—Aún así, tenemos que seguir; el clima de esta llanura me parece más insalubre y mortal que todos los peligros hallados hasta ahora.

El 3 de noviembre levantaron campamento. Un centenar de hombres iba gravemente enfermo; treinta de ellos, amarrados como fardos, agonizaban sobre las monturas. El Masparro se mostraba imponente, tal era la anchura de su cauce, aunque hubiese bajado su caudal a la mitad y sus aguas fluyesen lentas.

—Tú —ordenó Spira a uno de los soldados—, adéntrate en el río. Mide su fuerza y profundidad. Amárrate un mecate a la cintura.

En el centro el agua le llegaba al cuello.

—¡Pero es muy fuerte la corriente! —gritó antes de hundirse.

—¿Eh? —exclamó el ejército—. En el lugar del baquiano, había un hervidero sangrante, donde saltaban peces del tamaño de una cuarta.

—¡Tirad pronto de esa cuerda! —urgió Montalvo.

Un grito de estupor sacudió la mañana. Del hombre sólo quedaba su esqueleto, al que se aferraban voraces unos peces con dientes en doble hilera.

—Son caribes —explicó uno de los portadores, que ya chapuceaba el español—. Son temibles, son feroces. El Masparro está lleno de ellos. Nos tragarán a todos.

—Ahora sí es verdad que la pusimos de oro —dijo Pérez de la Muela.

—Hay una contra para ese mal —dejó escapar el indio que ya hablaba el castellano.

—¿Cuál es? —demandó Spira.

—Prometedme antes la libertad.

—Está bien —repuso luego de verle a los ojos—, la tendrás, siempre y cuando sea exitosa tu receta.

—Debo decírtelo en secreto.

Spira ordenó quitarle el collarín. El gobernador y el indio se hicieron a un lado. La recelosa indiferencia dio paso a una carcajada.

—¡Mira que eres listo, indio! ¿Cómo te llamas?

—Me llaman Hideputa, señor.

El gobernador llamó a Murga, secreteándole consignas. Luego de escucharlo, se alejó río abajo seguido por diez prisioneros y diez soldados.

—¡Atención! —clamó Spira—. Colocaos uno tras otro en veinte filas. Tomaos bien de la mano para que el río no os arrastre, y apenas diga «¡Ya!», cruzad a toda prisa, so riesgo de vuestras vidas. ¡Silencio todos!

Sólo se escuchaba el fluir del Masparro y el trinar de los pájaros. Río abajo hendió el aire un alarido de muerte:

—¡Ya! —voceó Spira espoleando a su corcel, entrando decidido al agua.

—¡Vamos! —respondieron sus hombres y se apresuraron a cruzar, entre gritos, jadeos y relinchos. En la misma dirección se sucedían lamentos de agonía. Ya habían cruzado todos, cuando regresó Sancho de Murga y sus diez soldados. Venía con la cadena, vacías las colleras.

4. Carpanta

Por quince días y siempre en dirección al franco mediodía, prosiguieron la caminata. Hutten, indignado por el asesinato de los indios, se abroqueló en sí mismo. Un día, sin poder contenerse, enrostró su crimen a Murga.

El sayón, luego de mirarle con extrañeza, repuso imperturbable:

—Yo sólo limitóme a cumplir órdenes; y no quedaba otro camino si queríamos alcanzar la Casa del Sol.

Sacudido, aún más, por la respuesta, espetó colérico:

—Ya os haré seguir juicio cuando lleguemos a tierra de cristianos.

—En tal caso —replicó brotando el labio desdeñoso—, habréis de seguírselo al capitán general. Él es quien gobierna y manda.

Ya volvía con arriscado talante, cuando Juan de Villegas le tiró de la manga.

—¡Callaos, por Dios, don Felipe! —le susurró apaciguador. Venid conmigo. No seáis temerario. Lo que acabáis de afirmar es harto peligroso. Sancho de Murga, aunque sea un criminal de la peor calaña, no deja de tener razón: no es él el responsable, sino el gobernador. Si lo amenazáis; ¿qué podéis esperar de un hombre que ha cometido tantas y espantosas matanzas? ¿No habéis pensado, acaso, que en este camino de muerte, vos podéis ser la próxima víctima?

—Tenéis razón, donjuán —repuso mudando de color—, seré más precavido en lo sucesivo.

—Sé, como lo saben todos —añadió sibilino—, que sois hombre de una sola pieza; pero ¿queréis que os diga algo? No tenéis más alternativa: o mentís como un gitano si queréis retornar con vida a Coro, o salís de Spira con discreción y os alzáis con el mando. ¿Seríais capaz de elegir este camino?... Yo, al igual que casi todos, estaría dispuesto a secundaros.

Abruptamente apareció Spira, tras un árbol:

—¿Qué murmuran don Juan de Villegas y mi teniente general? —preguntó entre zumbón y cordial.

—Menos mal que llegáis, Excelencia —se apresuró a responder Villegas variando su aire de conspirador por un solícito respeto—. Comunicaba a don Felipe la inquietud que siento ante la mengua de nuestras vituallas. El bastimiento acábase. Hay maíz apenas para tres días y mucho temo no encontrar ni un grano de aquí en adelante, como no lo hemos visto en las dos últimas semanas. La caza también ha desaparecido. Pronto, de no mediar un milagro, seremos mordidos por carpanta.

Los hombres se dispersan en busca de alimentos. Unos traen culebras y sapos, promoviendo el asco de Hutten. Los indios matan un caimán. El sabor de almizcle es tan fuerte que terminan por vomitarlo. Cazan un tigre. Es devorado por los expedicionarios a pesar de su gusto repulsivo. Francisco Murcia de Rondón y el indio Leoncio regresan con un mono grande. Luego de despellejarlo lo asan en un palo. Parece el cadáver de un niño. El indio y el real secretario la emprenden a dentelladas contra el mono. Hutten les dice con grima:

—Pero, ¿cómo podéis comer eso?... si parece un chico...

Murcia de Rondón, con la mirada encendida y la boca llena, le responde con extraño desparpajo:

—¿Y qué diferencia tiene este araguato con un lechón? Lástima que no hayamos encontrado más...

Uno de los mastines salta intempestivamente sobre Leoncio; de una dentellada le arranca el bocado, cayéndole a mordiscos al carapacho.

—¡Ese perro está alzado! —alerta Francisco Velasco, echando mano a su ballesta—, matémosle antes de que nos devore.

Un tiro en medio del pecho dejó seco al lebrel.

—Comámoslo ahora—propuso alborozado, lanzándose esgrimiendo un cuchillo contra el animal agonizante.

Los otros mastines, por juicio unánime de la tropa, corrieron igual suerte. Spira, al percatarse de lo sucedido, montó en cólera sacudiente al principio, y en un amargo llanto al final. Velasco sentenció jocundo:

—Si un perro hambriento se vuelve contra su dueño para comérselo, es justo que el dueño hambriento se coma al perro.

El hambre prosigue su acoso. Se acaba el maíz y también el cazabe. Una extraña expresión abrillanta los rostros. Hernán Pérez de la Muela sancocha su escudo de cuero.

—Al fin y al cabo, es pellejo, don Felipe; pellejo viejo, pero pellejo. Veréis cómo sabe a gloria al ablandarse un poco.

—Prefiero mordisquear yerbas y comer raíces; algo tienen y engañan al estómago. ¿Habéis probado los tallos que guarda el corazón de la palma? Son tiernos y muy apetitosos.

—¡Mirad aquellos infelices —señaló el médico— buscando gusanos para comer...!

—¡A mucha hambre no hay pan duro! —soltó Murcia—. ¿Queréis que os diga algo? Anoche he tenido espantosa pesadilla: Vime en la torre de los Donceles con el mismo Francisco I, engullendo un faisán relleno y una torre así de perdices.

—¡Callad, señor, por caridad! —pidió el indio Leoncio—. Soy capaz de meteros un mordisco!

—Ya han muerto seis en lo que va del día —continuó Murcia—; ayer fenecieron cuatro. De seguir así, sucumbiremos de hambre todos. ¡Hay que hacer algo! —exclamó patético—. ¡Vayamos de cacería, Leoncio!

El indio y el castellano se fueron por la sabana. Francisco Velasco, Juan de Ceballos y cuatro soldados decidieron seguir el ejemplo del secretario del rey de Francia. A menos de dos leguas, y al borde de una arboleda, Ceballos pisó en falso. Crujió su canilla izquierda. En medio de agudo dolor se hinchó y deformó el tobillo.

—Has quebrádote el hueso —dictaminó Velasco luego de examinarlo—. Así no podrás andar. Quedaréme contigo, mientras éstos van al campamento por un caballo.

—Dejadnos proseguir, señor capitán —suplicó uno de los soldados—. Ya sabemos que en el trecho recorrido no hay ni culebras. Si encontramos algo de comer volveremos con las manos llenas, y al señor de Ceballos llevarémoslo al campamento en una camilla que haremos con esos palos.

—Id, por vida de Dios, y que Él os acompañe. Yo, entre tanto quedaréme con él y esta ballesta. De algo nos puede servir si fuera menester defendernos, aunque el mismo tigre corre peligro de encontrarse con el hambre nuestra.

Pasaron las horas, cayó la noche y no regresó la cuadrilla.

—Francisco, por vida de Dios, me muero de hambre y de dolor —gimió Ceballos.

La luna se alzó sobre la llanura. Un aletear de ave membruda golpeó entre el follaje.

—¿Oíste, Francisco? Dios nos envía un banquete.

Contra la luna se perfiló la figura de un ave con la apariencia de pavo.

—Es un paují —festejó Ceballos—. Andate con cuidado, no yerres el tiro; su carne es deliciosa. Déjame montar el cuadril, hágolo mejor que tú.

Sigiloso y con la boca goteante, Velasco apuntó hacia la presa. Disparó la saeta y un golpe sordo resonó contra el suelo.

—Acertaste, Francisco. ¡Loado sea el Señor! Ahora, a preparar la hoguera. Hazlo tú, mientras desplumo a la bella.

El fuego ardía en medio de la arboleda. Velasco trincha la pava en su sable y la va asando auxiliado por dos horcones. El dolor y el hambre transfiguran a Ceballos: tiene mirada agónica de animal carnicero.

—¿Falta mucho, Francisco...? Me reviento de hambre...

—¡Y de hambre has de reventar...!

—¿Cómo dices? —preguntó estremecido.

—¡Te acuerdas de aquella noche en Varavarida...? —evocó sombrío con ojos de veredicto.

En la mañana los soldados encontraron el cadáver de Ceballos y los restos del paují. Velasco dormía profundamente.

—¿Qué sucedió, señor capitán? —inquirió el más
viejo.

—Murióse de hambre —respondió somnoliento—; lo maté yo mismo. Saldé con él viejas cuentas pendientes.

—¡Oh! —exclamaron a coro los soldados.

Murcia de Rondón venía con ellos; traía las manos atadas y una cuerda al cuello.

—¿Y a éste, qué le sucede? —preguntó incorporándose—. ¿Por qué lo lleváis maniatado?

—¡Ay, señor capitán, lo que acabáis de hacer con vuestro amigo, es una nadedad ante lo que hiciera este malvado con Leoncio. Trájolo al monte y, luego de matarlo, lo asó como a un cordero. Lo encontramos cuando comíale cual fiera, un cuarto de su muslo.

—¡Señor! —gimió Francisco Velasco, recuperando la razón—. ¿Qué mal hemos hecho, para que nos maldigas de esta manera?

—Tenéis razón, señor capitán —asintió vivamente uno de los soldados—, esta expedición está maldita.

—¡Claro que lo está! —voceó sollozando Velas- co—. Los alemanes son los responsables.

Frente a Spira, Velasco repitió con idéntica furia lo que pensaba.

—Vosotros nos habéis traído un hado siniestro, y no ha de abandonarnos hasta acabar con todos.

Spira moteó de rojo su amarillez.

—¡Callaos, Velasco! ¡Desalmado homiciano de vuestro amigo! ¡Lleváoslo y echadle cadenas lejos de mi vista! Y en cuanto a vos —dijo mirando con asco al secretario de Francisco I—, ¡abandonad de inmediato esta expedición! ¡Regresad por las sobras de Leoncio!

Murcia, con paso vacilante de ganso, corrió hacia un matorral.

—¡Malditos, mil veces, sean los Welser! —gritó al volverse.

Intentó proseguir, pero un arcabuzazo de Goldenfingen en medio de la cara lo derribó sin vida.

La famélica expedición prosiguió su tambalear por la llanura. Se impuso matar a un caballo cada tres días. La pequeña ración, antes que calmar el hambre la exacerbaba. Otro indio apareció muerto y su cuerpo devorado. Cuatro soldados fueron los culpables. Spira quiso ejecutarlos; luego desistió: era demasiada sangría para tan poca gente. Esa misma noche murió entre atroces dolores uno de los caníbales.

Al trasponer una meseta, se encontraron con un pequeño valle centrado por una laguna y un pueblo grande cercado de colinas de maizales.

—¡Al fin! —exclamó Hutten, cayendo de hinojos.

Durante un mes comieron hasta hartarse: maíz, cazabe, pescado y carnes de cacería. Los nativos les dieron a comer un animal, especie de puerco grande, cubierto de una cerda blancuzca, metido en los ríos. Tenía un delicioso sabor a carne y a pescado.

—Chigüire, llámanlo —tradujo Esteban Martín.

—Pues, vaya que es sabroso —comentó Pérez de la Muela—. A pesar de ser más feo que Goldenfingen.

Una bandada de patos de plumaje verde y blanco nadaba en la laguna. El médico reclamó la atención del gobernador:

—¡Mirad, Excelencia, el asado que Dios os depara!

—¡Bien, bien! —repuso goloso—. Que los ballesteros apunten bien y disparen a la vez para que no tengan oportunidad de escapar.

Sonó un tiro de arcabuz. Los patos levantaron vuelo.

—¿Quién hizo tal? —vociferó fuera de sí.

—Yo, señor —respondió contrito Esteban Martín—, No oí vuestra orden.

—¿No la oísteis o la ignorasteis?

—¿Cómo creéis, Excelencia?

—Vos sois un cagot ¿no? —se alcanzó a escuchar cuando le ordenó seguirle hasta una arboleda de espesas y tupidas lianas.

La abundancia de caza y maíz sació en los soldados un hambre vieja. Volvió el color y se hizo enérgico el movimiento. Ciento cuarenta y nueve soldados, sin embargo, incluyendo quince de caballería, seguían en tan mal estado que a duras penas podían andar.

—¿Qué hacer con esta gente? —preguntó Hutten, inquieto.

—Debemos esperar su mejoría —propuso Goldenfingen.

—De ningún modo —respondió Spira seco y decidido—. Los que están sanos proseguirán conmigo hacia la Casa del Sol. Los enfermos se quedarán bajo vuestros cuidados y los de Murga.

Una ventisca altanera sacudió a Goldenfmgen.

—¿Por qué he de ser siempre yo? —protestó—. ¿Por qué me apartáis de vuestro lado para encomendarme labores de vieja? ¿Acaso os he defraudado como soldado?

Spira congeló su expresión y luego de mirarlo largamente, le fue diciendo:

—¿Queréis dos respuestas a falta de una?

—Sí, sí —dijo replegado en su audacia.

—En primer lugar, porque os lo ordeno y mando. ¿Os parece suficiente? Y por último, porque os considero el más capaz para mantener el orden en la retaguardia.

—¡Gracias, Excelencia! —contestó con premura, guareciéndose en su inalterable quietud.

—¿Quién sino vos —prosiguió lisonjero— sería capaz de meter en cintura a un sedicioso como Francisco Velasco, a quien os dejo como prisionero? Insurreccionaría la tropa y daría al traste con la expedición.

—Tenéis razón, Excelencia, tenéis razón...

—Esperadme aquí hasta mi regreso. Como podréis ver, sana y

abundante comida no habrá de faltaros. Quedaos con Dios; nosotros nos marcharemos.

Aquella noche Hutten se sintió aprisionado por la imagen de Berta y aquel cogote de capuchino. «El gobernador teme al marino. ¿Sabe Gondenfingen quién es el gobernador?» Se halló de nuevo con Berta en el cobertizo del camino. «Déjame tocarte, monseñor, déjame besarte, yo no soy Kundry, soy Berta la posadera, saca tu rayo dorado...» Soy el caballero del cisne. «Echate sobre el heno, mi señor.» No puedes obligarme a falta. ¡Ay, Berta, ay, Kundry!. «No despiertes, monseñor. Si abres los ojos me convertiré en llovizna.»

Una nube de verano soltó su carga. Hutten miró la oscuridad. Se dio vuelta en el chinchorro y de cara al suelo murmuró agobiado: «¡Oh, Königshofen, ¡Oh, Königshofen!»

5. La pata palmeada

Al amanecer Spira abandona el pueblo de los chigüires. A paso festinante gira hacia el Este, buscando el rumbo de la montaña. Lo acompañan ciento cincuenta peones y cuarenta y nueve jinetes.

—¿Qué día es hoy? —pregunta a Hutten, como es su costumbre al ponerse en camino.

—25 de enero de 1536. Hace un año salimos de Coro. Hemos recorrido doscientas leguas y han perecido doscientos cuarenta y un hombres, veintidós caballos y todos los perros.

—No está mal para tan luenga campaña —repuso persuadido—. Grandes riquezas habremos de hallar —casi grita—. El tesoro del

Perú será una bagatela de compararse con lo que por nosotros aguarda. ¡Animo, amigos míos!, ¡que yo bien sé dónde se halla la Casa del Sol!

El comentario surte efecto. Los jinetes taconean sus bestias trotando vigorosos por la explanada. La infantería endereza el cuerpo y al son de un canto guerrero, marcha tan firme y acompasada como aquella mañana en Sevilla.

—No es necesario —dice Spira— seguir pegados a la Sierra. Nuestro itinerario es éste —añade mostrando un punto en el mapa, al pie de los Andes, en línea recta hacia el Suroeste—. Aquí está Quito y más arriba el abra que conduce a la Casa del Sol.

—Veo, sin embargo —comenta Hutten dubitativo—, que muchos ríos se interponen en la ruta, y al parecer tan anchos como el Masparro.

Rió Spira suficiente, con su timbre de pajarraco.

—Os estáis olvidando, don Felipe, que estamos a mitad del verano, donde los ríos se vuelven arroyos y las quebradas, caminos de arena. Iremos a campo traviesa por el llano, que si en invierno es mar rugiente, en esta época es como playa en la bajamar.

Por otras cuatro semanas la tropa prosigue en su avance. Los cursos de agua, infranqueables en invierno y reducidos en verano a moribundos riachuelos, apaciguan a cada jornada la sequedad de la estepa.

El 25 de febrero llegan al río Apure. Un pueblo se ancla en sus riberas. Sus pobladores miran con atención y regocijo a los caballos. A una señal del cacique, doncellas desnudas traen entre risas y balanceos canastos de fibra con maíz y pescado.

—Siempre hacia donde se oculta el sol —traduce el lengua—, y luego de trasponer inmensas montañas, hay ciudades con techos de oro.

—¿Habéis escuchado, señores míos? —preguntó Spira—. Pronto seremos ricos.

—¡Viva! —celebró la tropa.

—He de comprarme un palacio en Sevilla —proclamaba Pérez de la Muela— con fuentes y albercas por doquier.

—El mío será todo de azulejos —comentaba otro.

—Y yo rehaceré la heredad que arrebatóme el usurero; habré de casarme con la chica más garrida del pueblo y todos, desde el alcalde hasta el cura, inclinaránse a mi paso.

—Pues yo —se prometía un andaluz— he de comprarme un convento de monjas.

—¿De monjas? ¿Y de dónde acá esos pujos de prior?

—No he terminado. Será de monjas atrapadas en falta por ganas de varón.

—Pero, ¿qué esperamos —protestó un extremeño— para seguir adelante? Estamos perdiendo el tiempo cual unos mismos ciruelos.

El futuro ponía palio de seda a sus cabezas.

—Seré marqués.

—Yo, virrey.

—Mis hijos tendrán posición en la corte.

—Los míos en el Vaticano.

—Sentaré a mi mesa cien mendigos, el primer domingo de cada mes.

—Construiré una iglesia.

—Yo, una catedral.

—Me bañaré en vino.

—Yo, en leche con miel.

—Andemos, muchachos. Tras ese río y algunos otros, están las montañas que nos separan de la riqueza, de la abundancia, de los honores. Daos prisa, compañeros: ¡la fortuna aguarda!

Luego de varias jornadas llegan al Arauca, de mayor cauce y con árboles frondosos en sus riberas. Los nativos ratificaron lo dicho por los de Apure.

—De oro y plata los muros —repetía Esteban Martín—. Los guijarros son así de grandes y globulosos. No entienden cómo habremos de transportarlos.

Respondió Spira grave y explicativo:

—Fundiremos cadenas y collares de oro para los miles de portadores que habrán de trasladar nuestra riqueza a pujo de sangre.

Siempre hacia el Oeste y a paso firme siguió la columna armada. Cruzaron ríos y encontraron pueblos de indios pacíficos, generosos y esperanzadores, repitiendo siempre lo mismo: «Tras las montañas hay una ciudad de oro que, de tanto refulgir, confunde a los viandantes al creerse entre dos soles a mitad de la mañana.»

A finales de abril cayeron las primeras lluvias. La tierra sedienta las absorbió voraz. A las dos semanas se hicieron más frecuentes, tiñendo de verde la llanura amarillenta y reseca. Los campos se poblaron de garzas y también de patos. Restallaron las flores. Germinaron las espigas y un vasto clamor de pájaros propagó vida por la explanada.

—Es la primavera del bajo equinoccio —indicó Esteban Martín—. Lástima su brevedad.

En junio volvieron los chubascos. El cielo, como el año anterior, descargó con furia el aguacero. Volvió a ceñirlos la misma cortina opalescente. Se repitieron las fiebres. Retornaron las toses y los estornudos y también la muerte: el prior de la mancebía sucumbió asfixiado por una flema espesa. El extremeño se ahogó cruzando un río; el de los cien mendigos fue devorado por un tigre.

—Hay que seguir andando —contestaba Spira a los que rogaban guarecerse en un bosque de galería o en las sucias chabolas de los indios.

—Pronto los ríos se desbordarán de madre, hasta hacernos infranqueables el paso.

Otros nueve hombres murieron de pulmonía. Tres cayeron en las garras acechantes de las fieras. Un gigantesco río como el que jamás se viera apareció rugiente.
Era tan ancho y tan impetuoso que —como dijo el médico— «ni una galera de cien remeros hubiese podido cruzarlo».

—Sigamos su curso —ordenó Spira— hasta encontrar un vado.

Pasó un mes y también otro, y el río continuó infranqueable, enlodado y aterrador. Las lluvias lo hinchaban a diario y antes que estrecharse hacia sus cabeceras, como todos esperaban, se ampliaba y salía de madre inundando la llanura.

Luego de ocho meses de inútil búsqueda de un paso, los aguaceros quedaron en lloviznas y la lluvia en fina garúa por donde asomaba un sol tibio y confortante. Las aguas bajaron y el ejército con gran esfuerzo pudo llegar al otro lado.

La armonía retorna al llano. Cantan de nuevo los pájaros. Se secan los lodazales. Desaparecen las toses. Un verde tenue domina al paisaje.

—Es el otoño del bajo equinoccio —explica Esteban Martín.

Lástima que sea tan efímero como la primavera. En este país lo único constante es la canícula, chupando a la tierra su última humedad, o estas cataratas que bajan del cielo haciendo náufrago a todo cuanto se mueva.

A finales de noviembre retornó el verano; se agostaron los ríos, huyeron los pájaros y murieron cuatro caballos de tabardillo.

El ánimo no decae. En harapos y hambrientos, buscan esperanzados el paso montañero que les permitirá ser príncipes, magnates y obispos.

Era víspera de Navidad aquella tarde en que arribaron a una aldea. Los nativos, igual que siempre, se mostraron generosos y cordiales. Cuando Esteban Martín hizo al cacique la pregunta de rigor, éste lo vio sonreído y sin responderle corrió hacia una choza, de la que retornó con brazos y manos llenos de collares y coronas de oro. La sorpresa los deja un largo rato sin habla. Luego de mirar, tocar, olfatear y hasta morder las áureas artesanías, preguntan al cacique dónde encontró tales tesoros. Señala hacia el Suroeste. Pero a diferencia de los otros, niega rotundamente cuando se le habla de trasponer las montañas.

—No sé si este tío —señala Martín— es duro de entendimiento, o no lo entiendo, pero a diferencia de todos insiste en que la Casa del Sol se halla de este lado, empero encontrarse muy cerca de la montaña.

—Y es de tomarse en cuenta —intervino Lope de Montalvo— que ha sido el único, además del de Varavarida, que nos muestra algo tangible. Estas diademas salieron de las manos de un orfebre, de gente faculta y civilizada. El pueblo capaz de tallar esta hermosura es temible por admirable. Si hacen artesanías de tal calidad harán también buenas armas.

—Y también buenos soldados —añadió taciturno Pérez de la Muela—. No creo que ponernos en este oro será como recoger bellotas.

—Me intriga saber —se dijo Spira en alta voz— a cuenta de qué, un pueblo poderoso y civilizado, ha de donarle a estos salvajes, piojosos y hediondos, tales joyas. Preguntádselo, maese Martín.

El cacique, evidentemente perturbado, no intentó esclarecer la pregunta.

—O no puede explicarnos —informó Martín— o no quiere.

Spira, apenas cavila, cuando toma su decisión:

—Yo lo haré hablar a mi manera. ¡Dadle tormento!

Fue inútil que chamuscaran sus pies metiéndoselos y sacándoles de las brasas. Salvo sus gritos, nada nuevo dijo sobre lo expresado: «Entre los dos soles, en línea recta, de este lado de la montaña, muy pegado a ella.»

Prosiguieron su derrotero sin tregua hacia el mediodía. Otro ancho y profundo río les sale al paso y también una aldea. Sus pobladores, con excepción de un inválido, huyen al verlos.

—¡Cómo se ve —dijo Hutten— que nuestra mala fama nos ha precedido!

Martín se enfrasca en una ardua conversación con el tullido. Predominan los gestos y la angustia. El lengua se rasca la cabeza.

—Dice que este río se llama Guayaberos, que es el mismo Guaviare. Pero, ¿sabéis el motivo de mi desazón? Guaviare significa el río de los caballos. No entiendo cómo pudieron darle tal nombre, si somos los primeros en traerlos.

La noche transcurre bajo un cielo estrellado. Esteban Martín, echado en el suelo, contempla el firmamento. A un lado, Spira con sus capitanes mordisquea maíz con yuca. El lengua se incorpora de un salto.

—¡Mirad, Excelencia! —grita aterrorizado señalando al cielo—. ¡Ha desaparecido la estrella polar! ¡Estamos al final del mundo!

Al otro día, Spira hizo traer el astrolabio e hizo las mediciones. Luego de sus cálculos irguió la cabeza y dijo lentamente:

—Señores, nos encontramos a dos grados, tres cuartos latitud norte. Casi llegamos al Ecuador, donde el oro se confunde con los guijarros.

Era 19 de enero de 1537 y hacía ya dos años que habían salido de Coro.

Después de varias jornadas alcanzan otro río. En la margen opuesta, unas cien personas se aprestan a recibirlos, cruzando festivos con sus canoas. Entre mecates y espuelazos pasan hombres y caballos. Las mujeres son feas y sonrientes; los hombres, entecos y cordiales. A pocos pasos de la ribera bordea la selva. Guiados por los aborígenes se adentran por ella. Un escenario insospechado los sobrecoge: árboles a los que ocho hombres tomados de la mano no logran abrazar, se elevan por encima de los doscientos pies, entremezclando sus ramas en cúpula impenetrable. Arbustos, lianas y follajes se abigarran en un suelo de hojas podridas.

El calor sofocante del río da paso a un frío húmedo de catacumbas. Un pájaro metálico canta estridente. A un cuarto de legua queda el poblacho. Las casas se hallan empotradas en los árboles. El cacique les da la bienvenida y ofrenda canastos de pescado y cazabe.

A las preguntas sobre la ciudad de oro, responde risueño e invita a Spira a que lo siga. En un bohío grande se amontonan, en cantidad, las mismas artesanías de oro y de plata que vieran antes.

—¡Aquí hay una fortuna! —silba el gobernador.

El indio, a diferencia del otro cacique, no vacila en señalar su origen:

—Procede de una provincia muy lejana. Nosotros les llevamos plumas de guacamayas y ellas nos pagan con estos platos duros, brillantes y amarillos.

—¿Ellas? —preguntó extrañado Spira.

—Dice que al Sur —redondeó Esteban Martín— hay una nación muy poderosa, habitada sólo por mujeres...

—¿Por mujeres? —preguntaron confusos.

—Sí, dice e insiste que son mujeres. Mujeres muy fuertes y belicosas que viven sin hombres y son temibles guerreras.

—¡Las amazonas de las que hablan viejos escritos! —observa Spira emocionado.

—Es lo que cuenta el libro Las sargas de Esplandián —comenta entusiasmado Hutten—. Esplandián es el hijo del Amadís de Gaula... ¿Os acordáis?

—Naturalmente —responde Pérez de la Muela—Calafia es la reina de las amazonas...

—Que vive en una isla llamada California... —caletrea Montalvo—

y se enamora perdidamente de Esplandián salvando de esta manera a Constantinopla de los turcos...

—¡Eso es! —celebra resonante Pérez de la Muela—. A Calafia la llaman la Coñori, y su país rebosa de oro y pedrerías. California, por consiguiente, es la mismísima Casa del Sol.

Esteban Martín prosiguió traduciendo:

—Se encuentran a unas diez jornadas de aquí; pero antes hemos de pasar por el territorio de unos indios muy feroces y comedores de carne humana, llamados los choques.

—¡Oh! —exclamaron con desconcierto los expedicionarios.

—No me importa tanto la muerte —comentó Pérez de la Muela— como ser comido y cagado.

—Las dificultades no acaban —continuó Martín—. Entre ellos y las amazonas se interpone el país de los omaguas: un pueblo civilizado, con ciudades de piedra, muy rico en oro y con muchos soldados. Dice el cacique que no cree que logremos convencerlos o derrotarlos.

—Eso es lo que os vengo diciendo —interviene Pérez de la Muela— desde el primer momento en que nos encontramos con estas delicadas obras de arte. Sean las amazonas, sean los omaguas, quien sea capaz de hacerlas, sabe matar y bien. Creo que debemos escuchar con atención los consejos del cacique.

—Es la primera vez que óigote decir algo sensato —añadió Lope de Montalvo—. Lo que dice el salvaje engrana con la razón. Harto peligroso me parece continuar hacia delante, sin un previo reconocimiento del terreno.

Los comentarios enfrían los ánimos. Unos proponen retornar a Coro y traer más hombres y pertrechos; otros, por lo contrario, se ofrecen como voluntarios para irse de exploradores. El más decidido es Esteban Martín. Spira, silencioso y atento, los escucha. «La mitad desea retornar, y la otra, aventurarse» —piensa, cavila y cuenta.

—¡Maese Martín —dijo con su voz autoritaria—: tomaréis cuarenta voluntarios y os iréis ahora mismo, río abajo. ¡Entre tanto, yo os esperaré aquí con el resto de la tropa!

Al llamado de Martín respondieron cuarenta y tres hombres. En menos de una hora, sus compañeros, confusos y arrepentidos, los vieron perderse por el sendero selvático.

—Adiós, nenas —se mofó uno de los voluntarios—. ¡Cuidaos de los indios de este lugar! ¡No vaya a ser cosa que al veros tan mansos os tomen por mancebos!

A los cuatro días de partir la vanguardia llegaron las lluvias en forma de grandes chubascos, que aunque la cúpula arbórea hacía de techumbre, el agua hizo de cada tronco un arroyuelo silencioso que iba inundando el suelo. Comprendieron al fin la razón de aquellas casas trepadas en los árboles.

No era por temor a las fieras, como pensaron en un principio. Con excepción del pájaro campanero, estaba vacía de animales. Era contra aquel lodazal que ya subía a dos palmos.

Los soldados, ateridos y melancólicos, ven pasar los días y también las semanas. Uno de ellos dice taciturno:

—Más nos hubiera valido el habernos ido con Esteban Martín, que vivir en las matas cual unos mismos monos en medio de este interminable aguacero.

—Lamento como mis culpas —expresa otro— tamaña indecisión.

Para mojarnos aquí, bien pudiéramos habernos mojado allá. Ni siquiera hay indias guapas como las de Varavarida. Todas son feas, entecas y llenas de piojos.

—Estoy seguro —añade un tercero— de que si Martín y los otros dan con la Casa del Sol, tomarán su parte y proseguirán de largo.

—Eso es lo que me voy temiendo —opina Pérez de la Muela—. Ya han transcurrido tres semanas y no hay noticias de ellos.

Dos voces abajo los reclaman a gritos. Hutten y Pérez de la Muela son los primeros en asomarse. Lope de Montalvo trae por las bridas a un caballo con un jinete caído hacia delante.

—¡Es Esteban Martín! —responde a gritos a los que arriba lo interrogan—. Trae el cuerpo lleno de heridas y apenas respira. Lo encontraron los indios cerca del río. Está moribundo.

—¿Y los otros? —inquiere ansioso Spira, al apersonarse.

Martín abre con dificultad los ojos. Insiste el gobernador:

—¿Qué sucedió, maese? Y vuestros compañeros, ¿dónde se encuentran?

—Todos muertos —respondió tras gran esfuerzo—. Fui el único en escapar. No sigan adelante. Esta expedición está maldita. Retornen, hijos, retornen... algo espantoso.

No pudo decir más: cayó sin sentido, y así quedó hasta su muerte, tres días más tarde.

Esa noche Spira, en un ámbito siniestro, dice a Hutten:

—Es una lástima lo sucedido. Era un buen guía e intérprete; fue mejor para él, sin embargo. Nada bueno le esperaba al llegar a Coro.

Como Hutten se asombra con sus palabras, le va diciendo:

—No era más que cátaro o cagot, la peor herejía florecida jamás en Europa. Por orden del papa sus ciudades fueron arrasadas sin dejar nadie vivo, hace ya trescientos años. Se llamaban a sí mismos «los puros», aunque practicasen la anticoncepción y enalteciaran el suicidio, por creer que lo uno y lo otro eran gratos a los ojos de Dios.

—No es posible que Esteban Martín haya sido uno de ellos.

—Sí que lo era —enfatizó Spira—. ¿Os acordáis de lo que hizo por dos veces con los patos? Haced memoria de la pata de oca tallada en el altar.

—Ciertamente.

—Pues allí fue donde comenzaron mis sospechas. Los cátaros de raza ostrogoda son rubios, como lo era Martín, y tienen el estigma en la oreja, que los distingue de los demás. Son idólatras; además de Dios, tienen por ídolo al pato; por eso no comen ni permiten que se maten esos animales. Una de sus diosas es la reina Pedoca o Pies de Oca, que si la veis de primer momento os parecerá una imagen de la Santa Madre de Cristo; pero si observáis sus pies os encontraréis que los tiene de pato. Al igual que Lutero, desafían la autoridad del papa... ¿Sabéis cómo se comunican entre ellos? A través de algunos juglares y trovadores. Igual hacen con sus tallas y esculturas.

—No entiendo.

—Es difícil entenderlo, si no estáis al tanto de lo que ocurre. Ellos tienen un doble lenguaje, tanto en el arte como en la música. Quien no conoce sus contraseñas, como las conozco yo, no es capaz de discernir en una bella canción de amor o en una piadosa efigie de Nuestra Señora, un mensaje oculto de solidaridad, de advertencia o de acción conjunta. ¿Os acordáis del maese Pedro y de su suicidio luego de los cantos encontrados?

—Ahora que lo decís, varias veces, en Coro, me sorprendió el carácter ininteligible de ciertas trovas.

—¡Cátaros son, amigo mío! Y eso es lo que me asusta. ¿Qué lugar mejor para ocultarse y acrecentar sus prédicas que estas desoladas tierras del Nuevo Mundo, y en particular Venezuela?

—¿Creéis, entonces, que hay cátaros entre nosotros?

—No lo dudéis ni por un instante. Y aunque nada me permite aseverarlo, mucho me temo que hay más de uno entre los hombres que nos acompañan.

A la mañana siguiente Spira ordena, con lluvia o sin ella, proseguir hacia el Sur. Lope de Montalvo, hosco, se le planta delante y, al vaivén amenazante de sus mandíbulas, le va diciendo:

—Ya estamos hartos de buscar la mentada Casa del Sol. Queremos regresar a Coro, y ahora mismo. No estamos dispuestos a esperar.

Spira cierra el ojo deformado para abrirlo punzante.

—Cuidad vuestras palabras, señor de Montalvo, o haré que os echen cadenas.

—No habrá quien lo haga —responde retador—. Todos hablan por mi boca. Con vuestro consentimiento o sin él nos marcharemos de inmediato.

Spira mide la situación y suaviza el tono:

—Señores: estamos a quinientas leguas de allá. ¿Creéis que vale la pena retornar, cuando nos hallamos a las puertas de la Casa del Sol?

—Prefiero morirme entre los arenales de Coro —suelta Pérez de la Muela— que seguir entre selvas y pantanos.

—¡Sí! ¡Sí! —apoyaron varias voces con levantisca energía.

Jorge Spira clarifica el rostro y dice sonreído:

—Sea como vosotros lo queréis, señores míos. Retornemos, entonces.

—¿No os decía, don Felipe —expresó al quedarse solos—, que en todo esto tienen metida la mano los cátaros? No hacen más que obedecer las últimas instrucciones de Esteban Martín. ¡Malditos sean los cagots y la pata palmeada!

Capítulo V
Gobernador y capitán general

1. El paso de los vencidos

Hace más de tres meses que se arrastran por la llanura aferrados al Norte. Los pueblos donde antes se aprovisionaron de alimentos entre la alegre algazara de su gente han sido arrasados hasta las sementeras. Ni un solo indígena han encontrado en más de doscientas leguas. El hambre y las fiebres vuelven. Un soldado deja caer su rodela y sigue adelante; otro, más allá, suelta su arcabuz; se desploma un caballo y queda inmóvil ante la mirada asombrada de su jinete.

—Es la falta de sal —explica una vez más Pérez de la Muela—. Su osamenta, como la de los otros, servirá de señal a los buscadores de la Casa del Sol.

Un mozo de infantería, pasos atrás, se derrumba informe. Spira, ante los gritos de los soldados, detiene su bestia y se vuelve a ver qué pasa.

—Está muerto, señor —le comunica el médico.

El gobernador mira a sus mesnadas. Cuando salieron de Coro eran cuatrocientos noventa, y un centenar de caballos. Sólo le restan ciento un hombres y veinte corceles. Echan al muerto en un zanjón y lo cubren con palos y ramas para protegerlo de los buitres negros que desde hace semanas planean sobre sus cabezas.

En Sarare, para sorpresa de todos, los pobladores no han huido. Sin la obsequiosidad de antes y con poca alegría en las miradas les dan de comer y también nuevas: «Hace poco pasó por allí un ejército de españoles, comandados por un hombre rubio, cabeza tirante; pero al enterarse de la proximidad de vosotros, dando muestras de gran contrariedad levantó el campamento, y salió de prisa tal como si huyera.»

—¡Ese es Federmann! —gritó Spira indignado.

—¡Maldita sea su estampa! —vocifera Pérez de la Muela—. Permita Dios que muérase de mengua.

—No es posible que Nicolás —comenta Hutten— se haya conducido de tal manera. ¿Abandonarnos así a nuestra suerte?

—¿No os lo decía yo? —le repuso Spira, dando rienda suelta a su rabia—. Nicolás de Federmann es el más grande canalla que catase en mi vida. Es un traidor, un pérfido, un criminal. Harta razón tenía Juan de Carvajal cuando nos previno contra él.

Pensó melancólico: «También lo decía el conde Zimmer.»

—Si algún día cae en mis manos —proclamó enfurecido Lope de Montalvo—, os juro por ésta que habré de quitarle para siempre la maña de torcer la cabeza: antes de estrangularlo, habré de enderezársela a porrazos.

Luego de dos semanas reemprendieron la marcha. A los veinte días se tambalean tan exhaustos como antes. Un círculo de pequeñas colinas en lontananza rompe la monotonía inalterable del paisaje. Es tarde muy avanzada: se asoma la luna llena. El sol se desvanece en un relumbrón sin colorido.

—Acamparemos allá —dice Spira, señalando hacia las montañuelas.

Un murmullo de protesta se extiende por la tropa. Airado, responde:

—Hay luz suficiente para llegar hasta ellas sin tropiezos.

Los hombres hacen un esfuerzo por alcanzar las colinas. Al llegar a sus estribaciones, el astro brilla en su plenitud. Pérez de la Muela es el primero en percatarse:

—¡Al otro lado encuéntrase el pueblo de los chigüires!

A pesar de la fatiga extrema, los hombres se incorporan atentos:

—Dentro de muy poco —los anima Hutten— estaremos con Goldenfingen y nuestros compañeros. ¡Ánimo mis valientes, sigamos adelante!

La suave ondulación del terreno se vuelve infranqueable para los cuerpos agotados. La idea de encontrarse pronto con alimentos y con sus camaradas les da bríos para trepar la cuesta. Al llegar a la cima otean satisfechos la fecunda vega y la laguna donde Esteban Martín hiciera volar los patos.

—Pero, ¡qué extraño! —comenta con voz grave Lope de Montalvo—. No hay fuego ni señal de vida.

—Al parecer levantaron el campo —agrega taciturno el médico.

—¿Y también se fueron los indios? —pregunta Spira extrañado.

—Algo quedará, sin embargo —afirma entusiasta Hutten—. Es un buen sitio para comer y holgar. ¡Sigamos adelante!

Bajo aquella luz indecisa bajan la cuesta, y al pisar tierra llana avanzan hacia el bosquecillo tras el cual se oculta el poblado. Al rebasarlo una exclamación de terror brota al unísono: un cementerio con cien cruces los saluda.

En el árbol más grande que existe, como se ha convenido, hurgan en la oquedad del tronco buscando un mensaje.

—¡Helo aquí! —dice uno de los soldados, entregándole a Spira un papel, envuelto en cuero.

Enmudece ante su lectura:

«Luego de un año de espera —escribe Goldefingen— y de haber muerto las dos terceras partes de los hombres, proseguí camino hacia Coro. Murga fue devorado por un tigre. Juan de Cárdenas murió de calenturas.»

Un aullido lastimero, desde un montículo, tironea las miradas.

—¿Un perro aquí? —pregunta Spira—. ¿Acaso no habían muerto todos?

—Miradlo, señor —señaló tembloroso Pérez de la Muela—. No es un mastín sino el mismísimo demonio.

Todos se santiguaron, cayendo de rodillas. El can antes, de esfumarse —aseveraron varios— dejó escapar por su boca una lengua de fuego.

—Es el perro de Fausto —susurró Spira.

«¡Mefistófeles! —dijo Hutten para sí—, ¿para qué me quieres?, ¿qué me adviertes, qué me dices?»

A paso de vencidos llegan a las estribaciones de la sierra Jirajara. Spira dice a Hutten:

—Dad órdenes de acampar en este lugar; la noche se nos echa encima.

Se encienden las hogueras, se apaga la tarde, se mete la noche. El gobernador tirita de fiebre. Salvo un saco de maíz, no hay otra cosa para aplacar las dolorosas pulsiones del hambre. Es una noche de silencios. Dos centinelas sentados sobre un tronco seco, velan el sueño de sus compañeros.

Un alarido desgarra la quietud. Hutten, espada en mano, se incorpora. Uno de los centinelas trastabilla con las manos al cuello. Ha sido flechado. Validos de las sombras, un ejército de niños se les echa encima.

—¡Son los ayamanes! —alerta Montalvo.

Los soldados, superada la confusión, la emprenden a sablazos contra los enanos. Los pigmeos se baten en fuga. Un hombre y una mujer caen prisioneros: no son más altos de seis palmos. El es musculoso y proporcionado; la ayamana es una mujer en miniatura. A Hutten le producen regocijo. Siempre quiso ser dueño de un enano, como aquellos que tenía la duquesita de Medina-Sidonia. Son muy jóvenes. A pesar del miedo, se muestran despiertos y receptivos. El indio de Rio Dentado los interroga. Responde el hombrecillo con orgullo:

—Eramos más pequeños, pero nos hemos mezclado con otras tribus. Somos muy valientes.

—¿Pero qué os hemos hecho nosotros? —se hace traducir Spira—. Venimos en son de paz.

—¿En son de paz luego de tantas muertes? Vosotros no venís por bien, sino derrotados. Basta veros la cara. Estáis más muertos que vivos. ¿Y qué haréis con nosotros? ¿matarnos? Conmigo lo podéis hacer; pero ella es la hija del cacique.

Las miradas convergen hacia la ayamana. Con graciosa picardía mira a los soldados. Hutten sonríe y comenta:

—Es diminuta y perfecta, digno regalo para la emperatriz.

—Tenéis toda la razón, don Felipe —asintió Spira—, pero dejadme antes hacer un trato. Ella nada tiene que temer —dijo al enano— de no hostilizarnos en nuestra marcha. La chica vendrá como rehén.

El ayamán dio muestras de gran inquietud al enterarse.

—Si por lo contrario —prosiguió Spira—, causáis el menor daño a mis hombres, la degollaremos.

Rompió en sonoro llanto el hombrecillo. La enana lo miró con reproche.

—Tú llevarás el recado a su padre. ¡Vete, ahora mismo!

Entre copiosas lágrimas, y corriendo a toda prisa, se perdió entre las sombras.

—Os ruego, don Felipe —dijo el gobernador—, que os hagáis cargo de la cautiva; de ella depende salir bien parados de este mal encuentro.

Al despuntar el día prosiguieron camino. La enana, cabalgando con Hutten, da muestras de gran contento. Suelta palabras de tonalidad burlona que lo hacen reír a carcajadas. Los ayamanes se asomaban por todas partes: en lo alto de los cerros, tras la escasa maleza de aquella tierra árida. A menos de media legua los alcanzó el enano:

—Su padre está de acuerdo. Nada os sucederá. Iré con vosotros; la traeré a casa cuando todo haya terminado.

—¿Y tú, quién eres? —preguntó el lengua.

—Yo soy el sobrino de mi tío, el prometido de ella.

La mujercita, al escucharlo, gorjeó de nuevo, dio tres saltos y acarició el pelo de Hutten.

Luego de quince días, bordeando la sierra hasta llegar al mar, arribaron a Coro. A la vista de la ciudad, Hutten desató a la rehén. Tanto él como ella rompieron en llanto al despedirse.

—Adiós, guapos —los despidió Hutten con melancolía—. ¡Que Dios os proteja!

Y a paso firme pisó, luego de tres años, un pueblo de cristianos.

La gente en tropel, salió a recibirlos. Españoles e indios los abrazaban. Spira, al bajar del caballo, tuvo un desvanecimiento. Hutten corrió en su auxilio. Dos hombres lo echaron en un chinchorro.

—Llevadlo a su casa —ordenó ansioso.

Una voz a su espalda saludó cordial:

—¡Bienvenidos a Coro!

—¡Juan de Villegas! —exclamó al volverse.

Los que llevaban a Spira siguieron de largo al pasar frente a su vivienda.

—¿Por qué no se detienen? —preguntó Hutten—. Esa es su casa.

—Ya no —repuso Villegas—. En vuestra ausencia muchas cosas han sucedido. Jorge Spira ha sido destituido. Ahora gobierna el juez Nicolás Navarro.

A pocos pasos se encontró con Goldenfingen.

—¡Bendita sea Santa María de Soddenheim! —murmuró al verlo—. Por un momento temí que pudierais haber muerto.

—¡Otro tanto me sucedió a mí con vos, monseñor! Logré traer vivos a cuarenta peones y nueve jinetes. Todo ha sido una horrible fatalidad. Os prevengo que la gente de Coro está indignada contra don Jorge Spira y nosotros los alemanes. Ahora os dejo, monseñor.

Hutten vio alejarse con tristeza al gordo marino y a paso lento se dirigió a su bohío.

Apenas entró se derrumbó en la hamaca, cayendo en un sueño profundo.

Al despertar supo por la india que le trajo arepas que el obispo Bastidas se encontraba en Coro.

«Debo verlo ahora mismo», se prometió. Luego de asearse salió a la calle, donde topó con un hombre alto de pelo cano, a quien desconoció en el primer momento.

—¡Bendito sea Dios de aguaitaros nuevamente! —saludó el cirujano Diego de Montes de Oca, El Venerable. Lo acompañaba un hombre fuerte, de mediana edad, de respetuosas maneras, llamado Juan de Quincoces.

—Es de los que vinieron con el obispo —aclaró a modo de presentación—. ¿Es cierto que casi llegasteis a El Dorado? Eso, por lo menos, es lo que pregonan vuestros hombres.

—Así es —respondió atisbando el hierático rostro de los paseantes.

—Todos —continuó El Venerable— están prontos a volver y, por lo que cuentan, Coro habrá de quedarse vacío. Tal es el entusiasmo con que hablan de las riquezas que lograsteis catar.

El Venerable redondeó lo dicho por Villegas:

—Spira, a quien le nombraron varios gobernadores interinos en su ausencia, fue depuesto definitivamente, luego que Juan de Villegas y Damián del Barrio denunciaron sus crímenes.

Hutten se volvió brusco y una onda de repulsas cruzó su rostro.

—Don Jorge Spira —prosiguió El Venerable—, por lo que cuentan, no se aproxima ni remotamente en crueldad, aunque sí en locura, a Ambrosio Alfinger y a Federmann.

Hutten lo miró con simpatía y fijó de nuevo su atención en los vecinos que iban encontrando. Por la expresión circunspecta y evasiva, comprendió que el repudio llegaba hasta él.

—Es la naturaleza de la gente, mi querido amigo —comentó sentencioso El Venerable—. Luego de tanto afán por acercarse al poderoso, huyen de él, cual apestado, si muérdele la desgracia. Pero no lo toméis a mal. No es por obra de esa aviesa condición humana que algunos aseguran: la ingratitud es hija del diablo.

—¿Y por qué, Venerable, sois diferente a los demás?

—Por simple argucia, cálculo y ventaja. Si ahora me llaman El Venerable, hace unos años apodábanme El Forajido. Creo que sois un predestinado de la fortuna, por más que las apariencias digan lo contrario.

—Esto es un pandemónium, hijo mío —expresó emocionado Bastidas al estrecharlo en sus brazos—. Pero os veo flaco, hipato y maltrecho. Era de imaginarse, luego de los trotes que os hizo dar ese vándalo. Spira fue destituido años ha. En su lugar eligióse a Nicolás de Federmann; pero como el muy bestia carece de paciencia, apenas os marchasteis cogió camino, nadie sabe para dónde, sin enterarse de su nombramiento.

Luego de secarse el sudor y tomarse un trago de chicha, continuó, casi farfullante:

—En el ínterin, aunque detesto a Coro, he tenido que hacer de gobernador a cada rato. Aquí nadie hácele caso a nadie: cuando no son los vecinos los que destituyen al gobernador, hácelo la Audiencia o vuélvense locos, como fue el caso de vuestro compatriota Enrique Remblot, quien como la reina Juana, vistióse de luto cerrado por la muerte de su guacamayo. Ahora gobierna un mandarín más corto de entendimiento que un chigüire. Llévomelas a trompicones con él. No veo el momento de que lo destituyan. Y, a propósito —dijo mirándole fijamente a los ojos—, si Federmann ha muerto, como témome, luego de tanta ausencia, nadie mejor que vos para ser el nuevo capitán general de Venezuela.

—Pero, yo...

—Descuidad, hijo mío; dejad eso en mis manos.

En su verborrea no hacía mención de un sacerdote que, a su lado, miraba a Hutten con reposada simpatía. Era un hombre de mediana edad, expresión inteligente y escaso pelo.

Refiriéndose a él, dijo a Hutten:

—Tengo el gusto de presentaros al padre Frutos de Tudela. Es todo un portento y buen conocedor de estos mundos. Me ha sido de gran ayuda con sus consejos para poner las cosas en su sitio.

—Tanto gusto, señor de Hutten —respondió cortés el sacerdote sin sacar las manos de la manga—. Años atrás tuve ocasión de conocer vuestra hermosa patria.

—Éste es uña y carne —observó Bastidas con tono de confidente— del padre de Las Casas y de los curas preferidos del emperador.

—No tanto —rectificó Tudela—. Pertenecí a su curato en Toledo y nada más.

—Os tengo una sorpresa, Felipe —prometió Bastidas acercándose a un arcón—. ¡Hela aquí!

Eran dos cartas: una de su hermano el obispo; la otra, de Daniel Stevar.

Habían sido escritas seis meses atrás. La de su hermano era densa y prolija. La de su amigo, escueta y puntiaguda.

«El gran Camerarius no sólo te ha visto vivo y rodeado de esplendor —le decía Mauricio—, sino que lo ha expresado en su libro Comentarios, donde, luego de hacer sabias consideraciones sobre la astrología, toma vuestra expedición como prueba y modelo de los precisos vaticinios que pueden hacerse sobre el destino de los hombres a través de las estrellas. De acuerdo con ese libro, sólo dicha y ventura, además de riquezas, recibirás cuando encuentres la Casa del Sol. Las arcas de los Welser serán colmadas tanto o más que las del emperador, quien a su vez cosechará infinitud de laureles para sus armas. Su majestad Fernando I, a quien tuve oportunidades de ver hace poco, está lleno de entusiasmo por tan auspiciosas predicciones, al igual que Bartolomé Welser. Tanto el uno como el otro me encargan saludarte.

»Daniel Stevar viene por aquí, como siempre. Al parecer va a abrazar la carrera del sacerdocio. Está metido de lleno a descifrar los enigmas de las estrellas. Lo único lamentable es su amistad con aquel mago funesto llamado Fausto».

Hutten por un instante esbozó una expresión escéptica sobre los augurios de Camerarius: ¿no habían estado, acaso, ante las puertas mismas de la Casa del Sol?

En lo sucesivo todo prometía ser distinto, como lo proclamaba la tropa. Hutten rompió los sellos de la otra carta. «El doctor Fausto insiste en que retornes a Alemania a la mayor brevedad —escribía Daniel Stevar—, ya que sólo la muerte te espera en aquellas latitudes. Por tu causa, Camerarius y Fausto discreparon violentamente. El gran charlatán amenazó a Fausto con expulsarlo de Suabia. Nuestro amigo, bien lo conoces, a pesar de Camerarius ha voceado su parecer: en los mercados, en las tabernas, en los atrios de las iglesias. Afirma e insiste en que el real nigromante está en un error: que la expedición terminará en fracaso y tú perderás la vida en lugar descampado, por obra de un mal español, en noche de luna roja, a la vista de una mujer hermosa».

Sintió un estremecimiento al terminar la epístola.

En la expedición sí hubo un momento donde brillaba la luna de Fausto, en medio del descampado, a la vista de una bella mujer y entre malos españoles. Fue en Varavarida y con María Lionza. De no haber sido por Juan de Ceballos, posiblemente alguno de los españoles que mal me quieren, me hubiese degollado de haberme metido con ella en el monte. «¡Eso era! —prorrumpió exaltado—. Eso fue lo que vio Fausto, considerándolo como fatalmente inevitable. Percibió el todo, y ¡a Dios gracias! erró al detallar. ¡Tiene razón Camerarius!»

La destitución fue un duro golpe para Spira. Enfermo de calenturas, caminaba hacia la muerte. Por sugerencias de El Venerable y de Pérez de la Muela, se embarcó hacia Santo Domingo, en busca de mejores aires.

Rodrigo de Bastidas sentenció indignado:

—Ello es falso. Aquí hay tan buenos médicos y chamanes como allá. El muy tunante piensa implorar gracia ante la Audiencia para seguir llevando cristianos al matadero.

Como venía sucediendo desde su fundación, Coro, la de los trescientos vecinos, era campo de amargas pugnas. La ciudad estaba dividida en bandos. Rebosaba de enfrentamientos e intrigas. El juez Navarro gobernaba arbitrariamente. Francisco Velasco fue absuelto por haber dejado morir de hambre a Juan de Ceballos.

—El juez comprendió mi venganza —comentó Velasco a Flutten—, dijo: «¡El que a hierro mata, a hierro muere... y santas paces!»

—Pero, Velasco —le argüyó desconcertado—, ¿es que acaso no estáis arrepentido de lo que hicierais a vuestro amigo?

—¿Y por qué he de estarlo? —respondió con naturalidad—: le pagué con la misma moneda.

Hutten lo miró con asombro, dio media vuelta y se fue diciendo: «Estos españoles de aquí tienen una forma tan peculiar de pensar y de sentir, que a veces me pregunto: ¿será la misma casta que conocí en ultramar? No sólo es amencial la actitud de Velasco, sino la del mismo juez. ¿En qué cabeza cabe que lo haya absuelto, luego de asesinar a Ceballos con tal saña y crueldad por una chirigota?»

—Convenceos, mi querido Felipe —opinó el obispo—, que los hombres venidos a las Indias no son españoles ni europeos: son verdaderas bestias salvajes, casi locos, o locos de un todo, como Francisco Martín, aquel infeliz cubierto de llagas que comía carne humana.

—¿Será este horrible clima? —preguntó ansioso—. ¿Serán las fiebres? ¿Será el hambre?

—Tanto vos, como mi padre, este servidor, y hasta el bueno de Goldenfingen, hemos sufrido las mismas fiebres, iguales hambrunas e idéntico clima. No somos, sin embargo, los desalmados que hacen mayoría en estos reinos. Yo creo que la naturaleza de esta aventura atrae a una categoría de hombres donde a la maldad se la tiene por virtud y lo bueno por blandenguería. Esta gente, como bien lo ha dicho fray Bartolomé de Las Casas, no son soldados, sino bandas de homicianos que no saben lo que quieren ni para qué han venido.

Aquella noche, Hutten se balancea en su hamaca, recorriendo con sus ojos plomizos aquella techumbre de palmas trenzadas.

—Buenas, buenas... —saluda desde el umbral El Venerable—. Por aquí os traigo una sorpresa.

Dos risas infantiles se escudan tras el veterano. Hutten sonríe al ver a los pigmeos. Tradujo El Venerable:

—Dicen saludar con amor al hombre grande pelo de maíz.

—Decidle que a mí también me place verlos.

Rió alegremente la pareja al conocer la respuesta. La enana de un salto se metió en la hamaca, tirándole de la barba.

—Cuentan —prosiguió El Venerable— que os mintieron al decir que estaban prometidos. El chiquitín no es más que un esclavo; ella sí es la hija del cacique. El novio era otro, con el que no le placía estar.

Hutten sacudió el dedo juguetón.

—¿Conque de fuga estamos?

—Ellos aspiran a casarse y vivir con nosotros, es decir, con vuestra señoría —precisó El Venerable—. La chica promete haceros arepas y él sembraros un gran conuco.

Hutten una vez más rió vibrante.

—¿Conque, entonces, habré de tener ama de llaves y mayordomo? Bien, quedan a mi servicio ahora mismo.

Al enterarse de su decisión comenzaron a bailar en círculo, con tal alegría que, por un momento, se sintió transportado al bosque de Arstein, espiando a los elfos, envuelto por el vaho de la bruja tártara. Pero también oyó la voz de Fausto. «Un turco jura por Mahoma, dos enanos sollozan por vos...»

Con ayuda de El Venerable, los ayamanes hicieron rápidos

progresos en castellano. En menos de tres meses ya se entendían con la gente. Hutten, tras mucho esfuerzo y de haberlos indoctrinado en la religión católica, convenció a la mujer para que cubriese sus senos con una tela roja. Finalmente fueron bautizados con los nombres de Fernandín y Magdalena; pero como al ayamán ya lo llamaban Perico, se quedó con este nombre. Ambos llenaron el vacío que en su alma venía cavando el ocio y la espera. En las tardes, prendidos a la grupa de su caballo los llevaba de paseo por el poblado. En el bohío, donde dormían con él, les hizo construir un tabique medianero para que no siguieran celebrando sus expansiones a cielo descubierto. Asimilaban con prontitud las normas españolas. Eran diligentes y laboriosos como gnomos. Al poco tiempo Perico cabalgaba en pelo por las polvorientas calles y Magdalena discutía en el mercado, manos en jarra, populachera y lenguaraz como una moza de Triana.

La Real Audiencia obligó al juez Navarro a encarcelar a Francisco Velasco.

—¿No os decía yo —aplaudía jubiloso el obispo— que el mundo no podía andar tan conturbado? Ya llegó la primera parte del castigo; esperad ahora la prisión de Navarro.

Fue Perico quien trajo la noticia:

—Francisco Velasco fugóse de la cárcel. Huyó de Coro con veintiocho soldados.

Se levantó nuevamente el dedo de Bastidas:

—Ello no es posible sin la complicidad del juez.

Navarro, para acallar acusaciones, salió en persecución del fugitivo. Según noticias, se dirigía a Cubagua. A los cinco días regresó cabizbajo. Lo acompañaban seis hombres, apenas, entre otros Goldenfingen y Lope de Montalvo.

—¿Qué sucedió? —preguntó Bastidas con suspicacia y acritud.

—¡Desertaron todos! —repuso el juez—. ¡Se fueron con Velasco hacia Cubagua!

—¡Miente el truchimán —exclamó Juan de Quincoces—. Este no es más que un pobre hombre. Luego de darnos bríos y maña alcanzamos a Velasco y a sus hombres, a quienes hicimos rendir las armas sin derramar una gota de sangre.

—¿Se puede saber qué sucedió entonces?

—Que el muy mameluco le dijo al reo, cual si se tratase de Francisco I en Pavía: «Recoged vuestras armas, capitán. No quiero haceros el ultraje de quitároslas luego de haberlas hecho valer con tanto honor. Sois mi prisionero, regresad conmigo a Coro.» Una vez armados por quien desarmados los tuvo, no lo pensaron ni un instante para hacernos prisioneros. Fue tal el desastre, que casi todos nuestros compañeros, considerando grave riesgo vivir en una gobernación regida por tamaño imbécil, decidieron irse con Velasco y mudarse a Cubagua.

—Os comprendo, Quincoces —gruñó el obispo—, y comparto vuestro juicio de que este hombre es un infeliz que merece la cárcel, más por mentecato que por otra cosa. Llevadlo al cepo y que permanezca allí para irrisión de todos, hasta tanto pueda enviarlo, cargado de cadenas, a Santo Domingo. En lo sucesivo, yo seré el gobernador.

Navarro, con cabeza y manos entre los dos tablones, maldice al obispo y a los alemanes. Magdalena, por indicaciones de Hutten, le da de comer con un largo cucharón.

Perico se rebela contra las instrucciones de su amo. Apenas se marcha Magdalena, se acerca al cepo y en medio del jolgorio general, se alza en puntillas y le orina la cara.

Goldenfingen y Pérez de la Muela ríen sacudientes de la travesura. Dos manos férreas toman a Perico por la cintura y lo alzan en vilo.

—Eso, pequeño —le masculla Montalvo—, no se le hace a un español; ni hácelo un español. Mata pero no veja. Vamos a contarle el cuento a tu amo.

Hutten, luego de reñirle y de hablarle largamente de la caridad cristiana, le impone como penitencia rezar esa noche seis rosarios al pie de su hamaca.

Perico le observa la faz mientras va desgranando oraciones. Lo siente triste y quejumbroso. Al otro lado Magdalena le hace lúbricas señas para que se eche a su lado.

«Eso es lo que le hace falta a mi amo: una mujer —se dice al comienzo de las letanías—. Eso y nada más que eso. ¿Cómo puede estar sin hembra por tanto tiempo sin dañársele el cuerpo? Mañana me pondré al habla con Amaparí, esa indica caquetía de cuello y piernas largas, por la que disputan los españoles. Mañana la buscaré y la traeré a casa. Amén.»

Hutten regresa a mediodía a su vivienda. En la esquina escucha los gritos de Magdalena:

—¡Puta! ¡Clueca! —barbotea a una india que corre hacia la calle y a la que persigue armada de un largo cuchillo.

—Pero ¿qué sucede? ¿A qué viene tanto bullicio?

Magdalena responde sollozante:

—No la quiero aquí. Ella es una mala mujer, una puta... es La Clueca.

—Está bien, mujer —le expresa apaciguador—. Está bien, ya se fue. Pero, ¿por qué vino a casa?

—Por el alcahuete aquel, que te la trajo como presente...

Hutten la mira sañudo al principio; y luego, tierno y sonriente.

—En tanto no me case —le dice inclinándose—, tú serás la única mujer que viva conmigo.

Saltó alegre su risa y diciendo «bello, bello», se echó en sus brazos cubriéndolo de amorosos besos. Un soldado se acercó en ese instante:

—Traigo carta, monseñor. Parece ser del señor de Spira. Viene de Santo Domingo.

Spira, en todo el año que lleva en La Española, mantiene comunicación regular con Hutten.

En una de sus primeras cartas le daba detalles de Federmann: «Luego de despoblar a Maracaibo, ha fundado una ciudad en el Cabo de la Vela, en el mismo límite de la gobernación de Santa Marta, provocando serios litigios por esta causa.»

En otra epístola, a comienzos de 1539, le informa que Federmann ha calumniado ante el emperador a los Welser, y de paso a él: «Nos acusa de birlar al fisco, sustrayendo a la real hacienda buena parte del quinto real. Como supondréis, don Bartolomé Welser, nuestro amado jefe, está indignado y ha jurado tomar cumplida venganza, por las cenizas de sus antepasados. Según me han dicho, ha ido personalmente a Toledo. Yo, entre tanto, estoy casi recuperado de mis quebrantos, gracias a las atenciones de la gente de aquí, en particular de aquel buen escribano llamado Juan de Carvajal, ahora juez de la

Audiencia y que tan mal se expresara de Federmann, y con sobrada razón.»

En agosto llega a Coro una triste noticia: la muerte de la emperatriz Isabel en el esplendor de su belleza y juventud.

Rodrigo de Bastidas, so pretexto de «su posible utilidad en la corte», se marcha nuevamente a Santo Domingo.

Esa tarde, víspera de su partida, dice a Hutten y a Juan de Villegas:

—Yo no resisto este calor ni este tierrero, ni este poblacho de los mil diablos, al que en mala hora el emperador asignóme como diócesis. En cuanto a vos, Felipe, manteneos en buena forma y estrechad vuestros vínculos con Juan de Villegas, a quien dejo encargado de la gobernación.

—Ni falta que hace, su Ilustrísima —respondió el vecino de Coro—, el señor Hutten y yo somos buenos y viejos amigos. Aunque creo no perdónome aún mis acusaciones contra Spira. Considéralo seguramente una deslealtad.

—Estáis en un error, Felipe mío —anduvo Bastidas—, Villegas no hizo más que cumplir con su deber, corno cristiano y súbdito de su Majestad. La lealtad tiene un límite, y en particular para los que tienen encima la dura tarea de gobernar. Spira os engolosinó hasta haceros olvidar que faltaba a Dios y al emperador. Antes que los deberes para con los amigos, están los deberes de Estado. No lo olvidéis, por vida de Dios.

Hutten estrechó su amistad con Villegas, el que tanto amor sentía por aquella tierra.

—No, por Dios, don Felipe —decía—. Yo no quiero saber nada de la Casa del Sol. Aquí mi mujer y yo hemos encontrado lo que el hombre busca. Aquí no habrá palacios; pero luego del obispo, soy el hombre más respetado y querido tanto por los indios como por los españoles. En Coro han nacido mis hijos y lo harán también mis nietos, y como no habrán de venir mujeres españolas en mucho tiempo, necesariamente llevarán en sus venas sangre caquetía.

Hutten tuvo un gesto de repulsa.

—¿Os disgustaría, don Felipe, tener hijos o nietos mestizos?

Como guardase silencio, se apresuró a responder:

—Pues, mirad, ése no es mi caso. Ya tengo más de diez hijos en las caquetías. A unos los quiero tanto cuál hijos de mi mujer. Al fin y al cabo llevan mi sangre. De esta unión entre indios y españoles saldrá una bella casta. Por eso amo a esta tierra, y si Dios lo permite, quisiera morir en ella. Mirad aquel indiecito, tiene la piel cobriza de su madre y los ojos azules del padre, que son los míos.

—¡Ven, Criollo! —reclamó amoroso extendiéndole los brazos.

—¿Sabéis por qué lo llamamos Criollo? —preguntó enternecido—. Cuando hace dos años apenas balbuceaba, alguien le dijo crío; se fijó en la palabreja y luego de repetirse en su media lengua: «¿Crío, yo? ¿Crío?», terminó por llamarse a sí mismo Criollo.

Aquella tarde frente a la iglesia, Hutten y Goldenfingen rememoran la suerte de los amigos muertos.

—El primero fue Domingo Italiano —recuerda el marino con los ojos húmedos—. El segundo, Juan de Ceballos. A Murcia de Rondón lo maté con mi propia mano en un arranque de ira. ¿Sabéis, monseñor, que aunque el obispo me ha dado la absolución, me siento a veces profundamente arrepentido? De la misma forma que lamento la muerte de Esteban Martín, la de Juan de Cárdenas y la del mismo Sancho de Murga?

—La verdad es —asintió Hutten— que de tantos compañeros que fuimos tras la Casa del Sol sólo quedamos nosotros, Pérez de la Muela y Montalvo.

—Guardaos de ambos, monseñor: no creo que os quieran bien. No era así el caso de Velasco, perdido para siempre por un rapto de locura.

Hutten recibió otra carta de Spira:

«Os ruego encarecidamente, por asunto que nos beneficia a ambos, trasladaros lo más pronto a Santo Domingo. Nada más os puedo adelantar hasta hablar con vos. Guardad bien el secreto de mi reclamo. Vuestro amigo: Jorge Spira.»

Es noche de luna llena y de un calor lancinante, seco e inmóvil. Hutten trata inútilmente de conciliar el sueño. El urgente y misterioso reclamo de Spira lo colma de preguntas. Pero no es el gobernador la causa de sus desvelos. La necesidad de mujer que a veces lo fustiga, ha vuelto agobiante aquella noche. Amaparí, a quien Magdalena llama La Clueca, es una india de bellas facciones atartaradas. La hija o nieta de Manaure es la india más codiciada de Coro. El sudor lo empapa. Se revuelca en la hamaca. Sus ojos relumbran en la oscuridad, vagando por el bahareque. La luna se asoma por una hendija. Un perro aúlla en la distancia. Otro le sigue. Se incorpora del chinchorro. Perico y Magdalena duermen acurrucados. La luna ilumina la larga calle solitaria en toda su extensión. Una mujer trajeada de española cruza rauda a tres esquinas. «¿Quién puede ser esa hembra que deambula en las altas horas?» Se murmuran muchas cosas de las españolas de Coro. El juez Navarro se jactaba de haber folgado con todas ellas. Era una infamia. La mujer de Juan de Villegas era limpia, fuerte y honrada. Como ella, había otras. Pero también se decía que las venidas en la última remesa, eran hetairas chingosas, cansadas del oficio, decididas a matrimoniar con aquellos hombres hartos de indias y de tener los días contados. Buena parte de los que se fueron a expedicionar, nunca volvieron. Otros retornaron; luego de tres años se encontraron sin mujeres. Unas permanecieron fieles, pero fueron las menos. «Las más de ellas —afirmaba El Venerable— llenaron de amargo despecho los corazones.»

La mujer sesgó nuevamente a dos esquinas y se vino sigilosa en línea recta hacia él. Hurtó el cuerpo y se ocultó en el bohío, atento a su paso. Sus pupilas se dilataron de sorpresa. Era una mujer alta, de bellas facciones, a la que nunca había visto.

—¡Recórcholis! —exclamó—. ¡Qué mujer! ¿De dónde sale?

Picado en su curiosidad, siguió tras ella. Con paso ligero avanzaba contoneándose. Un pelo negro, largo y suelto le llegaba a la cintura. Alelado, la contemplaba. A veinte pasos se dio vuelta en redondo y lo miró, tentadora y sonriente. Era española de cabeza a pies y de una insólita beldad. Cohibido, se detuvo en seco. Lo animó con un requiebro a seguirla. A los pocos minutos se hallaban al descampado. Presurosa siguió hacia delante. A orillas de una quebrada, sesgó hacia unos matorrales. Se disponía a irse tras ella cuando la voz desgarrada de Juan de Villegas lo detuvo:

—¡Deteneos, monseñor! —gritó corriendo hacia él—. Ella no es una hembra real —dijo sofocado— sino un maligno espectro. Es la mujer del sayo. Es La Sayona. La vi pasar y a vos seguirla. De haberos metido en esos matorrales, largo hubiese sido el susto.

Por Villegas quedó enterado de que la mujer del diablo llegó a Coro con el fundador de la ciudad.

—Son muchos los que la han visto y padecido el horror de catarle sus largos dientes de oro cruzados en equis. Dice el obispo que todo es obra de Dios, por más que tenga metida la mano el demonio. La Sayona es guardiana de las buenas costumbres de Coro. Asusta y alerta a los trasnochadores y burladores de mujeres ajenas. Guardaos, monseñor, de pernoctar por las calles pasada la hora de ánimas.

—Os juro que tal haré, don Juan —repuso pálido y enérgico—. Os lo juro por mi honor y por Santa María de Soddenheim. Nunca más quiero catarle el rostro.

2. Santo Domingo

Con la anuencia de Juan de Villegas, a quien dejó en custodia los enanos, se embarcó hacia Santo Domingo en una pequeña carabela de setenta toneladas, procedente de Cartagena. Andreas Goldenfingen era su compañero de viaje.

—Regreso a Alemania; no pensaba despedirme de vuestra señoría por la congoja que ello me producía; pero ya veis, estaba escrito que retornara con vos, al menos la primera parte. ¡Ay! —exclamó el gordo con profundo abatimiento, mientras veía desaparecer la costa curiana—. ¡Cuántas decepciones hemos sufrido, don Felipe! ¡Cuántas muertes y desgracias! ¡Cuánta razón tenía el doctor Fausto! ¿Cuánto mentía en cambio Camerarius! Al llegar a nuestro país lo vocearé a ios cuatro vientos. No es posible que los charlatanes se enseñoreen, en tanto que a los verdaderos sabios se les postergue y humille. ¡Pero, mirad, señor! Tres naos se acercan por sotavento en dirección a Coro. ¿Quiénes podrán ser? ¿Serán, acaso, nuevos expedicionarios? Ya la tierra no da para sustentar más gente.

Hutten miró hacia la armada que bogaba en dirección a Tierra Firme; pero como no hubo manera de identificarla, se desentendió del asunto.

Un hombre de continente noble a quien faltan los dos brazos saluda:

—Bienvenidos a bordo, Excelencia y micer Goldenfingen. Hace más de tres años que os dejé de ver.

Hutten se esfuerza por recordar. El hombre cala su desconcierto.

—Yo soy aquel que se embarcó en Canarias para vengar una afrenta hecha a mi honor.

Es el hidalgo de Tenerife, que viajó con ellos hasta Coro persiguiendo a El Cautivo. Sin dejar de mirar los muñones preguntó vacilante:

—Pero, ¿qué os pasó?

—No hay nada peor que nacer con mala estrella. Luego de irme hasta Cartagena y de andar por esos montes en busca del renegado, topémelo de frente, retándolo a duelo por el mal que hiciera a mi hermana. El circunciso, más hábil que yo, apenas abalánceme sobre él con dos golpes de alfange dejóme sin brazos. Ahora, ya no valgo para nada. Por eso retorno a Canarias.

—¿Qué será de El Cautivo? —se preguntó viendo hacia el horizonte.

Y a pesar de la huella ruinosa que dejó su pasar, lo recordó con cálida simpatía.

Apenas bajó del barco en Santo Domingo se encontró al escribano Juan de Carvajal.

—¡Bienvenido, don Felipe de Hutten! —le saludó afectuoso y circunspecto—. Nuestro buen amigo, don Jorge Spira, no pudo venir a vuestro encuentro por hallarse postrado por las fiebres.

El escribano había progresado en su nuevo cargo de la Real Audiencia.

Vestía un rico traje negro cerrado hasta el cuello, cubierta la cabeza con una gorra de terciopelo. Cuatro soldados lo esperaban al lado de dos briosos corceles.

Santo Domingo era una villa próspera, con sus calles empedradas, llenas de gente de aspecto opulento; hermosas casas, sombreadas plazas y fortalezas. La de Diego Colón era un palacio.

Spira había envejecido diez años en el poco tiempo en que lo dejó de ver. Tenía las mejillas hundidas, los pómulos salientes, la piel amarilla y apergaminada, la barba blanca, los ojos amoratados y febriles:

—¡Señor! —exclamó lloroso arrodillándose junto al lecho, tomándole y besándole su mano.

—Tranquilizaos, mi leal amigo. Hoy me encontráis postrado por uno de estos accesos de fiebre que aún me quedan. Fuera de ellos, me siento lo suficientemente animoso para reemprender la conquista de la Casa del Sol. Os tengo una buena nueva: gracias a las pesquisas de la Real Audiencia, y en particular de don Juan de Carvajal, la verdad ha sido puesta en claro. Su Majestad Imperial, a solicitud de la Audiencia y de nuestros señores los Welser, ha decidido restituirme como gobernador y capitán general de Venezuela.

—¡Loado sea el Señor!

—Sólo hay un pero en todo este asunto.

—¿Cuál será? —interpeló expectante.

—Que seáis vos, y nadie más que vos, mi lugarteniente...

—¡Oh, señor! —soltó conmovido—. ¿Qué más pudiera pedir, que el honor de serviros?

—¿Cuento, entonces, con vuestro auxilio?

—¿Cómo lo habéis dudado? ¡Claro que sí, ilustrísimo y magnífico señor!

Durante una semana, hasta que bajaron las fiebres, Hutten permaneció como huésped de Juan de Carvajal.

Esa mañana dijo Spira:

—Sólo nos falta, para embarcarnos hacia Venezuela, juramentarnos ante la Real Audiencia. Ya todo está listo para hacerlo a mediodía; mañana zarparemos hacia Coro.

—Pues cumplamos con el requisito —respondió animoso.

Acompañados por Carvajal, salieron en dirección al tribunal. Luego de juramentarse con la solemnidad del caso, caminaron calle abajo.

—A propósito —dijo Spira a Hutten con trasfondo dubitativo—. No sé si sabéis que el obispo Rodrigo de Bastidas, hará cuestión de diez días, partió hacia Coro con un ejército de doscientos cincuenta hombres, y entre ellos, cien de caballería.

Iluminó su rostro el entendimiento.

—¡Los alcancé a ver llegando al puerto!

La expresión asustadiza de Spira le sacó una pregunta:

—¿Y qué piensa hacer Su Ilustrísima con tal ejército?

—Irse de exploración tras la Casa del Sol.

—Pero ¿cómo hará, si vos sois el gobernador?

—Ahí está el meollo del asunto —expresó deteniéndose para soltar su risa cascada—. Ya Bastidas tenía organizado su ejército cuando llegó mi nombramiento como capitán general de Venezuela. Pero, permitidme un instante... necesito orinar...

Con paso penitencial se alejó hacia un solar enmontado. Carvajal, musitante, se apresuró a decirle:

—El obispo y el gobernador tiráronse de las greñas. Bastidas juró que haría lo indecible por echar atrás el nombramiento de Spira y que pondría su ejército bajo vuestro mando, pues erais el más capaz para dirigir una expedición de tanta monta.

—¿Y qué sucedió?

—Spira se hizo oír en la Audiencia, haciéndoles ver que precisamente os pensaba elegir su teniente general. Ante el dilema, los jueces optaron, dada la buena reputación que os adjudican ambas partes, que Spira fuese tras la Casa del Sol, siempre y cuando vos fueseis su lugarteniente.

—Ahora entiendo —murmuró con apagadas inflexiones.

—Guardaos de comunicarle a don Jorge lo que acabo de informaros: lo tomaría a mal y vos sois un joven que merece toda mi confianza y simpatía. ¿Me guardaréis el secreto?

—¡Contad con ello, señor de Carvajal!

—Pues, como os iba diciendo —prosiguió Spira al regresar—, al cura no le quedó más camino que obedecer a la Audiencia, por más que se haya llevado un ejército que a la postre quedará a mi servicio. Por cierto —añadió Spira— que a todas éstas no os he hablado del comportamiento y lealtad de Lope de Montalvo: el buen juicio que emitió sobre mí me ayudó sobremanera. Habré de agradecérselo en su oportunidad.

Como Hutten se mostrase caviloso, Carvajal comentó sonriente:

—Y para hablar de cosas más divertidas: ¿os imagináis la cara que habrá de poner el bellaco de Federmann cuando se entere de haber quedado sin gobernación?

Luego de festejar su ocurrencia, dijo señalando una taberna, de donde entraba y salía la gente:

—Entremos a la fonda que un tiempo fuese de Aldonza Manrique, hoy gobernadora de la isla de Margarita. ¡Es una taberna de suerte, aunque hoy háyase transformado en una preciosa mancebía! Como podéis ver, siempre está de bote en bote.

Un abigarrado conjunto de mujeres, en su mayoría andaluzas, circulaba por el mesón ofreciendo sus encantos entre los gritos y gestos salaces de la muchedumbre. Hutten espiró fuerte, rechazando el vaho de sudor ácido, de vino, tabaco y cuerpos desnudos. A una señal de Carvajal, el posadero desalojó de una mesa a seis soldados:

—¡Fuera! —clamó autoritario—. Dejad el sitio libre a mi noble señor Juan de Carvajal. Sentaos, Excelencia; sentaos, por favor. Estáis en vuestra casa —propuso, retirando las sillas y limpiando afanoso la mesa—. Ya no tardará la Catalina. Termina de acicalarse.

—Bien, bien —dijo el escribano sin ocultar el regusto que le provocaba su importancia.

La grita de los hombres por las mujeres ensordecía a Hutten. Para sorpresa de Carvajal y el posadero, pidió una horchata.

—Catalina —recalcó Carvajal— es la más preciosa chiquilla que vuestras mercedes habréis visto ni en la misma Sevilla, donde Dios las dejó caer con profusión y ventaja. Nadie sabe cómo logró pasar a América y evadir la vigilancia de las autoridades, ya que Su Majestad es muy celoso de que mujeres solteras vengan al Nuevo Mundo.

Hutten y Spira, absortos en la gente, le prestaban poca atención.

—Veo que os interesa aquella morena de ojos almendrados, Excelencia —aventuró el juez—. ¿Queréis que la haga llamar? Es tan cálida como Coro, y movediza como una serpiente. Es de Córdoba y vínose oculta bajo la cama de un capitán de navio. ¿Veis? Se ha dado cuenta de que os interesa. ¿Llámola para vuestro contento?

—No, por Dios, señor de Carvajal; estoy viejo para ello, aparte de no haberme abandonado la febrícula.

Más de diez mujeres de todas las pintas y colores se acercaron a Hutten.

—¿Quieres venir conmigo, arcángel de los ojos azules? —le pidió con un guiño de burla una andaluza, intentando sentársele en las piernas. Amoscado, vaciló incómodo.

—¡Vete ya, pelandusca pringosa! —le ordenó descompuesto Carvajal—. ¿O no has dádote cuenta de que molestas al caballero?

—Está bien —respondió la mujer—. ¡Está bien, simio de piernas cortas, que tienes la pilla del tamaño de un meñique!

—¡Lárgate ya! —descargó, tembloroso—, o llamaré a la guardia para que muélate a palos.

La prostituta mesó la barba de Hutten diciéndole arrobadora:

—Y tú, mi San Jorge, ven a mí cuando quieras, siempre y cuando no andes con ese dragón presuntuoso, hecho para sacarles cuentas sucias a los machos de guerra.

—¡Guardias! —llamó desaforado Carvajal.

—Ya me voy, ave de mal agüero, ya me voy... Y permita Dios que te crezcan los pelos pa'dentro. ¡Guaje! ¡Cachorro! ¡Ablandabrevas!

—¡Silencio! —se impuso la ruda voz del posadero—. ¡Va a bailar para vosotros Catalina, la reina de Santo Domingo!

Las voces se apagaron. Restalló una guitarra con sones de bulería. Emergió súbitamente una chica de unos dieciocho años, delgada, pequeña y frágil. Hutten, inmerso en sus pensamientos, sintió de pronto un vivo reclamo a tierra, al verla contornearse al ritmo de una guitarra. Su rostro era perfecto. De tez blanca como la pulpa del coco; los ojos grandes, negros y rasgados, brillantes, con fulgores de goces hondos. Tenía los pómulos altos de la bruja tártara y se agitaba como ella en la hoguera. A cada movimiento, Hutten sentía que algo se le contraía. La mujer sudaba. Se le cubrió la frente de gotas perladas que mojaron su barba, salaron su boca, despertándole recónditos y postergados ecos. La mujer, finalmente, cesó de bailar; desfalleciente se dejó caer en la silla que Carvajal le ofreció con diligencia.

—¡Ay, madre mía de mi alma! ¡Que si hubiese dado un paso más hubiéseme consumido en vida! ¡Algo de beber, por favor, vino no —protestó ante la oferta de Spira—. Dadme algo fresco, agua, zumo de frutos!

—¿Queréis horchata? —propuso Hutten, ofreciéndole un vaso a medio llenar.

—¡Eso! —respondió la chica, empinándose hasta el fondo el refrigerio.

—¡Gracias, guapo! —dijo Catalina viéndole por primera vez a la cara—. ¡Y vaya que eres bien hecho! ¿Pero, yo a ti te conozco, hombre?

Hutten la miró confuso; algo había en ella que le recordaba un rostro, una persona, un acento.

—¡Claro que sí! —afirmó sin matices de duda en el ceceo—. Tú eres el tudesco, amigo de mi tía. Yo soy la chica que te sirvió aquel desayuno en Sevilla. Yo soy Catalina de Miranda.

—¡La hembra más guapa del Nuevo Mundo! —voceó Carvajal.

Con rostro encendido y ojos chispeantes, Hutten respondió tartajoso y también embelesado:

—Has crecido mucho, desde entonces. Estás hecha una mujer.

—Es por los favores recibidos... los mismos que tú no quisiste darme.

—¿Qué jerigonza habláis vosotros? —preguntó curioso Carvajal—. ¿Es que acaso os conocíais?

—Lo conocí en Sevilla siendo niña —se apresuró a explicar—. Este amigo tuyo es un cuquero; andaba metido con una tía mía, que luego de conocerlo profesó de monja.

—¿De monja? —preguntó Hutten sin adentrarse en la mofa—. «Oh, Madre mía —dijo para sí— hiciste el milagro de regresar al redil la oveja descarriada. Pero, ¿por qué te olvidaste de esta criatura? ¿Por qué dejaste que perseverara en el camino del mal?»

Pero a medida que la contemplaba terminó repitiéndose la sentencia preferida de Spira: «Son tortuosos los caminos del Señor.»

Juan de Carvajal exclamó retumbante:

—¡Has bailado estupendo! ¡Nunca habías estado mejor!

—¡Claro, resalao! ¡Si hágolo por última vez!

—¿Marchas a España? —le interpeló con miedo.

—¡No, por Dios! —respondió en voluble y cortante risa—. Mi amigo el gobernador retírame de la vida pública. Me lleva a vivir en una casa florida, que tiene en las afueras...

—Pero tú me habías dicho —balbuceó Carvajal con un asomo de protesta, haciéndole entrega de un collar de perlas.

—Sí, mi vida. Es cierto el haberte prometido irme a vivir contigo, pues estaba harta de andarme ganándome los cuartos entre marineros borrachos...

—Es que yo soy el juez de la Real Audiencia...

—Pero eso, majo, no es un recurso; y el otro, hijo de mi alma, es gobernador —repuso entornando los párpados—. Y entre el oro y la plata, pierde la gata.

—¿Y este collar de perlas que ha costádome una fortuna? —reclamó suplicante.

—Pues guárdatelo, si es tanta tu roña.

—No, no quise decir eso, vida de mi alma. Es tuyo. Dónotelo y de todo corazón, aunque yo te pierda para que seas la manceba del gobernador.

—Quizás cuando tú lo seas... —añadió acuciante

—Serélo algún día —exclamó vehemente—, júratelo por los clavos, de Cristo... y ese día habrás de venir conmigo.

—Cuando ese día llegue —dijo jubilosa— podrás llegar a mi vera, pues gústasme más que mi nuevo amo y protector.

Y le estampó un beso guiñándole un ojo a Hutten.

—¡Júrame, Catalina, que cuando sea gobernador, habrás de venirte conmigo!

—¡Júratelo! —dijo y en falsaria gitanería levantó el pie izquierdo para anular el compromiso y acariciar a Hutten en el entrepierna.

—Brindemos, entonces, por el cabal cumplimiento de nuestros deseos y por el feliz viaje de estos amigos mañana.

—¿Partís mañana? —preguntó entristeciendo la expresión—. ¡Vaya cuánta pena siento por haberos conocido en el último momento!

—Catalina —enunció Carvajal enternecido—, quiero pedirte algo: antes de entregarte mañana a tu nuevo dueño, comparte esta noche en mi casa, conmigo y con estos amigos, tus últimas horas de libertad.

Catalina, con los ojos fijos en Hutten, respondió con entusiasmo y picardía.

—Como tú lo quieras, resalao. Como tú lo quieras...

Hasta el toque de ánimas, Carvajal, Hutten y Spira departieron alegres entre las chuscadas de la sevillana y buenas copas de vino. Hutten, para sorpresa de Spira, se tomó una botella de Rioja que le encendió la cara y también los sentidos. Estaba a punto de ceder ante los reclamos de Catalina, a riesgo de lo que pudiera suceder. Carvajal no cesaba de beber y de reír. Catalina exudaba olores de hembra ardida y desbocada. Spira, pretextando malestar, se retiró a su alcoba. La andaluza, excitada por el vino que ya había sumido a Carvajal en pesada embriaguez, bailó para Hutten entre decires de taconeo. Carvajal, luego de escanciar una cuarta botella, cerró los ojos y entre ronquidos quebró la cabeza. La muchacha, siempre bailando, se alejó hasta un rincón reclamándolo con señas de tientatoros. Antes de darle un ardoroso beso le dijo:

—Apenas duérmase este poltrón, quiero verte a mi lado. Esperóte en el jardín, al filo de la medianoche.

Despertó Carvajal:

—Catalina, ¿dónde estás? Vamos a mi alcoba, ya es la hora...

Y dando tumbos se fue con ella por los corredores de la hermosa casa.

Al salir de su habitación a la hora convenida, brillaba en su cénit la luna redonda y grande. Era la luna de Fausto. Un jardín salpicado de jazmines perfumaba el aire bajo una luz mortecina. Al instante apareció Catalina, cubierta por el último fustán. Sin decir palabra se echó en sus brazos, besándolo transmutada. Ya la carne encendida los empujaba al césped, cuando una voz los detuvo:

—¿Así pagáis mi hospitalidad?

Carvajal, de rostro descompuesto, lo amenazaba con una pistola.

—Esta hembra infiel, aunque sea una mala zorra, era mi mujer para esta noche. Me habéis herido. Y dad gracias a Dios que no os acribille en este instante. Ella no lo merece, ni tampoco mi honor...

Hutten intentó argüir, pero el odio asomado en aquel rostro no se lo permitía.

—¡Largaos ahora mismo de mi casa! —gritó fuera de sí—. ¡Marchaos a la nao que os espera para zarpar en la madrugada! Ya me ocuparé de que Spira crea el cuento de que os fuisteis por vuestra propia decisión. Ahora más que nunca estoy persuadido de que todos los tudescos son tan arteros como Alfinger y Federmann.

La nave que los lleva a Coro desde hace ocho días lucha contra la corriente embravecida que viene por barlovento.

«De no ser por esto, el viaje entre Santo Domingo y Coro —ha dicho el piloto— se haría en cuatro o cinco días y no en los diez que habitualmente lleva.»

—Ahora, sí nos podremos soltar —explica el marino, días después—. Estamos a la altura de Tierra Firme. En dos días estaremos en la costa curiana.

Una docena de cabras pasean por cubierta; otras tantas, permanecen echadas bajo el sol. Ha sido una idea de Spira para proveer a sus pobladores de animales de cría.

Una bandada de gaviotas pasó graznando hacia el Sur.

—¡Cómo se siente la proximidad de la tierra! —comentó Spira sorbiendo deleitoso el aire.

—¡Señor! —dijo Hutten tras un esfuerzo—. Debo deciros algo que a lo mejor no os va a complacer: el maese Goldenfmgen se retornó a Alemania.

Giró violento la cabeza.

—Hizo conmigo el viaje a Santo Domingo. No se quiso despedir de vuestra Excelencia, por la congoja que ello le causaba.

El gobernador espiró bruscamente, cejando el rostro en su crispadura. Por un largo rato guardó silencio. Finalmente dijo, cordial y atemperado:

—Felipe, amigo mío, ¿sabéis por qué os hice mi lugarteniente en esta expedición?... Por vuestra lealtad.

—¡Señor...! —intentó comentar.

—Sé que en varias ocasiones os tentaron para que me depusieseis y hasta me ejecutarais durante la expedición.

—¡Señor...!

—Callaos por favor, y escuchadme atento. Sé que estabais al tanto de haber sido yo el inquisidor que procesó y quemó a Berta, la mujer de Goldenfmgen.

Hutten empalideció y lleno de zozobra miró hacia abajo.

—Os hubiesen bastado diez palabras para transformar al bueno de Goldenfmgen en el peor criminal. Luego de mi muerte hubieseis sido mi heredero, con la general complacencia de todos. Puedo saber ¿por qué no lo hicisteis?; y más que ello, ¿por qué mantuvisteis íntegro el aprecio y afecto hacia mi persona, como me lo habéis demostrado en tantos años?

Cejijunto, lo miró de frente:

—¿Cómo os imagináis a un Hutten recurriendo a infamias para hacerse valer?

Spira perdió el dominio de sí mismo. Balbuceó una excusa.

—Y por último —prosiguió Hutten molesto—. Sé que obrasteis con justicia; a mí me consta que Berta era la más temible bruja del sur de Alemania.

Spira quedó vivamente emocionado por su relato. Luego de intercalar un largo silencio, aferrado con las dos manos a la barandilla, desgranó lentamente lo que estaba por decir:

—Os debo una explicación, o mejor dicho, dos. Uno de los mozos asesinados por Berta era mi sobrino más querido y para colmo mi ahijado. Dio la casualidad que el mismo día de su muerte lo topé en el desembarcadero. Yo venía de merendar en Las Tres Herraduras, donde paraba siempre que iba o venía de Ausgburgo. A pesar de la belleza de Berta y de su amabilidad, había algo en ella que me incomodaba. Al ver a mi sobrino bajar de la barca, que yo habría de tomar para ir a Ratisbona, tuve un mal presentimiento. Esa misma tarde, al pedirle a Berta unas rodajas de cebolla, mientras las cortaba en mi mesa, observé que lagrimeaba sólo por el ojo derecho: eso es propio de hechiceras. Al enterarme del asesinato de mi sobrino pensé inmediatamente que había sido ella y no los bandoleros, como se decía. Atando cabos caí en cuenta de que mi ocurrencia tenía sentido. Me puse en guardia, proponiéndome investigar a fondo el asunto. Fue el propio padre de Goldenfmgen el que me dio otra pista: al comentarme con jactancia que las otras víctimas, al igual que vos y mi sobrino, luego de cenar en la posada prefirieron seguir camino en la noche. Al pedirle una descripción de los mozos, me llamó la atención que tenían el mismo tipo físico de mi sobrino, que es el mismo vuestro, es decir rubios, fortachones y bien parecidos, lo que señalaba una particular afición del criminal por una prestancia determinada. Lo cual, como cabe suponer, no es propio de bandoleros, y en especial, si con vuestra excepción, eran mozos sin más equipaje que pañuelo amarrado al báculo. Un día oí a Federmann comentar que la posadera de Las Tres Herraduras se entregaba a cuanto forastero guapo llegase a su albergue. Preguntando aquí y escuchando allá confirmé que era cierto lo que contaba Federmann, sin que nadie entendiese la ceguera de Goldenfmgen con su mujer.

—Lo tenía hechizado, según me había dicho el cura.

—Eso era precisamente le que sucedía. Luego me refirieron haberla visto volar la noche de Walpurgis.

—¡Santa María de Soddenheim!

—Desde hacía tiempo se sabía que había una bruja en las inmediaciones que volaba siete leguas. Hasta que la identificaron plenamente nadie sospechó de ella. Ya no esperé más para echarle garra. La llevamos a Ausgburgo y la sometimos a interrogatorio. Al comienzo negó todo, como siempre sucede en estos casos. Pero al aplicarle tormento soltó lo que guardaba, respondiendo afirmativamente a todas mis sospechas. Ante sus revelaciones el Santo Tribunal la condenó a ser quemada viva en el sitio donde urdió sus maldades.

—Espantoso, Excelencia, todo cuanto me habéis referido.

Abandonando su aire severo, chispearon sus ojos con risueña malignidad.

—Os prometí dos explicaciones. Vaya la segunda y dadme la absolución de antemano. Cuando me disteis a entender, allá por Acarigua, haberme reconocido el día de la quema de Berta, estuve a punto de ordenar a Murga que acabara con vos. Lo que sabíais representaba un grave riesgo para mí: como también lo era Federmann, quien sabía tanto del asunto como vos. Por eso me las ingenié para alejarlo abruptamente de Goldenfmgen. Os preguntaréis por qué no hice matar a Goldenfmgen si era tanto el temor que me inspiraba. Por una simple razón, mi querido Felipe. A pesar de no tenerle grima a la sangre, intento siempre ser un hombre justo. Aunque por dos veces tuve la certeza de que lo sabía todo, pronto me di cuenta de que seguía tan romo como en los tiempos de Berta. En cuanto a vos, debéis la vida a mi sobrino...

—¿Cómo?

—Pocos días después de aquellas dudas se me apareció su espíritu, en medio de la noche, recomendándome con voz clara que me guardara de hacer nada contra vos, pues nunca me haríais daño.

—¿Quieren sus señorías beber un poco de leche? —preguntó una voz a sus espaldas—. Es de cabras y está recién ordeñada.

Hutten vio una vez más a Spira y se cubrió la cara con una totuma. Otro grupo de gaviotas cruzó sobre el barco y se alejó entre chillidos hacia Venezuela.

3. ¡Ese cacique dorado...!

Los expedicionarios traídos por Bastidas habían congestionado de tal manera a Coro, que hasta la misma iglesia, «siempre y cuando no fornicaran» —como puntualizó el obispo— servía de albergue. Los soldados, al saber la llegada de Spira, corrieron a su encuentro, escudriñándolo, al igual que a su lugarteniente, con frialdad, hostilidad y desconfianza..

—No hay alimentos para tanta gente —informó solícito Juan de Villegas—. Estamos pasando casi la mitad de hambre que en la primera expedición.

Spira lo miró de arriba abajo. Villegas, impertérrito, proseguía extremando su amabilidad.

—Por aquí, señor gobernador —decía mostrándole el paso—, ya veréis el nuevo bohío que os hemos hecho con nuestra mejor voluntad. Pasad, por favor, y decidme si no es bueno y aireado.

El gobernador vio con desgano su rústica vivienda y se echó en la Hamaca colgada entre dos vigas.

Hutten salió en busca de Rodrigo de Bastidas. El obispo, luego de trasegar cuatro pintas de refrescos, rezongó:

—Entonces, mi querido amigo, ¿estáis decidido a ser el lugarteniente de ese abellacado, sanguinario e inútil?

—Así es, Su Ilustrísima —contestó con firmeza.

—Estoy convencido de que el Señor niega malicia a los justos. Sea como vos queráis, pero debo informaros que vuestra decisión de no asumir la jefatura, mal le habrá de caer a la tropa. Con vuestra excepción, no quiere más jefes alemanes. Dicen, y yo lo creo, que todos llevan la mala suerte encima.

Ante aquella aseveración, Hutten coloreó el rostro. Luego de una larga pausa añadió vacilante:

—Debo deciros una cosa, Su Ilustrísima, pero en secreto de confesión. La mala suerte que acompaña al señor Spira desde que salimos de España, no es culpa suya, sino mía.

Con acento contrito refirió las profecías encontradas de Camerarius y de Fausto. Bastidas no lo dejó terminar:

—¡Estáis enloqueciendo! ¡Vamos, Felipe! ¿Cómo vais a ser vos el portador de una maldición, si antes Alfinger y Federmann condujeron a la muerte y al desastre a miles de españoles? El malfario es de Jorge Spira y, si os empeñáis en iros con él, tomad este escapulario con una reliquia de Santa Verónica y esta higa de alabastro para protegeros de sus efluvios. La mala suerte que anda a cabritos de los alemanes es debida a que buena parte de ellos han abrazado la fe de Lutero. Por eso Dios los castiga.

El ejército, tal como lo había pronosticado el obispo, se negó al principio a tener por jefe a Spira. Fue necesario que el mitrado hiciese valer todas sus argucias, sofismas y facundia para persuadir a los supersticiosos y reacios castellanos. Lope de Montalvo jugó nuevamente un papel decisivo al explicarle a la tropa, que a pesar de las bajas sufridas, Spira había procedido como un gran conductor. En agradecimiento ratificó a Montalvo como jefe de caballería, «a pesar —como murmuraba Pérez de la Muela— que muriéronsele los setenta y un corceles de los cien que llevaba».

A principios de enero de 1540, Hutten seguíase debatiendo en las mismas dudas, si era él o Spira el portador de la mala suerte. No dándose por satisfecho por las palabras del obispo, consultó a Pérez de la Muela, tan versado en astrología como en medicina.

—¿Fausto os dijo eso? —saltó el médico—. ¿El gran Juan Fausto? —insistió incrédulo—. ¡Pero si es el más grande nigromante en todos los tiempos! Si os predijo desgracias de ir tras la Casa del Sol, hacedle caso y regresaos a Germania a la primera oportunidad. Si queréis ir tras la quimera sangrienta, allá vos. Pero yo, y perdonadme, no os acompañaré. Por lo que he visto y por lo que me acabáis de decir, la muerte y la desgracia os persiguen y no cejarán de hacerlo hasta acabar con vos y con aquellos que os acompañen.

Aquella misma tarde tomó la pluma y luego de escribirle una larga y sufriente carta a Mauricio terminó por confesar: «El filósofo Fausto tenía razón, ha dado en la cabeza del clavo, nos ha ido muy mal...»

Spira y Hutten pasaron toda la mañana planificando el derrotero:

—Realmente es un problema grave —decía Spira— el arribo a Coro de estos nuevos expedicionarios. No hallo cómo sustentarlos.

—Buenas, buenas —interrumpió afable Diego Montes El Venerable.

Spira lo miró molesto por la intromisión.

—Os traigo una noticia: entre los hombres llegados con el obispo encuéntrase Pedro de Limpias...

Fulguró el ojo malo de Spira.

—¿El que fuese maese de campo de Nicolás de Federmann?

—El mismo, Excelencia. Sólo que ahora odia a Federmann por haberlos abandonado en su pueblo de Cabo de la Vela, aparte de conocer mejor que nadie dónde encuéntrase la Casa del Sol...

Spira trocó en sonrisa el rostro avinagrado. Secó su rostro maltrecho inclinándose atento hacia delante.

—Dice —prosiguió El Venerable— que estuvieron en un país donde abundan el oro, la plata y las esmeraldas.

—¡Caramba, caramba! —comentó cordial, acariciándose la barba—. ¿Y qué esperáis, Montes de Oca, para hacerlo comparecer ante mi presencia?

—Limpias teme vuestro enojo, señor. Dice que él no hizo más que seguir las órdenes que impúsole el señor de Federmann.

—¡Vamos, vamos! Decidle a Limpias que no le guardo rencor alguno; entiendo su caso... y tengo vivos deseos de saludarle.

—No hallo cómo expresaros mi congoja —decía Limpias— por el engaño de que he sido víctima. Nunca imaginé a Federmann como el agranujado fullero que realmente era. Soy un hombre sencillo, Excelencia, al que es muy fácil engañar. ¿Os acordáis cuando en vuestra presencia increpé al bueno de donjuán de Carvajal, cubriéndolo de insultos? Pues no hay nada más injusto que aquellos denuestos; por lo que pedíle perdón reconciliándome cabalmente con él en Santo Domingo.

Luego de prolija narración de sus afanes en cuatro años, contó que remontando un inmenso río al que llamaron Magdalena, «llegaron a un gran valle en lo alto de las montañas, donde, además de oro, encontraron tribus muy civilizadas. Tenían reyes, joyas y carneros. El capitán Alonso Jiménez de Quesada hallábase dueño del patio. Quesada y Federmann discutieron sobre jurisdicción. Argüían ambos tener los mismos derechos para conquistar el país. En medio de la discusión, como si no bastase, apareció Sebastián de Benalcázar, gobernador de Popayán en el reino del Perú. Benalcázar se abrogaba también los mismos privilegios. Cuando parecía que iban a aborracarse, acordaron viajar a España para que el emperador decidiese por ellos. Para mayor gloria de Su Majestad, fundaron una ciudad a la que llamaron Santa Fe de Bogotá, el 27 de abril de 1539».

Prosiguió Limpias con su tono silbante:

—Tanto Benalcázar como Quesada buscaban un lago, en cuyo centro hállase un templo con ídolos de oro del tamaño de un niño. Hasta las tejas son del más puro oro. Lo hizo edificar un cacique de Guatavita en desagravio a su mujer y su hija, a quienes echó vivas en medio de las aguas, enloquecido por los celos. Temeroso de los espíritus de sus víctimas, pidió consejos a los sacerdotes. Éstos dictaminaron que edificara el mentado templo y que una vez al año, con el cuerpo cubierto de polvos de oro, echase en la laguna joyas y metales preciosos. Apenas Benalcázar oyó la historia, dizque dijo a sus hombres: «Vayamos, sin pérdida de tiempo, en busca de ese cacique dorado.» Yo creo a pies juntillas que se encuentra al sur de Bogotá;

pero no tras la cordillera, sino del lado de acá: en nuestra gobernación de Venezuela. No soy el único en tener tal creencia. Entre los hombres de Quesada estaba un turco renegado, que además de tunante era de lo más taimado. Juraba por las barbas de Mahoma y por la Macarena, que el reino de oro queda donde digo. Se apellida Guerrero, pero todos lo llamábamos El Cautivo, por haber sido prisionero de los infieles. Era un tipo la mar de chunguero, pero tan malo cual buba reventona.

Spira, esforzándose por aparecer cordial, dijo a Limpias:

—Os propongo, maese, no sólo ponernos en marcha lo más pronto posible hacia El Dorado; quiero que seáis mi maese de campo.

Pedro de Limpias sonrió con su boca vacía y se arrodilló ante el gobernador, dejando escapar un sollozo agradecido.

—Muy pronto —afirmó Spira— no hallaremos qué hacer con tanto oro.

Y sacudido por la fiebre se echó en la hamaca diciendo a Hutten con voz exánime:

—Llamadme presto a Pérez de la Muela y a El Venerable, a ver si me alivian con sus menjurjes.

Hutten lo vio con piedad. Tenía el rostro lívido y la piel apergaminada. Un continuo temblor sacudía su cuerpo.

—Es paludismo —diagnosticó Pérez de la Muela.

—¿Se recuperará?

—Todo es posible —aseveró El Venerable sin convicción—; pero lleva la muerte pintada en la faz.

Luego de algunos días de intensa fiebre, regularizó su temperatura, y aunque tenía un terrible aspecto, ocupaba todas las horas del día en preparar la expedición, auxiliado por la veteranía de Pedro de Limpias. Aquella mañana el maese de campo apareció con el rostro abatido:

—Malas noticias os traigo, Excelencia. El obispo Bastidas hame impuesto una larga tarea en los predios de la abandonada Maracaibo, que llevará meses darla por terminada. Si para ese entonces permaneciereis en Coro, no vacilaré en ponerme a vuestro servicio.

—¿Quiere decir, entonces...?

—Que no puedo ir con Su Excelencia, ni ser vuestro maese de campo.

—Pero esto es inaudito —protestó Spira—. ¿Y no podéis negaros como hombre libre que sois?

—Desgraciadamente, no —respondió acongojado—. Según el obispo, por culpa de Federmann tengo cuentas pendientes con la justicia. Promete olvidarlas si lo auxilio en sus deseos.

Tan pronto salió Limpias, estalló su rabia.

—¡Una vez más el obispo! Bien sé lo que trama: armar una expedición, y servirse de este hombre para hallar El Dorado. Ya me las apañaré yo para encontrar el sitio. Bastante me ha dicho Limpias en estos días para ingeniármelas solo. Lo que debemos hacer, don Felipe, es darnos prisa. Marchar hacia El Dorado lo más pronto posible. Debemos ganar tiempo. Vayamos en busca de Montalvo.

Acompañado por Hutten, se dirigió a las caballerizas. En medio del terraplén donde se ejercitaban los corceles de guerra, Lope de Montalvo, piernas arqueadas, hosco y altivo, los ve venir.

Spira, contra su costumbre, le dice amable:

—Todo marcha a pedir de boca.

—Menos lo que hay que meter en ella —respondió Montalvo con

una crispadura de sol en la cara.

—¿Qué queréis decir?

—Que no hay comida en Coro para tanta gente. Con el ejército que trajo el obispo de Santo Domingo ya no alcanza el condumio.

—Tenéis razón —accedió sorpresivamente, ignorando la altanería—. ¿Qué podemos hacer?

—Pienso que como aquí sobran cien bocas, bien pudiera llevármelas yo por delante, acampar en Variquisimeto, donde abunda la caza y también los frutos, y esperar allá al grueso del ejército, que por lo que veo, fáltanle aún meses para estar listo.

—¡Estupenda idea! —celebró el alemán para mayor extrañeza de Hutten—. Eso es lo que debe hacerse. Tomaréis de inmediato las precauciones para poneros en marcha, de ser posible mañana mismo.

—En seguida, señor—expresó entusiasta y montó en su caballo, saliendo hacia el pueblo a galope tendido.

—Buena idea —dijo Hutten— la de enviar la vanguardia a Variquisimeto. ¿Y nosotros cuándo partiremos?

Spira lo vio con ojos risueños:

—Yo, en mayo o junio; vos, cuando lo haga Lope de Montalvo.

—Pero, ¿por qué, Excelencia? —preguntó anodadado.

—Aunque no os debo respuesta, quiero seros franco; no confío en Montalvo, ni en ninguno otro, que no seáis vos, para entregarle la avanzada de El Dorado. Ya con Federmann me basta. Cada uno de estos hombres son naciones en potencia. Llevan encima el mal de la rebeldía, la peste de la división.

Hutten dijo contrito, luego de oírle:

—Me preocupa el destino de Perico y Magdalena. No los puedo llevar conmigo y temo dejarlos sin protección en Coro.

—Yo me ocuparé de ellos por los momentos —repuso afable—. Luego encontraremos la mejor solución.

—Os lo agradezco, Excelencia. Los pobres son toda mi familia.

Al llegar al bohío sintió un acerbo dolor.

—¿Se puede saber —preguntó Magdalena al captarle el desagrado— a qué se debe tanta acrimonia?

—Traigo malas nuevas —respondió entrecortado.

Estalló el llanto de Magdalena y fluyó silencioso el de Perico. A una hora de promesas amainó la tristeza. Luego de aceptar bajo protesta quedarse con Spira, comentó Magdalena:

—¡No me gusta ese viejo! Mírame cual si yo fuese un fenómeno y apenas hablo muérese de risas como si hiciera muecas y morisquetas.

—Es que eres la mar de graciosa —dijo con ternura—. ¿Cómo no quieres que ría de tus ocurrencias? Si os dejo con él —agregó— es por la premura del viaje.

Magdalena caviló por un rato. Luego dijo con voz de intriga:

—La que márchase con el capitán Montalvo para calmarle sus ardores es La Clueca...

—¿La Clueca? ¿Quién es ella?

Intervino Perico:

—La india alta, larga y flaca que te traje en días pasados y que Magdalena echó de la casa entre palos y maldiciones.

—¡Ella no es mujer para mi amo! —saltó iracunda.

—¡Es la caquetía más hermosa de todos estos contornos! —respondió Perico, airado.

—Pero no hay nada que le guste más que estar echada sobre los huevos; por eso la apodaron La Clueca.

Aquella noche, la última que habría de pasar en Coro, vuelve punzante el insomnio. Siente y presiente que no habrá de volver a ver a sus enanos. Su vida, desde que salió de casa, ha estado signada por una soledad entre multitudes. Por grande y sentido que haya sido el afecto de su rey Fernando I, su amigo y compañero de juegos, su encumbramiento levantó entre ellos murallas de corcho. La existencia en la corte o en el campamento es de una dolorosa soledad. Los que nos acompañan son tan cautivos como nosotros. No los hemos elegido por compañeros. Las conversaciones son formales, alambicadas y hasta cautelosas, y en especial cuando ascendemos en jerarquía. Mudamos de alcoba de una noche a la otra, al igual que de ciudades y de regimientos. Con Perico y Magdalena todo ha sido distinto. Desde hace dos años, por vez primera ha tenido una sensación de compañía alegre, ruidosa, reconfortante. Ha compartido con ellos «el pan, el silencio y el techo, máximas expresiones de amorosa intimidad», como bien lo ha dicho el padre Tudela, mi amigo y confesor. El cura, nombrado capellán de la expedición, resultó ser como lo definió Bastidas, «un hombre de sano y robusto juicio», reacio a la superstición y a las fantasmagorías. Al referirle lo sucedido con La Sayona, repuso burlón:

—¡Vamos, don Felipe! ¿No me digáis que le hicisteis caso a esa burda patraña de Villegas? Nuestro amigo además de ser mendaz a más no poder es un faldero de marca mayor, que ha fornicado en hamacas y en el mismo suelo a todas las indias de Coro y de sus contornos, y a cuanta española póngasele a tiro. Villegas es un garañón, un gallo lúbrico, el mejor semental que tiene España en ultramar. No sé quién es esa perdida de la cual me habláis; pero si apareció Juan de Villegas en el momento en que pensabais refocilaros con ella fue porque le dañasteis el beneficio. ¡Ay, mi querido monseñor! Cómo se os ve que no conocéis a Villegas y las truhanerías que es capaz de armar para salirse con las suyas.

«Aceptando las razones del cura —se decía Hutten en la oscuridad—, ¿quién era la bella que pasó a su lado aquella noche de luna llena?»

No le satisfacía la explicación de que bien podía ser una india con afeites de señora, o algún maricón engañador, como sucediera con Weiger.

El sueño lo fue ganando. Distendió sus facciones y la respiración se volvió profunda y acompasada.

En la puerta se dibujó una sombra de mujer. Iba desnuda. Sin vacilar se acercó a la hamaca. Magdalena, al otro lado, despertó alerta:

—¿Quién anda ahí? —voceó autoritaria.

La mujer corrió hacia la calle. Perico salió tras ella. Por un rato la buscó inútilmente. Al volver una esquina la vio ocultarse tras el sueño de un caballo. Sonrió complacido y volvió sobre sus pasos.

Luego del último desayuno, y entre el silencio triste de los enanos, apareció el padre Tudela:

—Monseñor, ya todo está listo para ponernos en marcha. En la plaza está formado el ejército.

—¿Ya Lope de Montalvo sabe que voy con ellos? —preguntó cauteloso.

—Acaba de decírselo don Jorge Spira. No creo háyale complacido; pero en fin, el tiempo mejora todo. El que también decidióse a venir con nosotros, y esta vez con la singular anuencia del gobernador, es Diego de Montes, El Venerable.

—Buena noticia me dais —comentó Hutten—. Su experiencia nos será de inestimable ayuda.

Con paso firme caminó hacia la plaza. Cien hombres a caballo con sus armas a punto lo esperaban. A una voz de Montalvo desenvainaron los sables y presentaron armas. Era el nuevo general del ejército en vanguardia.

El jefe de caballería no disimulaba su enojo. Hutten, luego de abrazar a Spira, le dijo lloroso:

—Y por favor, señor, cuidad de estos pequeños; no permitáis que nada malo les suceda. Son vuestros en cuerpo y alma.

—Id con Dios —respondió Spira—. Cuidaré de ellos.

—Otro tanto pido a Su Ilustrísima —dijo inclinándose ante el obispo.

—¡Vamos, Felipe!, que parecéis un crío llorón. Idos ya de una buena vez y dejad de moquear. Os parecéis al juez Navarro.

Hutten abrazó a Magdalena, besándola en cada mejilla. A Perico le dio fuerte abrazo. No pudieron los clarines ni los tambores ahogar en ambos su llanto desaforado. «Dos enanos sollozarán por vos...», había dicho Fausto.

Tercera parte

Capítulo VI
Hacia El Dorado

1. Sucedió en Borburata

Una vez más los conquistadores bordearon la comba del Golfo Triste, camino de la altiplanicie de los encuentros.

—Quien viese el mapa de nuestra ruta —dijo Hutten con un tinte de humorada— nos acusaría de amentes. Ir hacia el Este para llegar al poniente es absurdo; pero en el Nuevo Mundo no siempre el camino más corto es la línea recta.

—Siempre lo ha sido y lo será —restalló descompuesto Montalvo—. De haber sido yo el jefe de la vanguardia, hubiese tomado el camino de la sierra, por montuoso y quebrado que sea. No veo por qué tomar dos meses para recorrer lo que bien se hace en dieciocho días.

—Es orden del capitán general —justificó resignado—. No hago más que obedecerle.

—¡Qué capitán general ni qué niño muerto! El buen sentido prevalece por encima de aturdidos arrebatos.

Se tornó oscuro el tinte acerado de sus ojos.

—No podéis expresaros de tal guisa de don Jorge Spira.

Montalvo le devolvió la mirada, y se lanzó al galope mascullando protestas.

—No sé qué le estará sucediendo a Montalvo —comentó caviloso el padre Tudela—. Nunca fue precisamente un cortesano, pero de un tiempo a esta parte se la pasa emberrenchinado.

—El despecho, padre, provoca estragos —repuso socarrón El Venerable—. No es fácil vivir de segundo cuando se puja para primero. Es el drama de los hijosdalgo. A los de casta inferior, los que como nuestros padres y abuelos fuimos siempre insignificancias, sin gestas ni hazañas agusanándonos la resignación, nos da lo mismo que mande Pedro o que mande Juan, en tanto no implique muerte y miseria lo que disponga. Pero mirad, padre, ya llegamos a la boca del Yaracuy; hemos cubierto la mitad de la ruta.

—¡Señores! —comunicó esa noche Hutten a sus oficiales—. Como aún faltan varias semanas para nuestro encuentro con el capitán general, he decidido proseguir por la playa hacia el naciente y luego trasponer unas montañas azules paralelas al mar.

A medida que avanzaban se acortaba la distancia entre la serranía y el Caribe, cubriéndose el camino de fragantes sombras. Al llegar a un paraje de amplia y generosa bahía, dijo Montalvo:

—¿Veis, señor de Hutten? Este sí es un buen lugar para hacer una ciudad. Tiene lo que ella requiere: tierras feraces, para alimentar gente por millares; puerto natural y una montaña que por añadidura se le viene encima para protegerla.

—Tenéis razón —asintió Hutten sin mayor entusiasmo, ordenando acampar en aquel sitio, llamado Borburata por los naturales.

Los pobladores, hoscos al principio, se tornaron cordiales al paso de los días, confesando que nunca temieron a los hombres de a caballo, a los que siempre habían vencido, sino a los que venían en grandes piraguas con tubos de trueno. El benigno clima fraguado por los alisios y la generosidad de los habitantes, proveyéndolos de maíz, pescado y cacería, determinó en muchos un desvaído afán de permanencia.

—Yo creo —opinaba Juan de Quincoces con timbre festivo— que buscamos con desesperación El Dorado por huir de la desértica Coro, con aquella caló de los mil diablos y la mezquindad de la tierra para el diario yantar. Por eso anhelamos la riqueza con premura. Queremos retornar a España para saborear el frío; acurrucados ante el hogar, adormilados por el hervor de una marmita donde se cuecen unos bueuos garbanzos con tajadas de lacón. Pero cuando descubres que el Nuevo Mundo no es aquella árida y sofocante tierra, sino que hay paisajes como éste: con garridas y complacientes hembras, comida a patadas y todo sin dar golpe, termina uno por preguntarse: ¿para qué quiero el oro, si aquí tengo lo que él otorga?

—Lo que acabas de afirmar sería cierto —rezongó Lope de Montalvo— de ser duradero. Pero estos salvajes sólo esperan la oportunidad para caernos encima. Son caribes y se conducen con las mismas mañas que los del Masparro. Yo, de ser vosotros, no confiaríame para nada. Dormiría con un ojo abierto y folgaría con el sol afuera.

No obstante las gráciles figuras de las indias de Borburata, La Clueca continuaba siendo la hembra más codiciada del campamento, con su cuello y sus piernas largas, el gesto bizarro y los pechos firmes.

—¡De no ser por el capitán Montalvo —decía con eco ardido uno de los soldados—, le saltaría encima y le echaría siete!

—A mí me bastaría con uno —respondió Quincoces, con aire goloso.

—Y la mirada que se gasta, la muy guarra —alegó un tercero—. Cuando aguaita parece decir: «Ven, nene; dame aquí lo que allá te sobra.»

—Pero andad con cuidado —advirtió Quincoces—. A Montalvo le importa un bledo la india, pero despanzurraría al que intente birlársela. Como todo hijodalgo, confunde el honor con sus propiedades.

—Debería entonces —afirmó estremecido el primer soldado— hacerle cubrir sus desnudeces y no andar en cueros por un campamento de rijosos.

—¿Y no os basta, cachondos, ese redil de hermosas pingonas que tenéis a mano dispuestas a daros gusto y contento?

—No es igual luego de hacerse la boca agua ante un pernil —adujo Guevara—, echarle el diente a unas criadillas, ni que vengan salteadas con ajo.

—Pues, si no quieres perder las tuyas, olvídate de La Clueca.

El primero en percatarse fue el padre Tudela:

—Tened cuidado, señor Hutten, con la india de Montalvo...

—¿Con La Clueca, decís? ¿Por qué he de tenerlo? Es mansa como todos los caquetíos.

Con expresión aburrida, el cura meneó la cabeza.

—No me refiero a ella, sino a su dueño.

—No entiendo, padre, ¿qué tengo que ver con Lope de Montalvo?

—Vuestra inocencia es digna de un primo comulgante. ¿No os habéis percatado de que La Clueca se babea por vos?

Como denotara sorpresa, prosiguió:

—¿No habéis visto que no cesa de aguaitaros y al pasar a vuestra vera redobla de tal forma sus habituales meneos, que yo, siendo un cura viejo, hasta reniego de mis votos?

Lo miró con ojos de alarma.

—La verdad es que no lo había percibido —añadió con voz neutra—. Pero, ya que lo decís estaré más atento en lo sucesivo... y, por supuesto, dejad de preocuparos de haber algo de cierto: nada más ajeno a mí que desear la mujer del prójimo, y en particular la de un amigo.

—Si yo fuera Su Señoría —argüyó el cura— no confiaría en esa amistad. Nadie me lo ha dicho, pero mucho temo que Lope de Montalvo debátese entre el agradecimiento y un odio potente que asciéndele de las entrañas. ¿Habéisle hecho alguna afrenta?

—En modo alguno; antes, por lo contrario, creo haberlo favorecido en todo momento.

—Os creo y eso es lo que confúndeme. Montalvo, a pesar de su mal genio, es un hombre bueno. Y si maldice a diestra y siniestra, quítase el pan de la boca para dárselo a un compañero. Es un justo, ajeno a chismes e intrigas. Por eso la tropa elígelo siempre árbitro de sus diferencias.

Y de incurrir en falta alguno de sus hombres, repréndele y castígale sin llevaros el recado. Por eso preguntóme: ¿por qué un hombre como Lope de Montalvo puede odiar al señor Hutten?

La conversación con Tudela le dio que pensar: Lope de Montalvo, sin asomo de dudas mostraba hacia él una desacompasada inquina, que aunque se replegó luego de salvarle la vida, volvió rugiente al ser preterido como jefe de vanguardia.

Mientras reflexionaba con los ojos puestos en los peñascos que azotaba el mar, sintió un cosquilleo en la nuca. Al volverse, se dilataron sus ojos consternados. Arriba de una roca, La Clueca, desnuda como siempre y con su larga cabellera al aire, lo contemplaba vivaz, inmóvil el cuerpo y las comisuras. Se extasió ante su presencia. Realmente era seductora; no sólo en su cuerpo, sino por aquella cara de pómulos altos con ojos chinos trazados a pincel. Amaparí sonrió reclamante. Ahogando impulsos, se puso en pie con alardes opuestos. La india dio media vuelta y huyó hacia el caserío.

«El padre Tudela está en lo cierto», se dijo con deleitosa inquietud. La Clueca lo incitaba y tentaba con el sólo juego de sus ojos, golpeando amenazantes sus resquemores y escrúpulos.

«¡Ay, Parsifal —evocó místico—, una vez más Kundry, pero sabré vencerla con el rayo de oro de mi continencia!»

Hutten, seco y autoritario, comunicó a Montalvo:

—Mañana proseguiremos hacia Variquisimeto.

El capitán, amenazante, levantó el sable. Chocó el arma contra el suelo.

—¡Válgame el cielo! —exclamó Hutten, estupefacto, al ver a sus pies una serpiente decapitada—. Nada menos que una cascabel. ¡Dios os lo pague, capitán! Me acabáis de salvar la vida. ¡Seré vuestro eterno deudor!

—Nada me debéis, señor mío —repuso seco y silbante—. He pagado simplemente una deuda. Estamos en paz.

Hutten colgó su chinchorro a unos cincuenta pasos del grueso de la tropa. A diferencia de otras noches, no había brisa. El calor era pegajoso, salpicado de sal y de mosquitos zumbones. Emergió la luna sobre la bahía. Era la luna del mal presagio: clara, redonda y roja.

Traía una cara avinagrada de boca circunfleja, de la que chorreaban dos mostachos rojizos. Ya se apagaban las voces y languidecían las hogueras, cuando a través del entretejido de la hamaca vio venir por la playa a La Clueca.

Un torrente de ganas le bajó impetuoso, y ya se incorporaba cuando se interpuso la silueta arrebatada de un hombre. Era Lope de Montalvo. Luego de maldecirla y derribarla de un golpe, la tomó por los cabellos y a rastras se la llevó hasta un matorral del que salieron sollozos y gemidos.

«¡Virgen Santa —se dijo para sí—. De haber salido a su encuentro, Montalvo me hubiese degollado!»

Y al ver la luna con su flequillo agorero, murmuró temeroso y admirado: «¡Oh, doctor Fausto! ¡Cuán grande mago eres! ¡La muerte me ha rondado por segunda vez a causa de una bella mujer, en noche de luna llena y en medio del descampado!»

Al día siguiente y en los que siguieron, tramontaron las montañas que los separaban del mediodía.

Cerca de un valle donde acamparon, al otro lado les dijeron que había una inmensa laguna llamada Tacarigua.

A finales de agosto llegaron a Variquisimeto. La Clueca, luego de aquella noche, rehuyó su presencia. Los días y el descanso se prolongaron. La abundancia de alimentos y de cocuy apaciguaron a Montalvo.

—Soy fiel creyente —expresaba a Hutten aquella noche a la vista de un váquiro asándose— de la necesidad de abandonar Coro y trasladarnos a mejores sitios, como éste de Variquisimeto, o Borburata o el valle de las Damas. De sus vegas pueden vivir diez mil hombres hartos de todo bien y amparados por mejores aires.

—Comienzo a pensar como vos, Lope de Montalvo, aunque para seros franco, no es ello lo que me desvela.

—¿Y qué es lo que no hace dormir a Su Señoría? —preguntó con la sonrisa crispada.

—Yo sólo ansio volver a mi patria. Vivir en Viena o en Augsburgo...

—¿Y qué esperáis para hacerlo? —más que preguntar, le soltó en cara.

—¡Encontrar El Dorado! Recibir mi parte del botín para hacerme valer cual corresponde a mi rango.

—¡Eso es todo cuanto buscáis vosotros los tudescos! —estalló dejando salir la ira que desde hacía rato mal contenía—. ¡Por eso no habremos de entendernos jamás! Yo a esta tierra, que no es más que una prolongación de España, voy queriéndola cual si hubiésenme plantado en ella. Yo no pienso en retornar, a pesar de ser en Salamanca tan hidalgo como vos. No sólo el tiempo, también la distancia mete cambios aquí —dijo golpeándose frenético el pecho.

—No os entiendo, capitán Montalvo.

—Ni nos entenderéis jamás —profirió airado y vibrante—. Esa es vuestra desgracia y la nuestra.

Y sin decir más se puso en pie y se alejó en la noche. Abatido, buscó a su confesor. Advirtió que la luna, al igual que en Borburata, era una linterna sorda, con sus flequillos color de sangre. El padre Tudela al verlo venir, salió a su encuentro.

—¿Qué os parece la luna, padre? —le preguntó con timbres de misterio.

—Es luna llena, ¿no?

—Es algo más que eso; es una señal que me hace el cielo...

Respingó el cura. Añadió estremecido:

—¿No la veis, acaso, teñida de sangre, amenazante y agorera? Fijaos en esos rizos prendidos en su barba. Todo ello no son más que augurios de un peligro que acecha... Ella es la luna de Fausto...

—Para seros franco —repuesto el cura somnoliento—, nada véole.

—Pero mirad el rojo escarlata...

—¡Vamos, don Felipe...! —repuso calmoso y condescendiente—, un poco menos lívida que otras veces, quizás un tanto asalmonada. Pero de ahí al rojo color de sangre, creo que exageráis. Es una luna vulgar y corriente. No debéis inquietaros.

Tenso por los sucesos, se echó en su hamaca. Ideas encontradas giraban en su mente, llenas de zozobra y pesadumbre. Sintió impulsos de huir. Volar sobre el mar con la escoba del brujo Torrealba. Retornar a su casa. Cobijarse bajo el amparo de sus padres. Renunciar para siempre a El Dorado. El canto de los sapos y el rumor de un arroyo cercano lo fueron adormilando. La luna roja le daba en la cara.

La Clueca salió del monte y a pequeños brincos de salta charcos, se acercó hasta él y lo besó dormido. A diez pasos, Lope de Montalvo la miraba hacer con la mano agarrotada en la daga.

2. ¡Por la gracia de Dios!

Al mediodía, matando caballos, llegó un mensajero. Gritaba a todo pulmón:

—¡Don Jorge Spira, el gobernador, ha muerto!

Hutten, demudado, corrió a su encuentro:

—Murió al salir de Coro —refirió el jinete, sofocado— el 6 de junio de 1540. Matáronle las cuartanas.

Se sintió afligido por la noticia y por la gravedad de ella. Le había tomado afecto al áspero y cruel caballero del pómulo hundido. Siempre lo distinguió con su respeto y deferencia. La expedición quedaba acéfala. Aun entre aquellos hombres que lo odiaban, surgieron expresiones de temor y desconcierto.

—¿Y se han tardado setenta días —reclamó malhumorado al jinete— para hacerme saber el deceso del capitán general?

—Al principio todo fue confusión —detalló el correo—. Nadie encontraba qué hacer. El obispo don Rodrigo de Bastidas hízose cargo del gobierno.

Hutten caviló brevemente y dio tres pasos hacia su bestia.

—Me marcho ahora mismo a Coro —proclamó con voz de arenga—. Vosotros dos me acompañaréis —indicó a Sancho Briceño y a Damián del Barrio.

Mirando a Lope de Montalvo, le dijo severo:

—Y vos, os quedaréis a cargo de todo hasta mi regreso.

—Señor... —intentó argüir el jefe de la caballería.

—Os tendré informado regularmente —le gritó autoritario antes de echarse al galope.

Al llegar a Coro corrió a la casa del obispo.

—Para mí —soltó Bastidas— que fue el mismo diablo o su mujer la diablesa quienes lleváronselo a los infiernos. Cuentan quienes asistiéronlo en su agonía que fue tal la fiebre que se apoderó de él, que ampolló la mano a uno que intentó tocarle. Como si sancocháranlo, su carne se fue oscureciendo al paso de las horas hasta terminar con un negruzco color de jamón viejo y quemado, que así apestaba el infeliz. En su delirio dizque pedía perdón a una tal Berta, que pretendía arrastrarlo a una hoguera...

—¡Santa María de Soddenheim! —exclamó Hutten aterrado.

—Pero olvidemos este asunto —propuso el obispo al verle lívido— y ocupémonos de otros problemas. Por los momentos téngoos dos epístolas que al parecer vienen de Alemania.

Bastidas sacó de un arcón dos cartas. Una era de Daniel Stevar y la otra de Mauricio, su hermano.

«A comienzos de enero —escribía Daniel— murió en Stauffen nuestro amigo Juan Fausto. Me lo hizo saber el conde Zimmer, ¿te acuerdas?, aquel noble amigo en cuyas tierras lo conocimos. Murió cerca de su castillo. Zimmer cuidó por sus exequias.» Hizo un gesto compasivo y abrió la carta de Mauricio.

Una aguda congoja lo paralizó sobre el papel. Su padre había muerto. Bastidas, al verlo, preguntó con alarma:

—Pero ¿qué os pasa, Felipe?

Ante la pregunta hizo un gesto abrupto y dejó salir un llanto ronco y lastimero.

Por más de una hora Bastidas derramó sobre él palabras conmiserativas y tragos de vino dulce.

Repuesto de su aflicción, asomó avergonzado una sonrisa, incitando al cura a que le refiriese lo sucedido a raíz de la muerte de Spira.

—Todo está muy confuso —le hizo saber el sacerdote—, pero alégrame... que el mal bicho haya fenecido.

Hutten hacía esfuerzos por entender. Sus ojos se contrajeron de pronto, girando con angustia la cabeza de un lado a otro.

—¿Y Perico y Magdalena? ¿Dónde están?

—En España.

—¿En España? —preguntó sobresaltado—. Pero... ¿qué hacen allá?

—¿Es que acaso no estabais enterado?

—No sé de qué me habláis —repuso lleno de confusión.

—¿No dejasteis la pareja al difunto Spira, bajo condición de enviarlos como presente al emperador?

—¡Yo! —clamó estentóreo—. Pero ¿cómo podríais pensar que ordenara cosa semejante, si esos chicos son cual hijos de mi carne?

—¡Ay! —dejó escapar Bastidas resbalándose en la silla—. He debido ser más cauto y no lo fui. Por un momento imagíneme que aquello no podía ser cierto y, perdonadme que os haya juzgado mal, pero el malandrín de Spira recordóme lo que vos le encomendasteis en mi presencia...

—¿Y qué dije?

—Pues le dijisteis, refiriéndoos a los pequeños: «Son vuestros en cuerpo y alma...»

—¿Afirmé tal cosa?

—Tal hicisteis —asintió compungido—. De ahí que nada pude objetar cuando acalló mis escrúpulos al decirme que era vuestra decisión. Perico y Magdalena fueron enviados al príncipe Felipe, a dos meses de vuestra partida.

—¿Quiere decir, entonces, que los pequeños se hallan en Toledo?

Bastidas bajó la mirada.

—Temóme que así sea.

«¡Señor! —se dijo para sus adentros—, ¿cuál ha sido mi pecado para que en un momento me dejes sin padre y también sin hijos? ¿Es que acaso la muerte que me augurase Fausto en estas tierras fuese perder a los míos? Perico y Magdalena hicieron por mí lo que mis padres me dieron en Königshofen: una dulce sensación de compañía. ¿Qué habré de hacer en lo sucesivo?» «¡Luchar, luchar! —le respondió muy adentro la voz del padre—. Triunfar y retornar a Baviera con riquezas y honores para ocupar mi lugar que ha quedado vacío!»

Hutten cavila sobre la sucesión. A unos les parecía bien que lo eligiesen gobernador. Otros preferían a un castellano. Acaricia el mando en sus sueños. La idea crece, trepa y se expande. «Quiero ser gobernador y descubrir El Dorado. Nadie mejor que yo conoce el país, luego de cinco años de recorrerlo de un confín al otro. Regresaré a mi tierra rico y poderoso. Me casaré con la duquesita de Medina-Sidonia, si está soltera... y si no, la haré viuda. ¡Qué diantre!, ¿por qué la duquesita y no Catalina de Miranda, la sevillana que me espera en Santo Domingo? Ella prometió marcharse con un gobernador. Pues bien, ya lo soy, o lo seré. Iré a buscarla. Caeré sobre su cosa, sobre su cuerpo... sobre su alma.»

Su entusiasmo se apaga. Detiene el paso y ensombrece el rostro: «Traer a Catalina a Coro entre tantos hombres de sangre caliente que fornican hasta con las cabras de leche, es peligro de muerte. Iré antes a El Dorado, regresaré con las alforjas llenas de oro y de pedrerías. Volveré a Baviera llevándome a Catalina, aunque chille mi hermano.

Ha sido la única mujer capaz de incendiarme el cuerpo y acallarme el alma.»

Una ocurrencia le viene en espiral: «¿Y la mujer del sayo? Algo tenía de Catalina en su rostro y en sus andares, además de amar la noche y las correrías bajo la luna. ¿Quién era su amo? ¿Dónde la oculta durante el día? ¿En qué lugar la guarda? El obispo debería estar al tanto de su presencia.»

—¿Una mujer así de larga y de bella y muy vestida de blanco? —inquirió Bastidas cariacontecido—. ¿No digáis, Felipe mío, que habéisla topado al filo de la madrugada y a las orillas del río...? ¿Y que volvióse para miraros haciéndoos señas de perdida para que la hallaráis...? ¿Y que además caminó erguida hasta unos matorrales...? No, no miente Juan de Villegas. Os ha dicho la purísima verdad. Ella no es una mujer sino el demonio en forma de mujer: es La Sayona. El sayo blanco no es traje de vida, sino sudario de muertos. Son muchos los que la han visto, y también lamentado. Dejaos de trotar tras desconocidas en las noches de Coro. Si os agobian los sentidos, poneos en comunicación con el sacristán; que ya sabré perdonaros vuestros deslices.

—Señor —interrumpe de pronto El Venerable—, un barco ha llegado a puerto. Alguien os envía este mensaje.

«Querido Felipe —decía el papel—: acabo de atracar. Corro hacia allá. Quien te quiere, Bartolomé Weiser.»

«¿Bartolomé en Venezuela? —se preguntó desconcertado—¿Pero qué hace este chico en Coro? Diecinueve años habrá a lo sumo. ¿Cómo es posible que su padre lo haya enviado a esta tierra de fieras? Seguramente lo han nombrado gobernador —rumió pesaroso—. ¡No tienes suerte, Felipe de Hutten! Seguirás siendo un segundón. ¡Pero qué mezquino soy! —se criticó acerbo, emergiendo de sus ilusiones—. ¿Cómo es posible que por un momento haya pensado en usufructuar un titulo que corresponde al niño por derecho? ¿No es acaso su padre el dueño y señor de Venezuela? ¿No coronan, acaso, a los reyes a los trece años? A esa edad el príncipe Felipe fue regente. Pero, no le será fácil gobernar a esta gente. Lo haré en su nombre. Impondré mi autoridad y haré que lo obedezcan. Tal hizo el cardenal Cisneros con el emperador. El también tenía diecinueve años cuando llegó a España. ¡Seré la sombra tras el trono! ¡Bartolomé Welser será gobernador!»

En menos de una hora llegó el primogénito del magnate. Era un joven sonrosado, barbilampiño y de ojos azules rebosantes de candor y de un cálido contento.

—¡Felipe! —le expresó jubiloso, echándose en sus brazos.

Es realmente un niño. Lo abraza fraternal; le entrega nuevas cartas de los suyos y otra de su padre, donde le ruega velar por su integridad. Una de las cartas es de Daniel Stevar. «A raíz de la llegada de Goldenfingen y de saberse los sufrimientos de tu expedición, la fama de Fausto, a un año de su muerte, se acrecienta en todo el imperio.»

—Es cierto lo que escribe Daniel —afirma entusiasta Bartolomé—. La fama del brujo cunde por Alemania y fuera de ella. En especial por lo acertado, según dicen, de sus augurios sobre ti; aunque, al igual que mi padre, las creo erradas al catarte vivo y sano. ¡Estoy presto a encontrar la Casa del Sol!

Esa misma tarde un pregón recorre las calles.

—¡Por orden de Su Ilustrísima, el excelentísimo señor don Rodrigo de Bastidas, obispo titular de Coro y gobernador de esta provincia, convócase a todos los hombres de nación española y a los jefes caquetíos, a una reunión a celebrarse en el recinto de la iglesia, a las cinco en punto de la tarde, con objeto de informar a la buena gente de Coro el nombre del nuevo gobernador!

A la hora fijada, con todas sus galas y en medio de cuatro alabarderos, el obispo se abrió paso entre la multitud, avanzando decidido hasta el altar.

—¡Silencio! —clamó dominador—. ¡Escuchad! En virtud del derecho que fuéseme conferido por la Real Audiencia de Santo Domingo, nombro a don Felipe de Hutten, capitán y gobernador de Venezuela. ¡Que el Señor lo bendiga!

Los vítores fueron tantos que ahogaron aislados gritos de protesta: Bartolomé le dio un fuerte abrazo.

—Nada gustará más a mi padre que esta elección tuya, hermano mío —dijo saliendo a la calle prendido de su brazo.

—Hay que enviarle noticias a Lope de Montalvo —ordenó a Juan de Guevara—. Tomad tres soldados e id por la sierra hasta Variquisimeto. Decidle que pronto me pondré en camino, con cien hombres de caballería y algunos peones.

3. Deberes de Estado

En enero de 1541, Hutten salió hacia Variquisimeto.

—Hemos desplobado a Coro —dice a Welser con temerosa jactancia—. Con la gente que traemos y la que dejé con Lope de

Montalvo tenemos un ejército formidable. Doscientos de a caballo y veinte arcabuceros son en estas tierras una fuerza poderosa. Conquistaremos El Dorado y traeremos tanto oro que a nuestro lado tu padre será un pobrete. Sólo me preocupa Coro y los pocos hombres que restan para defenderla.

A cinco semanas de travesía arriban a Variquisimeto. Haciendo sonar cornetas, corren veloces hacia el campamento. Una sorpresa los espera: con excepción de diez hombres, no había rastros del ejército. Entre los que se quedaron estaban Juan de Quincoces, El Venerable, el padre Tudela y Juan de Guevara.

—¿Qué sucedió? ¿Dónde están mis soldados? ¿Salieron en algún reconocimiento?

—Algo peor que eso —respondió contrito Tudela—. Lope de Montalvo, apenas supo que habíais sido elegido gobernador, y que el joven Welser había llegado a Coro, batió su gorra contra el suelo y lleno de ira exclamó soberbio: «Esto sí que no lo he de soportar. Felipe de Hutten carga consigo el peor de los agüeros: sólo muerte y desgracia le pronosticó el más grande hechicero de las Europas. Por esta razón se negó a venir con nosotros Pérez de la Muela. Marchémonos ya de una buena vez hacia Santa Marta, donde el capitán general es mi cuñado, y sabrá darnos el trato que nos corresponde.» Al conjuro de estas palabras —prosiguió el cura— una tempestad de invectivas se alzó contra los alemanes y Vuestra Excelencia. Unos decían: «¡Mueran los tudescos!», y otros: «¡Abajo los Welser! Somos castellanos viejos para continuar uncidos al yugo extranjero.» Y al reclamo de Montalvo, noventa de caballería y diez peones levantaron el campo y marchárose hacia Santa Marta. Es de señalar el buen comportamiento de

Juan de Quincoces, quien casi llega a las manos con Montalvo por defender vuestra causa. Otro tanto puedo decir de El Venerable y de los que aquí restan. Tienen la ventaja de ser hombres probados contra la rebeldía y la traición, que es mucho decir en esta tierra de deserciones y felonías.

Ante la desconcertante información, Hutten se mordió los labios, y se dijo terebrante: «Ahora tengo apenas cien hombres para conquistar El Dorado. ¿Será posible? ¿Habré de lograrlo? Sólo Dios lo sabe, y el doctor Fausto, quien yace podrido en su tumba.»

—Algo debo deciros, Excelencia—dijo entrecortado El Venerable.

—Hablad, amigo mío. Dispuesto estoy para escucharos.

—No es fácil decíroslo, mi joven gobernador —vaciló el viejo—, es algo muy espinoso...

Ante el vacilante preámbulo, se enderezó alerta.

—He oído decir, Excelencia, que combatís como el más fiero de los machos, a pesar de vuestro aire recatado, si se quiere... Pero no se os ha visto holgar con una hembra...

—Ello es cierto ¿y qué hay con eso?

—Bueno... El caso es que entre españoles... no sé como será en otros reinos... el hombre de pelo en pecho ha de hacer uso de las mujeres.

—¡No veo por qué! —protestó de mal talante—. ¿Qué pretendéis decirme, Venerable?

—Perdonad, señor; pero vivís desde hace años entre españoles, y es virtud entre nosotros yacer con hembras, concitando conjeturas de malquehacer quien no lo haga.

Se incorporó de un salto.

—¡¿Es que acaso dudáis de mi hombría por que no me revuelco por ahí con esas indias piojosas, como hacéis vosotros?!

—Yo y los diez que os esperamos, jamás hemos dudado de ella...

—¿Entonces?

—Pero sí hay alguien que la ha negado...

—¿Quién es ese canalla?

—Fue Lope de Montalvo, Excelencia...

Entendió de una vez: «¡Franz o Francina!» Ya lo temía. Si su paje engañó a Montalvo disfrazado de mujer, ¿qué otra cosa podía ser él, su amo, sino un silencioso marica? Esa era la verdadera razón de aquel odio que sintió desde los primeros tiempos y que se empeñó en ignorar. Con esfuerzo prosiguió El Venerable:

—En el momento de su partida dijo que vos no erais más que un sodomita, como a él le constaba desde los tiempos de Sevilla. Ninguno de los que escuchamos tal despropósito dímosle crédito. Pero como comprenderéis, si os empeñáis en conservaros virtuoso a rajatablas, bastará cualquier incidente para que la falacia reaparezca y se divulgue.

Confuso, llevó la mano al mentón.

—Debo confesaros algo, Venerable, ineludible para disipar errores.

En pocas palabras le refirió lo que sucediera, cuando su paje disfrazado de mujer, sedujo al fiero capitán de caballería.

—¿Os dais cuenta, Excelencia, de que las apariencias engañan y que a veces, debemos cuidarnos más de ellas que de la misma realidad? ¿Queréis un consejo? Dejaos de tantas menudencias y folgad a discreción. Un hombre fuerte y joven necesita expansionarse. Catad a esas indias que andan realengas por el campamento. Son tan bien hechas como las canarias o las andaluzas y tan afanosas de goce cual moras disolutas. ¡Catadlas, señor, catadlas!, que ya el mismo padre Tudela os adelantó la absolución, por considerar que vuestras necesidades no son vicios, sino deberes de Estado.

Lo dicho por El Venerable le dejó un amargo resquemor.

«No es que me disgusten esas espigadas salvajes de cuello largo con senos de mastuerzo. ¡Claro que me apetecen y encienden mis ganas! Sólo que, hasta ahora, he tenido por norma dar ejemplo a mis hombres. El propio emperador, a diferencia del rey de Francia, es muy cauto en sus deslices. El conductor, en sus galanteos pierde lastre en su dignidad. ¡Pero qué calor hace esta noche! —se dice sudoroso en la hamaca—. El brasero no ahuyenta a los mosquitos, calienta el cuerpo y lo ahúma».

La tensión lo inquieta y también agobia. Ya no se trata de Catalina, ni de la duquesita, ni de La Clueca, ni de hembra alguna de cara o cuerpo determinado. Es la urgente necesidad de penetrar una cavidad tersa, húmeda y viva. El arco de su turgencia va desgarrando sus convicciones. Se tira de la hamaca. Avanza hasta el arroyo que gorgotea a su derecha. Desnudo, intenta meterse al agua. Ni el húmedo contacto de la hojarasca, ni las risotadas de la soldadesca abaten la rebelión. Llega al borde del agua. El arco sigue siendo cuerda de ballesta. Una voz de mujer salta y pregunta:

—¿A dónde vas, gobernador, con ese garrote alzado?

Azarado, otea en las tinieblas.

—¡La Clueca! —exclamó al ver a la india de Lope de Montalvo desnuda y sonriente.

No fue necesario más: una, dos, tres veces, el tizón incandescente se incendió y apagó entre la india de las grandes zancadas.

—¿De dónde sales tú? —preguntó acezoso.

—Quédeme a tu espera. No quise irme al país de las montañas con nubes.

—¡Oh, Dios! —clamó sacudido por voces ancestrales.

—¿Qué os pasa, señor? —preguntó, indulgente, La Clueca, acariciándole el cuerpo.

—¿Te he puesto un hijo?

—No puede ser. Hace ya tres meses que estoy sembrada.

—¿No me digas que es cierto lo que dices? —celebró festinante, y como aún quedaban flechas en su carcaj, disparó hasta el alba, en que lo dejó vacío.

—¿Por qué será, Venerable, que en estas tierras tan cerca del sol los sentidos muerden cual perros bravos?

—¡Ay, don Felipe! —respondió el cirujano mesándose la barba—. Dios sabe lo que hace. En el bajo equinoccio la vida es precaria. Muérese por todo; muérese por fiebres, muérese por hambre, por inundaciones y por sequía, por heridas emponzoñadas, por tabardillo, por picadura de culebras y arañas; por el tigre que acecha, el huracán y el terremoto. Si acá mueren diez mil por cada uno que perece al otro lado del mar, ¿no os parece justo que el Señor a la hora de nacer invierta las cifras preservando así el equilibrio del universo?

—Ciertamente —asintió perplejo.

—Decidme entonces, ¿de qué otra manera puede lograr sus propósitos, si no es haciendo que la gente fornique con más gusto y frecuencia? La lujuria en estas tierras no es pecado capital sino virtud cardinal. Por eso le decía hace poco a nuestro buen obispo Rodrigo de Bastidas: «Si yo fuese Su Ilustrísima, diría al final de mis sermones: Fornicad los unos con las otras, la vida es breve y gozosa y hay que reponer los muertos».

Transcurrieron en calma los meses de lluvia. A pesar de sus promesas, Hutten volvió a catar a La Clueca. A los seis meses de embarazo dejó de hacerlo. Los refuerzos tantas veces pedidos se retrasaban inexplicablemente. En la Navidad de 1541, Hutten y El Venerable vieron pasar a La Clueca; llevaba el rostro crispado y reventona la barriga:

—Vi a parir al río —indicó con acento sombrío—. Es de maravilla como dan a luz estas mujeres sin remedios ni comadronas.

—Y en medio de la noche —añadió Hutten, en tono enigmático.

—¿Y qué? —observó displicente El Venerable—, La muerte y la vida mucho tienen que ver con el agua y la oscuridad.

A la mañana siguiente apareció muerta La Clueca sobre una peña del río.

—Esto a veces sucede —comentó el médico con naturalidad—: cabeza española en vientre indio no ajústase... trábase y no sale. Es toda una proeza hacer madres a estas indias. ¿No os parece, monseñor? A lo mejor será distinto cuando los indios preñen a las españolas.

La presencia de Bartolomé Welser consoló a Hutten en su soledad. No obstante su edad y juvenil euforia, era lúcido, enérgico y disciplinado. Decía esa tarde a Hutten:

—Mi padre, al igual que yo, estamos convencidos de dar esta vez con El Dorado; ahí tienes la razón de mi presencia en Venezuela.

Vio al muchacho y sonrió satisfecho.

—Lo que cuenta el gordo Goldenfmgen, a pesar de sus supersticiones, es conveniente...

—¿Goldenfingen? —saltó curioso.

—Sí. Mi padre lo hizo venir a Augsburgo para que le refiriese todo cuanto había visto. Yo estaba presente. Habló excelencias de ti y maldijo a Von Spayer.

—¿A Von Spayer o a Jorge Spira? Pero si Goldenfingen y Spira parecían entenderse.

—Eso fue cierto hasta que el gordo quedó enterado de su participación en la muerte de su mujer. Fue él quien la denunció ante el Santo Oficio, la aprehendió y torturó, siendo el primero en darle fuego a la hoguera.

Haces de acres respuestas confluyeron hacia sus viejas preguntas.

—Afortunadamente que Spira murió —prosiguió el muchacho—. Goldenfmgen se dirigía hacia acá cuando se enteró de su muerte.

Juan Quincoces del Llano, seguido de Damián del Barrio y Alonso Pacheco, se acercaron vacilantes al árbol bajo el cual dialogaban.

—Con vuestra venia, Excelencia —saludó reposado Quincoces—, algo tenemos que deciros.

—Hablad, amigos —respondió benévolo—. ¿De qué se trata?

—Habiendo desertado el capitán Lope de Montalvo de nuestra compañía, impónese llenar su vacante de teniente general con alguno otro de vuestra confianza.

—Así es, Excelencia —apoyó Damián del Barrio, mirando a Quincoces.

—Tenéis razón, señores —repuso decidido—. Mi teniente general será don Bartolomé Welser.

—Como vos queráis, Excelencia—respondió con desgano Alonso Pacheco, luego de una larga pausa.

4. La suerte del cisne

—Ya termina enero —informa Hutten a Bartolomé— y aún no me han enviado los refuerzos. Quedan menos de tres meses para el comienzo de las lluvias. Esperar más nos expone a quedarnos atascados hasta octubre. ¿Qué se te ocurre hacer?

—Ponernos de inmediato en camino —respondió el mozo.

La elección del hijo del banquero para teniente general no fue del agrado de los expedicionarios. Hombres como Sancho Briceño, Juan de Guevara y Damián del Barrio, curtidos hombres de guerra, se sentían con mayores derechos.

—Yo comprendo —chismorreaba un capitán de nombre Martín de Artiaga— que por darle gusto a su padre, nómbrese al crío obispo, real tesorero o alférez mayor de una ciudad dormida como lo es Coro; pero en cosas de tanto fuste como es conquistar El Dorado, ponernos bajo su mando es una afrenta a nuestra valía.

—Tiene razón Artiaga —ronroneó Alonso Pacheco—, mil veces prefiero ser subalterno del sastre Luis León que dejarme gobernar por ese carininfo.

Esa tarde el padre Tudela dijo a Hutten:

—Habéis errado en vuestra elección.

—Pero si Bartolomé es un chico muy capaz, mejor que cualquiera de ellos.

—Puede ser que estéis en lo cierto; pero al no parecerlo, basta.

—Bueno —replicó destemplado—, al fin y al cabo, el padre de este chico es el dueño de este país.

El cura se llevó las manos a la cabeza:

—No digáis, tal, ¡por vida de Dios! Los españoles no tenemos más amo, después de Dios, que Su Majestad. Afirmar otra cosa puede acarrearos profundos disgustos. Acordaos, esto no es Europa y por algo llámase el Nuevo Mundo. Desde el momento de cruzar el océano, queda roto el orden anterior. Nadie quiere saber de prebendas y privilegios heredados. Aquí no se reconoce más jerarquía que la antigüedad y la mayor sapiencia y coraje que alguien tenga con una lanza en la mano.

—¡Gente de a caballo viene! —gritó reclamante un soldado.

Hutten y Tudela se incorporaron. Era Pedro de Limpias. Acompañado por dos jinetes entraba al campamento en alegre caracoleo y en una nube de polvo.

—¡Bienvenido a Variquisimeto! —saludó Hutten, al verlo.

—He decidido en el último momento —afirmó Limpias, apenas desmontó— acompañaros a El Dorado.

—¡Enhorabuena para mí! —contestó satisfecho por la presencia del experimentado conquistador.

—Lamento deciros —dijo Limpias con su boca vacía— que con excepción hecha de vuestro servidor y de estos dos amigos, nadie más quiso venir.

—Hay algo más —prometió el viejo castellano luego de trasegar el agua de una bota—: nuestro común y querido amigo, el obispo Rodrigo de Bastidas, ha sido elegido obispo de Puerto Rico, disponiéndose a abandonar Coro de un momento a otro. Encargóme saludaros.

Se ensombreció momentáneamente el rostro de Hutten:

—Una gran pérdida para la Gobernación, pero me alegro por él.

—Aquí os envía una carta —dijo, sacando de su bolso un rollo precintado con muchos lacres—. Uno de sus hombres nos alcanzó a mitad de camino, con el encargo muy especial de hacéroslo llegar. Debe ser algo muy importante para enviarlo tan de prisa, con tantos sellos, cera y cabuyas.

Empalideció al leer: «En noviembre de 1541 —escribía Bastidas— la ínsula de Cubagua, por obra de un terremoto y un mar de leva, fue tragada por las aguas en un tercio de su extensión. La mayor parte de la gente ha muerto. Pedro de Limpias y sus compañeros ignoran lo sucedido. Os sugiero guardéis esta noticia en secreto. De lo contrario, corréis el riesgo de que vuestros hombres vuélvanse a Coro. Buena parte de ellos tenían amigos y familiares en la isla.»

—¡Francisco Velasco! —exclamó evocando con pesadumbre a su desaforado compañero—. No es posible que aquel díscolo soldado haya encontrado la muerte lejos de la guerra o de una trifulca. ¡Dios se apiade de su alma!

Siguiendo el consejo de Bastidas, quemó la epístola. Pedro de Limpias se le acercó confidencial e intrigado:

—¿Malas noticias?

—Sí y no —respondió evasivo, mirándole fijamente a la cara—. Os quiero proponer algo: ¿queréis ser mi maese de campo?

—Ya me trasoñaba —aseveró con jactanciosa efusión— que algo entre manos se traía el obispo con tantas cartas y misterios.

—No es cosa del obispo —respondió severo—. Soy yo, Felipe de Hutten, gobernador y capitán general de Venezuela, quien os propone ser mi maese de campo.

El viejo soldado trocó en respetuosa expresión su llana campechanía:

—Es para mí un honor serviros, Excelencia. Tendré a mucha honra ser vuestro maese de campo.

—¡¡¡Viva!!! —festejaron los soldados al enterarse.

Con el rostro iluminado, dijo Hutten al padre Tudela:

—Ahora no podéis quejaros de la elección que hiciera. Limpias es un soldado lleno de experiencia en cosas de guerra y, al parecer, querido y respetado por los hombres.

El sacerdote lo miró apocado:

—Demasiado querido para mi gusto.

—¿Qué insinuáis, ahora?

—Que si antes hicisteis una mala elección al elegir a Welser teniente general, habéis errado nuevamente al nombrar maese de campo a un hombre mañoso, lleno de codicia, que os lleva quince años y con más ascendiente sobre la tropa que el mismo presidente de la Real Audiencia.

—No hay quién os entienda, padre Tudela. Antes era porque Bartolomé era muy joven e inexperto; ahora porque Limpias es demasiado viejo y sabio.

—Matan por igual el agua y el fuego. No sabéis encontrar el justo medio. Los hombres que habéis escogido para que sean vuestra mano derecha y vuestra mano izquierda, son pólvora y lluvia, adversarios por nación y genio. Lo que uno diga el otro se aprestará a negarlo.

—No es acaso condición del buen político, como vos mismo decís, que nuestros subalternos mantengan cierta pugnacidad entre ellos.

—Todo es cuestión de medida. Las diferencias entre ese joven alemán y el viejo castellano son tan anchurosas como la mar; no lograréis acortarlas y ponerlas a vuestro servicio.

—¿Y cómo sabéis de antemano que Limpias y Bartolomé no se han de entender? Ni siquiera se conocen...

—Que yo sepa, el cisne tampoco conoce al tigre. No es difícil, sin embargo, presumir lo que sucedería al uno de encontrarse frente al otro.

Pedro de Limpias se mueve con diligencia por el campamento, dando los últimos toques a la expedición próxima a partir. Las relaciones entre el maese de campo y el teniente general toman el rumbo augurado por Tudela. El castellano toma las decisiones sin consultarlo. Welser intenta inútilmente imponer su autoridad. Los soldados discuten sus órdenes o las incumplen con desenfado.

—He de consultárselo al maese Pedro de Limpias —le replicó huraño Alonso Pacheco al mandarle a un reconocimiento.

—¿Cómo que consultar a Pedro de Limpias? —pregunta rabioso—. Yo soy el teniente general y Limpias mi segundo.

Pacheco lo mira fachendoso, estallando a pocos pasos en imprecaciones. Limpias, aunque soslaya un enfrentamiento con Welser, ante sus órdenes, cada vez más premiosas, se limita a mirarlo desaprensivo. Aquella tarde el viejo castellano permanece imperturbable ante los llamados del muchacho. Sin poderse contener, Welser, vibrante y enfurecido, grita:

—¡¿Es que sois sordo, maese, o se puede saber qué os pasa?! Limpias se revuelve con mirada quemante:

—¡Un momento, mozuelo! —grita a su vez con los ojos encarnados—. Soy tan viejo como para ser vuestro padre. Y no ha nacido aún el hombre que alce la voz para reñirme.

Se agitaba pugnaz el muchacho cuando intervino el padre Tudela llevándoselo de la mano y derramando consejos.

—¡Estos tudescos...! —ronroneó Limpias, mirándole con rabia las espaldas.

Hurten aquella noche, sentado en un tronco, reflexiona sobre las desavenencias entre Bartolomé y su maese de campo. Pedro de Limpias, a veinte pasos, se acerca en cauteloso balanceo:

—Preocupado, ¿eh?

—Algo, pero no mucho —repuso con desgano, invitándole a sentarse.

—¿Sabéis que una semana antes de ponerme en camino hacia acá, recibí carta de Francisco Velasco?

—¿De Francisco Velasco? —inquirió sobresaltado.

—Cuéntame que está rico en Cubagua: la fortuna le ha sonreído con el negocio de las perlas.

Sintió un súbito malestar, al maginarse a Velasco sepultado bajo las aguas.

—Aconséjame dejarme de estar buscando Dorados. Según él, la única riqueza por estos contornos está en Cubagua. Creedme que más de una vez he dudado en hacerle caso...

Se crispó el ceno de Hutten.

—¿Acaso me estáis insinuando irnos a Cubagua? Es bueno que sepáis...

—¡No, por Dios, Excelencia! —se apresuró a decir—. Sólo pensaba que si cambiabais de parecer, estoy, como siempre, dispuesto a secundaros en vuestras decisiones...

Tenso por la mala nueva y por aquel aire levantisco, le ordenó desairado:

—¡Velad que todo esté listo para levantar el campo mañana! ¡Podéis retiraros!

Llevaba el rostro de arrebolado cuando iba camino de vuelta hacia sus compañeros.

—¡Malditos alemanes! —estalló de pronto.

—¿Cómo decís, maese? —preguntó a un costado de la noche Bartolomé Welser.

Confuso por el encuentro, farfulló palabras temerosas. El mozo, firme y retador, le fue diciendo:

—Cuidad vuestra lengua si queréis evitaros padecimientos. Sé que no os placen los alemanes y menos la empresa Welser. Si no son de vuestro agrado, libre sois de volveros. ¿Qué os retiene?

—Perdonad, señor —balbuceó con ímpetu conciliador—. A veces no sé lo que digo, tal es mi genio. Os ruego disculpéis mis arrebatos; no digáis nada al capitán general.

—Por esta vez seré magnánimo, pero comportaos como es debido en lo sucesivo.

—No os preocupéis, señor. No volverá a suceder, os lo prometo.

Cabizbajo y encorvado se alejó en la noche; pero a los pocos pasos se detuvo y escupió con odio:

—Esto me faltaba por vivir: que un barbilindo de mala parla me ultraje con sus decires.

5. Malpaís

Al despuntar el sol, en medio de la neblina y el canto de las guacharacas, la tropa se puso en marcha.

Luego de trescientas leguas de soledades llegaron a un poblacho indio, pegado a la montaña, al que Spira bautizara en el viaje anterior con el nombre de Nuestra Señora de los Llanos. Al otro lado de la cordillera estaba Popayán, la gobernación de Benalcázar.

Por el cacique se enteraron de que semanas antes un ejército con Jiménez de Quesada al frente, bajó del altiplano y sin detenerse tomó el camino del Sur. La noticia los llenó de celoso sobresalto, y ya se disponían a seguir sus huellas, cuando las lluvias de abril les cerraron el paso. Los habitantes del caserío, a diferencia de los que hallaron a lo largo de la ruta, se mostraron cordiales y hospitalarios, proveyéndolos de alimentos, dejándolos hacer con sus mujeres y construyendo para ellos una inmensa churuata, donde cabían holgadamente los cien jinetes y los veinte peones. A comienzos de octubre cesaron las lluvias. Hutten dejó salir la frase ansiada:

—Caballeros, pongámonos en camino hacia El Dorado.

Luego de mucho andar por una explanada de paja rala, se toparon con un pueblo de indios desnudos, hoscos y mezquinos. Un paisaje desolado, lleno de sol y carente de árboles, se extendía a uno y otro lado de un río fangoso que orillaba el poblacho.

Los nativos dieron noticias sobre Quesada. A pesar de haber transcurrido meses, «pasó por allí días atrás muy pegado a la montaña».

—Llueve para todos —se ufanó Hutten—. Mañana mismo levantaremos campamento e iremos tras él hasta darle alcance.

Esa misma tarde toparon con un extraño personaje. Un indio vestido con camisa de algodón y gorra de lana roja, al que los pobladores recibieron con grandes señales de acatamiento. Tenía prestancia de mando por su atuendo y la nariz aguileña. Dijo a Hutten con la voz de Limpias:

—No debéis seguir los pasos del otro hombre blanco, si es esto lo que buscáis —dijo, sacando de su alforja dos nísperos, uno de oro y otro de plata—. Yo también quiero ir a ese lugar donde mi hermano halló estas gemas; pero no las encontraréis en ese malpaís por donde pretendéis ir, sino de este lado, por donde nace el sol. Habréis de llegar a Macatoa. Allí os dirán lo que hace falta para llegar a Ouarica en el país de los omaguas.

—¡Tonterías o engaño! —expresó Hutten al enterarse—. Este hombre sabe dónde se encuentra El Dorado, y como rehén o de buena gana ha de acompañarnos en la busca de Quesada.

Resignado, repuso el indio:

—Seréis como el otro: responsable de la muerte de vuestros hombres.

A poco andar por un terreno espinoso, lleno de arcabucos y de malas hierbas, encontraron la osamenta de un caballo y la tumba de un cristiano. Las cruces y los caballos se hicieron frecuentes. Llenos de aprensión, los soldados lo conminaban a volver. Estólido, proseguía. Al octavo día, el Señor de los Nísperos —como lo llamasen— desapareció en la noche.

—Seguiremos adelante —respondió Hutten ajeno a clamores y advertencias.

—¡Cuán porfiado es este hombre! —masculló Damián del Barrio—. Parece empeñado en destruirse, y a nosotros con él. ¿Creéis, camaradas, que ha de permitírsele tamaño desafuero?

Intervino Quincoces, plantándoseles por delante:

—¡A callar, zopenco!, si no quieres vértela con el hierro de mi espada.

Vientos de muerte soplaban en la retaguardia. Al llegar a un promontorio en forma de águila, Hutten dijo a la tropa con jactancia extraña a su ser:

—He aquí el camino de El Dorado. Yo nunca me equivoco. Habremos de marchar por ocho jornadas hacia el naciente, hasta encontrarnos con una cordillera paralela a los Andes. Al fondo de ella se alza la ciudad de oro.

La promesa almohadilló de esperanza a los descalzos. Perdido ya el perfil de la serranía, divisaron al Sur una punta parda que daba inicio a la sierra de La Macarena, como optaron llamarla en honor a la sevillana.

A menos de una legua hallaron un pueblo y unos sembradíos. Era la primera huella de presencia humana en tres meses de impenitente marcha. Ya se regodeaban de la compañía y de las mazorcas, cuando un ejército de indios enjutos y contrahechos cargó contra ellos, salpicándolos de flechas y de bestiales gritos. Eran los célebres indios choques, tan terriblemente caníbales que se comían a sus propios muertos. Luego de desbaratarlos y cargar con sus cosechas, prosiguieron hacia el mediodía. Un descubrimiento atroz les sacó un alarido de rabia: la pretendida cordillera que había de llevarlos hasta El Dorado era un ramal de los Andes que daba vuelta sobre sí mismo.

—¡Coño! —estalló Limpias—. Eso me pasa por meterme con maricas.

El camino de vuelta fue más penoso. El hambre y la sed los devoraban cuando alcanzaron Punta Parda, por el lado opuesto.

Otro pueblo choque, pacífico esta vez, les salió al paso, en el momento de estallar las lluvias. Los indígenas les enseñaron a comer maíz con hormigas, alacranes y arañas. Los aguaceros los volvieron a aislar. Lentos pasaron los meses. Una extraña enfermedad cayó sobre ellos y sobre los caballos. Era una suerte de sarna que tumbaba hasta el pelo de las cejas. Los corceles perdieron cola y crines y comenzaron a hincharse. Voraces de sal, se echaban sobre las ropas de los expedicionarios y las engullían apenas las ponían a secar. Comenzaron a morirse al igual que los cristianos. Cuando cesaron las lluvias, seis meses más tarde, treinta hombres habían muerto y un número igual agonizaba sobre los veintisiete caballos que escaparon a la peste. A paso lento y vencido tomaron el camino de vuelta.

En la gran churuata de Nuestra Señora se aglomeran los sobrevivientes. El rústico poblacho ahora les parece confortable fortaleza. Hutten, sentado en un tronco, mira abstraído y melancólico hacia la llanura. El padre Tudela y Bartolomé Welser, a diez pasos, lo miran abatidos, reflexivos y perspicaces.

«Todo fue un desastre, gracias a su tozudez», se dice el cura.

—Felipe no es el mozo que conocí en casa de mi padre hace diez años —cavila Welser, lleno de nostálgicas remembranzas.

«Bien que lo dijo el Señor de los Nísperos —rumia abatido el sacerdote—: éste no es el camino de la riqueza, sino el de la muerte. Hemos debido ir hacia Macatoa.»

«Ya no tiene la tez lozana y sonrosada que tenía en Augsburgo. Lleva la piel tan oscura que de no ser por el pelo rubio parecería un salvaje.»

«Aun no me explico cómo aquellos hombres, atormentados por el empecinamiento de Su Excelencia, no levantáronse en armas y le dieron muerte.»

«Pedro de Limpias era un bellaco. Siempre ha recelado envidioso su autoridad y detesta a Bartolomé, tildándolo de ser su mancebo. ¡Qué acuitado y morriñoso se ve Su Excelencia! ¡Pobre de él! ¿Qué habrá de hacer en el porvenir?»

Hutten, atribulado, desgrana a su vez preguntas y recuerdos. Haces de arrugas convergen hacia sus ojos y en su barba hay nidos de canas transparentes.

«Y yo que me lamentaba de ser trotacaminos de Sus Majestades. Yo que era más que un hermano para el archiduque... Yo que fui criado dilecto de César... que comí siempre sobre manteles...»

Un sueño de laúdes y de rabeles lo llevó a Roma. «Allí estaba ella y también los faisanes y los capones... ¡Pobre de mí! —se lamentó mirando la llanura—. ¡Pobre de mí! que cambié al Danubio por ríos de fango.»

—¿Qué os sucede, Excelencia? —preguntó el cura acercándose

conmiserativo—. ¿Es que acaso habéis perdido la fe en Dios, que os veo atristado con la cara arrasada por la atribilis?

—En modo alguno, padre. Echaba de menos a mi difunto padre. «El secreto del triunfo —afirmaba Bernardo de Hutten— es desearlo con tenacidad. Quien se deje abatir por la desdicha conspira contra ella. Los caballeros no reflexionaron sobre sus actos. Avanza, hijo, avanza, sin detenerte a pensar. Si la muerte llega, la reconocerás cuando camino del cielo veas desde arriba tu cuerpo tirado en tierra.»

Sonrió a la vista del cura y del recuerdo. Nunca se dejaba agobiar por el fracaso. Era logro del burgomaestre. Saldría airoso de la prueba. No hay nada que no cueste dolores y sangre. Luego de un año de errores, sabe dónde se halla El Dorado. «Volveré rico a Alemania. Restableceré el rango de mi casa. Me haré respetar por príncipes y magnates. Tendré los mejores trajes, los más briosos caballos y la mujer más hermosa de la tierra.»

—¡Saldremos adelante, padre Tudela —profirió entusiasta emergiendo de aquel rumiar acongojado—. ¡Triunfaremos!

—¡Bravo, Excelencia! —aplaudió el cura, patético.

—¡Bravo! —dijo como un eco el hijo del banquero.

Seguido por ellos, se adentró en la churuata, donde descansaban sus hombres.

—¡Oídme bien, mis amigos! —reclamó su atención con festivo acento.

Todos lo vieron con atención. Unos con curiosidad y otros con resentimiento.

—Más de un mes llevamos en este pueblo robusteciendo nuestras flaquezas, y por lo que veo, sus mercedes se hallan en condiciones de marchar hacia El Dorado.

Un hondo silencio siguió a sus palabras. Pedro de Limpias echó un escupitajo a tres pasos. El padre Tudela los miró con temor. No había resonancia en sus rostros. Sin inmutarse por aquella desalentadora actitud, Hutten les repitió conjuros del padre contra el fracaso.

—No os arrepintáis de los trabajos y vuelta en círculo que diésemos. De no haber sido por ellos, no nos hubiese sido posible saber que en Macatoa se halla la antesala de El Dorado.

La inmutabilidad de las facciones proseguía. Sin arredrarse ni vacilar, añadió firme y dominador:

—Yo, por mí, voy al Dorado. Sólo necesito dos hombres que me acompañen. Los que estén dispuestos a hacerlo que den un paso al frente.

Bartolomé Welser, fue el primero. De inmediato lo siguió Juan de Quincoces del Llano. Para su sorpresa, Pedro de Limpias fue el tercero.

—Contad conmigo —afirmó decidido El Venerable.

Otro tanto dijeron Martín Artiaga, Sancho Briceño y Juan de Guevara, seguidos de Damián del Barrio, Alonso Pacheco, el sastre Luis León y otros más, hasta ser cuarenta.

—¡Bien, señores! —sentenció vivamente conmovido—. Si con trece hombres Pizarra conquistó al Perú, ¿por qué nosotros no habremos de hacerlo? Somos tres veces más gente.

«Es diferente —pensó el cura—. Pizarra era un hideputa, y tú hermano menor de obispo.»

6. Las amazonas

Alegre y animosa va por el llano la tropa hacia el Guaviare. Son veinte ya los días de recorrer una llanura desolada cuando el río les corta paso. Exclamó Limpias:

—¡Mirad cuán ancho es, cuánta fuerza lleva! Al otro lado debe estar el mentado pueblo de Macatoa.

La tropa, embelesada, contempla el poderoso brazo caudal que parte en dos la llanura.

Pedro de Limpias, sentado en un peñasco, se muestra deleitoso y festivo. Bartolomé Welser le ordena fustigante:

—¡Señor maese de campo! Os encarezco que exploréis el terreno ahora mismo, con el fin de cruzar el Guaviare.

—Ya me jodió el día —dejó escapar, agregando con inflexiones de burla—: ¡Como lo ordene Su Gracia!

—No me deis tal título, maese —contestó Welser—. No soy miembro de la familia imperial.

—¿Estáis seguro, nene? —lo asaeteó al alejarse—. ¿Por qué no se lo preguntas a la puta de tu madre?

Dos horas más tarde, Limpias regresó con un indio maniatado. Era un robusto mozo.

—Lo encontramos mariscando río arriba.

Hutten lo examinó con buen talante.

—Decidle que venimos en paz y que no tenemos más propósitos que cruzar el río y llegar como amigos al pueblo de Macatoa. Soltadle las amarras.

El indio sonrió al verse libre. Con curiosidad, miró a los caballos.

—Comenta que son vicuñas muy grandes.

—¿Eso dice? —preguntó intrigado el padre Tudela—. Debe estar cercano, entonces, el mundo de los incas.

—El indio es de Macatoa —asentó el lengua.

A sugerencia de Welser, se le dejó en libertad para que llevase un mensaje a su cacique. El salvaje, luego de maravillarse del poder destructor y del estruendo de los arcabuces, se fue río arriba, batiendo pueril un sonajero.

Retornó al día siguiente con una flotilla de canoas y más de noventa guerreros. Junto a él venía un mozo de su misma edad.

—Es el hijo del señor de Macatoa —anunció.

El recién llegado habló largamente en un discurso sin pausas, cercenado de gestos:

—En resumidas cuentas —tradujo Limpias— dice: que su taita huélgase de alojarnos en su pueblo; que ya está enterado de nuestro propósito de seguir hacia los sitios del oro y de no quedarnos entre ellos. Refiere que habíanle dicho que éramos una suerte de rajabroquelas. Pero que él se ha dado cuenta de que somos buena gente. ¡Me huele —añadió Limpias mirándolo con malicia— que estos indios odian a los de El Dorado, y plácense de ser nuestros aliados para aniquilarlos! Igual pasó a Cortés con los indios de México.

Macatoa era un pueblo grande, de unas cien casas de bahareque y palma. A una señal del hijo del cacique, se detuvieron en medio de un circuito flanqueado por cuatro calles, rodeado de churuatas. Hierático dijo unas palabras extendiendo oferente el brazo.

—Propone —transmitió Limpias— que tomemos por casa cualquiera de estos bohíos; toda la gente habrá de pernoctar fuera del pueblo.

—¿Y por qué? —preguntó Welser con desconfianza—. Preparan seguramente un ataque...

—No se trata de eso —descargó Limpias desaprensivo—, y dadle gracias a Dios que nos crean dioses. El salvaje acabóme de decir que sería sacrilegio de ellos, simples mortales, compartir la noche con nosotros. Es cuestión de creencias, ¿entendéis? Es algo así como lo que sucede entre nosotros con los alemanes.

Habló el mozo, tradujo Limpias:

—Dice el hijito de su padre que pronto vendrá, que nos alojemos, entre tanto, donde mejor nos plazca.

Los expedicionarios se instalaron en tres casas contiguas. Hutten, Welser y Frutos de Tudela ocuparon la del medio.

Apenas colgaron sus hamacas, una docena de hombres y mujeres entraron cargados de comida. En grandes ollas de barro traían pescados, carnes diversas, cazabe, maíz y unas frutillas rojas sazonadas, de las que Ruiz, que había estado en México, dijo llamarse tomad o tomates. Luego del hartazgo se presentó el cacique. Era un hombre robusto y alto, de unos cuarenta años, mirada inteligente y pausados ademanes. Al medir los poderes del arcabuz y el temible trote de los caballos, dijo a través del lengua:

—Junto a unas cordilleras que de aquí se divisan en los días claros, hay ciudades muy grandes, con gente muy rica.

—Pero él considera que no debemos ir allá con tan pocos hombres. Aunque seamos gente poderosa: ellos son muchos y pudieran destrozarnos. Para no dejarnos ver el flanco, he díchole que nada nos arredra. Fijaos lo mucho que compláncele mi respuesta.

—Estabais en lo cierto, maese Limpias —reconoció el cura— cuando dijisteis que esta gente pretende servirse de nosotros para destruir a los de El Dorado.

El cacique miró a Hutten, y luego de moler muchas palabras abrió los brazos en amplio gesto.

—Dice el tío gordo —tradujo Limpias— que nada complaceríale más que dejásemos semilla en el vientre de sus mujeres, ya que tendría a mucha honra tomarnos cría.

—Si es así, presto estoy para servir —soltó bullicioso El Venerable.

El cacique miró a Hutten y con risueña expresión le dirigió otra retahila:

—¡Es con vos, gobernador y capitán general —dijo Limpias jocundo—. Os propone que disfrutéis de los encantos de su esposa preferida.

—Pero yo... —balbuceó sonrojado.

Intervino el padre Tudela:

—No podéis negaros, don Felipe. ¡Por vida de Dios! ¡Sería considerado un desprecio!

—No son esta clase de relaciones las que me placen —repuso severo, poniéndose en pie.

Seguido de Bartolomé, salió del bohío. Apenas traspuso la calle alguien preguntó con falsete:

—Quisiera yo saber, ¿cuál es la hembra que realmente tiéntale al capitán general?, ¿eh, camaradas?

Acompañado por los guías de Macatoa, se encaminaron hacia los cerros lejanos, al pie de los cuales se hallaban «las grandes ciudades con gente muy rica». Altes habrían de llegar a otro pueblo, amigo y aliado del cacique, que les daría, según aseguró, auxilio y hospitalidad. Como la tierra por donde habían de pasar era muy despoblada e inhóspita, les cedió cien portadores cargados de alimentos.

—Lo que son las creencias —opinó reflexivo el padre Tudela—. Estos indios han hecho con nosotros de su propia voluntad, lo que a otros costó sangre y hierro. Nos creen seres superiores, en tanto que aquellos, simples mortales.

—Buena conclusión para fundar un imperio —acotó severo Bartolomé—. El insuflarle a la gente nuestra superioridad, vale más que un ejército a punto. Por eso desapruebo que nuestros hombres se revuelquen con las mujeres de estos salvajes. La promiscuidad iguala. El hijo compartido, ralea el respeto del vencedor...

—¡Señor Welser! —respondió Limpias—. Si los españoles hemos domeñado a las indias, no ha sido tanto por las puyas como por las pollas.

Luego de nueve días de bordear el Guayaberas y de alejarse de sus riberas, por tres veces, evitando el encuentro con tribus hostiles, llegaron a un pueblo grande, cercado al Norte por unas montañas a las que El Venerable reconoció como la infortunada tierra de los indios choques.

—¡Es la sierra de la Macarena! —exclamó para consternación de todos—. El río que desde allí vemos y apodamos Duda, no es más que el mismo Guaviare.

—¿Veis —observó Hutten, orondo— que algo tenía que ver El Dorado con la sierra de la Macarena?

Una andanada de flechas saltó una vez más de los arbustos y una cincuentena de indios chicos y desnudos corrieron hacia el monte.

—Si así son los amigos —se burló Limpias al verlos huir—, ¿cómo serán los adversarios?

El caserío estaba desierto. Encontraron alimentos en abundancia y todo un bohío lleno de plumas de guacamaya.

—¡Descansemos, señores! —ordenó Limpias— y detengámonos a meditar sobre la mejor forma de salir campantes de este atolladero.

—Yo creo —dijo El Venerable— que lo mejor es pedir a nuestros guías que hallen a los habitantes para hacerles saber que venimos en su ayuda y en paz.

Los intérpretes se internaron por la espesura batiendo cencerros y sonajeros.

A menos de dos horas regresaron los pobladores, entre pícaros y aniñados, precedidos por su cacique. Era un hombre también gordo y sonriente. Se llamaba Capta y se embelesó más que nadie con los caballos. Aplaudió y soltó la risa franca cuando Damián del Barrio, para impresionarlos, enarboló el suyo entre coces y relinchos.

Al caer la noche, Capta y su gente departían cordialmente con los cristianos. Y como tenía el mismo sentido de hospitalidad que el de Macatoa, no pasaron hambre ni sed y «folgáronse a las indias más hermosas —como anotase el padre Tudela— cual si les hiciesen cristiana y compasiva caridad».

—A varias jornadas de aquí —les informó—, y al pie de una montaña, hay pueblos muy grandes y ricos, de gente vestida y muy belicosa. Tienen animales muy grandes. —Y por la descripción creyeron entender que hablaba de camellos enanos—. Hay muchos animales —prosiguió, y por las señas que hizo y por lo que dijo, les pareció que hablaba de ovejas, pavos y gallinas.

Capta les dio a comer un tubérculo de buen sabor llamado papa, que según él procedía de esas regiones. El cacique, a menos de una semana, aprendió a cabalgar y lloró de entusiasmo cuando trotó unas cien varas por la explanada. Fue tanto su contemplamiento que regaló a Hutten dos coronas de oro finamente labradas. Un murmullo de admiración recorrió el campamento.

—Son iguales —comentó Hutten, pasmado de contento— a las que donase al difunto Spira el cacique de aquel pueblo sobre los árboles. Preguntadle, maese, dónde las halló.

Capta verbigeró por largo rato, acompañando sus palabras de múltiples ademanes: se llevaba las manos al pecho, hacía gestos de alancear, plantaba cara de terror, mudábala a lascivia, se reía a mandíbula batiente. Finalmente señaló hacia el Sur, inclinándose con temor y sumisión.

—Cuenta el indio —explicó Limpias—, pero ha de estar chalado, que diéronselas unas mujeres que viven sin hombres y hacen la guerra cual valientes varones.

Alelado por la información, Hutten exclamó alborozado:

—¡Las amazonas nuevamente!

—Dice que las tías viven tras de aquellas montañas, a diez jornadas por lo menos, más allá del Caguán, al otro lado del Ñapo.

—El Ñapo es el mismísimo río Marañón —hizo notar el padre Tudela—, y si mal no recuerdo, el otro es una de sus cabeceras.

—Afirma el salvaje —continuó Limpias— que las mentadas marimachas hacen un reino muy poderoso recaudándoles tributo a muchos pueblos.

Capta refirió con gran parsimonia que el reino mujeril se componía de setenta pueblos con casas hechas de piedra y no de paja; que se comunicaban entre sí por caminos cerrados, guardados con celo.

—He preguntádole —dijo Limpias— si dichos pueblos son grandes, y me ha contestado que sí. He inquirídole si parían, y ha respondídome de igual suerte. Y al señalarle que no siendo casadas, ni teniendo hombres entre ellas, cómo hacían para empreñarse, respondióme: «Participan con hombres a ciertos tiempos, y cuando les viene aquella gana, de una cierta provincia que confina junto a ellas, de donde los hombres son blancos como vosotros, con excepción hecha de no tener barbas.» Si paren hijo varón mátanlo. Y de ser hembra, críanla. Todas tienen por reina a una señora que llaman Coñori.

Rió destemplado El Venerable.

—«Ri» debe significar, entonces, «reina», ya que la tal señora es la reina de los co...

—Coñori —cortó el padre Tudela— puede ser derivado de coya, la esposa del inca. ¿No estaremos frente a un caso similar al de Cleopatra, la faraona, que tan ducha fue en la guerra como en la concupiscencia?

—Dice Capta —prosiguió Limpias con incrédulo caletre— que hay muy grande riqueza en oro, y que todas las hembras principales sírvense de dicho metal para confeccionar sus vasijas, y que en la ciudad donde reside la reina hay cinco templos del sol donde guardan ídolos de oro. Y que estos templos, desde los cimientos hasta la mitad, están planchados de plata y que los techos están aforrados de plumas de papagayos de muchos colores.

—¡Cojones! —estalló súbitamente Sancho Briceño.

—Refiere también, pero debe ser camelo, que andan vestidas con lana de ovejas.

—Lo que implica frío y también civilización —observó Tudela.

—...Y que al oro lo llaman paco y a la plata coya... Afirma que su pueblo paga tributo anual a las fulanas, llevándoles doncellas y plumas de guacamaya. Dice ansina que en poniéndose el sol, obligan a los forasteros a salir de la ciudad, y que hace tanto frío al caer la noche, que ha de encenderse leña.

—¿Veis? —insistió el cura aleccionante—. Han de vivir a no menos de tres mil pies, para sentir frío en estas latitudes. Tienen que estar hacia el Oeste. Todo indica el inmenso poder de la gente a quienes pretendemos conquistar y arrebatarles su oro. ¿No creéis, don Felipe, que es insensato continuar adelante?

Hutten se volvió severo, dirigiéndole por primera vez una mirada de reproche.

—En modo alguno, padre Tudela, y menos ahora, que hemos escuchado a Capta hablarnos de mujeres tan singulares.

—Ésas son falacias de este salvaje —contestó el cura en malhumorado arranque—. ¿Cómo creéis que las mujeres puédanse poner de acuerdo para hacer una nación tan poderosa, cuando no alcanzan sosegada convivencia ni en la paz de los conventos? Puede ser que tengan por rey a una mujer; no sería ni el primer ejemplo, ni el último en la historia. Es digno de crédito que algunas hembras luchen al lado de sus hombres. Pero de ahí a que lo hagan solas, todo me suena a fábula.

Lo que sí parece cierto y de temer, es esa nación, regida o no por una coya, que sojuzga pueblos en mil leguas a la redonda. Contra ellos no podrán ni cuarenta Hércules, menos cuarenta castellanos desharrapados, hartos de sufrir, muertos de hambre, agobiados de cansancio. ¡Demos vuelta atrás, don Felipe! ¡Volvámonos ya!

—¿Cómo queréis que haga tal cosa, si estamos a un paso de El Dorado y contamos con el favor de Dios? ¿Qué podrán hacer en nuestra contra esas paganas? Me sorprende, padre Tudela. ¡Iremos hacia las amazonas y basta! ¡Maese de Limpias: decidle a Capta que nos enseñe el camino!

El cacique gesticuló y balbuceó aterrorizado al saber sus intenciones.

—Afirma —comunicó el maese de campo— que será muy peligroso adentrarnos en tal país sin licencia de esas hembras camorreras.

Limpias dijo algo a Capta con aire pícaro. Soltó el indio una risilla.

—He díchole que si no cree que a las señoras les gustaría yacer con hombres tan hermosos como el joven Welser y el capitán general. Dice que a lo mejor acierto, pues son la mar de lujuriosas y dadas a la embriaguez. Capta, luego de agotar su risa accedió a acompañarlos hasta el país de las amazonas.

—¡¡¡Bravo!!! —celebró Hutten propinándole afectuosas y sorprendentes palmadas.

El cacique se tornó bruscamente taciturno y temeroso.

—Cuenta que antes de llegar a ellas, hemos de cruzar el reino de los omaguas. A pesar de ser menos poderosos que las amazonas, y ser sus tributarios, son ricos en oro y en hombres, además de fuertes y belicosos.

—¡Bah! —protestó Hutten—, lo mismo decían de los indios choques, y ya visteis que no eran más que miserables sabandijas llenos de sarna. Los omaguas, por más que lo diga Capta, no pueden ser mejores. Dejémonos de tantos discursos y pongámonos en marcha.

7. Los polvos de oro

Capta, locuaz e ininteligible, camina a paso rápido tras el caballo de Limpias. Adelante cabalga Hutten.

Lleva en sus ojos un brillo empecinado. Siguiendo a los veintitrés corceles, van desmañados los diecisiete soldados de infantería. En la retaguardia, silenciosos y desnudos se balancean los portadores.

—¡Qué buena gente —comenta Del Barrio a El Venerable— nos ha resultado el tal Capta! No sólo condúcenos hasta El Dorado sino que vela por nuestro condumio.

—Sus razones tendrá —respondió sugerente el
viejo.

—¿Nos llevará a una emboscada?

—No lo creo. Cada vez convénzome más de lo acertado del juicio de Limpias: pretenden lanzarnos como arietes contra sus enemigos.

Las montañas, que se elevan al Sur, van creciendo al toque de cada jornada. Al cuarto día son macizas y descomunales. Hacia el Oeste hay puntos salpicados de nieve.

—¡Me cachi en la má! —exclama Limpias deslumbrado—. Son más altas y gruesas que los Pirineos.

El macizo montañoso pareciera alcanzarse en una galopada. Un viento frío baja de la sierra.

—¡Vaya, por Dios, al fin refresca! —dice uno de los soldados.

En medio de la llanura, a legua escasa de la selva que trepa por la montaña, sobresale una porción plana de tierra alta, empenachada de altos y frondosos árboles.

—¡Buen sitio para hacer campamento! —señala Hutten—. Es el primer bosque que encontramos luego de tanto andar.

La tropa apresura el paso subyugada por el verde frescor.

Capta dice algo a Limpias. El castellano traduce con voz destemplada:

—Refiere el salvaje que en medio de esa selva que antepónese a la montaña está el río Caguán. Siguiendo su curso llegaremos a El Dorado o a Ouarica, como miéntala en su lengua.

La buena nueva sacudió a los hombres, y entre voces de júbilo hicieron campamento en aquella meseta arbolada, sobrenadando entre pajonales.

—¡Bendito sea el árbol! —exclamó el padre Tudela, cayendo de hinojos—. ¡Benditos los pájaros que cobija, benditos sus animales...!

—¡¡¡Cuidado, padre, con esa culebra!!! —se burló Limpias, arrancándole una blasfemia.

Las guacharacas no acallaron su canto cuando el hambriento y soleado ejército penetró en el boscaje. Certeras zumbaron las flechas. Trinares de agonía sembraron el suelo de suculentas y convulsas aves.

—¡Benditas sean las ballestas! —remedó Juan de Quincoces.

—¡Benditas las manos que las desnudan! —prosiguió el cura

desplumando una avecilla con alegre talante y bufos modales.

—¡Bendito sea el fuego! —salmodió El Venerable, encendiendo una hoguera.

—¡Benditos sean los conejos! —gritó Pacheco, dándole a un roedor que asomó tras un peñasco.

—¡Bendito sea Dios y su Santo Nombre! —clamó sollozante Sancho Briceño—, que aplácame el hambre y cubre mi testa del sol cegador.

—¡Bendita sea su Santa Madre! —hipeó Artiaga con llanto franco.

—¡Bendita mil veces lo sea! —respondió a grito herido Alonso Pacheco.

El llanto sucedió a la risa, las blasfemias a las bendiciones, y hasta bien entrada la noche se hartaron de guacharacas, entre bailes, palmas y pitorreos.

—Estos españoles... —se dijo Hutten al echarse en el chinchorro—. No hay quién los entienda.

—Pues procurad hacerlo, monseñor —le repuso en alemán una voz a su derecha.

—¡Fausto! —profirió con terror intentando penetrar la oscuridad.

Al despuntar el sol estaban listos para proseguir la marcha. En menos de una hora alcanzaron, luego de trasponer una llanura amarilla de paja rala, la franja boscosa vislumbrada desde el altiplano. Al internarse en la selva sintieron cantar al Caguán. El lecho arenoso, de escasa profundidad, invitaba a tomarlo por camino. A la segunda hora duplicaba su caudal. Un árbol a la deriva asustó al caballo de Limpias. Cercano el mediodía, traía tal impetuosidad que tuvieron que plegarse a una orilla anfractuosa por mil monstruosas raíces.

—¡Vaya con el Caguán! —comentó el cura—. Quién lo hubiese visto al comienzo y quién lo viese ahora. ¿No se os parece, Excelencia, a cierto maese de campo?

—Pero mirad allí, padre Tudela —mostró Hutten con alegría—: tal parece como si la selva y el río nos abrieran paso.

Luego de un recodo volvía a aparecer la playa; la arboleda al retirarse dejaba limpio y expedito un ancho sendero. Hombres y bestias se desentumecieron al calor de un sol vertical.

A medida que avanzaban el camino se hacía tan ancho, que 110 dudaron fuese obra del hombre. Sus sospechas se confirmaron al encontrarse talada una vasta superficie de selva.

Una exclamación de estupor salió de la tropa al aparecer tras una vuelta del camino un extenso valle, sembrado de cerro a cerro y con canales de regadío. Una montaña al frente, de unos mil pies de altura, se escalonaba en terrazas cultivadas.

—Es gente de admirar y temer —expresó aprensivo el padre Tudela— la que doma con tanta ciencia y arte la naturaleza

Al pie de la montaña se agrupaban unos cincuenta bohíos, de los que entraba y salía la gente con singular diligencia. Un centenar de personas trajeadas con camisas blancas y gorros rojos se inclinaban ante surcos de verdegueante geometría.

—¿Qué pueblo es éste? —preguntó Hutten, desbordante de curiosidad.

Capta, que comenzaba a comprender el español, respondió en su confusa lengua:

—Este no es un pueblo. Es el sitio donde duermen los que labran los campos de Ouarica. Más abajo del río, detrás de aquella montañuela, está la ciudad de los omaguas.

—¡El país de los omaguas! —exclamó Hutten fuera de sí—. ¡Hemos llegado a El Dorado! Ven conmigo, Capta; acompáñame, Bartolomé.

Y en un arranque, con el cacique en la grupa y Welser cabalgando a su lado, corrió por la vega sembrando el terror entre los labradores.

—¡Tras el loco! —ordenó Limpias—. Esos hombres van a matarle.

Pero al verlos huir precipitadamente, añadió silbante:

—Dejadlo, entonces, hacer a su antojo, anda con su amiguito...

El padre Tudela lo miró con cejas de protesta.

—Caminemos hacia allá —propuso Limpias, señalando las casuchas.

En los bohíos había abundancia de papas, tomates y de unas almendras amargas a las que El Venerable llamó las frutas de cacao. Una pareja de extraños animales, mitad burros, mitad camellos, incitó la curiosidad.

—Deben ser las llamas o vicuñas de las que hablan los peruanos —afirmó Tudela.

—Estos indios —observó intrigado Sancho Briceño— no son los salvajes que hemos visto hasta ahora.

—¡Y ved estas ropas! —agregó lleno de admiración Damián del Barrio—. ¡Son de buena lana!

—¡Traedme el astrolabio! —exigió ansioso el cura—. Es hora de saber dónde nos hallamos.

Hechos los cálculos, empalideció:

—¡Estamos en la latitud cero! —dijo persignándose—. ¡Hemos llegado al Ecuador...!

Hutten, Bartolomé y Capta, cruzaron los plantíos y treparon a la primera terraza que, como las otras, circundaba la colina.

—Vayamos hacia allá —propuso apuntando hacia un recodo—. Veamos qué hay del otro lado.

Dejaron escapar una exclamación de estupor. En medio de la selva, en la conjunción que hacía el Caguán con otro río, a cuatro o cinco leguas, se extendía una gran ciudad de techos refulgentes.

—¡Son de oro las tejas! —gritó Hutten frenético—. ¿Ves lo que yo veo, Bartolomé? ¡Hemos llegado a El Dorado! ¡Bendito sea Dios!

De un salto bajó de la bestia y se hincó sobre la tierra. Con la ayuda de Capta, estudia el terreno.

—El otro río —indicó con entusiasmo— es el Caquetá, otro de los afluentes del Marañón.

—Más allá —dice Capta en su media lengua— están las mujeres sin hombres.

El indio prosiguió en su perorata. Bajo el cegador brillo del mediodía se erguía un edificio por encima de la ciudad.

—Es el templo de Ouarica —aseguró Capta, sin que pudiesen esclarecer si hablaba de un rey o de una ciudad—. Allí viven dioses —añadió reverencial—, niños con carne de oro.

En medio de su jerga creyeron entenderle que los de Ouarica adoraban a una mujer, también de oro.

—¿Entiendes lo que dice Capta? —preguntó Hutten en el colmo de la euforia—. Habla de ídolos del tamaño de un niño y de una mujer, todos de oro. ¡Seremos ricos, Bartolomé! ¡Bien que nos han valido tantos sacrificios y sinsabores! Ahora se trata de ir allá. Las márgenes del río se ven firmes, llanas, libres de maleza: parece un camino real.

—Pero no creo prudente —comentó Welser vacilante— que siendo nosotros cuarenta hombres apenas, nos adentremos en una ciudad poblada por gente que, como dice Capta, son muy belicosa. Preguntémosle qué se le ocurre para entrar en ella sin contratiempos.

El cacique al enterarse dio rienda suelta al pavor que lo embargaba. Insistió en huir, con voz temblorosa. No quería saber más de los españoles. Él estaba cansado e inútil. Quería regresar a su pueblo.

—Vosotros —recomendaba—, para ver Coñori, antes haceros amigos omaguas.

Hutten con detenimiento miró de nuevo hacia Ouarica. Brillaba el sol entre los dos ríos. A diez leguas, el macizo de los Andes alargaba como un dedo aquel ramal en medio de la tupida selva. Capta, entre señas y ráfagas de castellano, sugirió apoderarse de algunos labradores, de los que vieran antes, y negociar el encuentro a través de ellos.

—Más os vale ganar su favor —parecía decir— que todos los arcabuces y caballos que tenéis. Temo por los que huyeron a la ciudad. Ouarica mandará un ejército.

Ya el sol se había inclinado levemente hacia el Oeste, cuando a instancias de Capta, iniciaron el descenso. Al llegar a las vegas, exclamó Bartolomé:

—¡Mira dos indios! ¡Hagámoslos prisioneros!

Hutten espoleó su bestia. A galope tendido corrió hacia uno de larga cabellera, armado con una lanza. Sosteniéndose con la presión de sus músculos, hizo una contorsión forzada para tomarlo por el pelo. El fugitivo bruscamente volvió cara clavándole su lanza en la axila. Hutten dio un grito agudo y cayó del caballo.

Welser, demudado, corrió hacia él. Estaba tendido en el suelo, lívido e inmóvil. Un chorro de sangre brotaba bajo el brazo. Capta desgarró su camisa en un intento de taponar la herida.

Pasado el aturdimiento, y a pesar de la pérdida de sangre, subió a su caballo y cabalgó hacia el caserío donde atónitos lo esperaban sus hombres. Intentó bajarse por sí mismo, pero se desmadejó en brazos de Limpias. Mientras caía en un abismo oscuro oyó dos voces:

—¡Madre mía, muérese el jefe!

—¿Habéis escuchado, monseñor? —murmuró la segunda—. Hasta hace poco os juraban muerte, ahora temen por vuestra vida. ¿Qué dices, Mefistófeles? Ya me lo barruntaba y temía...!

—¡Quitadle el sayo y la camisa —ordenó El Venerable mientras se aseaba las manos—. Lavad la herida con agua hirviendo.

—¡Unj! —gruñó, al examinar el lanzazo—. No parece ser grande el destrozo. ¡Eh, Capta! —reclamó con naturalidad—. Necesito un indio dispuesto a morir para salvarle la vida a Su Excelencia.

—Allá tienes uno —mostró el cacique—. Es un esclavo cansado de vivir.

—Vosotros —dijo a dos soldados—, agarrad a ese infeliz, ponedle el sayo de don Felipe y montadlo en su propia bestia.

El hombre no hizo aspaviento alguno cuando El Venerable, lanza en mano, se acercó para herirle. Sólo lanzó un quejido, cuando el arma penetró en la carne. Saltó un chorro de sangre. Cayó al suelo. El herido volvió a quejarse.

—¡Cortadle la cabeza! —exigió El Venerable—. Da grima verlo sufrir.

Muerto el indio, disecó la axila.

—Ahora entiendo cuál es su daño.

Y con las manos firmes limpió y cerró la herida.

—Llevadlo a su hamaca y que descanse.

Anochecía al término de la operación. El dolor desgarraba a Hutten. Oscureció y salió la luna. Era la luna de Fausto, redonda y encarnada. En la distancia, como un trueno lejano, se escuchó un ruido acompasado. El rumor fue creciendo hasta hacerse perceptible y clamante.

—¿Escucháis los tambores? —preguntó Limpias con temor—. Son por lo menos mil cajas de guerra.

Welser trepó a la montaña para hacer un reconocimiento. El dolor de Hutten se exacerbaba. Capta le hizo beber un largo trago de un amargo brebaje y le dio a mascar unas hojas.

—Es coca, buena para el dolor...

El estruendo del ejército que se les venía encima se hacía inquietante.

—Por el ruido que hacen —comentó Hutten—, pareciera que fuesen muchos.

Welser, que venía de vuelta, expresó sofocado:

—Son no menos de diez mil. A la luz de la luna y de las antorchas cubren media legua.

—Joder! —exclamó Limpias.

—Y yo diría —continuó Welser— que ya casi nos alcanzan. Los de avanzada están a menos de una legua.

—Sábese por el ruido —asintió El Venerable.

Los marciales ritmos restallaban pavorosos en medio de la noche.

—Hay que huir de inmediato —alertó Limpias.

—¿Y qué haremos con el gobernador? —inquirió Tudela.

—Los indios habrán de llevarlo.

Colgada su hamaca de un largo y resistente palo, Hutten se alejó por la selva a hombro de portadores. Atrás proseguía el clamor.

—¡Los tenemos encima! —gritó Limpias—. ¡Apremiad el paso!

Los brebajes y el vaivén de la hamaca lo sumergieron en un profundo sueño. Al despertar, en medio de la selva, el dolor había desaparecido. Seguía balanceándose a pujo de brazos. Había cesado el clamor guerrero; y también las voces de sus compañeros. Al frente escuchó el correr de un río. Un vaho de humedad le dio en la cara. Tres pasos más allá sintió que lo echaban sobre el fondo basculante de una canoa. Oyó reír a unas mujeres. Una mano delicada levantó su cabeza y diole a beber el mismo licor que le ofreciera Capta.

Se encontró con una ciudad con adoquines de plata. Las calles eran rectas y anchas como las de Santo Domingo. Un sol de oro brillaba en medio de una gran plaza donde sólo se veían mujeres. Algunas llevaban de la mano unos camellos chicos, a los que llamaban vicuñas. Todas iban desnudas, apenas una coraza de oro les cubría el seno derecho. Por ello, y por llevar en sus carcajes flechas con punta de rubíes, se enteró de que estaba en el país de las amazonas.

—¡Bienvenido a nuestro país! ¡Oh, gran cacique blanco! —saludó una mujer alta, de pelo endrino, con los ojos verdes de la duquesita de Medina-Sidonia, con el cuerpo en guitarra de la cordobesa, con la voz ceceante de Catalina de Miranda y la talla tártara de Berta y la bruja del bosque.

—Yo soy la Coñori y tú me places para holgar. Quiero tener una hija. Te he elegido por semental. Eres guapo, eres fuerte, eres joven. Entremos a esta alcoba de plumas de guacamaya. Si es hembra nuestra hija, habrá de reinar. Si es hombre, habrá de morir. Ven, extranjero, unamos tu cuerpo y el mío. Cuando retornes al sitio donde te sorprendieron, nada dirás de lo visto: nadie te creerá. Dirán que fue obra del aguardiente, de la coca y del ñongue dado por nuestro esclavo Capta. Y para que no creas que fue sueño o alucinación de tus sentidos, toma y guárdate este collar de esmeraldas que cuelgo en tu pecho a cambio de tu semilla. Al regresar no encontrarás a Capta. Serán tus únicas pruebas de haber yacido conmigo; pero nadie dará fe de tus palabras. ¡Ven, cúbreme de ganas, luego que mis doncellas me soplen los polvos de oro!

La voz bronca de El Venerable lo despertó con el sol afuera:

—¡Vaya que habéis dormido bien! ¡Ya tenéis mejor aspecto! ¿Os duele menos la herida? Mañana mismo estaréis en condiciones de volver a guerrear.

Hutten miró a su alrededor. Estaba en la meseta de las guacharacas. Tendido en una hamaca, bajo una arboleda de limpios bordes.

—¿Y los omaguas?

—Luego de haber huido de ellos durante toda la noche, supongo que habránse ido. Hace horas no escucho sus endiablados tambores.

—Yo estuve en El... —comenzó a decir, pero se contuvo. Llevó su mano al pecho y se palpó la cadena de esmeraldas. Por más que se buscó a Capta, no se le halló en parte alguna.

—Bien sabéis cómo son esos indios —afirmó con acento entendido El Venerable.

El padre Frutos de Tudela contraía ansioso el rostro mientras Hutten desgranaba el relato:

—Como podréis ver, he estado anoche en El Dorado. No puede estar muy lejos de aquí; de lo contrario, no les hubiese dado tiempo de ir y de venir en una noche.

El cura posó la mirada en tierra.

—Mirad, don Felipe, creo que todo cuanto os aconteció anoche no fue más que un sueño profundo inducido por los brebajes de Capta.

—¿Y qué me decís de la cadena? —preguntó irritado—. ¿Es también un sueño?

—No es sueño, pero tampoco prueba que sea cierto lo que habéis contado. Como tampoco lo es la desaparición de Capta. Todo ello es obra de una estratagema.

Incorporando la cabeza, miró al sacerdote:

—Explicaos, por favor. No os entiendo.

—Es fácil, en mi opinión: todo esto no es más que un ardid de los omaguas o de los incas, o de cualquier otro pueblo civilizado, para perdernos. El mismo que explota a todas las tribus que hemos hallado, y entre otras, a la de Capta y a los de Macatoa, quienes creyeron destruirlos enviándonos a nosotros. Al colgaros sobre el cuello tan preciosa gema siembran en vos la convicción de haber vivido una tangible y maravillosa realidad. Incitan vuestra codicia hasta atraeros a una emboscada, donde, sin duda alguna, nos harán cuartos. Esto no es más que una artimaña diabólica, concebida con la complicidad de Capta. Bien lo dijo alguien: «¡Guardaos del alma esclava!»

—¿Y todo cuanto vi? —repuso con enojo—. ¿La reina de oro, con la que cohabité y por ello me confieso? ¿Qué me decís a todo esto?

—Soñamos, Excelencia, lo que anhelamos. Desde hace años no pensáis en otra cosa que en El Dorado. Tenéis la cabeza llena de hermosas y disparatadas fantasías, sobre casas de oro y mujeres guerreras, aparte que a vuestros años envenena la continencia. Visteis y sentisteis lo que deseabais ver y sentir. No habéis infringido el sexto mandamiento. Habéis tenido la gran dicha de fornicar sin pecado...

—No me convencéis para nada, padre Tudela, y perdonad mi rudeza.

—Pues procurad por todos los santos hacer luz en vuestro entendimiento; o por lo menos guardad silencio sobre lo que habéis visto.

—¿Se puede saber por qué?

—Porque dirán, simplemente, que estáis loco; y ello, como comprenderéis, no puede haceros ningún bien, y en especial cuando hay disensiones en la tropa sobre las bondades de vuestro mando. Muchos ya quieren regresarse y hablan de malas estrellas.

A diez pasos, entre la maleza, se oyó la voz de El Venerable:

—¿Cómo sigue el más bizarro de mis enfermos? Vengo a ver la herida. ¡Tenéis un aspecto estupendo! ¡Levantaos, por vida de Dios! Ya podéis hacerlo. ¡Eso...! Y ahora quitaos de un todo la camisa. Levantad el brazo derecho. ¡Perfecto! ¡Como si nada os hubiese sucedido! ¿Pero qué tenéis en el pecho que os brilla cual si os hubiesen echado polvos de oro? ¡Parecéis el mismo cacique El Dorado! —exclamó soltando una risotada.

Un estruendo saltó de la selva. Los pájaros levantaron vuelo entre chillidos.

—¡Los omaguas! —dijo El Venerable, con voz quebrada en el

momento en que restallaban con más bríos y estruendo los tambores de la noche anterior.

Limpias, con ojos desorbitados, mira al ejército que viene por ellos. A todo lo largo de la llanura se disponen, con orden insospechable, quince cuerpos armados. Al clamor de unos fututos se mueven con celeridad y concierto. Cuatro columnas, dos por cada lado, avanzan a la carrera deteniéndose a media milla del campamento. Limpias saca cuentas; cada escuadrón tiene veinte hombres por fila, por cincuenta de fondo.

—Nos enfrentamos —señaló luego de breve cálculo— a quince mil guerreros.

—¡Quince mil contra treinta y nueve! —exclamó Sancho Briceño, aplastado por la diferencia.

—Es imposible huir —expresó Limpias—. Si tal pudiéramos hacer los de a caballo, no podemos abandonar a nuestros compañeros ni a nuestro general. Son tropas frescas y entrenadas. Basta verles el paso. Dos cargas más y los tendremos encima.

Redoblaron los fututos y tambores. El ejército omagua dibuja un semicírculo. Sus extremos estaban a menos de doscientas varas del campamento. Al fondo, justo en medio, centraba la acción una litera, llena de plumas de papagayos, llevada por cuarenta hombres. Arriba un joven guerrero, ágil y musculoso, de empenachada cabeza, se incorporó agitando su lanza.

—¡Es macho el hombre! —comentó Del Barrio—. Quiere ser el primero en pelear.

—Ahí está su debilidad—indicó Limpias, sin perderlo de vista—.

Vosotros los de a pie, quedaos aquí con los arcabuces y ballestas a punto.

A una señal del jefe omagua, y en medio de gran vocerío, la litera, seguida del ejército, se lanzó contra los españoles. A menos de cincuenta varas de aquella masa emplumada que se les venía encima, Limpias gritó a los jinetes apuntando al cacique: ¡¡¡A él!!! ¡¡¡Y a nadie más que a él!!! —y se lanzó en línea recta contra el jefe indígena. El omagua, sorprendido, se paralizó ante la acometida. Limpias, sin darle tiempo a reaccionar, lo degolló limpiamente. Sus compañeros cargaron contra los portadores. La litera se derrumbó con gran estruendo. Los arcabuces rugieron por primera vez en la historia del paisaje. Fue suficiente. Los omaguas, dando grandes voces, corrieron hacia el Caguán, perseguidos por la caballería.

Más de cien muertos y heridos dejaron al retirarse. Entre los españoles sólo Martín Artiaga recibió un lan
zazo.

Hutten, limitado por el dolor, se acercó sonriente y vacilante a los soldados que regresaban.

—¡Me siento orgulloso de vosotros...! —intentó decir, pero Limpias, recrecido en su proeza, le ordenó dominador:

—¡Meteos en la hamaca de inmediato!

En lo que restaba del día y buena parte de la noche, recorrieron más de siete leguas. Luego de cruzar un río, hicieron campamento en un bosque de galería bajo una luna roja, triste y amenazante.

—¿Veis la luna de Fausto? —preguntó Hutten al padre Tudela.

—¡Qué luna ni que ocho cuartos! ¡Dejaos de bufonadas o ateneos a las consecuencias!

Capítulo VII
¡Miserere Mei!

1. Es voluntad del ejército

Avanzada la mañana, aún dormía la tropa, exhausta por aquella larga y angustiosa retirada. Hutten fue el último en despertar. La herida lo aguijoneaba. Un arroyuelo espejeaba más allá de la arboleda. Limpias y los capitanes, echados y en cuclillas, hacían corrillo, bajo un bucare. Los caballos pastaban libremente, ajenos al reclamo de la llanura. Hutten, seguido por Tudela, con paso vacilante se acercó al grupo. Los hombres, al verlo venir, se incorporaron perezosos. Tenían la expresión hosca, huidiza la mirada.

—Menuda carrera la que dimos ayer —chisteó a modo de saludo—. No variaron sus expresiones ni rebotó la respuesta.

—Tenemos que hablar, señor gobernador —saltó la voz de Limpias, después de un expresivo silencio.

—Hablad, maese, ¿qué sucede?

—Es voluntad del ejército retornar de inmediato a Coro.

Hutten lo miró consternado.

—Pero, ¿por qué?

—Estamos hartos de tantas penalidades. Ya no creemos más en El dorado. Con ese maldito cuento os han tenido engañado por más de diez años. Aquí no hay oro ni plata, sino serpientes, indios bravos y tremedales.

—¿Y si yo os dijese que anoche mismo fui llevado hasta El Dorado...?

Limpias, retador, levantó la barbilla:

—Diría que estáis loco o que sois un embustero.

—¡Guardad las formas, maese! —intervino Quincoces, tremolando la espada.

—No fue mi intención irrespetar al gobernador —repuso dueño de sí—. Al pedir mi parecer, suponiendo que chercheaba, se lo dije sin ambages, con la franqueza propia de todo buen castellano.

Al volver Hutten sobre sus pasos, le cuchicheó Tudela:

—¿No os lo dije? No sigáis con ese cuento o habrán de llamaros demente, la forma más expedita de invalidar a un hombre de pro.

—Pero, ¿qué me decís de los polvos de oro que cubrían mi cuerpo?

—¡Olvidaos de eso! —renegó incómodo—. Sólo os puedo decir que si no accedéis a las demandas de estos hombres seréis depuesto o asesinado.

Dos días más tarde el maltrecho ejército, a más de cuatro años de haber salido de Coro, tomó el camino de retorno. Habrían de recorrer quinientas leguas antes de llegar a su destino. Era el día de Reyes de 1545. Al pasar por Nuestra Señora de los Llanos recogen a los treinta soldados que por miedo o enfermedad se negaron a acompañarlos al país de los omaguas. Hutten no desiste en persuadir. Insiste, cuenta y alega haber estado en El Dorado. Muestra su collar de esmeraldas. Hace planes concretos para el futuro:

—Invertiré mi fortuna y la de mi hermano para volver. Conquistaré el país de los omaguas. Antes fundaré cuatro pueblos; me trasladaré a Baviera, traeré conmigo los mejores soldados.

Los españoles lo escuchan entre mofas y pitorreos. Pedro Limpias murmura y también proclama:

—Está igual de chalado que Spira y todos los alemanes. ¡Tontos nosotros, que lo permitimos!

Lenta y sufriente prosigue la marcha. Ya no caminan, arrastran los pies. Rodelas, ballestas y arcabuces van quedando por la llanura. Sin proponérselo se encuentran con un bosque de follaje denso, donde tres años atrás acamparon para invernar.

—Nos detendremos en este sitio —señala Hutten—. La arboleda es buena para guarecernos, abunda la caza en los contornos.

Sobre la tierra, desmadejados e inertes, caen de bruces los soldados. Sólo Hutten y Limpias quedan de pie, acuchillándose con las miradas.

A la mañana siguiente, luego de un día de reposo y de comerse tres chigüires, se distienden los semblantes. Alguien canta, dos silban, cuatro ríen. Hutten, rodeado de sus capitanes, comenta de buen humor:

—Esto era lo que nos hacía falta; un buen sitio para descansar.

Se alza descompuesta la voz de Limpias:

—Yo no estoy fatigado para nada. Me siento con bríos para continuar.

Convergen silenciosas las miradas hacia él. Parece amoscado por un momento. Luego exige, más que propone:

—¿Por qué no me permitís adelantarme con veinte hombres?

—No es mala idea —repuso Hutten de inmediato, trasluciendo su alegría por perderlo de vista—. Podéis partir cuando os plazca.

Para su desconcierto, interviene Bartolomé:

—Yo también me siento con fuerzas para seguir.

Limpias viró violento el rostro y Hutten mesó su barba, con ojos ausentes. «La presencia de Bartolomé es una garantía contra la deserción.»

—Está bien —añadió tras breve discurrir—, consiento en que el capitán Welser vaya con vosotros. La responsabilidad de la vanguardia quedará en sus manos.

Infló Limpias su agria expresión con una mueca indescifrable.

En menos de dos horas Limpias y Welser al frente de veinte hombres de a pie, entre los que iban El Venerable, Sancho Briceño, Damián del Barrio y Alonso Pacheco, salieron del campamento rumbo hacia Coro. Tenían instrucciones, al llegar a la villa, de reclutar un nuevo ejército y esperarlos en Variquisimeto.

—Habéis cometido un error —dijo sombrío el padre Tudela— al dejar partir al chico con Pedro de Limpias. Pedid al cielo que le proteja.

Quince días después, Hutten y su gente reanudaron la caminata. La tropa se mueve penosamente. Los enfermos vuelven a columpiarse sobre los caballos.

Hutten, ansioso, comenta a Quincoces:

—A este paso no llegaremos nunca. Creo que debería adelantarme, mientras vos continuaréis con el grueso de la gente.

—No es mala ocurrencia —repuso el soldado con voz de hastío—. Los enfermos obligan a paso de funeral, que si a ver vamos es lo que esto parece.

Seguido de diez jinetes, Hutten entra en las tierras de Acarigua. Uno de los soldados exclama señalando una ceiba:

—¡Mirad, Excelencia! ¡Han trazado una cruz en aquel árbol!

—Es huella de cristianos —indicó regocijado—; debe haber un mensaje.

En una incisión del tronco estaba una misiva.

«Aquí estuvo Juan de Villegas por cuatro días esperando a Felipe de Hutten, y como no vino se fue para El Tocuyo, donde lo hallará.»

—¡Bravo! —exclamó entusiasmado—. Ya estamos a un paso de la gente de Coro. Corramos a su encuentro.

—Pero, ¿qué hacer con los que han quedado atrás? —pregunta el padre Tudela—. Desviarlos hacia el Tocuyo es rezagarlos innecesariamente.

—Tenéis razón, padre —repuso luego de meditar brevemente—. Os quedaréis aquí con cinco hombres a esperar a Quincoces. Le ordenaréis seguir hasta Variquisimeto y hacer campamento hasta mi vuelta. Entre tanto, me iré a hablar con el bueno de Juan de Villegas.

Luego de dos jornadas, llegaron a Las Ceibas de Variquismeto, célebre por su fronda y su abundante caza. Una columna de humo, densa y azulosa, saludó en la distancia.

—¡Allá están los nuestros! —señaló con regocijo.

Afable, como es su estilo, Villegas los acoge hospitalario, invitándoles a saborear la carne de dos venados que se asan apetitosos en tenue humareda.

—Esto es un verdadero banquete —declara Hutten mordisqueando la dura y sápida presa.

—Os habíamos dado por muerto —soltó Villegas con enigmática sonrisa.

—Pero ya veis; aquí estoy vivo y sano.

—Lo supimos días atrás, al encontrarnos con Pedro de Limpias y sus hombres.

Hutten empalidece.

—¿Y Bartolomé Welser?

—Sano está, monseñor, al igual que Limpias y sus camaradas. Los encontramos de vuelta con el ejército que habíais solicitado. Todos se encuentran con nuestra gente en El Tocuyo.

—¡Loado sea Dios! —expresó con beneplácito.

Luego de pedir detalles sobre la avanzada, refirió a Villegas:

—Seguramente os habrán dicho que llegamos a El Dorado.

—Sí —contestó esquivo—, algo de eso nos han contado. Afirman que vuestra señoría alcanzó a catar la mismísima Casa del Sol.

—Aunque os parezca mito, así ha sido. Sé que algunos como Limpias andan murmurando que estoy loco o soy un embustero...

—¡Tate, tate, don Felipe!, si alguno os quiere, es Limpias. Bien conocéis su mal genio, pero en el fondo es bueno como un bollo de pan. Si escuchaseis las excelencias que habla de vos.

—Pues, me complace que así sea. Temía lo contrario. Pero mirad esta cadena de esmeraldas que me fuese dada por la Coñori, reina de las amazonas.

Relumbraron de codicia los ojos de Villegas.

—¡Vaya, vaya!, ¡esto vale una fortuna!

—Esto no es nada, al lado de las riquezas que nos aguardan. Por eso me apresto, y más ahora con los refuerzos de Limpias, a retornar a

El Dorado. Mucho me placería contar con vuestra compañía.

Se ensombreció el rostro del castellano.

—Sólo que en este tiempo demasiadas cosas han sucedido...

Hutten dio un respingo y preguntó acucioso:

—¿Qué pretendéis decirme?

Villegas tomó aire y mirando al suelo, dijo con esfuerzo:

—Al creeros muerto ignorábamos vuestro paradero. Desde hace tres años la Real Audiencia os ha nombrado un sucesor.

—¿Cómo? —preguntó arrebatado.

—El primer día de enero de 1545, es decir, hace quince meses, desembarcó en Coro un juez pesquisador con todos los poderes para ejercer el cargo de gobernador de Venezuela.

—Pero al estar vivo, supongo que...

—No sé deciros. Me temo que habréis de confrontar dificultades en cuanto a poderes y jurisdicción. El nuevo gobernador, como primera providencia, ha despoblado a Coro...

—¿Despoblado?

—Bien sabéis que la aridez del suelo era seria dificultad para el desarrollo del poblamiento.

—Es cierto, pero continuad.

—Ha decidido establecerse en la región de El Tocuyo, la más feraz de cuantas existen por los contornos, para allí fundar una nueva ciudad. Con él se ha venido, salvo sesenta necios, todo el vecindario de Coro. En El Tocuyo —prosiguió inflando sus palabras de entusiasmo—, encontraréis una ciudad campamento con todos nuestros amigos. ¿Qué os parece?

Cabizbajo y confuso, respondió ausente:

—No hallo qué deciros. A mí sólo me preocupa El Dorado.

Resonó grave y severa la voz de Villegas:

—Sobre este particular hallaréis divergencias con el nuevo gobernador. Afirma que la única riqueza en esta provincia son sus tierras y el ganado que pretende criar. Por eso no ha permitido que los refuerzos que os trajo Limpias salieran a vuestro encuentro. Está opuesto a la idea de El Dorado...

—Pero eso es un absurdo —replicó con claro enojo— ¿Y se puede saber cómo se llama el hombre que se abroga atribuciones de gobernador, estando yo vivo aún...?

Se iluminó el rostro de Villegas con una amplia sonrisa:

—Es amigo mío y vuestro, hombre de bien por los cuatro costados, conocedor a fondo de las cosas de Venezuela...

—Pero, ¿cuál es su nombre?

—Se llama Juan Carvajal.

—¿Juan Carvajal? —exclamó anonadado—. ¿El que era escribano en Coro y luego fue juez de la Real Audiencia en Santo Domingo?

—El mismo que viste y calza —redondeó festivo—, y que os espera con la mejor disposición en El Tocuyo para hacer las paces por un pequeño disgusto que, según me contara, tuvisteis en Santo Domingo. Manda a deciros por recado: que en lo sucesivo no tendréis mejor amigo que él. Os ruega olvidar lo pasado.

—Si así es, tanto mejor —comentó indiferente—. No le guardo rencor por la simple razón de haber sido yo el culpable de nuestras desavenencias.

—Alégrame sobremanera lo que decís; y como el tiempo apremia —

añadió con un dejo de inquietud—, os propongo ponernos en camino de inmediato. Pudiera enojarse el gobernador y su mujer, Catalina de Miranda.

—¿Catalina de Miranda?

—Así se llama y es la más linda moza que en mi vida viese. Es andaluza, sevillana para más cuentos, pequeña y movediza como una lagartija. Cuando está en sus días nos deleita bailando cual la mejor danzarina.

—¿Es la mujer legítima de Carvajal?

—Lo de legítima no lo creo. Pero, de que lo es de hecho, nadie lo duda. En el campamento guárdansele respetos propios de una gobernadora y, ¡guay! de aquel que la vea por dos veces seguidas. Hace menos de un mes el gobernador hizo dar de azotes a un atrevido que celebró procaz su paso menudo. Pero ¿qué os parece —agregó premioso— si nos ponemos en marcha?

Hutten mudó brusco su quieta expresión, respondiendo autoritario y cortante:

—Esperaré aquí noticias de mis hombres...

Sin abandonar su afabilidad, dijo Villegas ya impaciente:

—El gobernador, os repito, pudiera enojarse y con justa razón, de no atender a su reclamo. Tomaríalo como desacato a su autoridad.

—No olvidéis, señor mío —respondió irguiéndose disgustado—, que el gobernador continúo siéndolo yo. Y no me moveré de aquí hasta tanto no sepa la suerte de mi gente.

Villegas, consternado, se mordió el labio inferior.

—Hagamos una cosa: dejadle un mensaje a Quincoces; decidle que se dirija a El Tocuyo.

Hutten reflexiona. Doce años de traiciones lo han vuelto cauto.

«Villegas está seducido por el juez. Me engaña o ha sido engañado por Carvajal al decirle que ha olvidado la afrenta. El odio de aquella noche le durará hasta su muerte. Con él está Catalina. Ella no podrá contenerse. El choque es inevitable. Con el usurpador están veinte de mis hombres. Unos estarán a favor, otros en contra. Carvajal no tiene ejército, sino los vecinos de Coro y sus mujeres. Yo soy soldado; él un escribano. Lograré dominarle. Lo enfrentaré apenas llegue Quincoces con el grueso del ejército.»

—Esperaremos aquí a mis hombres —expresó firme.

—Pero señor...

—¡Es una orden! —exclamó descompuesto.

Villegas achica los ojos; para ocultar su desagrado se pone en pie, se acerca al asador y luego de darle vuelta a un venado corta una lonja.

Al volverse, resplandece su rostro.

—¡Oh, monseñor! ¡Qué cabeza la mía!, ¡llevamos una hora hablando y aún no os he dado la buena nueva!

—¿Qué me queréis decir?

—Vuestros enanos Perico y Magdalena han retornado de España y se encuentran en El Tocuyo.

—¿Perico y Magdalena? —gritó atragantándose.

—¡Tal como lo oís!

De un salto alcanzó a Villegas. Con el rostro encendido lo tomó por los hombros sacudiéndolo exaltado.

—Pero, ¿es cierto lo que decís, don Juan? ¿No me estaréis engañando para obligarme a ir a El Tocuyo?

—¡Vamos, don Felipe! —protestó con agrio talante—. ¿Por quién me tomáis? Conocéisme años ha y me tratáis como un malandrín. Si dudáis de mi palabra preguntadles a estos hombres. ¡Eh, vosotros! ¿Dónde habéis visto por última vez a los enanos Perico y Magdalena?

—En El Tocuyo, señor —respondieron cuatro voces.

—En la propia casa del gobernador —añadió otra.

Transmutado por la dicha, dio rienda suelta al llanto:

—¡Loado sea el Señor! ¡Bendito seáis, Juan de Villegas! Perdonadme si os ofendí al dejar escapar palabras ajenas a mis sentimientos. Esos pequeños son cual hijos de mi carne.

El llanto lo sacudía, en medio del hosco silencio de los soldados. Villegas, con aire compasivo, le puso su mano derecha sobre el hombro.

—¿Calmaos, don Felipe, ya todo pasó! Muy pronto tendréis la dicha de volver a ver a esos pequeñajos, que si a nosotros hacen felices con sus dimes y diretes, es de imaginar lo que serán para vos.

—Pero, contadme, don Juan, cuanto sabéis de ellos. ¿Cuándo regresaron a Venezuela? ¿Por qué están con vosotros? ¿Qué les sucedió en España?

Atropellado por la premura de Hutten, le fue diciendo:

—A mediados de 1543, luego de vivir por tres años al servicio del príncipe Felipe y del emperador, llegaron a Coro bajo esclavitud y servidumbre. Debía proveérseles de casa y solar en la ciudad, como a cualquier otro vecino. Magdalena, con aquel terrible calor, llegó vestida de dama de corte.

—¿Vestida de corte? —preguntó soltando la risa.

—Tal como os digo —repuso riendo a su vez—. Pero no solamente eso; pásaselo con igual atuendo desde su arribo a estos lares, sin importarle un bledo el rigor del clima.

—¿Y qué dice para justificar tales extravagancias?

—Que así vístense en la corte y que ella no es nadie para deshacer lo hecho por el emperador.

Hutten se ahogaba de júbilo.

—Pero decidme, don Juan, ¿y qué ha hecho a todas éstas el granuja de Perico?

—No lo creeríais si os lo digo. Llegó a Coro montado en una jaca inglesa de esas que llaman poneys, de armadura, escudo y adarga. Al catarlo creí ser víctima de una aparición. ¿Imagináis a un paladín en miniatura, abalanzarse lanza en ristre contra un perro callejero al grito de ¡Santiago y cierra España! Sólo puedo deciros que ambos son y serán la monda en estas tierras por muchos siglos.

—¿Y a Magdalena le regalaron también un poney?

—Naturalmente. El emperador donóle una yegua de esta misma raza. Ya lo veréis en El Tocuyo.

—¿Qué cuentan? ¿Les fúe bien en la corte?

—Según Magdalena, el emperador no podía vivir sin ella, siendo la mejor pócima a su desconsolada viudez, y hasta jáctase para indignación de Perico, que el bufón real, también enano, desvivíase de pasión.

—¡No puede ser! —exclamó bufando dicha.

—Contaron, sin embargo, que, a pesar de los favores dispensados por el emperador y sus hijos, lloraban incesantemente echando de menos la tierra y a vuestra augusta persona. ¡Chillarán de felicidad, apenas entérense de vuestra salud!

—Ardo por verlos —expresó urgido poniéndose de pie—. Está bien, me habéis convencido. Pongámonos en marcha hacia El Tocuyo.

—No sabéis —agregó Villegas— lo dichoso que hacéisme con tal decisión. Dejadle la nota a Quincoces y salgamos ahora mismo hacia Quíbor, a donde, con algo de suerte, llegaremos al anochecer.

«Me ha logrado engañar el muy felón —se dijo rabioso—, pero ya sabré librarme de este embrollo. Me detendré en Quíbor hasta el arribo de los míos.»

La caballería avanza a buen paso hacia Quíbor. Es mediodía en punto y los esperan cinco leguas. El calor seco es implacable. Los campos son eriales salpicados de cujíes y matorrales. Hutten, con esfuerzo malcontiene su enojo:

—¿Y ésta es la tierra de la cual me hablabais? Esto es igual o peor que Coro.

—Es cierto lo que decís. La tierra es árida hasta El Tocuyo; pero ya veréis cuánta feracidad tiene el valle donde asienta la puebla.

—¿Y cómo llegaron a El Tocuyo, Perico y Magdalena? —preguntó amansando el tono.

—Por lo que os dijera antes: cuando don Juan de Carvajal despobló a Coro para fundar una nueva ciudad, los enanos, al igual que la mayoría, viniéronse en caravana.

—¿Y son felices aquí?

—¡Inmensamente, como lo somos todos! Perico y Magdalena entendiéronse de inmediato con doña Catalina de Miranda. Pusiéronse a su servicio, a pesar de que nadie los obligaba a tales quehaceres ni les impedía seguir siendo tan libres como lo quiso el emperador.

Una débil sonrisa asomó en su cara.

«Pillos redomados que son los muy sinvergüenzas. Dejaría de beber agua si esa enana diabólica no se las ha ingeniado para saber lo de Catalina.»

Luego de cabalgar un trecho en silencio, deslizó Villegas:

—¿Sabéis lo que sucedió a Nicolás de Federmann, aquel mal alemán que tanto daño nos hiciera a todos?

Hutten se volvió brusco y lo miró curioso.

—Tan pronto supo que habíase revocado su título de gobernador a favor de Spira, embarcóse hacia España con el propósito de reiniciar sus intrigas. De no haber sido por mí, quien a la sazón era teniente del gobernador de Coro, todos aquellos hombres que trajo consigo a su población del Cabo de la Vela, hubiesen muerto de hambre. Abandonólos a su suerte; tal era su prisa por recuperar sus títulos. Con este acto, además de salvarles la vida, reforzamos a la villa, rodeada de indios alzados. A propósito —agregó Villegas—, entre aquellos soldados estaba un tipo la mar de pintoresco, quien dice haberos conocido en otros tiempos. Se llama Francisco Guerrero y apódanlo El Cautivo.

—¡El Cautivo! ¡Claro que lo conozco! ¿Y se puede saber dónde se halla metido?

—En El Tocuyo. Ha caídole en gracia a Carvajal, por su odio a Federmann.

—A propósito —reclamó Hutten—, nos fuimos por los cerros de Ubeda. No habéis terminado de referirme lo sucedido a Federmann.

—¡Ah, es cierto! Apenas el muy bribón llegó a España, denunció a los Welser y a Spira por robar al fisco. Los Welser pusiéronle pleito y metiéronle en chirona. Murió en el año de 1542, en la cárcel de Valladolid.

—¡Pobre! —comentó Hutten sacudido de remembranzas.

—El cuento no termina. Sintiendo la proximidad de la muerte hizo pública confesión de haber calumniado a sus patrones. ¡Pero mirad!, ya hemos llegado a Quíbor. Pudiéramos pasar la noche en este sitio.

—No me parece mala idea —accedió dubitativo, deshaciéndose con dificultad del doloroso recuerdo de su amigo.

—Mañana a primera hora —señaló Villegas— habremos de ponernos en marcha. Si andamos de prisa llegaremos a El Tocuyo antes de oscurecer.

—De acuerdo —asintió, mientras se devanaba ansioso buscando un ardid para retrasar la marcha. Una ristra de ajos, pendiente de una acémila, le trajo una ocurrencia. Según El Venerable, una cabeza de ajo en el recto provoca fiebres benignas de apariencia letal.

Luego de armar campamento, los soldados salieron en busca de caza y maíz. Antes de anochecer regresaron con seis lapas, ese animalillo mitad rata, mitad conejo, que ya Hutten había probado, de carne deliciosa. Trajeron también un saco lleno de huevos.

—Son de iguana —explicó Villegas—. Probadlos y decidme luego si no os parecen deliciosos.

Las hogueras ardían a la caída del crepúsculo. Un poco más allá, dos de los soldados despellejaban los roedores.

—Veréis qué banquete darémonos esta noche —prometió Villegas.

—Siento sin embargo que vuelven las calenturas.

Villegas, contrariado y sin amilanarse, alargó la mano y le palpó la frente:

—La verdad que ardéis —expresó zumbante—. Con tal que no sean las fiebres que mataron a Spira...

—Dios no lo quiera; pero habré de permanecer en reposo por lo menos cuatro días.

—Es una verdadera calamidad. Habré de comunicárselo mañana mismo al gobernador. Pero, mirad don
Felipe, en qué mala hora os ponéis mal. Zagalas, y para colmo guapas, vienen en romería.

Sigilosas, vacilantes, desnudas, una veintena de indias los observaban sugerentes.

—Si serán putas —rió chasqueante uno de los soldados—. Quien no las conociera juraría que son mendigas hambrientas esperando las sobras. Sólo vienen a folgar; enloquécenlas nuestros palmitos. ¡Eh, nenas, no tengáis miedo, podéis pasar; aquí os daremos todos los gustitos que anheláis y algunos más para vuestra sorpresa y contento!

Hutten las mira febril: son jóvenes y bien formadas.

—De Variquisimeto hacia arriba —dijo Juan de Villegas— estamos en el reino de María Lionza, la cachonda y folgante diosa.

Un escalofrío recorrió a Hutten.

—Me voy a acostar, don Juan; me lo pide el
cuerpo.

—Id con Dios, don Felipe; ya nos repartiremos, entre todos, vuestra parte.

Volvieron a encenderse, como aquella noche en Varavarida, las risas de las caquetías y el gozoso sofoco de los castellanos.

Reclamante e impositiva se le apareció la diosa cabalgando en su cerdo trompudo. Al romper el sol, un líquido viscoso hablaba de encuentros indefinidos.

En los días siguientes, para incomodidad de Villegas, continuó la fiebre del ajo. Reflexionaba aquella tarde sobre el trágico destino de los alemanes en Venezuela, cuando escuchó resonar un clarín en la lejanía.

—¡Juan de Quincoces! —enunció dichoso, incorporándose de un salto.

No era Quincoces, sino el padre Tudela y sus cinco jinetes.

«Con éstos me basta y me sobra —pensó— para enfrentarme a Carvajal.»

Y para sorpresa de los que lo creían de malignas calenturas, salió al encuentro de su capellán, diciéndole a villegas:

—Ahora sí estoy en condiciones de ponerme en marcha hacia El Tocuyo.

—¿Y vuestra fiebre?

—Ya no hay fiebre. Saldremos mañana al amanecer.

—Nada gústame lo que veo —le susurró el padre Tudela, a la hora de haber llegado—, y menos lo que referisteis sobre las miradas de inteligencia que Villegas cruzó con sus hombres.

—Viéndolo bien —alegó Hutten vacilante—, ha podido ser exceso de celo de mi parte; quizás una brizna de paja le dio en los ojos. Mirad cómo los tiene de enrojecidos. Villegas es un hombre de bien.

—Los hombres de bien, y en particular los castellanos, no son dados a la efusividad, y menos a la zalamería. Yo, en el caso de Su Excelencia, no moveríame de aquí hasta el arribo de Quincoces, quien ya viene en camino con más de treinta hombres.

Una cabalgata de seis jinetes concertó hacia el Sur todas las miradas:

—Son los nuestros —declara Villegas, poniéndose en pie—. Vienen de El Tocuyo.

Entre los que llegan divisa a El Cautivo, trajeado a la usanza otomana. Apenas desmonta, sale afectuoso a su encuentro. Una glacial decepción lo espera. Guerrero lo saluda con incomprensible y dolorosa hosquedad.

«Volubles son los humanos», empieza a decirse cuando la voz de un hombre mal encarado le espeta a Villegas:

—De parte de mi señor don Juan de Carvajal os encarezco en los más enérgicos términos a que comparezcáis ante él mañana en la noche con Felipe de Hutten. De lo contrario seréis enjuiciado por desacato a su autoridad.

—Entendido y en cuenta, capitán Almarcha —respondió Villegas con sorprendente parsimonia para su jerarquía—. Mañana a primera hora partiremos hacia El Tocuyo. Haceos entre tanto un lugar entre nosotros y compartid la cena.

Entrada la noche, Almarcha, luego de conversar larga y animadamente con Villegas, se pone en pie y a paso firme se dirige hacia donde reposa Hutten. Extrañado y alerta, lo ve venir.

—Perdonad, monseñor —le dice respetuoso—; pero os traigo recados de Perico y Magdalena. Os mandan a decir que no caben de dicha al saber que muy pronto tendrán ocasión de veros. Es todo.

Buenas noches —concluyó con sequedad, regresando con el mismo talante a sentarse al lado de Villegas.

Al paso de las horas el campamento quedó en silencio. Salvo los centinelas vigilantes y movedizos, el resto de la tropa se acurrucaba en el suelo o colgaba de sus chinchorros. Los párpados lastrados de sueño ya caían incontenibles, cuando en medio de la espesura, oyó muy cerca de sí la voz aguardentosa y susurrante de El Cautivo.

—No hagáis el menor movimiento y escuchad bien lo que os voy a decir. Esto no es más que una añagaza para perderos. Todo cuanto os ha referido Villegas son falacias. Pedro de Limpias y el joven Welser jamás llegaron a Coro y mucho menos trajeron refuerzos. Limpias desconoció la autoridad del muchacho y amenazó con dejarlo a su suerte de no acompañarlo hasta Cubagua. Las cosas fuéronles mal y hubieron de regresarse a Variquisimeto. Allí supieron de la presencia de este maldito juez, un mal hombre, que os odia a muerte; e imaginóme por qué. La Catalina regocijóse en grande al saber de nuestra amistad, aconsejándome severamente que nunca más repitiéselo. Andad, pues, con cuidado. Los enanos están en cuenta y son mis secuaces. Tenéisme a vuestra entera disposición y si ufánome de menospreciaros es para ayudaros mejor a salir de este atolladero. Ahora regresóme, tal como vine. ¡Que el Profeta os ilumine!

Al retornar no alcanzó a ver a Sebastián de Almarcha, adosado a un árbol, con el cuerpo encogido y los ojos agudos.

Las últimas palabras de El Cautivo lo llenaron de zozobra. «Un turco jura por Mahoma —había dicho Fausto— y dos enanos sollozan por vos.» Ya el turco ha llegado y muy pronto habrán de hacerlo Perico y Magdalena. ¡Oh, Dios! ¿Tendrán razón las estrellas?

2. El Tocuyo

Al amanecer se escuchó la voz de Villegas:

—¡Almarcha!

—Ordenad, señor.

—Permaneceréis aquí en Quíbor con vuestros hombres hasta por tres días, esperando el ejército de Juan de Quincoces.

—Pero, señor...

—¡Basta ya! —restalló enérgico—. ¡Es una orden:

—Está bien, señor...

Acto seguido ordenó levantar campamento.

Es llano el camino que conduce hacia El Tocuyo. Hutten susurra a Tudela lo sucedido con El Cautivo. Empalidece el cura.

—¡Pero marcháis hacia el matadero! ¡Deteneos ahora mismo! Tenemos quince hombres en total. Los de Juan de Villegas son doce apenas. Volveos atrás. Encontrémonos con el ejército de Quincoces, no debe andar muy lejos.

—Confío en mi autoridad —deja caer con firmeza—. Al fin y al cabo, ¿soy o no soy gobernador de Venezuela?

—No lo sois ya, señor; y disculpadme si os contradigo. El poder lo ejerce quien puede. Más de la mitad de vuestros hombres no os quieren bien. Lamento decíroslo, no tanto por vos, como por el españolismo fiero que ha despertádoseles y que sabrá inclinar en su provecho Juan de Carvajal.

—Tranquilizaos, padre —recalca con seguridad—. Bien conozco a Carvajal. Es un hombrecillo rebosante de ambición y de orgullo.

Jamás ha manejado un arma.

El padre Tudela detiene el caballo y con mirada distinta y un nuevo acento lo interpela:

—Decidme, Felipe, hijo mío, ¿qué os lleva a la cueva del lobo? ¿Rescatar vuestra gobernación o esa manceba que os sorbe el seso?

—¡Mi gobernación! —repuso enfático y encarnado.

—No lo creo. Vais tras la hembra. No sabéis mentir, mi querido amigo. Si no estuvieseis devorado por la pasión, daríais marcha atrás hasta encontrar vuestro ejército.

Al comienzo de la noche distinguieron unas luces al Sur.

—¡Allá está El Tocuyo! —indicó Villegas—. En menos de una hora llegaremos.

Dirigiéndose a uno de sus hombres, ordenó:

—Ve de prisa y avísale al gobernador.

En las inmediaciones del pueblo, Hutten, vio incrédulo y dichoso a los enanos correr a su encuentro:

—¡Bello! ¡Bello! —gritaba alborozada Magdalena con los brazos abiertos, arriba de su jaca inglesa.

Amoroso, se inclinó para aizarla en vilo, abrazándola y besándola con ternura. Perico, de un salto trepó a la grupa. Los tres lloraban.

—Y yo que pensaba que nunca más los volvería a ver —sollozó Hutten.

—Eso mismo suponíamos nosotros —gimoteó Perico.

—¿Y por qué dices nosotros, tonto? —protestó Magdalena—. Yo estaba más que segura de que volvería a encontrar a mi amo. No era posible que Dios permitiese tanto desperdicio. Ya el brujo Torrealba, el médico de Carlos, me lo había dicho.

—¿Quién es Carlos?

—¿Quién va a ser? Carlos, el emperador.

—Pero, ¿no me digas, enana descarada, que te permitías tutear a Su Majestad?

—¡Mju! ¿y qué tiene, de extraño? Además se reía a más no poder al llamarlo por su nombre. Y a propósito, pillín —le musitó—, ya estoy enterada de tus bretes y amoríos con la Catalina. Es una bella mujer. Te anhela con locura. El tal Carvajal es casi tan chico como nosotros, pero más feo que Perico. Te quiere mal. Has de cuidarte. Ya llegamos. Para mayor disimulo volveremos a su casa. Los ingratos suponen que nadie quiere a los que pierden.

Luego de besarlo y abrazarlo, se tiraron del corcel, alejándose en sus caballines.

Ante un terraplén con remedos de plaza, cubierto por una descomunal y frondosa ceiba, se detuvieron frente a una cabaña de buen aspecto.

—He aquí vuestra morada —mostró Villegas obsequioso, ayudándole a desmontar.

Apenas pusieron pie en tierra apareció Bartolomé Welser.

—¡Felipe! —sollozó entre sus brazos.

—Pero, ¿qué sucedió?, cuéntame de una vez.

Villegas los interrumpió:

—Entrad, amigos y descansad. Entre tanto iré a presentarle mis respetos al gobernador y a participarle vuestra llegada.

Se alejó por el terraplén hacia una casa grande, situada enfrente.

—Estamos perdidos, Felipe —soltó Bartolomé al marcharse Villegas—. Lo que te contó El Cautivo es rigurosamente cierto. Pedro de Limpias es el mayor traidor que en mi vida hallara. Al llegar a Acarigua alzó la tropa, amenazándome con abandonarme de no acompañarle a Cubagua. Lo demás ya te lo han referido. Es un malvado que proclama a quien se lo quiera oír, el odio que siente por ti y por todos los alemanes.

—Ya verá el muy felón —ronroneó arrebatado.

—¡Cálmate, por Dios, Felipe! Limpias se ha hecho la mano derecha de Carvajal, quien a pesar de su mala índole, me ha tratado con alguna cortesanía.

—La situación habrá de cambiar con mi llegada.

—No sé qué decirte —adujo contrito—. Carvajal tiene la sartén agarrada por el mango.

—¿Y qué dicen nuestros hombres?

—Todos están con Limpias; es decir, con Carvajal. Para congraciarse no hacen sino denostar de tu sensatez, voceando su amor por el tirano.

—¿Eso hacen?

—Así como lo oyes.

—Ya verán cuando llegue Quincoces con el resto del ejército.

La vivienda de paja y bahareque era espaciosa. Cuatro soldados colgaron de las vigas tres hamacas. Un negro mandinga de sardónica sonrisa les trajo de comer y se acuclilló en la calle, declarando ser el sirviente. Los soldados, luego de su quehacer, se situaron ante la puerta, en fila y con alabardas.

—Bien —comentó Hutten echándoles un vistazo—. ¿Será como homenaje o por cautiverio?

—Lo segundo, amigo mío —repuso el cura con resignado abatimiento.

Pasada media hora regresó Villegas:

—El gobernador os envía sus parabienes y se excusa, por lo avanzado de la hora, de no concederos audiencia para esta noche. Mañana a la hora prima, os invita a desayunar con los vecinos más notables del pueblo. Buenas noches, señor de Hutten.

—El hombre sabe lo suyo —dijo sardónico el cura—. Os trató con la distancia del que impone su rango.

Hutten, revuelto, barbotó iracundo.

—Esta afrenta no me la habré de tragar. Ahora mismo voy y le digo cuatro frescas.

—Estáis loco, por Dios, Felipe —saltó Tudela plantándose ante la puerta—. Andad con tiento, hijo mío, si queréis salir bien librado. Esperad hasta mañana. Si deseáis explorar el terreno, intentemos, ahora, hacer una salida. Veremos la actitud de los guardias.

Hutten, luego de espirar, accedió a la propuesta. Al trasponer el umbral, los guardias presentaron armas.

—Esto ya está mejor —susurró a pocos pasos el sacerdote—. Carvajal desea un acuerdo.

La ciudad campamento, según les había dicho Villegas, albergaba unos trescientos cincuenta españoles, amén de los indios del lugar y los caquetíos de Coro. Se estimaban en unos cien mil los nativos de la región.

—El pueblo está casi desierto —comentó Hutten luego de ver la plaza.

—Ya es hora de dormir —bostezó el cura.

Hutten dijo alegre apuntando hacia la casa de Carvajal:

—Pero mirad, padre, quién está allá. Es nuestro buen amigo Hernán Pérez de la Muela.

El médico, al pie de un hachón, conversaba animadamente con dos soldados.

—¡Hernán! —llamó seguro y con simpatía. Para su extrañeza, el médico no se dio por enterado. Cuando la luz de otro hachón le dio en el rostro y volvió a nombrarlo, el hombrecillo hizo fría inclinación antes de salir a su encuentro. A menos de tres pasos comenzó a musitar precipitado:

—Guardaos de ser efusivo conmigo; todos corremos peligro. Este hombre es Belcebú; bajo amenazas ha traídome desde Coro. Ya ha colgado a varios por fútiles motivos. Jorge Spira es un cordero al lado de ese poseso. Pedro de Limpias os detesta. Cuidaos de él. Yo mismo he renegado de vuestra señoría para no caer en desgracia. Algo muy gordo traman contra vos. Ahora dejadme tocaros el cuello y la frente, tal como si estuvieseis enfermo y pidierais mi parecer. Soy vuestro amigo, pero temo por mi vida. ¡Que Dios os bendiga!

Sin decir más se dio vuelta sin efusión, soltando a tres pasos un escupitajo.

—¿Os dais cuenta? —murmuró temerosos el padre Tudela—. Juan de Carvajal es dueño de la situación y vos su prisionero. Regresemos cuanto antes a casa y seamos puntuales en la cita para desayunarnos.

Al darse vuelta para regresar se toparon con el negro sirviente, sentado en medio de la calle inmóvil y atento. Los esperaba sonriente.

Al despuntar el día Villegas fue en busca de Hutten y de sus compañeros.

—¡Vamos, vamos! —invitó benevolente—. Aguárdanos el gobernador. No debemos hacerlo esperar.

Bajo la enorme ceiba de la plaza y sobre dos burros de madera se extendía un largo tablón lleno de jíca- ras y platos, con doce taburetes en derredor. Melchor Grubel, el mozo, salió a su encuentro, con gran afabilidad.

—Guardaos de ése —le susurró el cura—. Quien no cuida mostraros su amistad delante de vuestro enemigo, nada teme de él.

Carvajal no había llegado aún. Los comensales tornaron su lugar en el sitio señalado por Grubel. Estaba Pedro de Limpias. Abiertamente le negó el saludo.

Más allá se hallaba Diego Ruiz Vallejo, un vecino de Coro. Se inclinó con respeto y simpatía. Gregorio Pla- sencia, Sancho Briceño y Damián del Barrio lo saludaron distantes.

A la media hora, apareció Juan de Carvajal, siempre vestido de negro y de gran sonrisa.

—Mi señor, Felipe de Hutten —saludó inclinándose ceremonioso antes de abrazarlo—. No sabéis el placer que infúndeme vuestra presencia, ya que por mucho tiempo os dimos por muerto. Pero venid conmigo; sentaos a mi diestra, lugar de honor para un huésped tan ilustre. Pero contadme vuestras peripecias. Han referídome que estuvisteis en El Dorado y de vuestros grandes planes para el futuro. Pero hablad, amigo, hablad, os escucho con gran interés.

El desayuno fue copioso. Grandes arepas, enormes vasos de leche de las vacas y cabras que se habían traído de Coro, y carne en abundancia, tanto de cacería como de cerdo. Hutten habló todo el tiempo de su expedición. Carvajal lo seguía dando muestras de gran interés. Al término del desayuno, dijo a los comensales:

—Y ahora os ruego dejarme a solas con el señor de Hutten. Tenemos asuntos por tratar. Y vos, Melchor Grubel, id a casa y decidle a doña Catalina que venga presta a saludar.

Hutten lo miró con extrañeza.

—Es para demostraros de una vez por todas —agregó con un dejo de picardía—, la buena disposición que tengo hacia vos. Nada debe separarnos en la prosecución de los planes que he de proponeros. Debo deciros, ante todo, que a diferencia de muchos, creo firmemente que habéis estado en El Dorado. No pienso que estéis loco, ni que fabuláis para cubrir vuestros yerros. Demasiado os conozco para suponer tamañas sandeces.

Una oleada de rubor lo sacudió al aparecer Catalina a menos de veinte pasos, escoltada por Perico y Magdalena.

—¿Verdad que está más guapa que nunca? Fue fiel a su palabra. Vínose conmigo apenas nombráronme gobernador.

Catalina traía una expresión confusa y rechazante. Ni el más leve contento asomó en su rostro cuando Carvajal le dijo entre irónico y descarado:

—¿Ya no te acuerdas de nuestro buen amigo Felipe de Hutten?

—Claro que lo recuerdo —repuso tensa, frotándose las manos—. ¿Cómo está vuesa merced? Encuéntralo muy delgado...

—Pero en buena salud, doña Catalina —contestó con entrecortado desengaño.

No quedaba en ella rastro de la violenta pasión que afloró en Quisqueya.

Carvajal quebró el molestoso silencio:

—¿Qué cuento es eso de doña Catalina? Doña Catalina será para esa sarta de palurdos que a la fuerza trájeme desde Coro. Entre buenos amigos, como sois vosotros, los títulos sobran. Catalina, a secas y nada más. Y ahora, primor, vuelve a casita; don Felipe y yo hemos de platicar.

Luego de más de dos horas de relatar lo visto, Carvajal lanzó una pregunta:

—¿En cuánto estimáis la suma necesaria para equipar doscientos hombres de pelea, enviando por lo que sea menester a Santo Domingo?

—Digamos, unos veinte mil pesos.

—¡Tanto! ¿Y de dónde habremos de sacar esa fortuna?

—Llevo conmigo entre joyas y oro, unos diez mil pesos.

—Yo con mucho esfuerzo no llego a la mitad. Nos falta otro tanto. ¿Cómo hacer? Se me ocurre algo —añadió tras breve reflexión—. Bien podéis obligar a vuestros soldados a entregarnos lo que hace falta...

—No acostumbro quitar dinero a mis soldados —respondió seco y revuelto.

—Vamos, don Felipe, dejaos de escrúpulos —adujo sonriente—. Será por el bien de ellos. Pensadlo mientras resuelvo algunos asuntos que tendránme ocupado hasta mañana.

Hutten, tras gran esfuerzo, comenzaba a plantearle el problema de la gobernación y de la jerarquía cuando Carvajal le propuso:

—Si queréis pasar el tiempo lo mejor posible, ¿por qué no invitáis a Catalina a cabalgar por los alrededores? Estoy seguro de que disfrutaréis plenamente. ¡Soldado! —ordenó a uno de los guardias—. Decidle a doña Catalina que venga presta, y ensilla dos buenos caballos. ¡Ah! Que vengan también los enanos. Es bueno que hagan el papel de dueñas. Mañana os agasajaré con un regio almuerzo, donde jugaremos cañas y daréis respuesta definitiva a mis propuestas.

—Catalina, vida mía —dijo Carvajal al tenerla enfrente—, quiero que des un paseo a caballo con don Felipe. Llévalo hasta el río para que disfrute del fresco paraje.

Y sin añadir más se despidió dejando escapar su risa:

—¡Hasta mañana, don Felipe! ¡Hasta mañana, guapa! ¡Que os aproveche!

«Mi gobierno por una mujer me propone el muy rufián», reflexionó con desagrado, a pesar de la mirada pletórica que le dirigía Catalina.

—¿Vamos? —invitó ella.

—¡Vamos! —respondió él.

La sevillana, en yegua reluciente, cabalga a la mujeriega a través de una vega arbolada y fecunda. Hutten la escolta en brioso corcel. Perico y Magdalena los siguen a veinte varas.

—Al paso que van —comenta Perico con desaliento— nunca los habremos de alcanzar.

—Y, ¿quién te dice, so necio, que ello son sus voluntades? ¡Mira! Ya llegan al río. ¡Ocultémonos de su vista! ¡Metámonos en aquellos matorrales!

—Pero Magdalena, espiar es cosa mala. ¿Qué diría nuestro amo de enterarse?

—¿Qué va a decir? ¡Nada! Nunca habrá de saberlo!

—Es feo.

—¡Cállate, tonto! Y déjame aguaitar. ¡Mira, Perico! ¡Mete su lengua en su boca! Ella restriégasele cual fuese un estropajo. ¡Agárrale la pilla! Dícele que se eche al suelo. Van a volver mugre los trajes encima de la hojarasca. ¡Pero mira, Perico! ¡La Catalina sácase también las enaguas.

—¡Vaya trasero!

—¡Deja de hacer comentarios procaces, enano de los mil diablos! ¡Mira, cómo cúbrela! Pero, ¿qué hace ese asno con sayo de guerra, espuelas y botas? Tiene razón la Catalina al ordenarle desnudarse. ¡Vaya que es guapo el amo! ¡Pero tiene la méntula igual que tú y el gran enano!

—¿Qué dices, malmaridada?

—Nada, hombre, que una vez catéle haciendo aguas y formé tai barullo que el mismo príncipe lo riñó por lascivo. ¡Pero, mira! ¡Ya la monta y sofoca! ¡Bufa la Catalina! ¡Arremete el amo! ¡Dale que te dale! ¡Cuánto gozo y contento asáltame! ¡Mira, el caballo del amo folgase a la yegua! ¡Tiene más sangre que tú en las venas! ¡Pero mira! ¡Ya el amo apártase, al igual que el gallo! ¡Acaricia a la Catalina! ¡Ella bésalo de nuevo! ¡Hacen garrida pareja! ¡Pero mira al caballo, no suelta y muerde! ¡Quién tuviera por macho a un garañón! ¡Tate quieto, Perico, no es para tanto! Déjame aguaitar. Ahora la monta de nuevo. ¡Dale que te dale! Bien que lo hace el amo. La Catalina parece una sierpe. Brinca, muévese y llora. Pero mira al caballo; ha quedado fijo cual buen injerto y tiene ritmo de carpintero. Ya el amo derrúmbase tocado de centella. ¡Pero mira el hacer de nuestros caballos! ¡Han contagiádose de tanto fuego! ¡El amo vuelve a la carga!

¡Cuán faramallero eres, cuando juras y perjuras ser apenas dos y cuando repican gloria! Mira al garañón y a la yegua, al tucuso y a la tucusa, al mosquito macho y a la mosquita hembra, al moscardón y a la flor del guayabo. ¡Ay, Perico, hazme ver las estrellas!

Cuando un sol mortecino lustraba las montañas, Catalina dijo a Hutten echada a su lado:

—Él te odia por lo que hiciérasle en Santo Domingo, aparte de tudesco bien nacido y de lo bien hecho que hiciérate el Señor para contentar sus hembras. Pero más que eso, anhela ser el gobernador con el título que aún no tiene. Con tal de salirse con la suya, sería capaz de donarme en prenda, como te lo ha probado, por más que yo sea la única capaz de enderezarle el príapo y secarle las criadillas. ¡Vámonos, vida mía! Hazle creer que aceptas la decisión de la Audiencia. ¡Retornemos a Sevilla! Allá harás valerte. Y si todavía añoras estos matorrales, que a mí hártanme, harás nombrarte gobernador o arzobispo. Pero por vida de Dios, no cruces el camino de Carvajal, que es peor que Lázaro pelotudo.

Perico y Magdalena los continúan acechando con ojos menudos. Al otro lado, Carvajal y Limpias, ocultos tras un matorral, también los espían. El sol se desvanece en su última pendiente.

—¡Vamos, donjuán de Carvajal! —protesta exigente el maese de campo—. ¿Qué esperamos para caerle encima? Ha ultrajado gravemente vuestro honor. Nuestros hombres esperan —dice señalando hacia un peñasco.

—¡Tate, tate, maese! —responde Carvajal—. Sé lo que traígome entre manos. Dejad a los acontecimientos seguir su curso.

—Ya sale la luna y viene enrojecida —hace notar Limpias.

Ocho caballos al galope irrumpen procedentes de El Tocuyo. Se dirigen sin vacilar hacia Hutten y Catalina. Es El Cautivo y un pelotón.

—¡Por Mahoma! —grita el desaforado—. Ya temíamos que algo os hubiera sucedido. ¿Y los enanos, dónde se hallan metidos?

—Aquí estamos —respondió Magdalena avergonzada emergiendo del matorral.

Hutten recuerda a Würzburg.

«Un turco jura por Mahoma, dos enanos lloran por vos... En noche de luna roja en medio del descampado en presencia de una mujer hermosa, por culpa de un español...»

—¡Vade retro! —exclama horripilado—. ¡Tan sólo faltó el asesino!

3. ¡Yo soy el gobernador!

En medio de un crepúsculo de inusitado esplendor llegaron a El Tocuyo. Catalina regresó a la casa de Carvajal. Hutten se dirigió a la suya.

Al entrar, una voz reclamó su atención. Era la de Juan de Salamanca, uno de los hombres venidos de Coro.

—Buenas, buenas —saludó cortesano y cordial—. Aunque desayunamos, no quería dejar pasar esta noche sin presentaros mis más cumplidos respetos.

Salamanca habló de las excelencias del valle, de la mansedumbre de los indios y también de su pereza. Los indios no valen ni por lo que ganan ni por lo que comen. Los negros son la solución. Antes de salir de Coro, compré a un traficante cuatro esclavos, dos hombres y dos mujeres, para labrar mis campos. He obtenido resultados inmejorables, al igual que aquellos que siguieron mi ejemplo. El propio Carvajal ha traídose siete, dos de los cuales —aseveró con destellos de protesta— usa como verdugos. Sí, sí, uno de ellos es el que os asignó como sirviente. Se llama Dimas. Lo que es una calamidad son los gravámenes e impuestos. ¿No creéis, señor gobernador, que algo pudierais hacer en este sentido?

Hutten se enderezó vivaz. Por primera vez, desde su encuentro con Villegas, alguien le reponía el título.

El hombre se disponía a proseguir cuando otros vecinos, Francisco de la Madriz, Thomé Ledesma y su hermano Alonso Andrea, entraron al bohío llevándole sus parabienes. Tras ellos irrumpieron Sancho Briceño, Gonzalo de los Ríos y un capitán de los llegados con Carvajal, llamado Diego de Lozada.

A la media hora, la gente no cabía en el recinto. Pasada vísperas, todo el pueblo había desfilado ante Hutten, con excepción de El Venerable y Pérez de la Muela.

Al quedarse solos, comentó el padre Tudela:

—Todos creen que habéis recuperado el poder, desde el momento en que tuvisteis tan larga sobremesa con Carvajal, y éste os cedió la manceba. Pero tened cuidado: a Carvajal sóbrale lo que a vos hace falta, aunque a él le falte lo que a vos os sobra.

—Dejaos de acertijos, padre Tudela —dijo malhumorado—, y hablad más claro, por vida de Dios.

—Carvajal tiene el juicio despejado, propio del buen gobernante;

y a vos os engaña la fantasía. Sabe resolver, ante todo, el problema fundamental de los hombres: tenerles el estómago lleno. ¿Habéis visto los sembradíos que rodean El Tocuyo, el buen ganado y los cerdos que serán pronto abundosas piaras para hacer jamón?

—Claro que lo he visto, ¿y qué?

—¿Y os parece poco? ¿Luego del hambre perenne reinante en Coro a causa de la mala tierra; y todo por querer estar cerca del mar, obsesionados por la idea del retorno? Este Carvajal es un hombre que mira hacia adentro, hacia la tierra, que se ha olvidado de Santo Domingo y España para ver hacia esta provincia y hacerla, ante todo, próspera y habitable.

—Es un tirano que hace caso omiso de las leyes.

—¿Y para qué valen las leyes si no sirven para resolver al hombre sus necesidades primeras?

—¡Caramba, padre Tudela! —replicó molesto—, nunca pude imaginar que mudarais tan pronto de creencias.

—Oídme bien, mi joven amigo —dijo severo el cura—. Vuestra forma de regir deja mucho que desear. No es buscando quimeras, que debíais haber abandonado luego de diez años, como puede dársele felicidad a esta gente salida de España tras un mundo mejor. Convenceos: El Dorado está aquí mismo, bajo la tierra que pisamos, en la semilla de maíz o de trigo que metemos en ella, en sus industrias, en sus rebaños; en todo lo que dé de comer a los hombres y protéjalos de la intemperie. Desgraciadamente para vos, el señor Juan de Carvajal, aunque haya colgado a muchos y lo continúe haciendo, sí ha hallado El Dorado, y por esa sola razón, esa gente que acaba de presentaros sus respetos está con él, empero llamarlo tirano a sus espaldas. A nadie le importa la mano férrea si ella le asegura un buen yantar.

—Pero... ¡padre Tudela!

—Quien da de comer a su pueblo, y hácese temer, gobierna hasta su muerte.

—No os entiendo.

—Ni creo que lo podáis hacer nunca, Felipe. Ese Juan de Carvajal es un caudillo. Un hombre que surge de la voluntad popular, ahíta de veinte años de fracasos y de torpes fantasías. Es cierto que al apartarse de las normas establecidas, altera el orden secular del reino con sus piadosas tonterías de pesquisadores y juicios de residencia, que a la postre no resuelven nada, ni siquiera el cacareado sentido de equidad y justicia falsamente pregonado.

—¡Padre Tudela! —protestó con arrebato—. No os permito...

—Pues me lo vais a permitir, por María Santísima, aunque sea la última vez que cruce palabras con vos. El deber y la amistad me obligan a deciros que tratéis de llegar a cualquier tipo de arreglo con Carvajal, menos que deponga el mando. Todo está a su favor. Todo está en contra vuestra. Los vecinos de Coro, os repito, están contentos con él, por más que digan vivir aterrados. Tienen casa, comida y mujeres, y por encima de ello, seguridad en el futuro: la esperanza cierta de morir en pueblo de cristianos y no ser devorados por las fieras del monte o por los caribes. ¿Habéis visto el hogar de Pérez de la Muela? Es una modesta vivienda, que con el tiempo será mejor. Tiene por compañera a una hermosa india de la que espera un hijo. Como él mismo dijéreme: «¿Qué más puede pedir, padre, luego de tanto peregrinar por el mundo, un tipo feo como yo, que para colmo envejece?» En la misma situación está El Venerable. ¿No reparasteis acaso en la ausencia de ambos en el burdo besamanos? Vedle la cara a Sancho Briceño y a su prometida Ana Pacheco, la hija de Cuaresma de Meló. ¿Creéis que habrán de seguiros por selvas y lodazales en busca de El Dorado? ¡No! —respondió elevando la voz—, ¡No! —volvió a clamar—. Ni Briceño, ni Damián del Barrio, ni Juan de Villegas nunca más saldrán de El Tocuyo, salvo para fundar pueblos. Ellos no son nómadas como creéis, sino raza germinadora.

Hutten, cejijunto, observaba al cura en su agitado discurrir. Apenas éste hizo una pausa, dejó caer melancólico:

—Debo entender, entonces, que ya no puedo contar con vuestra compañía ni para recuperar mi gobernación, ni para irme de El Tocuyo si así lo decidiese.

—Eso es precisamente lo que os quería decir, monseñor.

Era Domingo de Resurrección. El juego de cañas estaba en su mejor momento. Juan de Carvajal, en medio de Hutten y Catalina, presidía la fiesta bajo la ceiba que, según le habían dicho, usaba como patíbulo. Catalina estaba callada y ausente. Carvajal no cesaba de chistear y de hacer comentarios alegres. Hutten trasegaba un agridulce jugo de frutas, mientras su contendor bebía cocuy a pequeños sorbos. En la conversación salió a relucir Rodrigo de Bastidas.

—A propósito del obispo —apuntó Carvajal, en medio de un acceso de hilaridad—. ¿Os habéis enterado de la trastada que hizo nuestro buen amigo en Coro?

—No —repuso Hutten con el alma en un hilo.

—Antes de marcharse a Puerto Rico dejóse de escrúpulos y él, quien siempre había sido en estas tierras el mayor defensor de los indios, ordenó a Pedro de Limpias echarles colleras a quinientos caquetíos a los que vendió como esclavos en Santo Domingo. Por eso Limpias excusóse de acompañaros: tenía un negocio a corto plazo con el obispo...

—¡No puede ser! —exclamó ruborizado.

Carvajal, disfrutando del efecto de sus palabras, prosiguió:

—Todos pregúntanse: ¿qué le habrá sucedido al buen obispo para proceder de tal guisa tan ajena a su ser?
Y yo les digo: lo que nos pasa a todos: hartóse de ser excepción en esta nación de pillos.

Carvajal rió de su aserto, luego de echarse un trago y de besar a Catalina. Un extraño revuelo asoma por uno de los extremos de la plaza. La gente se vuelve. Carvajal y Hutten se incorporan. Un tumulto de hombres a pie y a caballo avanza lentamente hacia ellos.

—¡Es Juan de Quincoces y mi gente! —celebra
Hutten.

Al frente de la tropa viene Sebastián de Almarcha. El secuaz se adelanta, baja de su caballo y corre presuroso hacia Carvajal. Ambos se alejan hacia el tronco de la ceiba. Hutten sale al encuentro de la tropa.

—El tudesco —informa Almarcha— está al tanto de vuestros planes. Tan sólo esperaba su ejército para deponeros.

—¿Qué hacer, ahora? —pregunta preso del desconcierto.

—No os preocupéis por esa gente. En su mayoría están en contra suya. Hizo bien Villegas al ordenarme esperarlos. Eso me ha permitido enterarme de sus sentimientos. Todo ha sido un desastre.

Han perecido muchos. Es poco el oro que traen, aunque suficiente...

—Tus noticias me reconfortan.

—No cantéis victoria antes de tiempo. No sé cómo habrán de sentirse al reencontrarse con su antiguo jefe. A lo mejor los abruma con su presencia. Los hábitos de obediencia no desaparecen fácilmente. ¡Debéis matarlo en seguida!

Carvajal se mesa la barba.

—Eso mismo opina Pedro de Limpias.

—Ordenadlo y hágolo ahora mismo. Allí en la mesa donde está sentado. Acercóme con puñal, ensártolo y sanseacabó.

—Eso no puede hacerse. Hay que cuidar las formalidades. Sería acusado de asesino y a la postre caería sobre mí la Audiencia.

—Pues daos prisa en actuar; el tiempo va en contra vuestra. Miradlo abrazando a sus hombres. Un día más y pueden cambiar de opinión.

—Tienes razón —asintió Carvajal, y con la sospecha puesta en Villegas, preguntó—: ¿Y se puede saber como se enteró el tonto de mis planes?

—Por obra de ese maldito circunciso a quien llaman El Cautivo.

Trepidó Carvajal.

—Tenemos que actuar de inmediato. Entre tanto, mete en el cepo a ese maldito turco.

Vacilante, se acercó a su mesa. Catalina empalideció al verle el rostro arrebolado:

—¿Sucede algo, vida? —requirió curiosa y dulzona.

—Que el alemancito no es tan tonto como aparenta. Esperaba a sus hombres para deponerme.

—Pero si ello díjetelo esta madrugada. ¿Se puede saber por qué no hiciste caso después de empuercarme con él para allanarte el paso?

—Dicho por Almarcha suena diferente.

—Y dicho por la madre tuya, también —le espetó ardorosa—. Me estás resultando más aturdido que el mismo tudesco. Ahí viene el tío. Yo, por las dudas, pintóme. Bien sabes que detesto las broncas.

Con despejada sonrisa, Hutten se acercó a Carvajal. Catalina se escurrió con la cabeza baja y la falda prendida.

—Estoy dichoso con el arribo de mis hombres. Creo que en lo sucesivo las cosas van a ser distintas.

—¿Qué sugerís, don Felipe de Hutten? —inquirió Carvajal acentuando su enojo—. ¿Es que acaso, hay algo que os disgusta?

—No, don Juan —respondió apresurándose a recoger lo que no quiso decir.

Carvajal cambió de actitud y acento.

—Creo que ha llegado el momento —dijo severo— de discernir de una vez por todas: ¿quién es el gobernador de Venezuela?

Hutten acusó el golpe. Mirándole fijo a los ojos afirmó tonante y retador:

—No creo exista ninguna duda sobre el particular, señor de Carvajal. Yo soy el único y verdadero gobernador de Venezuela.

Un rumor temeroso onduló por la mesa. Sancho Briceño dejó a mitad de camino la mano que llevaba a la boca. El padre Tudela juntó las palmas y miró suplicante al cielo. Carvajal, convulso de rabia, se puso en pie, derribando el taburete.

—¡Oídme bien, españoles! —arengó con voz recia—. Este señor dice ser el gobernador y capitán general de Venezuela, y aquí no hay más gobernador que yo.

Y al decir esto mostró con la mano alzada unos pergaminos con sellos, lacres y rúbricas.

—Éstas son mis credenciales y están a la vista de quien las quiera ver.

Hutten se encabritó a su vez, replicando a gritos:

—Si hace cuatro años recibí del rey mi nombramiento como gobernador y capitán general de Venezuela y si al dárseme por muerto eligieron a éste —dijo apuntando a Carvajal—, queda sin efecto tal elección desde el momento mismo en que estoy vivo.

Un murmullo de preguntas y otro de comentarios recorrió el campo.

—¿Debo recordaros, acaso —prosiguió—, que Venezuela fue arrendada por el emperador a mis señores los Welser, delegando en ellos la elección del gobernador?

Un clamor de indignada protesta siguió a sus palabras. Varios comensales torcieron el gesto. El padre Tudela se santiguó. Carvajal curvó los labios satisfecho. Hutten, sin calar el efecto de sus afirmaciones, prosiguió:

—En tanto mis señores, representados aquí por el hijo de don Bartolomé Welser, no decidan quién habrá de ser el gobernador, yo continuaré siéndolo.

Welser dio enérgicas señales de asentimiento mientras una marea de imprecaciones subía amenazante. Carvajal saltó ante la oportunidad:

—¿Habéis oído bien, castellanos, que Venezuela es propiedad de los Welser y no de la Corona de España? ¡Eso es traición al rey! ¡Válgame Dios!

Maldiciones e insultos lapidaron a Hutten y a Welser.

—¡Fuera los tudescos! —gritó Pedro de Limpias. —¡Fuera! —apoyaron otras voces.

—¡Viva el rey! —proclamó Villegas desenvainando su espada.

—¡Viva! —coreó la multitud.

—¡Señores!—intentó Hutten explicarse—. ¡Me habéis entendido mal...! Esos documentos...

Pero un tornado de insultos lo dejó sin habla. El padre Tudela lo tomó por un brazo:

—Venid conmigo, Felipe. Vuestra imprudencia, una vez más os ha resultado costosa. Vamos a casa mientras aplácanse los ánimos.

Llevado por el sacerdote, cruzó hacia su vivienda, entre la enardecida multitud. Alcanzó a oír las últimas palabras de Carvajal:

—¡Oídme bien, soldados que habéis servido bajo el mando de Felipe de Hutten! ¡Os ordeno y mando que antes de una hora estéis frente a mi casa, so pena de vida, para aclarar tantas confusiones!

Un entrechocar de sables y gritos reclamó la atención de la gente. Tras la tropa, El Cautivo, armado de una alabarda, se defiende de Sebastián Almarcha y de tres soldados. Con la vara ya ha derribado a dos; lanza el arma contra Almarcha y corre hacia su caballo, enarbolando el alfange. De un golpe corta la mano del que trata de sujetar las bridas. Monta de un salto en su bestia y huye a galope hacia el descampado. Nadie intenta seguirlo, atentos a los acontecimientos que se desarrollan bajo la ceiba.

Los hombres se escinden en dos grupos silenciosos. Frente por frente, con la plaza en medio, el alemán y el escribano celebran con sus partidarios, sendos consejos de guerra.

—Debieras caer sobre Carvajal en este instante —aconseja Bartolomé Welser.

—Todavía tenéis ascendiente en la tropa—opina Gregorio Romero, uno de los que vino con Carvajal, y desertó de su compañía—. Ya los hombres de guerra, tanto vuestros como los de Carvajal, están formados frente a su casa.

Unos cien soldados, de pie y de a caballo, charlan indecisos ante la vivienda del escribano. Pedro de Limpias y Sebastián de Almarcha entran y salen del bohío, entrecruzando palabras con ellos.

En los costados del terraplén se aglomeran los vecinos. Catalina susurra algo a la novia de Sancho Briceño y presurosa se aleja del sitio. Hernán Pérez de la Muela, junto a Villegas, hace aspavientos despectivos. Perico y Magdalena, trepados en el techo de Carvajal, ven con ojos de asombro hacia la casa de su amo. Melchor Grubel El Joven, se abre paso hacia la casa de Hutten. Tras un breve vacilar, se decide:

—Por los clavos de Cristo —dice suplicante— y por el amor que os profesamos tanto mi padre como yo, renunciad por vuestra vida a la gobernación. Los soldados no os quieren.

—¡Eso es falso! —vocifera Diego Plasencia, otro de los que abandonaron al juez—. Éstas son falacias de este mal nacido para apagaros el ánimo. Aquí todos estamos hartos de Carvajal y de su tiranía. Vos sois, señor, el único y verdadero representante del emperador, y estoy dispuesto a apoyaros en vuestra causa, a riesgo de mi vida. ¡Largo de aquí, Melchor Grubel, y anda ya con el cuento de que Diego Plasencia está del bando de Su Excelencia!

—Dile, también, que Gregorio Romero hará otro tanto, pues sólo a él le consta cómo falsificó los documentos de la Real Audiencia.

Melchor Grubel, azarado, corrió hacia Carvajal.

—¿Qué habrá de suceder, a todas éstas? —le pregunta Juan de Quincoces al verlo retornar.

—Que don Juan de Carvajal se saldrá con la suya —le respondió antes de entrar—. ¿Piensas, acaso, que pudiera ser diferente?

Sebastián Almarcha sale del real y a paso lento se encamina hacia los adversarios.

—El gobernador os ruega —informa a Hutten— que acudáis presto a su casa para dirimir de una vez por todas tan enojoso asunto.

—En seguida voy —respondió midiéndolo—. Y vosotros —dijo dirigiéndose a los suyos—, tened los caballos y las armas a punto, en el caso de vernos obligados a una retirada forzosa.

Con paso firme y sin escolta cruzó el terraplén. Carvajal lo esperaba con sayo de guerra y espada al cinto. Los dos hombres se miran de hito a hito.

—De una vez por todas, don Felipe de Hutten —clamó Carvajal—, y teniendo por testigos a estos buenos hombres de El Tocuyo, os mando a deponer vuestra rebeldía reconociéndome como gobernador.

—¡No os reconozco un bledo! —descargó Hutten—. Vos sois, además de un criminal, un farsante que habéis llegado a los extremos de falsificar las reales órdenes y las instrucciones que os diera la Real Audiencia. No sois gobernador ni sois nada. No sois más que un bandolero.

Cárdeno de ira, mandó Carvajal:

—¡Aprehendedle!

Nadie se mueve. Con un destello en los ojos que lo debilita, repite la orden. Ni siquiera Sebastián Almarcha se da por enterado. Hutten salpicando desdén, le responde espada en mano.

—¡Arrestadme vos mismo, si sois hombre!

Se apaga el odio en los ojos del escribano. Hutten continúa mirándolo desdeñoso. Carvajal se sume en el estupor. El alemán, satisfecho, da media vuelta y avanza hacia donde lo esperan sus hombres. Carvajal emerge violento de su anodadamiento. Hutten va por el medio de la plaza.

—¡Ya verá ese maldito! —amenaza y de un salto trepa a un caballo.

Lanza en ristre, galopa hacia Hutten con intención de ensartarlo. Plasencia lo alerta; Hutten se vuelve. Tiene encima al caballo. Corre y esquiva el cuerpo. Otro caballo casi lo atropella. Un relincho, y un corcel en el suelo se revuelca con Carvajal. Hutten entiende: Bartolomé Welser galopó al encuentro de su enemigo y le ha matado su bestia. El escribano se incorpora y corre hacia su casa. Hutten, espada en mano, lo persigue. Entra decidido. No hay rastros de Carvajal ni de Catalina. La llama a gritos y no hay respuesta. Sale a la calle. Sus hombres lo esperan. Treinta personas están dispuestas a acompañarlo. Da órdenes de apoderarse de toda la caballería y de las armas. Su menguado ejército, ante la sorpresa del enemigo, se lleva más de cincuenta bestias, cargadas de arcabuces, lanzas y espadas.

A pesar del peligroso aire de los alzados, Juan de Villegas se acerca y dice a Hutten con suave acento:

—¡Perdonadme que os haga una súplica! No es propio de vuestro buen corazón dejarnos a merced de la indiada, sin armas y sin caballos.

—¡Bah! —responde Hutten—. Mejor arma que vuestra lengua no tiene Carvajal. Ya sabréis intrigar y hacer traiciones para someter a los salvajes.

A su caravana se ha sumado gente de la que trajo Carvajal de Coro. Además de Plasencia y Romero, va Diego Ruiz Vallejo. A cincuenta pasos Juan de Quincoces, su jefe de retaguardia, lo mira abatido, sin muestras de seguirlo. Otro tanto le pasa a El Venerable. Hernán Pérez de la Muela, indiferente, conversa con Sebastián de Almarcha y Pedro de Limpias. En un brioso caballo llegan los enanos. El padre Frutos de Tudela, estatuario, levanta su mano derecha y lo bendice a modo de despedida. Antes de partir, Hutten vocea:

—¡Sepan todos cuantos me escuchan, que yo, Felipe de Hutten, soy el único gobernador de Venezuela! ¡Me voy a Coro para escribirle al emperador!

La tropa salió del pueblo al galope. A menos de media legua, emergió El Cautivo de un matorral:

—¡Loados sean las huríes y los santos por haberos sacado con suerte!

Luego de enterarse de lo sucedido, afirma:

—Me parece bien que os hayáis traído buena parte de la caballería y de sus armas. Así no podrá volver contra nosotros. Excédennos abrumadoramente en hombres de guerra e indios auxiliares. Témole más a ese escribano que a todo el ejército del sultán. Tiene los recursos de un bellaco y la facundia del gran eunuco.

Hutten toma el camino de Quíbor.

—¿Qué hacéis, don Felipe? —pregunta extrañado El Cautivo—. ¿Por qué tomáis esta ruta?

—Quiero reponer mis fatigas en Variquisimeto.

—¿Es que acaso estáis loco? ¿Cantáis victoria, cuando tenéis al enemigo encima? Por la vía de Variquisimeto y El Yaracuy tardaréis dieciocho jornadas por lo menos para llegar a Coro. En cambio, si seguimos el curso del río Tocuyo hasta llegar a Siquisique, como sugiere Perico, estaremos al pie de la sierra antes de ocho días.

—A nada he temido, y a nada temeré —responde desafiante—. Aparte de no sentirme tentado de cruzar la sierra. Es más peligrosa y ardua, por ella misma, que los jirajaras que la habitan en pie de guerra.

Al llegar a Quíbor, intenta hacer campamento:

—¡Por Baco, no lo hagáis! —protesta de nuevo El Cautivo—. Ellos cuentan precisamente que, por ser noche, habremos de acampar. Hay luz de media luna, podemos proseguir por varias leguas.

—De ningún modo —expresa molesto—. No huiré como un cobarde. ¿Qué puedo temer de Carvajal, luego de haberlo vencido y humillado? Le he quitado buena parte de su caballería y de las armas, aunque se haya quedado con el botín y los planos que conducen a El Dorado.

Y sin más explicaciones, ordenó a sus treinta jinetes hacer campamento bajo una arboleda de jabillos espinosos que sobresalían con terso frescor en aquel paisaje de cactus y chaparrales.

4. ¡Por el profeta!

Entre dos jabillos cuelga su hamaca y mira la media luna a través de la hojarasca. El chinchorro tiene para él algo de mágica levitación y de mullido sarcófago.

Ha sido un día agitado, triunfal y sorprendente. La actitud de Catalina lo tiene desconcertado y absorto. El Cautivo ratificó su sospecha de haber sido cebo y anzuelo de Carvajal para asesinarlo junto al río.

—De no haber llegado en aquel instante no estaríais contando el cuento. Eso lo supe por uno de los que os velaban, minutos antes que intentaran echarme mano.

—¡Es el mismo demonio esa mujer! —respondió en aquel instante.

—¡Demonio, no Excelencia, puta, que es más sencillo! Las putas son siempre del último mareante. Tienen el don de otear de qué lado ventea el éxito. La puta es puta porque nace y crece en el peligro. Desde el primer momento aprende, además de abrir las piernas, a tener bien abiertos los ojos. A fuer de ser engañada, se hizo engañadora, cobrando a los tontos la deuda de los bellacos. Y os lo digo yo, que soy hijo de La Salsipuedes, cantonera de oficio y envenenadora. por encargo.

Contrastó con una sonrisa las opiniones del renegado con las que pregonaba el capellán de Arstein:

«Las mujeres de excepcional belleza son agentes de Satanás, afanosas de perder a los jóvenes que, como tú, han hecho voto de castidad.»

¡Cuánto se burló Nicolás de Federmann al repetirle esas opiniones!: «Tú y el cúrete ése estáis llenos de supersticiones. ¿Qué tiene que ver una real hembra con el demonio? Las relaciones entre macho y hembra se rigen por leyes inmutables. Las mujeres colosalmente hermosas, como Berta, saben desde niñas que pueden poner al mundo boca abajo, ya que folgan cuando quieren y a quien quieren. De ahí su desenfado y seguridad ante el hombre que les place: se saben agua fresca para la boca sedienta. Si el tipo objeto de sus ardores ilumina el rostro ante su presencia, como es lo habitual, asumen el papel de doncellas remilgosas. Dicen sí, diciendo no. Hacen como la cervatilla en celo que simula huir del corzo, para caer un poco más allá con el rabito al aire. Si el tipo no reacciona ante su reclamo, como ha sido siempre tu caso, se exaltan en sus deseos, abandonando el púdico disfraz de doncellas comedidas. Y en vez de ser tú quien las conduzcas al lecho, son ellas quienes se desvisten, acuestan y folgan. Ésa es la razón de su sorprendente destino con las bellas. No es que sean impúdicas hijas de Satanás, sino féminas en celo que se han quitado la careta.»

Hutten cavila en medio de la noche llena de grillos y de bruscos silencios. El sueño no viene. Tiene la boca seca. Un riachuelo cruza a diez varas. Sus compañeros duermen. Cuatro centinelas otean cardinales. A paso lento camina hacia la quebrada; apoyándose en las manos, quiebra horizontal su cuerpo sobre el suelo y sorbe el agua directamente. Una sensación de presencia lo incomoda y alerta; sin cambiar de posición yergue la cabeza. Al otro lado, la mujer del sayo lo está mirando sonriente.

—¡Señor, señor!, ¿qué os pasa? —le pregunta uno de los centinelas sacudiéndolo con bríos.

—¿Qué sucede, dónde estoy? —preguntó aturdido, llevándose las manos a la cabeza. Tenía la boca rota y sangrante.

—Cuando llegamos —explicó el soldado— os convulsionabais cual un poseso y echabais espumarajos por la boca.

Al despuntar el sol lo despertó El Cautivo:

—Tres jinetes se acercan procedentes de El Tocuyo....

—¿Serán otros que desertaron de la compañía de Carvajal? —aventuró somnoliento.

—No lo creo —repuso al distinguir a Juan de Villegas.

—¡Salud, Excelencia! —saludó desde su caballo el recién llegado—. Os repito lo que os dije en El Tocuyo: nada tenéis que temer de Carvajal, quien yace contrito y humillado, luego de la solfa de ayer.

—No podéis dejarnos sin armas y sin caballos, Excelencia —acotó otro—, a merced de cientos de miles de salvajes que, apenas descubran nuestra debilidad, caerán sobre nosotros.

—Tened compasión —imploró el tercer jinete— hacedlo por las mujeres y los niños. Pensad en ellos, Excelencia.

Su rostro hosco se fue distendiendo a cada ruego.

—Como prueba de que os decimos la verdad —argüyó Villegas, señalando hacia un caballo del que pendían dos cajas de cuero—, os hemos traído el botín que os arrebatara Carvajal, además de los preciosos documentos que necesitaréis para hallar de nuevo El Dorado.

Brillaron entusiastas sus ojos.

—Se los quitamos a viva fuerza —explicó el tercer jinete—. Como podéis ver, es un hombre deshecho. El destino de El Tocuyo está en vuestras manos y ninguno de nosotros os quiere mal, Excelencia. Vos sois nuestro único gobernador y capitán general...

—Devolvednos las bestias que apenas las necesitáis —insistió Villegas— y tomad vuestras joyas y documentos.

Para indignación de sus compañeros, Hutten accedió a la demanda, quedándose con trece caballos.

—¿Le dijisteis —lo interpeló acechante El Cautivo— que pensabais iros a Variquisimeto?

—¡Por supuesto! ¿Qué necesidad tenía de mentir?

—La misma que háceles mentir a ellos. Empalaréme yo mismo, si antes de dos jornadas no tenérnoslos encima: habéisles dado cuanto hacíales falta para cortarnos la garganta: caballos y armas.

—No lo creo.

—No es el caso de creerlo o no creerlo, señor mío —contestó con el rostro torcido—. Acabáis de conjurar una vez más la adversidad sobre nuestras cabezas, y ¿queréis que os diga la malaventura? Mañana a esta misma hora, tendréis a Carvajal rodeándonos con cien jinetes.

—Tiene razón El Cautivo —intervino Bartolomé—. Siempre he confiado en ti; pero por primera vez disiento de tu parecer.

Dirigió una mirada a sus hombres. Rostros de ira y desencanto lo enfrentaban.

—Yo no estoy dispuesto a seguir hacia Variquisimeto —hizo saber El Cautivo—. Ahora mismo tomo camino en línea recta hacia el poniente, en busca del río Tocuyo. Con agua al flanco, antes de cuatro jornadas estaré a veinte leguas de Carvajal.

—Yo no comparto vuestros temores —respondió Hutten.

—Pues yo sí —afirmó Bartolomé—. Y si tú no haces caso a lo que dice El Cautivo, me veré obligado a desechar tu compañía.

A instancia de sus hombres, cambió de rumbo, a regañadientes. Antes de media hora, trece jinetes y diecisiete peones marchaban hacia el río Tocuyo, que corría en dirección al Norte, para cruzar luego hacia el Este buscando el mar.

Luego de cuatro días de bordear su cauce, llegaron a un sitio llamado Siquisique.

—Hemos recorrido veinte leguas —dijo orondo El Cautivo—. Ahora sí podemos regodearnos de estar a salvo de Carvajal.

—¿Cómo lo sabéis ahora...? —preguntó Hutten con resentimiento.

—Ved por vos mismo —dijo mostrando la vasta explanada que se extendía hacia el Sur, a lo largo de diez leguas—. ¿Veis acaso un buitre o un zamuro?

Avanzan penosamente hacia el Norte. La tierra siempre áspera y pedregosa, asciende y baja en altas y medianas serranías, cruzadas de cujíes enanos, matorrales espinosos y quebradas secas privadas de sombra.

—Tengo sed —observa quejumbrosa Magdalena.

—Ya falta poco para el ojo de agua —la consuela Perico, mirando aquel cielo espejeante, libre de pájaros, restallante de luz.

Los caballos bufan exhaustos, sudorosos y lentos. Uno se derrumba y rueda por el precipicio.

—¡Bajaos ya de una vez de las bestias! —grita Diego Plasencia—. No pueden ni con ellas mismas.

Los jinetes obedecen, la caballería aligera el paso.

—¡Agua, agua! —claman los labios rotos, agobiados de sed.

A treinta pasos la cuesta se hace cumbre y la cumbre explanada. Hutten, arriba de un peñasco, otea hacia el Norte. Sus hombres bracean el último trecho. Al alcanzar la cima caen de bruces sobre el suelo rojizo. Siete sierras montañosas, tan altas y abruptas como las anteriores, se extienden en desesperante sucesión.

—Detrás de aquélla, la última que veis —señala Perico—, se halla Coro y el mar.

—¡Ánimo, mis valientes! —vocea Hutten—. En menos de dos días estaremos viajando hacia España.

—Abajo está el jagüey —apunta Perico con el dedo.

—Yo de aquí no me muevo —proclama un soldado—. Si he de morirme de sed, será descansado.

—Lo mismo advierto y digo —apoyó uno de los infantes con las manos en almohadilla.

—Pues descansad todo cuanto queráis —accedió El Cautivo— mientras el jefe decide el momento de seguir. Si os queréis morir, ello es asunto vuestro. Debo deciros, sin embargo, que no tenéis otra elección para iros al otro mundo que el empalamiento; yo mismo he de meteros esta estaca por el culo, si os empeñáis en quedaros aquí.

El trajinar de la tropa por los parajes del sube y baja prosigue sin variantes por otros dos días. La sequía ha alcanzado las montañas donde los arroyos ordeñan las nubes.

—Ya mañana estaremos en Tara-Tara —promete Perico—. De la sierra Jirajara baja una fuerte y grande quebrada que nunca se seca.

Hace dos días la luna se acerca a su plenitud. Hutten decide hacer las jornadas bajo su luz, durmiendo durante el día, protegidos por verdes toldos de horcones y cujíes. El sol se apagaba cuando ordenó ponerse en camino. Al amparo de las sombras y de la claridad lunar se hace menos penosa la marcha.

Al filo de la medianoche, y luego de trasponer la última serranía, descubrieron con entusiasmo que antes de la gran sierra, sólo se interpone un gigantesco valle.

—La sierra —promete Perico— tiene agua en abundancia, y al decir agua digo venados, caimitos y toda clase de árboles frutales.

Dos puntos de luz se destacaban en uno y otro confín del valle.

—Son pueblos jirajaras —explicó el enano—. Agua por lo menos tienen. Sin agua no hay siembra y sin ella no hay pueblo. El de arriba es el de los tara-tara.

Al despuntar el día, van por el medio de aquella sabana desplegada entre las dos montañas. Cuatro quebradas que encuentran van tan secas como las dejadas atrás.

—El verano —comentó Perico— se ha metido de lleno—. Pero no desesperéis, antes de mediodía hemos de toparnos con la quebrada de Tara-Tara. Por poca agua que lleve, nos permitirá darnos un baño de cuerpo entero.

A las ocho de la mañana el sol comenzó a calentar. La tierra era la misma: áspera y yerma. No se vislumbraba un árbol hasta donde alcanzaba la vista. Enfrente, la montaña de los jirajaras se erguía imponente, llena de verdor. Una columna de humo se elevó próxima a la serranía.

—El pueblo jirajara. El agua —clamó Hutten con voz seca.

Con excepción de una veintena de ancianas, la aldea estaba vacía, y un hilo de agua era todo cuanto restaba de aquel brazo caudal, que según prometía Perico bajaba de la montaña, fluido, perenne y saltarín.

—¿Y los hombres? ¿Y el río? —preguntó Hutten a una de las ancianas.

—Agua, agua —se limitó a responder.

—¿Y cuándo volverán?

—Agua, agua—volvió a decir añadiendo una retahila de tonos agudos.

—Dice la vieja —tradujo Perico— que todos se fueron del pueblo. La sequía ha sido muy grande. Pídete, si es tu gusto, matarlas de una vez.

—Dile a esas ancianas que no teman por nosotros. Descansemos apenas un rato y hagamos luego campamento al pie de la sierra. No dista más de una legua, y debe ser más rica en agua y caza que este erial.

—Eso mismo pienso yo —dijo un soldado de apellido Serrano—. Aún más, os propongo respetuosamente que algunos de nosotros pongámonos en marcha ahora mismo. El agua nos ha remozado y sentímonos deseosos de penetrar la montaña abandonando para siempre este desierto.

—No es mala idea —repuso—. El peligro de Carvajal ha cesado. Es más fácil encontrar alimentos en pequeños grupos que para un escuadrón de tres decenas.

—Aparte —añadió Serrano— que nosotros los de infantería podríamos, al adelantarnos, aligerar dificultades a los de caballería, mejorando el camino. Son los corceles los más sufrientes al trasmontar.

—Tenéis mi autorización, señor Serrano —respondió Hutten—. Todos los de infantería, que son diecisiete en total, se pondrán en marcha ahora mismo. Nos esperaréis en la cumbre. Juntos entraremos a Coro.

—Perfectamente, señor gobernador —asintió el soldado.

—Ah, otra cosa —indicó Hutten—. Llevaréis con vosotros el tesoro de la expedición y las cartas geográficas. Hay que aligerar a las bestias de toda carga. Nosotros trece, salvo Perico y Magdalena, marcharemos a pie.

Hutten despidió sonriente a sus diecisiete fieles.

—Habéis hecho mal en dejarlos partir —ronroneó El Cautivo.

—¿Por qué? Ya todo está concluido. Es mejor dividir las bocas.

—En caso de guerra no divídense las bocas: es preferible pasar hambre juntos que morirse por separado. Lástima que no haya nada para el yantar —se quejó El Cautivo.

—Calmaos, maese —sugirió Diego Plasencia—, al bajar el sol los animales de los contornos vendrán a beber en la quebrada. Haremos valer entonces las ballestas.

—¡Que el Profeta se digne a escucharos! —respondió entreverando un bostezo—; entre tanto, descansemos.

Al minuto dejó escapar un ronquido. El resto de la tropa se sumergió en el sueño.

Fue Magdalena quien dio la voz de alerta.

—¡Eh, despertad todos! Las viejas se han marchado.

—Las pobres —exclamó Hutten— no creyeron en mi palabra.

Ya las sombras se hacían muy largas y el calor se atemperaba en soportable tibieza, cuando Hutten dijo:

—Será mejor ponemos en marcha. Acamparemos al pie de la montaña. Somos muy poca gente y no me place que las vejucas hayan escapado. Podemos ser víctimas de un ataque sorpresivo por los de su tribu.

—Estáis suponiendo como es debido. —expresó El Cautivo—. Salgamos ahora mismo y a paso de huida.

Saciada la sed, los caballos, estimulados por el verdor de la montaña, galoparon festivos por la explanada. La sierra de Coro, en su descomunal altura, subía a pico como los muros de una fortaleza. El sendero que llevaba a Coro era tan pendiente como la rampa del castillo de Würsburg.

Por cada diez pasos se ascendían tres pies sobre el nivel del suelo. Hutten miró alrededor. Justo en el sitio donde la montaña tallaba el camino, había en un recodo una arboleda de cujíes de excepcional grosor, buena para colgar hamacas. Abajo se dibujaba el lecho rocoso de una quebrada por donde corría otro arroyo mortecino.

—Yo creo —propuso El Cautivo— que debemos buscar maíz para nosotros y pienso para los caballos.

—De acuerdo —respondió Hutten con desgano, mirando emerger la luna con el sol afuera—. Esta noche tendremos luna llena y los campos estarán claros y palpitantes de vida.

—Nosotros, entonces —agregó el renegado señalando a cinco hombres—, nos iremos en busca de alimentos. Su Excelencia puede esperar nuestro regreso acompañado con los señores —dijo refiriéndose a Bartolomé Welser, Gregorio Romero, Ruiz Vallejo y Diego Plasencia—. Estaremos de vuelta antes de la medianoche.

Hutten, echado en su hamaca, escuchó a El Cautivo y a sus compañeros alejarse al galope.

—Excelencia —propuso Ruiz Vallejo—, se me ocurre, mientras va y viene El Cautivo, que los chicos y yo pudiéramos incursionar por la quebrada en busca de algún conejo.

—De acuerdo —volvió a repetir con desgano, dejándose ganar por un tibio sopor.

La tarde avanzaba en un crepúsculo confuso de luna sin sentido. Al fin se extinguió el sol cayendo las sombras sobre el campamento. La luna no iluminaba aún al paisaje.

—Mirad, Excelencia —llamó con alarma Plasencia—, las brujas han retornado al pueblo y también su gente. Ved cuántas luces tienen encendidas. Hicisteis bien en habernos sacado de allá. Quizás nos hubiesen hecho cuartos de confiarnos en su soledad e indigencia.

La oscuridad se hacía más densa, a pesar de la luna remontando el vuelo.

—¿Os place que encienda fuego? —propuso Romero.

—Haced lo que queráis, amigo mío —accedió Hutten sumido en el recuerdo de Fausto y de su profecía.

Los hombres en sus hamacas se fueron durmiendo. Welser y los otros dos hacían triángulo alrededor de la fogata. Hutten se balanceaba entre dos arbolillos a un lado del camino.

«¡Oh, doctor Fausto! ¡Oh, doctor Fausto, grande era tu sabiduría y deslumbrante tu agudeza! Es cierto que estuve a punto de perder la vida a causa de una mujer hermosa, por obra de un español y en noche en que la luna llena se cubre el rostro de sangre. Fuisteis grande en prever el escenario, pero errasteis agorando el desenlace. Y tenía que ser así: la vida de los hombres no se rige por los astros sino por la voluntad de Dios y el propio albedrío que les fue concedido por gracia infinita. Yo quise ser quien soy y he sido, y lo continuaré siendo hasta que el Señor lo decida. Y Él necesita que conquiste el país de los omaguas para difundir la fe de Cristo entre los paganos...»

Saltó una risa a su derecha.

—¡Doctor Fausto! —clamó incorporándose con sobresalto en su

chinchorro. Se aquietó al darse cuenta de que era Plasencia hablando dormido.

—Mujeres hermosas, a pesar de mi obstinación en ser Parsifal, ya las hubo. Pero San Agustín fue también un pecador y terminó arrepentido. Nunca más he de conocer mujer alguna. Ni siquiera Catalina, ni siquiera la duquesita, ni mujeres como La Clueca, ni la misma María Leoncia que tanto sabor me diera dormido o despierto.

Una risa femenina sonó en su proximidad. Era la risa aflautada de Bartolomé.

—Nunca hasta ahora te escuché hablar solo. ¿Quién es la tal María que mientas con tantas ganas?

La luna mostraba, ahora, todo su esplendor de sol adormilado. Un rumor abajo lo puso atento. Era agua corriendo vigorosa y cantarina. Era el ruido de un río fluyendo en su lecho.

«¡Extraño! —se dijo—. La quebrada parece llena. Hace unas horas era un hilo de agua.»

Con paso cauteloso salió del cujizal y bajó hasta el cauce. Volvió a sorprenderse: rebosaba de agua de una ribera a la otra, formando pozos y batiendo espuma al chocar contra los peñascos.

«Esto es un encantamiento», pensó maquinal.

—¡Hola! —saludó una voz de mujer.

En medio del agua, una doncella retozaba con una danta. Iba desnuda y tenía la cara y el cuerpo de la india de Varavarida.

—¡Ven! —reclamó ella.

Hutten se metió en las aguas.

—Báñate conmigo —pidió en un susurro—, luego repetirás lo que hicieras conmigo en Variquisimeto.

—¿Qué quieres de mí?

—Cobrarte lo que me debes.

—¿Qué te debo?

—Luego te lo diré. Goza ahora lo que no hiciste despierto. No. No te quites el traje. Habrás de tenerlo puesto, como lo tenían todos el día en que aperrearon mis muertos.

En la otra orilla una voz chirriante gritó en alemán:

—¡Fijaos en la luna, monseñor!

Era Fausto, acompañado por Mefistófeles.

—Os previne de las mujeres de la noche.

La luna brillaba encendida de sangre. Una voz lo despertó en el lecho seco de la quebrada:

—¡Daos preso en nombre del rey!

Era Sebastián Almarcha apuntándole con una ballesta. A su lado, Pedro de Limpias levantaba el sable.

—Pero, ¿dónde estoy? ¿De dónde salisteis? —preguntó confuso sin percatarse de que cincuenta jinetes lo rodeaban.

—¡Traed a los otros, y ponedles colleras cual si fuesen jirajaras! —ordenó desde lo alto una voz inconfundible.

—Juan de Carvajal! —exclamó mirándole sorprendido.

El escribano, en recio caballo, lo contemplaba con desdeñosa rabia. A su lado, en blanca muía, estaba Catalina.

Hutten da un vistazo a sus captores:

—¡Padre Tudela! —grita incrédulo.

El sacerdote inclina la cabeza.

—¡Quincoces del Llano! —vocea incorporándose.

Cuatro brazos lo domeñan y dos manos lo maniatan.

—¿Qué significa esto? —vuelve a gritar creyéndose víctima de un sueño.

—Simplemente que vais a morir —responde Carvajal.

—Sólo el rey puede...

—El rey aquí lo soy yo.

Dirigiéndose a los negros ordena:

—Buscad algo que resista su cuerpo y colgadlo de inmediato. Aquel arbolillo parece servir.

Un nudo corredizo se cierne sobre su cuello.

—Un momento —protesta altivo—, si he de morir, que sea dentro de mi ley y rango.

—¿Qué pretendéis decirme?

—No se ahorca a un hombre de mi linaje. Tal pena es para los villanos. A gentes como yo se les decapita con arma de metal noble. Exijo el tajo del verdugo.

Carvajal, arriba del caballo, parece meditar. Los soldados, pie en tierra, empuñan sus armas. Catalina se apea de su yegua. Vacilante, se apoya en el estribo y en la pierna de Carvajal.

—Está bien, Felipe de Hutten —contesta el escribano—, morirás de acuerdo a tu rango. ¡Dimas! Toma el machete y córtale la cabeza.

—Está mellado, señor. No corta ni las ramas.

—Él mismo lo quiso así —responde con una carcajada—. Échalo al suelo ya de una vez y que se prepare a morir.

A la fuerza, cuatro soldados lo obligan a arrodillarse. Se sacude colérico.

—Antes pido confesión.

—Te confesarás en el cielo. Tengo prisa por verte ya entre los muertos.

—Señor —protesta el padre Tudela—, el prisionero tiene derecho a morir como cristiano.

—¡Callaos, cura!

—¡Que he pecado contra el sexto y noveno mandamiento! —clama desaforado—. He fornicado con vuestra mujer y con la india del monte. ¡Dadme, por Dios, confesión!

—Ya he dicho que habrás de confesarte en el cielo.

—Me condenas a los infiernos.

—Allá tú con tus pecados. Anda ya, quédate quieto y estira el cuello.

Hutten suplica y solloza:

—No me dejéis morir sin confesión. Os lo pido por vuestra madre.

—Ya he dicho que confesarás en el cielo. ¿No tienes acaso un hermano obispo? Ya rezará por ti. ¡Eh, verdugo, cumple de una vez con tu oficio!

—Haced un acto de contrición perfecta —vocea el padre Tudela—, que ya acabáis de hacer vuestra confesión. Desde aquí yo os perdono.

Tras un seto de cactus, Guerrero y los dos enanos contemplan con ojos desorbitados lo que está por suceder.

—Fue demasiado para el mejor destino —murmura El Cautivo—. Pareciera haberse empeñado en hacer cierta la profecía.

Perico y Magdalena lloran en silencio.

Atadas las manos, de rodillas y de cara al suelo, Hutten susurra una plegaria. Dimas afila el machete. A una señal de Carvajal, se acerca a saltitos al prisionero. Hutten levanta los ojos al cielo. Arriba, la luna de Fausto, redonda, roja y desolada.

—¡Miserere mei! —dice con pena y mira hacia abajo.

Restalla el machete contra el cuello. Salta un chorro de sangre. La cabeza no se desprende. Con un hondo surco en la nuca, se incorpora y avanza dando trapiés hacia Carvajal. El negro corre tras él, levanta el arma y vuelve acertarle. Con la cabeza a medio desprender, llevado por el impulso llega hasta su enemigo. El tercer golpe lo decapita limpiamente. Un chorro de sangre salpica a Carvajal y a Catalina. El Cautivo y los enanos tiemblan ante la escena. Bajo las patas del caballo cae el cuerpo de Hutten. El Cautivo grita fuera de sí:
—¡Por el Profeta! ¡Habéis matado a un inocente! —¡Amo, amo! —sollozaron los enanillos mientras arriba brillaba en todo su esplendor la luna de Fausto.

FIN

Fundamentos históricos

Sobre Felipe de Flutten en Europa

«Felipe de Hutten pertenecía a una de las más antiguas familias de la nobleza alemana en la provincia de Franken. Ya en el siglo X un Hutten conducía el ejército del rey Enrique contra los hunos. Era primo hermano de Ulrich Hutten, famoso poeta alemán, y su hermano Mauricio era obispo de Eichstädt. Nació en Birkenfeld (1511), como segundo hijo de Bernardo de Hutten, quien ocupaba el alto oficio de amtmann (burgomaestre) en la ciudad de Königshofen. Desde temprana edad, su protector, el conde Enrique de Nassau, lo llevó junto con su hermano mayor a la corte imperial, siendo ambos compañeros de juego del príncipe don Fernando» (Juan Friede, Los Welser en la conquista de Venezuela, cap. XIX, p. 375, Caracas 1961).

Durante mi viaje a Alemania, en junio de 198z, tuve ocasión, con la inestimable ayuda del profesor de Historia Medieval, Otto Mayer, de poner en evidencia la importancia social y económica de la familia Hutten. En Arstein, a veintidós kilómetros de Würzburg, está el mausoleo de esta familia en la iglesia de Santa María de Soddenheim. Hay un cenotafio en honor de Hutten, mandado a erigir por su hermano el obispo. Aparecen ambos rezando ante un crucifijo. Felipe está representado por un hombre de aspecto senil, que según Mayer no corresponde a la realidad, ya que tenía treinta y cinco años para el momento de su muerte. Se observa la robusta constitución y alta talla de la que hablan los historiadores.

No hay dudas sobre la proximidad afectiva de los Hutten con el archiduque Fernando y con Carlos V. Mauricio, aunque obispo de Eichstädt (a pocos kilómetros de Munich), era canónigo de Würzburg, importante ciudad bávara, célebre por su castillo y sus excelentes vinos. En la catedral de Würzburg hay una lápida sepulcral en recuerdo de Mauricio.

Sobre las profecías de Fausto

Juan Fausto, el célebre doctor Fausto que inspiró a Goethe, no es un personaje de ficción como por mucho tiempo se le tuvo. Nació en Knitlingen en 1480 y murió cerca de Staufen en 1540 (Kurt Baschwiiz, Brujas y procesos de brujería, Barcelona, 1968). Las andanzas y peripecias que destacamos en la obra tienen asiento documental tanto en esta obra como en la del profesor Frank Barón, Doctor Faustus from History to Legend 1980. De acuerdo con el profesor Barón, Fausto en 1534 le hizo a Felipe de Hutten una profecía, luego de leer su horóscopo, donde le advertía de las calamidades que hallaría en Venezuela, aparte de su trágico final. Según Fausto, cuando la luna se encontrase en conjunción con Marte, se hallaría en grave peligro. Joaquín Camerarius, astrólogo oficial, era opuesto a la premonición de Fausto. Daniel Stevar, noble alemán, quien luego se hizo sacerdote, era contrario a los augurios de Camerarius, quien escribió un libro llamado Comentarios, donde habla específicamente de los éxitos que acompañarán a Hutten en su expedición. La discusión entre los dos astrólogos dejó huella y suscitó escándalos, recreciéndose la fama de mago maravilloso de Fausto cuando se cumplió cabalmente la profecía. En 1540, Felipe de Hutten, en carta escrita a su hermano Mauricio, le dice: «El filósofo Fausto tenía razón, pues nos ha ido muy mal en este año.» (Academia Nacional de la Historia, Caracas, 1964). En febrero de 1982, con motivo del sesquicentenario de la muerte de Goethe, presentamos en Civitas un trabajo intitulado «La huella de Fausto en Venezuela», publicado en El Nacional, en la revista Bohemia y en mi libro Bolívar de carne y hueso y otros ensayos (Caracas, 1983). Fausto murió en los dominios del conde Zimmer, quien anotó en el diario de su casa que había muerto el más grande nigromante nacido en Alemania. Según Barón, Fausto fue procesado en Wittenberg por sodomía y corruptor de menores.

Las cartas de Felipe de Hutten a sus familiares, de tanta importancia para Venezuela y para la identidad de Fausto, permanecieron inéditas hasta 1785, en que fueron dadas a conocer por una revista alemana (Arcaya, op. cit., p. 200, Historia del estado Falcón, Caracas, 1953).

Autenticidad de algunas semblanzas y situaciones

La semblanza moral que presentamos de Hutten corresponde a la que nos han legado los historiadores. Fue un caballero medieval en tránsito hacia el Renacimiento.

Otro tanto podemos decir de las características personales de Federmann y Jorge Spira.

Federmann embarcó por primera vez hacia Venezuela el 2 de octubre de 1529. Lo acompañaban ciento veintitrés soldados españoles y veinticuatro mineros alemanes (Arcaya, op. cit., p. 166).

Nicolás de Federmann tuvo el final que se narra (Arcaya, op. cit., p. 186).

Hutten conoció a Federmann en Europa. «Sentía por aquel conquistador casi veneración», escribe Friede (op. cit., p. 378).

La presencia de Francisco Guerrero, El Cautivo, en el sitio de Viena, en 1529, es descrita por Oviedo y Baños en su Historia de Venezuela, al igual que sus aventuras como pirata y luego prisionero del papa. El Cautivo es recreado en nuestra obra Los amos del valle (Caracas, 1978).

Es factible que Hutten haya conocido en Sevilla a Lope de Aguirre, ya que con diferencia de meses salieron ambas expediciones (véase Otero Silva, El príncipe de la libertad, Caracas, 1978).

La coronación de Carlos V, así como la salida de los expedicionarios de Sevilla son copias casi literales de testigos presenciales. Jerónimo Kóehler, natural de Nuremberg, se alistó en la flota, desistiendo de embarcarse «por las dificultades que tuvieron los barcos para salir del puerto» (Juan Friede, op. cit., p. 341). (Véase Carlos V, Charles Ferlinden, Madrid, 1966, p. 110). Sobre la descripción que se hace de sitios y parajes, el autor recorrió en 1982, con el auxilio del Estado de Baviera, las ciudades de Würzburg, Arstein, Augsburgo, Nuremberg y Munich. Gracias a la ayuda de la funcionaría Sra. Carmen Bruckman, tuvo ocasión de entrevistarse e interrogar a los barones Welser, últimos descendientes de Bartolomé Welser, quienes gentilmente le brindaron copiosa información, mostrándole sus archivos familiares en su castillo de Nonenhaus. En Augsburgo le fue obsequiado al autor, por el bibliotecario ma yor de la ciudad, una fotocopia de la casa original de los Welser, destruida durante la última guerra. También tuvo ocasión de conocer los retratos originales de Antonio y de Bartolomé Welser.

La ruta seguida por Hutten en España y Venezuela fue recorrida por el autor en varias oportunidades, y sistemáticamente durante los años 1982 y 1983.

Lo que afirma Pérez de la Muela sobre la canallada que le hizo Cristóbal Colón a Sánchez de Huelva se encuentra en la biografía del Descubridor, de Salvador de Madariaga. Lo del origen del nombre de América y de su relación con Simoneta Vespucio, en Américo Vespucio, de Germán Arciniegas.

Según el padre Aguado, el obispo Rodrigo de Bastidas, luego de haber defendido por tanto tiempo a los ca- quetíos, terminó por esclavizar a quinientos, en connivencia con Pedro Limpias, «el cual, más como mercenario que como pastor, los mandó a marcar o herrar por esclavos y embarcándolos en los navios fueron llevados en perpetua y miserable cautividad a Santo Domingo, donde perecieron, pagando con la sangre de inocentes sus profanidades y tramas» (Aguado, op. cit.). La afirmación de Aguado es recogida por el padre Simón y por Oviedo y Baños. Arcaya niega esta acusación (op. cit., pp. 201 y 202). Idem, Guillermo Morón.

Bastidas y Spira discutieron acaloradamente a causa de los indios que el segundo pretendía esclavizar, pero la cuestión se resolvió según criterio del prelado (Juan Friede, op. cit., p. 343).

Rodrigo de Bastidas, el obispo, era un hombre probo, enérgico defensor de los indios contra el atropello de los conquistadores (Arcaya, op. cit., p. 186). De temperamento agresivo, como escribe de él Guillermo Morón (Historia de Venezuela, vol. 1), de los que esgrimía el báculo como garrote y el cayado como espada. Era notoria su inestabilidad en Coro. Viajaba constantemente a Santo Domingo, donde tenía madre y hacienda. Abundan los testimonios, según Morón, donde se demuestra el afecto y respeto que mereció de sus coetáneos.

Era natural de Santo Domingo y fue elegido obispo de Coro en 1531, a los veintiocho años de edad. Nunca manifestó Bastidas deseos de habitar en su diócesis. A la muerte de Alfinger, según Arcaya, se ocupó del gobierno interino hasta la llegada de Spira, hallándose en Santo Domingo para el momento en que arribó aquél con su expedición (Historia del estado Falcón, p. 169).

El cirujano Diego De Montes

«Diego Montes, natural de Madrid, le hizo a Hutten una cura bastante buena, para no ser hombre cursado en ello. Como las heridas estaban entre las costillas y él no alcanzase para tener estudio ni experiencia, tomó a un indio viejo y harto de vivir que allí le dieron y, poniéndolo encima de un caballo, hizo que otro con una lanza de indios le hiriese con el propio acometimiento, vistiéndolo primero con el sayo del general con que estaba vestido y metiéndole la lanza por elpropio agujero del sayo, fue el indio herido» (libro III, cap. v, pp. 267 y 268); Oviedo y Baños (op. cit., parte. I, libro III, cap. II).

La espantable historia de Francisco Martín, el soldado caníbal que se fue a vivir con los salvajes, es auténtica (narrada por Aguado).

Juan de Carvajal, según hipótesis documentada de Juan Friede, al parecer había vivido en Venezuela con anterioridad a su llegada a Coro en 1545. Según se infiere de los documentos, fue secretario de Ambrosio Alfinger. Las características psicológicas del texto corresponden a la realidad histórica.

Juan de Carvajal salió de Coro a principios de abril de 1545. Lo acompañaban ciento ochenta individuos de raza española y algunos indios (Arcaya, op. cit., p. 211). En Coro quedaron sesenta vecinos.

Catalina de Miranda, la concubina de Carvajal, era una mujer de vida alegre que se trasladó con Carvajal a Coro y El Tocuyo. Walter Dupuy, en su libro Catalina de Miranda, primera cortesana de la Conquista, arroja alguna información sobre ella. No hay pruebas, aunque son verosímiles, de sus relaciones con Hutten. Luego de la muerte de Carvajal tuvo diversos amantes, de los que engendró tres hijos. Murió en Caracas a comienzos del siglo XVII. Una esquina lleva su nombre.

Pedro Manuel Arcaya habla de Catalina de Miranda, la concubina que llevó Carvajal de Santo Domingo y que siguió con él en la expedición (op. cit., p. 212).

Licencia de errores e inexactitudes

Hutten tenía como criados dos indios de nombre Perico y Magdalena, que estaban presentes, según Friede, en el momento de su ejecución (Los Welser en la conquista de Venezuela, p. 400). En las estribaciones de la sierra de Coro existía una tribu de indios enanos, los ayamanes, descritos por Federmann (Historia indiana) y por Naveros. Al primero le regalaron una pareja de estos pigmeos que dejó en Coro, cuando se marchó a España (Friede, op. cit.). De la interacción de estos hechos surge la semblanza de ambos personajes.

Sobre la identidad histórica de otros personajes

En el Catálogo de los pasajeros de Indias del año 1534 aparecen embarcándose en la flota de los alemanes (donde viaja Felipe de

Hutten) los siguientes protagonistas: Domingo Italiano (cota 4.896) hijo de Antonio Burnengo y de Margarida, natural de Cádiz, de color loro, horro. Pasó a la dicha Armada de Venezuela. En la cota 5.047 se repite, estableciendo que era de color negro y que embarcó el 12 de octubre (Bermúdez Plata, Catálogo de pasajeros de Indias, vol. 1, año de 1534, cota referida). La semblanza que hacemos del personaje y su identificación con un soldado llamado Orejón, son fantasías, no obstante ser histórica la atroz muerte de este último.

Lope de Montalvo (cota 5.084). Era hidalgo salmantino. Acompañó a Spira y a Hutten en sus expediciones, desertando de la compañía de este último en Variquisimeto, de donde partió con cien hombres hacia la Nueva Granada.

Francisco Velasco (cota 5.156), natural de Arévalo, dejó morir de hambre a su compañero Juan de Ceballos en circunstancias que se ignoran. Por esta causa fue hecho prisionero por Spira y remitido a Coro, donde fue absuelto por su crimen por el juez Navarro. Hecho prisionero nuevamente, se fugó de la cárcel con un grupo de hombres, saliendo en su persecución el referido juez, quien luego de dominarlo le devolvió las armas con los resultados que se narran en el texto. Es probable que haya muerto en Cubagua durante el maremoto de 1541. Era de genio vivo y audaz.

Juan de Ceballos (cota 5.021) murió trágicamente en las circunstancias descritas. Interviene en varias oportunidades como cazador de esclavos.

Hernán Pérez de la Muela (cota 5.159), natural de Ontiveros, era médico (Historia de la medicina en Venezuela, Ricardo Archila, Caracas).

Viajaron a Venezuela en 1529 con Ambrosio Alfinger: Juan de Villegas, Sancho Briceño, Diego Ruiz Vallejo, Gonzalo de los Ríos, Luis León (Sastre), Antonio Naveros, Damián del Barrio, Joaquín Risz o Ritz (alemán). (Pedro Manuel Arcaya, Historia del estado Falcón, p. 146, Caracas, 1953). Arcaya incluye en su lista falsamente a Pérez de la Muela.

Melchor Grubel era administrador general de los Welser en Coro (Arcaya, op. cit., p. 203).

Sobre las adversidades iniciales de la expedición y la quema de que fue objeto un sodomita

La expedición (tal como se refiere en la obra) fue sorprendida tres veces por terribles tormentas que los llevaron de nuevo al punto de partida. Más de doscientos voluntarios desertaron al considerar aquello como un mal augurio (fray Pedro Aguado, Historia de Venezuela, vol. I, cap. I, pp. 112 y 113, Madrid, 1950).

De estos inconvenientes y de los malos presagios que llevaron a más de doscientos soldados a desertar, da noticias Oviedo y Baños: «No atreviéndose a proseguir en aquel viaje que recelaban infausto, considerando el presagio de tan adversos principios; y aunque a costa de perder cuanto tenían embarcado, consiguieron con algunas diligencias quedarse en tierra escondidos» (Historia de Venezuela, parte I, libro I, cap. X).

«Era manifiesta la mala estrella que acompañaba a los alemanes» (Juan Friede, Los Welser en la conquista de Venezuela, Caracas, 1950, p. 394).

Según el padre Aguado, la causa «de estas tormentas e infortunios de la mar, se debieron a que iba en la armada un sodomita que acostumbraba a usar aquel pecado en tierra, y aún no se sabe si lo usaba en la mar, y no nos debemos maravillar de que esta armada padeciese las tormentas e infortunios dichos, sino cómo no fue tragada y absorbida de la mar, pues es notorio el castigo que Dios Nuestro Señor hizo en la gentilidad de Sodoma y Gomorra.» Según el cronista, el pederasta, al ser descubierto luego de haber tenido una reyerta con otros dos homosexuales, donde uno fue asesinado, «a los dos prendieron, y sabida causa de su discordia fueron castigados y quemados conforme a las leyes del reino» (fray Pedro Aguado, Historia de Venezuela, vol. I, cap. I, p. 113). Oviedo y Baños no hacen mención de este episodio.

Luego de castigarse al pederasta, los expedicionarios siguieron confiados hacia Canarias, ocho días antes de Navidad. Allí se reclutaron doscientos hombres, en lugar de los que habían desertado en España, «gente grosera y basta», y de allí continuaron con buen tiempo hacia Puerto Rico (Aguado, ibidem).

Sobre la primera expedixión, o expedixión de los llanos

Según el Diario de Hutten, la llegada de la expedición de Spira determinó una superpoblación en Coro, siendo ésta la razón de por qué se enviaran cien hombres al mando de Andreas Goldenfingen en dirección a Variquisimeto (cita de Juan Friede, p. 346).

Spira, como la tierra era muy pobre, dividió su ejército en dos partes, enviando al frente de la vanguardia a su compatriota Andreas Goldenfingen, a quien Aguado llama «micer Andreas», y que marchó «a pie y sin caballo, porparecerle que aquella tierra tenía disposición muy áspera y que por ella no podían ir ni atravesar los caballos»

(Aguado, op. cit., cap. II, p. 118). La Historia de Venezuela de Oviedo y Baños, así como la obra del padre Simón, no hace más que copiar y repetir, con exiguas adiciones, el texto del padre Aguado, al igual que casi la totalidad de los historiadores que se han ocupado del asunto.

La vanguardia comandada por Goldenfingen fue continuamente atacada por tribus belicosas. Las lluvias hacían inservibles los arcabuces. Vista la situación, se retiraron en busca del ejército de Spira (Aguado, ibídem, pp. 119 y 120). La gente de Goldenfingen fue atacada por los indios y salvada por el ejército de Spira (Aguado, op. cit., cap. III, pp. II y ss.).

Cruzando el río Tocuyo, los expedicionarios fueron sorprendidos por una crecida, muriendo ahogados un soldado y un caballo (Friede, op. cit., p. 346). El 6 de junio asaltan un pueblo para proveerse de esclavos (ibídem, p. 347). En otro asalto toman prisioneras a dos mujeres de un cacique. Spira ofrece las mujeres a cambio de su amistad. Regresa el cacique trayendo presentes de águilas de oro (ibídem).

Al llegar al Guayaberas o Guaviare, en la sierra de la Macarena, Spira hizo las mediciones, pues ya no se veía la estrella polar. La medida indicaba dos grados y tres cuartos latitud Norte de la línea equinoccial. «Se ve, pues —comenta Friede—, que la expedición estaba acompañada de buenos pilotos» (Juan Friede, op. cit., p. 354).
Canibalismo y crueldad de los expedicionarios

Felipe de Hutten, en su carta a Mauricio, en 1538, refiere cómo en la expedición de los llanos, los españoles incurrieron en canibalismo (Academia Nacional de la Historia, 1964). El padre Aguado narra la escena donde cuatro soldados se comieron a una niña menor de un año, «que según pareció muy gordita y mantecosa». Uno de los cuatro caníbales murió a los pocos días entre atroces tormentos (op. cit., cap. XVII, p. 204). Francisco Murcia Rondón, quien fuera secretario del rey de Francia cuando estuvo preso en España (Aguado, ibídem) incurrió también en canibalismo: lo descubrieron comiéndose el muslo de un muchacho indio (cita de Isaac Pardo, Esta tierra de gracia). El padre Aguado no hace mención de este hecho, limitándose a consignar la muerte de Murcia de Rondón, al igual que la de Juan de Ceballos y Sancho de Murga.

Jorge Spira fue sumamente cruel, como lo señala su contemporáneo el padre Aguado. Hablando del suplicio del empalamiento a que sometió a diez indios en la sierra de Coro, escribe: «Castigo, cierto, abominable y cruel que por mano de cristianos no había de dar a ninguna gente» (op. cit., cap. XVIII, p. 212). En la p. 213 habla de los aperreamientos a que sometía a los nativos. Juan Friede, apologista de los alemanes y detractor de Aguado, reconoce que para vengar la muerte de Orejón se echaron a los perros algunos prisioneros (Friede, op. cit., p. 348).

A un soldado de apellido Orejón, los indios, luego de asesinarle, le cortaron la cabeza y se disponían a comerla, luego de cocida, cuando llegaron los españoles, quienes tomaron venganza «matando culpados y no culpados». Según Aguado, esto sucedió a poca distancia de Acarigua, que era tierra muy abundante en caza. Allí, a consecuencia de las lluvias, Spira se alojó por tres meses. En ese sitio se le murieron varios españoles, unos de enfermedades y otros asesinados por los indígenas o atacados por los tigres, «de los cuales en estos llanos hay mucha abundancia» (Aguado, op. cit., cap. III, pp. 124 y 125). El cronista insiste más adelante en la ferocidad y audacia de los tigres del llano (cap. VII, p. 143 y 144), lo que resulta desusado en nuestra época.

Spira, en su marcha hacia Barinas, fue atacado varias veces por los indígenas. En una de esas guazábaras, el capitán Lope de Montalvo fue derribado de su caballo y de no haber sido por sus compañeros, que lo rescataron, hubiese perecido (Aguado, op. cit., cap. V, p. 133).

Luego de Barinas pasaron mucha hambre los expedicionarios. Por muchos días se sustentaron sólo con palmitos (Aguado, op. cit., cap. V, p. 134).

Esteban Martín murió en la forma descrita. «Fue un milagro —escribe Hutten— que se salvase uno solo» (Cartas de Hutten, Academia de la Historia, 1964). De los enfermos que quedaron a orillas del Sarare con Goldenfingen, llegaron a Coro cuarenta peones y nueve jinetes. Con Spira llegaron ochenta peones y veinte jinetes, «todos cubiertos de harapos, casi desnudos». De esta forma, de los cuatrocientos noventa hombres que salieron con la expedición, sólo volvieron con vida ciento cincuenta, «no más vestidos que los indios que andan desnudos» (Hutten, op. cit.).

Sobre lo que contaban los indios en relación al oro

El padre Aguado refiere que los indios estimulaban la codicia de los conquistadores hablándoles de las inmensas riquezas que se hallaban al Sur (cap. VIII). Guaviare significaba caballo para los indios (Aguado, op. cit., cap. IX, p. 156).

Las águilas de oro que el cacique del Yaracuy donase a Spira sirvieron de acicate a la fantasía de los expedicionarios. En 1536, en un pueblo llamado Sarobaye, son informados por los nativos de que en la vertiente opuesta de la cordillera había indios muy ricos en oro (Friede, op. cit., p. 352). En el país de ios guaipíes reciben continuas noticias sobre ía proximidad de una provincia muy rica en oro, situada a veinte o treinta días de camino. En otro pueblo les confirman las noticias recioiaas, advirtiendoies que deben atravesar el país de los indios cnoaues, que son muy crueles y caníbales. Allí mismo se les informa sobre la existencia, río abajo, del reino de las amazonas, mujeres que viven sin hombres. Los testigos de la pobranza que hará Spira posteriormente declaran las más fantásticas noticias sobre este Dorado. Las ollas eran de plata y oro puro; por cuatro guacamayos, cuyas plumas se apreciaban mucho, se obtenían cinco vasijas llenas de oro; había «ovejas grandes» («indudablemente —anota Friede— estaban bajo la influencia cultural incaica»; Friede, op. cit., p. 355). En las noticias que damos sobre las amazonas nos inspiramos en el libro de fray Gaspar En el país de las Amazonas. El franciscano fue compañero de Orellana en el descubrimiento de dicho río.

Sobre la segunda expedición de Hutten al país de los Omeguas
«Lope de Montalvo de Lugo —escribe Juan Friede sobre la base de documentos originales a cuyo cargo quedó la vanguardia del ejército en Barquisimeto—, al conocer la muerte de Spira, la llegada del obispo y el nombramiento de Flutten como capitán general, resolvió abandonar la ya tan proverbial mala suerte de los gobernadores alemanes y trasladarse con toda su gente al Nuevo Reino de Granada. La marcha de este capitán y sus soldados constituyó un serio revés para Hutten. Salió de Coro el 1° de agosto de 1541 al mando de cien hombres

de a caballo y algunos peones (Oviedo dice que hacían un total de ciento veinte hombres). Acompaña al ejército, por orden del obispo, el clérigo Frutos de Tudela» (Los Welser en la conquista de Venezuela, p. 380).

La narración de la segunda expedición de Hutten por parte de Juan Friede, no obstante su copiosa documentación, es desordenada, confusa e incompleta, en oposición a la de Aguado y Oviedo y Baños, excesivamenie prolijas y conuadictorias entre ellas. De todo el material analizado hemos llegado a la siguiente conclusión: luego ue ía cálida recepción que prodigó a los españoles el cacique de Macatoa, envió a éstos al pueblo de un cacique amigo (Oviedo y Baños), «quien cobró gran afición por Hutten y sus soldados». Luego de hablarles de la riqueza y peligrosidad de los omaguas decidió acompañar a los expedicionarios, sirviéndoles de guía hasta Ouarica (en la conjunción de los ríos Caguán y Caquetá, afluentes del Amazonas, y situada justamente en la línea ecuatorial, según documentación de Friede y análisis cartográfico por parte de nosotros). Este cacique, a quien el padre Aguado, al igual que Oviedo, dedica sendos párrafos, no es señalado con nombre propio por los autores. Friede, fundamentándose en Juan de Castellanos (Elegías...), se refiere en su apretada y confusa síntesis a un cacique llamado Capta (op. cit., p. 382), a quien capturan, y quien dona a los españoles dos coronas de oro. Creemos que el cacique Capta de Friede y de Juan de Castellanos es el mismo que describen Aguado y Oviedo.

Capta—según Aguado— se maravilló de las barbas y también de los caballos de los españoles, advirtiéndoles del poder, riqueza y peligrosidad de la gente que ellos pretendían conquistar. «Diole así mismo relación de la gente de aquella tierra, diciendo ser numerosa y bien vestida y que usaban traer cubiertas sus carnes y que tenían ciertos animales que se figuraron como las ovejas que tenían los indios del Perú, y que tenían otro género de aves como pavos y gallinas de papadas». Les dijo también que los de El Dorado «tenían ciertos animales crecidos que afirmaban ser camellos... [¿llamas o vicuñas?]. Lo que más contentó a los nuestros fue la mucha cantidad de oro que les decía que tenían...» (Aguado, libro III, cap. V, pp. 264 y ss.).

Felipe de Hutten no tuvo ninguna guazábara con los naturales. Al llegar a Nuestra Señora de los Llanos tuvo noticias de que Jiménez de Quesada había bajado de Bogotá en busca de El Dorado (Aguado, op. cit., libro III).

En la expedición de Hutten iban Bartolomé Wel- ser, Pedro de Limpias, Diego de Montes, Juan de Guevara, Sancho Briceño, Martín Artiaga, Alfonso Pacheco (Arcaya, op. cit., p. 204). «Acompaña al ejército, por orden del obispo, el clérigo Frutos de Tudela» (Juan Friede, op. cit., p. 380).

«Pedro de Limpias era un anciano de mediana experiencia en los negocios del Descubrimiento» (Aguado, libro III, cap. I, p. 242). Todos los autores consultados expresan sobre él las malas opiniones recogidas en la novela.

El indio de los nísperos de oro

En Papamene, Hutten, siguiendo la ruta de Jiménez de Quesada, conoció a un extraño indio, «señor muy principal» que les dijo que ése no era el camino acertado. «Y para confirmar lo que decía sacó ciertos nísperos de oro y plata», y que habían de ir en demanda de un pueblo llamado Macatoa, a orillas del Guaviare. Hutten no le dio crédito. A los ocho días «dejóles el indio y se volvió a su casa. Felipe de Hutten era tan mentido [fantasioso] y contumaz en seguirá Jiménez de Quesada, que casi con esta loca determinación daba a entender desease y buscase su propia perdición» (Aguado, op. cit., libro III, cap. 8, p. 250).

Los indios Choques

Hablando de los indios choques en la sierra de los Pardaos, escribe Aguado: «No hay nación en el mundo a quien en rusticidad y torpeza de juicio se puedan igualar, porque ellos comen carne humana, culebras, sapos, arañas, hormigas y cuantos sucios y viles animales produce la tierra» (op. cit., ibídem pp. 249 y 250).

Más adelante escribe: «Toman estos indios un bollo de maíz tierno y pónense como osos encima del hormiguero y las estrujan y amasan y se las comen».

Allí enfermaron todos los hombres de Hutten, volviéndose «hipatos e hinchados, perdiendo sus naturales colores, pelábaseles el cabello y en su lugar les salía pestífera sarna de la que morían. Las mismas calamidades padecían los caballos que hinchándose a manera de hidrópicos y cayéndoseles el pelo y cubriéndose de sarna, eran muertos; y con el gran deseo que de comer sal tenían, en viendo cualquiera ropa puesta al sol a enjugar, arremetían a ellas con ferocidad de brutos...» (Ibídem, p. 250).

«Y caminando con no menos trabajo que a la ida llevaron, llegaron a Nuestra Señora casi a un año de haber partido...»(p. 251).

Batalla de los Omaguas

Oviedo y Baños dice que el ejército omagua se componía de quince mil combatientes «en bien dispuestas escuadras, coronados de penachos, entre diversas banderas». «Sin que de nuestra parte se padeciese otro daño, que haber quedado herido del golpe de una lanza el capitán Martín de Artiaga» (op. cit., parte I, libro III, cap. II).

Oviedo sigue exactamente la descripción de Aguado.

Sobre algunos detalles

Diego de Montes El Venerable venía, según Arcaya, en la expedición de Spira. Tanto él como Hernán Pérez de la Muela acompañaron a Spira y Hutten en las dos exploraciones. Por problemas de técnica narrativa hacemos aparecer al primero como vecino de Coro para el momento en que arriba Spira, de la misma forma que lo hacemos quedarse en Coro en la expedición de los llanos, cuando participó activamente en ella. Fue Montes quien manejó el astrolabio para situar su posición geográfica (Morón). De igual manera, hacemos ver que Pérez de la Muela se negó a ir en la segunda expedición, cuando realmente acompañó a Hutten en su derrotero.

Leyenda y realidad de El Dorado

Oviedo y Baños narra el encuentro de Hutten y sus hombres con la ciudad de Ouarica. «Hallándose los nuestros a este tiempo en un sitio elevado, y tendiendo la vista a todas partes, a poca distancia descubrieron una población de tan extraña grandeza, que aunque estaba bien cerca no pudieron discurrir hasta dónde llegaba la poblada extensión de aquella máquina». En relación a un alto edificio que les llamó la atención, según La relación del cacique amigo, era la morada del señor de Ouarica; « Y le servía juntamente de habitación a su persona, y de templo a muchos dioses que tenía de oro macizo» (op. cit., parte I, libro III, cap. I).

Oviedo en esta descripción copia casi literalmente al padre Aguado (Historia de Venezuela, libro III, cap. V, p. 266).

El padre Gumilla. en su célebre libro publicado en Barcelona en 1791, refiere, invocando el testimonio de un misionero que estuvo treinta años por el alto Orinoco, que un indio declaró al cura haber estado prisionero quince años entre los omeguas u omaguas. Refería este indio, sin conocer la lengua española, la ruta seguida por Hutten para llegar a El Dorado, utilizando términos castellanos sólo conocidos por los expedicionarios. Hablaba así mismo de la grandeza de los tesoros y de la multitud de gente que el cacique de Macatoa refirió a Hutten (Historia natural, civil y geográfica de las naciones situadas en las riberas del río Orinoco, cita y comentarios de Jerónimo Beker a la obra del padre Aguado, p. 271, vol. I). Refiere el historiador en esta misma nota que con la muerte de Hutten perdiéronse con él las noticias referentes al reino de los omaguas, con lo que deja entrever, al igual que otros autores, que la fabulosa ciudad, llena de oro y riqueza, no es producto de la fantasía desbocada de los aventureros.

La llegada de Mimen ai puebio de Macatoa y buena parte de los sucesos que allí describimos son tomados de Oviedo y Baños (op. cit., parte I, libro lii, cap. I). Leí hablaron de las opulentas poblaciones de los omaguas, «nación muy poderosa, por la abundancia de oro... El cacique trató de disuadirlos teniendo su resolución por temeraria.

La novedad de aquella gente peregrina, lo singular de las armas y lo extraño de los caballos, lo tenía tan admirado, que no había objeto a la vista que no le fíese un asombro».

El padre Aguado dice tener por cierto que Felipe de Hutten alcanzó a ver «algún principio de El Dorado cuando salió herido y casi huyendo y admirado y espantado de aquel principio que vio él y los que con él iban...» (op. cit., cap. VIH, p. 158). Oviedo y Baños, al igual que Aguado, concede credibilidad a «aquel opulento reino que hasta hoy se ignora su situación» (op. cit., parte I, libro III, cap. III).

Asesinato de Felipe De Hutten

Los sucesos que se refieren desde la llegada de Hutten a Acarigua, donde halla el mensaje de Carvajal, hasta su muerte en la sierra de Coro, se inspiran fielmente en los textos del padre Aguado, de Juan de Castellanos, Oviedo y Baños y Juan Friede.

«Hizo que con un boto machete, Le fuese allí cortada la cabeza, con bárbara crueldad; porque el cuchillo o machete fuese gastado en servir y él en sí ninguna cosa cortaba, sino haciendo muchos pedazos los pescuezos y quebrando la carne y los huesos de que estaban compuestos les daba unas crueles y penosas muertes» (Aguado, op. cit., libro III, cap. VIII, p. 284). Según Aguado, Pedro de Limpias y Sebastián Almarcha incitaban con calor a Carvajal a que le diese muerte a Hutten.

Oviedo y Baños añade a la descripción precedente que, mientras duraba la dolorosa y prolongada ejecución de Hutten y de sus compañeros, Limpias y Pedro de Almarcha «celebraban por pasatiempo las naturales fatigas que padecían aquellos infelices con las ganas de morir» (op. cit., parte I, libro III, cap. III).

Bartolomé Welser fue decapitado luego de Hutten, al igual que Diego Plasencia y Gregorio Romero.

Testigos y actores del drama

Oviedo y Baños da la lista de los fundadores de El Tocuyo, entre quienes se encuentran algunos personajes mencionados: Diego Ruiz Vallejo, Damián del Barrio, Juan de Gueva, Juan Quincoces del Llano, Hernán Pérez de la Muela, Thomé Ledesma, Juan de Villegas, Francisco de la Madrid, Pedro de Limpias, Sebastián de Almarcha, Diego de Montes, Melchor Grubel y Bartolomé García (Historia de Venezuela, parte I, libro III, cap. 111).

Hipótesis sobre el sitio donde fue asesinado y enterrado Felipe de Hutten

Hutten fue alcanzado por Carvajal al pie de la sierra de Coro (Friede, p. 399) cuando se dirigía a la ciudad del mismo nombre. «Los indios Perico y Magdalena, que se habían escondido en los matorrales al comenzar el ataque, contaban que era "noche de luna en el campo..." y que lo enterraron con sus manos, en una barranca de un arroyo y pusieron una cruz de palo, junto a su sepultura» (Friede, op. cit., p. 400). Acuciados, por la curiosidad, exploramos la zona donde pudiesen haberse desarrollado estos acontecimientos. Siguiendo el camino que en línea recta y a través de terreno muy quebrado y montañoso va desde Churuguara hacia Coro encontramos que a unos cinco kilómetros de la sierra hay un sitio llamado La Cruz de Tara-Tara, donde el camino se bifurca en dos sendas: una que tortuosamente se dirige hacia el Este, pasando por San Luis y Curimagua para llegar finalmente a Coro, y el de la izquierda, que sin desviarse pasa por un sitio llamado La Tabla. Nos inclinamos a pensar que Hutten tomó este último camino. El nombre La Cruz de Tara-Tara con que se designa el sitio, no deja de ser sugerente, no obstante el aparente origen reciente de dicho nombre. Según viejos pobladores del caserío, la cruz fue erigida hace quince años como señal de paz a las sangrientas riñas de dos familias de las inmediaciones. De acuerdo a ciertos reportajes, éste sería el origen del nombre de dicho lugar. Esta hipótesis, sin embargo, es insostenible, ya que, según los mismos informantes, mucho antes de que se erigiese en Tara-Tara la cruz de madera que pudimos observar, el sitio recibía el mismo nombre. Abusando posiblemente de la hipótesis creemos asociar el dicho nombre con la muerte de Hutten. De acuerdo con nuestras investigaciones en Augsburgo (residencia de los Welser) y en Würzburg y Arstein (residencia de los Hutten), los cadáveres de Bartolomé Welser y de Felipe de Hutten jamás fueron trasladados a su país natal (no hay constancia en los archivos, ni monumentos funerarios al respecto, cuando abundan los de su naturaleza en ambas familias; de la misma forma, atentaba contra las supersticiones vigentes el traslado de cadáveres por vía marítima). De ahí que supongamos que ambos cadáveres permanezcan en el sitio donde los enterraron, con sus manos, los indios Perico y Magdalena, y que, como diremos luego, creemos hallar al pie de la sierra, a unos cinco kilómetros de La Cruz de Tara-Tara. Si el cadáver del hijo de Bartolomé Welser y de Hutten no fueron trasladados a ningún otro sitio (como parece evidente), y el padre del primero era uno de los más poderosos magnates del orbe, es también razonable suponer que así como envió representantes para inquirir sobre la tragedia, haya ordenado a éstos erigir una cruz y posiblemente una ermita en el sitio de su enterramiento. El lugar, signado por un monumento funerario, al borde mismo del camino que conduce hacia Coro, ha podido ser por mucho tiempo (como suele suceder) lugar de encuentro, pernoctación y también caserío, recibiendo a la postre la designación de La Cruz y de Tara-Tara, por ser el nombre indígena de la región. Ulteriormente, como también lo demuestra la historia de muchos sitios, los pobladores de la Cruz de Tara-Tara, al mudarse de sitio lleváronse consigo el nombre, perdiéndose con los siglos la historia de sus orígenes.

Otro hecho que nos hace pensar que Hutten yace enterrado al pie de la sierra tras la cual se halla Coro, es la afirmación de Perico y Magdalena de haber enterrado el cadáver con sus manos, hecho que sería del todo imposible, y en especial si la operación se extendió a Welser y a sus compañeros. Bordeando el sitio, donde sospechamos pernoctó Hutten por última vez, se halla una quebrada de cauce rocoso (característica ésta que no encontramos a todo lo largo de la ruta), lo que además de facilitar la protección de los cadáveres contra las fieras y las súbitas crecidas de las corrientes hace más factible el enterramiento, valiéndose exclusivamente de las manos. Al comienzo del camino hacia Coro, tal como lo cuenta el texto, hay un recodo conveniente para acampar. A pocos pasos del sitio está la quebrada que señalamos, y carente de agua para el momento de nuestra investigación (junio de 1982). A un costado de los cujizales baja perpendicular hacia la quebrada una barranca de fondo terroso.

Ciertas o falsas nuestras presunciones, ellas nos sirvieron de inspiración para el último capítulo de esta obra.

Otros títulos de esta colección:

Eco divino — Rev. Alexis Bastidas
Nadie nos enseñó a ser padres — César Landaeta
Siempre nos quedará Madrid — Enrique Del Risco

Novedades:

El barro y el silencio— Juan David Correa
Retrato de un canibal — Sinar Alvarado

www.sudaquia.net

www.ingramcontent.com/pod-product-compliance
Lightning Source LLC
Chambersburg PA
CBHW030330240426
43661CB00052B/1582